“十二五”普通高等教育本科国家级规划教材

物流管理学
（第3版）

霍　红　牟维哲　主编

中国财富出版社

图书在版编目（CIP）数据

物流管理学 / 霍红，牟维哲主编．—3 版．—北京：中国财富出版社，2015.11（2023.8 重印）

（“十二五”普通高等教育本科国家级规划教材）

ISBN 978 - 7 - 5047 - 5890 - 3

Ⅰ.①物…　Ⅱ.①霍…　②牟…　Ⅲ.①物流—物资管理—高等学校—教材　Ⅳ.①F252

中国版本图书馆 CIP 数据核字（2015）第 234955 号

策划编辑　张　茜　　**责任编辑**　白　昕　于名珏

责任印制　梁　凡　　**责任校对**　杨小静　　**责任发行**　敬　东

出版发行　中国财富出版社

社　　址　北京市丰台区南四环西路 188 号 5 区 20 楼　　**邮政编码**　100070

电　　话　010 - 52227588 转 2098（发行部）　010 - 52227588 转 321（总编室）

010 - 52227566（24 小时读者服务）　010 - 52227588 转 305（质检部）

网　　址　http://www.cfpress.com.cn

经　　销　新华书店

印　　刷　北京九州迅驰传媒文化有限公司

书　　号　ISBN 978 - 7 - 5047 - 5890 - 3/F・2476

开　　本　787mm×1092mm　1/16　　**版　　次**　2015 年 11 月第 3 版

印　　张　18.5　　**印　　次**　2023 年 8 月第 3 次印刷

字　　数　439 千字　　**定　　价**　42.00 元

改版说明

本书自出版以来，已被多所高校选为物流管理及经管类专业物流管理课程的教材，授课教师普遍对本书评价较高。为了适应时代的进步和物流管理理论研究的进一步深化，特进行改版。本次改版主要围绕对旧知识的更新，删掉部分已经不合时宜的内容。同时，增加目前物流领域的最新知识，对部分内容结构做了调整，使之更完善。主要改版内容及全书章节如下。

第一章，概论。对现代物流的发展趋势进行了更新。

第二章，物流系统和物流系统工程。对物流系统部分内容做了扩充。

第三章，仓储管理。将分拣配货作业的部分内容调整到了第六章。

第四章，库存管理。单独成章，对内容进行了调整和更新。

第五章，运输管理。增加了运输决策的介绍。

第六章，配送管理。更新了配送的基本环节，增加了配送中心的流程的相关内容。

第七章，采购管理。对现代采购技术的内容做了调整。

第八章，包装、装卸搬运与流通加工。将包装、装卸搬运与流通加工这三部分内容合并为一章，对部分包装技术做了更新。同时，新增了对流通加工的介绍，使物流作业的基本环节更完整。

第九章，物流信息系统。删掉了物流信息系统中的信息技术中的部分内容，增加了物联网技术。

第十章，第三方物流。这部分内容结构做了调整。同时，增加了对第四方物流的介绍。

第十一章，供应链管理。

第十二章，物流组织与控制。对结构和内容均做了调整。

本书由霍红、牟维哲主编，共 12 章，其中，第一章至第九章、第十二章由牟维哲编写；第十章和第十一章由张静编写，研究生汪洋洋、商亚茹、倪超、卜宇超参与了资料整理工作。

本书可作为普通高等院校物流管理、工商管理、市场营销和管理学类专业本科生的教科书，也可供高职高专、成人高等教育学生、自学考试学生、物流管理人员、物资供销管理人员和相关专业人员自学、提高之用。

限于水平和时间仓促，以及现代物流发展的日新月异，本书的疏漏与不完善在所难免，恳请广大读者批评指正，以便我们不断完善。

编　者

2015 年 10 月

目 录

第一章 概论

第一节 物流概述

一、物流的发展过程

物流的发展过程，大体上经历了3个不同的阶段，即物流初级阶段、物流开发阶段和物流现代化阶段。

（一）物流初级阶段

物流初级阶段，一般认为是指20世纪50年代前后。这一时期，由于生产社会化、专业化程度不高，生产与流通之间的联系较为简单，企业的精力主要集中在生产上，管理的重点放在如何增加产品的数量方面，对物流的作用缺乏充分认识，重生产轻流通。

随着经济社会的不断发展以及生产和生活消费对物质产品需求数量的增加，作为克服生产与消费之间背离的手段，物流与生产的矛盾日益凸显，直接影响着经济的发展，迫使人们逐渐重视物流研究，并加强物流的管理工作。例如，第二次世界大战后，日本在国民经济恢复初期，物流尚未被人们认识，运输、储存、包装等物流环节在流通过程中基本上是分散管理，而生产过程中的物流活动更是未能引起人们的重视，仅纳入生产过程附带进行管理。随着战时经济向和平经济转变，物流管理和货物运输严重落后的情况日益暴露出来，加之各企业、商社之间无法协调配合，致使供销、货物装卸、运输、储存等方面出现了许多问题，一方面，物质积压严重；另一方面，存在着短缺、损坏率高、运输流向不合理等现象。所有这些问题，成为影响当时日本经济发展的一个重要原因。为了解决这些问题，日本组织考察团去美国进行实地考察，引进物流管理技术，并首先在国营铁路运输使用集装箱，商社、企业也开始研究改进物流工作。

（二）物流开发阶段

这一阶段的标志是经济学界和实业界对物流的重要性有了较为深刻的认识，并推动了整个经济社会的物流开发。这一阶段大约在20世纪60至70年代。随着生产社会化的迅速发展，单纯依靠技术革新、扩大生产规模提高生产率获得利润的难度越来越大，这就促使人们开始寻求新的途径。通过改进和加强流通管理、降低流通费用相对而言可以比较容易获得较高的利润。因此，改进流通、加强物流管理就成为现代企业获得利润的新的重要源泉之一。

美国经济学家和商业咨询家彼得·德鲁克，把流通领域的潜力比喻为“一块经济界的黑大陆”“一块未被开垦的处女地”。美国慧纳埃公司提出的一项关于物流效益的研究报告认为，节约流通费用对美国而言，等于有一座价值400亿美元的金矿尚待开发。

20世纪70年代中期出现的经济衰退，迫使企业更重视降低成本，以提高商品的竞争力，着眼点逐渐从生产领域转向了流通领域，通过流通开发和改进对顾客的服务和降低运输费用、储存费用来增加利润。

在这种情况下，20世纪70年代后在物流界掀起了革命性的变革。日本早稻田大学商学部教授西泽修在《主要社会的物流战》中指出：“1970年开始，物流革命以惊人的势头不断进行，有突然进入物流时代的感觉。”在日本先后成立了“日本物的流通协会”“物流管理协议会”，发行和出版了《流通设计》《物流》《物流管理》等杂志和许多物流方面的著作；在产业界，设立了物流部、物流管理部、物流对策室、流通服务部等机构。物流革命之所以如此急速发展，可以肯定地说是因为人们认识到它是降低产品成本、提高经济效益的宝库。这一时期改进物流的工作主要是在各企业内部进行。尽管在包装、装卸、保管、运输、情报信息方面实现了局部的合理化，但由于缺乏从整体上研究开发物流系统，各部门、行业、企业之间缺乏紧密配合，因此，从整个社会看，物流费用并没有明显的下降，总体上经济效益不高。

（三）物流现代化阶段

这一阶段和历史上的石油危机相关。1973年中东战争引发石油危机以后，世界范围内的原材料和燃料价格猛涨，人工费用不断增加，这使得一向依靠廉价原材料和劳动力获取利润的企业不能再轻而易举地从这两个方面获取利润，迫使企业在物流方面采取强有力的措施，大幅度降低物流费用，以弥补原材料、燃料和劳动力费用上涨造成的损失。现代系统理论、系统工程、价值工程等科学管理理论和方法的出现，使在更大范围内实现物流合理化成为可能。

这一时期物流研究和管理上的特点，是把物流的各项职能作为一个大系统进行研究，从整体上进行开发。在美国，加强物流系统的管理被视为“再工业化”的重要因素。日本设立了专门机构统筹全国的物流活动，使物流的系统化、综合化、协调化有了很大的发展，物流现代化水平明显提高。在运输设施方面，政府拨出巨款，扩建港口，整修道路，建设高速公路和集装箱专用码头等；在装卸工具方面，托盘、叉车、传送带、自动分拣机、自动输送机等现代化装卸搬运机械被普遍运用；在包装方面，积极推行规范化、标准化；在仓库方面，建立了一大批自动化立体仓库、恒温仓库、配送中心、流通加工基地、卡车终端集散点等现代化物流基础设施；无人驾驶车辆相继使用和配送过程中高新技术相继应用等；商品销售的网络化、系统化逐步实现，批发、代理、专营、百货商店、超级市场在各地相继建立。与物流现代化相应的流通经营管理现代化也随之发展起来。如借助现代化设施，计算机进行输送方式的改革，在大力发展运输设施的基础上谋求系统化，组织铁路—水路、公路—铁路、公路—水路、公路—空运等联运；改变仓库单纯的储存保管功能，使其变为集储存保管、配送、流通加工于一体的流通中心或物流中心；在物流技术上，在注意改进硬件（物流设施）的同时，十分重视软件的改进和提高，加强现代情报信息技术和电脑技术的应用，使物流向系统化、整体优化方向发展。

二、流通活动

流通的功能，一是通过购销等商品交易活动创造物资的所有权效用；二是通过运输创造物资的空间效用；三是通过储存创造物资的时间效用，将商品转移到用户手中。如图1－1所示，流通活动包括购、销、运、存、包装、装卸、加工和信息。其中，购、销及商流信息活动属于商流活动，而运输、储存、包装、装卸、加工和物流信息活动属于物流活动，商流信息和物流信息共同构成流通信息流活动。这样，流通活动就是由商流活动、物流活动和信息流活动共同构成的，物流活动是流通活动的一部分。

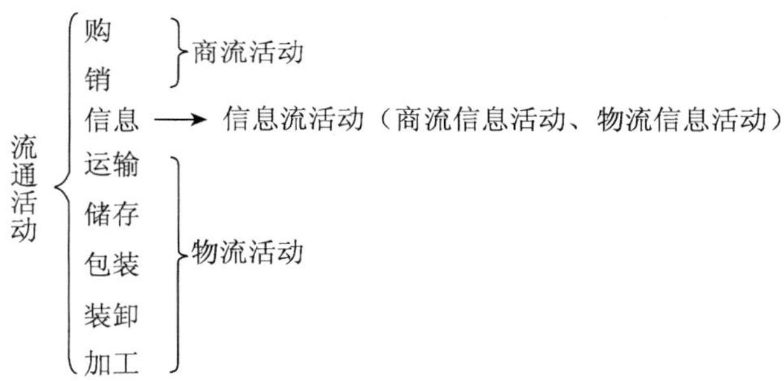

图1－1 流通活动

三、物流的概念

物流，是物资有形或无形地从供应者向需求者进行的物资物质实体流动。具体的物流活动包括包装、装卸、运输、储存、流通加工和信息等诸项活动。通过物流活动，可以创造物资的空间效用、时间效用，流通加工活动还可能创造物资的形质效用。

这一定义包含了几个要点：一是“有形”“物资物质实体”，强调实体流动；二是“从供应者向需求者”，强调分销领域，亦即流通领域；三是“有形或无形”，“有形”指物质实体，“无形”指信息；四是“流动”，而不是“流通”；五是“具体的物流活动”包括包装、装卸、运输、储存、流通加工和信息等诸项活动；六是物流的功能包括“可以创造物资的空间效用、时间效用”与“形质效用”。

由此定义可以看出，物流具有非常普遍和广泛的含义，既包括物资的运动状态（运输），也包括物资的静止状态（储存），还包括物资的静动状态（包装、装卸、流通加工）。所谓静动状态，就是从宏观上看，它是静的；而从微观上看，它又是动的。因此，物资无论处在运动状态，还是静止状态，抑或静动状态，都是处在物流状态。

这一定义，明显地包含了几个特点：

第一，突出了流通，即把物流看成是流通的一部分。因为它强调了“从供应者到需求者”，强调了“流通加工”等。

第二，突出了专业物流活动，强调了运输、储存、包装、装卸、流通加工、信息等几项专业活动。

第三，突出了物流的功能：“空间效用”“时间效用”“形质效用”。

四、商流的概念

商流，是物资在由供应者向需求者转移时物资社会实体的流动，主要表现为物资与其等价物的交换运动和物资所有权的转移运动。具体的商流活动包括买卖交易活动及商情信息活动。商流活动可以创造物资的所有权效用。

这一定义也包含了几个要点：一是“物资社会实体”，强调物资价值实体的流动；二是“从供应者向需求者”，强调流通领域；三是“从供应者向需求者转移时物资社会实体的流动”，强调与物资物质实体流动，即物流的伴随关系；四是“流动”，而不是“流通”；五是商流主要表现为等价交换和所有权的转移，“具体的商流活动包括买卖交易活动及商情信息活动”；六是商流的功能包括“可以创造物资的所有权效用”。

这一定义明显地包含了几个特点：

第一，突出了流通，即把商流看成是流通的一部分。

第二，突出了与物流活动的伴随关系。

第三，突出了商流的功能——“所有权效用”。

五、信息流的概念

信息流也是流通的组成部分，它和商流、物流共同构成了流通的“三流”。

流通领域的信息流又称流通信息流。流通信息，是指伴随流通活动产生并为流通活动服务的信息，包括由文字、语言、图表、信号等表示的各种文件、票据和情报资料等。流通信息流，是指流通信息的产生、加工、储存和传递等。

流通信息流是由两大类构成的：一类是商流信息流；另一类是物流信息流。

商流信息流是在商流活动中产生的并为商流活动服务的商流信息的产生、制作、加工、储存和传递。商品的销售价格、市场行情、购销洽谈、订货合同、供需情况、销售货款、交易支付、促销活动等都是商流信息。这些信息的产生、制作、加工、储存和传递等为商流信息流。

物流信息流是在物流活动中产生的并为物流活动服务的物流信息的产生、制作、加工、储存和传递。运输方式、运输市场行情、运输价格、交通地理、交通基础设施、仓储设施、库存信息、仓储价格、搬运费用、装卸能力、货主和客户信息等，都是物流信息。这些信息的产生、制作、加工、储存和传递等为物流信息流。

就像一切经济信息一样，流通信息对于流通具有非常重要的作用，这些作用主要表现在以下四个方面。

（一）反映作用

所有的流通活动，既包括商流活动，也包括物流活动，都是通过信息描述的。活动的时间、空间、方式、流量、流速、效果等，都是由信息描述和反映的。人们主要通过信息了解具体的商流活动和物流活动。信息描述是否准确、真实，决定了人们对于活动的认识和掌握程度，从而也影响人们对于活动的决策结果。

（二）服务作用

所有流通活动的进行，都需要了解市场行情、环境条件、资源分布、工作程序、约束条件等。这些信息为流通活动的进行，提供了服务。没有这些信息的支持，流通活动就不能够顺利有效地进行。

（三）指导作用

流通活动的进行，需要有科学管理方法、技术、标准、指标及有关方针政策、规章制度做指导，只有这样，流通活动才能够按照正确、科学的轨道运行。这些信息对于流通活动起着很重要的指导作用。

（四）控制作用

有些信息能够对流通活动起控制作用。这些大多是一些控制信息。如库存控制中的库存警戒点、经济订货批量，商流活动中的订货合同、各种法律法令、规章制度、领导的指令等，都是一些控制信息，它们都对流通活动的运行起着控制作用。

商场如战场，在激烈竞争的市场经济中，信息迅速准确的反映和传递，有利于作出及时果断的决策，从而能够灵敏地掌握市场变化、抓住机遇、避免风险、保障流通活动高效率地顺利进行，在竞争中取得胜利。

六、物流和商流的联系和区别

（一）物流和商流之间的联系

（1）它们都属于流通领域，是商品流通的两种不同形式，在功能上互相补充。通常是先发生商流后发生物流，在商流完成以后再进行物流。

（2）它们都是从供应者到需求者的流动，具有相同的出发点和归宿。

（二）物流和商流之间的区别

（1）流动的实体不同。物流是物资的物质实体的流动，商流是物资的社会实体的流动。

（2）功能不同。物流创造物资的空间效用、时间效用、形质效用，而商流创造物资的所有权效用。

（3）物流和商流又是相互独立的，发生的先后和路径都可能互不相同。在特殊情况下，没有物流的商流和没有商流的物流都是可能存在的。

总之，物流和商流既互相区别又互相联系，既分工又合作，既独立又统一，二者和谐地共处于流通过程之中，互补地共同完成流通的功能。

第二节　物流的分类

一、按物流研究范围的大小分类

按物流研究范围的大小，物流可分为宏观物流、中观物流和微观物流。

（一）宏观物流

宏观物流是社会再生产总体的物流，是从经济社会整体上认识和研究物流。宏观物流如果从空间位置讲，一般是指大的空间范围。如一个国家的国民经济物流，称之为国内物流，或社会物流；国与国之间的贸易过程中所产生的物流，称之为国际物流。

（二）中观物流

中观物流是社会再生产过程中的区域性物流，从区域经济社会层面认识和研究物流。从空间位置看，一般是较大的空间。如一个国家经济区的物流，称之为特定经济区物流；一个国家城市经济社会的物流，称之为城市物流。

（三）微观物流

微观物流带有局部性，一个生产者企业、物流的某一具体职能、某一具体物流实务、某一种物质资料的物流问题等，都属于微观物流。微观物流的最大特点表现为具体性、实务性和局部性。

二、按物流业务活动的性质分类

（一）供应物流

供应物流是指企业（包括生产企业和流通企业）的物质资料从生产者或中间商的供应开始，到购进来投入生产前的物流活动。

（二）生产物流

生产物流是指物质资料从投入生产的第一道工序开始，到半成品、成品或可出售制品入库整个生产过程中的物流活动，也包括流通过程带有生产性的劳务所产生的物流活动，如包装、流通加工等物流活动。

（三）销售物流

销售物流是指从企业成品库、流通仓库，或工厂分发销售过程中所产生的物流活动，包括生产厂商的直接销售和流通企业的销售。

（四）回收物流

回收物流是指生产消费过程和生活消费过程的可再利用物品在回收过程中所产生的物流活动。如货物运输和搬运中所使用的包装容器、废旧装载工具、工业生产中产生的边角余料、废旧钢材等在回收中所发生的物流活动。

（五）废弃物物流

在生产消费和生活消费过程中所产生的废旧物，一部分可再利用，通过回收形成一种新的资源；而不可再利用的废旧物，称之为废弃物。对这些废弃物处理过程所发生的物流活动，即属废弃物物流的范围。

第三节 物流活动的双重性

物流既是增值性经济活动，又是增加成本、增加环境负担的经济活动。对物流双重性的认识，应当是研究物流管理的一个基本点。经济活动中，在尽量降低物流成本占用，减轻物流造成的环境负担基础上，使物流活动能够增值。

一、物流创造时间价值

"物"从供给者到需要者之间本来就存在一段时间差，由于改变这一时间差创造的价值，称作"时间价值"。时间价值通过物流获得的形式有以下几种。

（一）缩短时间创造价值

缩短物流时间，可获得多方面的好处，如减少物流损失、降低物流消耗、增加物的周转、节约资金等。从全社会物流的总体看，加快物流速度，缩短物流时间，是物流必须遵循的经济规律之一。

（二）弥补时间差创造价值

经济社会中，需要和供给普遍存在着时间差，如粮食集中产出，但人们的消费是分散的，一年 365 天，天天有需求，因而供给和需求之间出现时间差。类似情况不胜枚举。

供给与需求之间存在时间差。这是一种普遍的客观存在，正是有了这个时间差，商品才能取得自身最高价值，才能获得理想的效益。但是，商品本身是不会自动弥合这个时间差的，如果没有有效的方法，集中生产出的粮食除了当地少量消耗外，就会损坏掉、腐烂掉，而在非产出时间，人们就会找不到粮食吃。物流便是以科学的、系统的方法弥补，有时是改变这种时间差，以实现其“时间价值”。

（三）延长时间差创造价值

物流总体和不少具体物流遵循“加速物流速度、缩短物流时间”这一规律，以尽量缩小时间间隔而创造价值，尤其是针对物流的总体，讲规律主要是从这一总体地位出发的。

但是，在某些具体物流中，也存在人为、能动地延长物流时间而创造价值的。例如，秋季集中产出的粮食、棉花等农作物，通过物流的储存、储备活动，有意识延长物流的时间，以均衡人们的需求；配合待机销售的囤积性营销活动的物流便是一种有意识地延长物流时间、增加时间差创造价值。

二、物流创造场所价值

“物”从供给者到需求者之间有空间距离，或者说供给者和需求者之间往往处于不同的场所，改变“物”的不同场所存在位置所创造的价值称作“场所价值”。

物流创造场所价值是由现代社会产业结构、社会分工所决定的，主要原因是供给和需求之间的空间距离，商品在不同地理位置有不同的价值，通过物流将商品由低价值区转到高价值区，便可获得价值差，即“场所价值”。它有以下几种具体形式。

（一）从集中生产场所流入分散需求场所创造价值

现代化大生产的特点之一，往往是通过集中的、大规模的生产以提高生产效率，降低成本。在一个小范围集中生产的产品可以覆盖大面积的需求地区，有时甚至可覆盖一个国家乃至若干国家。通过物流将产品从集中生产的低价位区转移到分散于各处的高价位区，可以获得很高的利益。物流的场所价值也依此决定。

（二）从分散生产场所流入集中需求场所创造价值

和上面相反的情况在现代社会中也不少见，如粮食是在土地上分散生产出来的，而一个大城市的需求却相对大规模集中。又如一个大汽车厂的零配件生产也分布得非常广，但却集中在一个大厂中装配，这也形成了分散生产和集中需求，物流便依此取得了场所价值。

（三）从低价值的生产地流入高价值的需求地创造价值

现代社会中供应与需求的空间不一致十分普遍，除了大生产所决定之外，有不少是由自然地理和社会发展因素决定的，如农村生产粮食、蔬菜而异地于城市消费，南方生产荔枝而异地于各地消费，北方生产高粱而异地于各地消费，等等。现代人每日消费的物品几乎都是相距一定距离甚至十分遥远的地方生产的。这么复杂交错的供给与需求的空间差都是靠物流弥合的，物流也从中取得了利益。

在经济全球化的浪潮中，国际分工和全球供应链的构筑，一个基本选择是在成本最低的地区进行生产，通过有效的物流系统和全球供应链，在价值最高的地区销售，信息技术和现代物流技术为此创造了条件，使物流得以创造价值，得以增值。

三、物流创造加工价值

“物”通过加工而增加附加价值，取得新的使用价值，这是生产过程的职能。在加工过程中，由于物化劳动和活劳动的不断注入，增加了“物”的成本，同时，更增加了其价值。

在流通过程中，可以通过流通加工的特殊生产形式，使处于流通过程中的“物”通过特定方式的加工而增加附加值。这就是物流创造加工价值的活动。

物流创造加工价值是有局限性的。它不能取代正常的生产活动，而只能是生产过程在流通领域的一种完善和补充。但是，物流过程的增值功能往往通过流通加工得到很大的体现，所以，根据物流对象的特性，按照用户的要求进行这一加工活动，可以对整个物流系统完善起到重大作用，尤其在网络经济时代，物流作为对于用户的服务方式依托信息传递的及时和准确，得以有效组织这种加工活动，因此，它的增值作用也是不可忽视的。

四、物流占用成本

无论是国民经济领域还是企业经营层面领域，物流都是构成成本的主要领域，有时甚至在成本构成中占到首位。2014 年，我国社会物流总费用 10.6 万亿元，同比增长 6.9%，增幅较上年回落 2.4 个百分点。社会物流总费用与国内生产总值（GDP）的比率为 16.6%，比上年下降 1.4 个百分点。

五、物流增加环境负担

物流对环境有比较大的负面影响，这个负面影响随着物流量的增大而增大，随着物流合理化而降低。物流管理的责任之一，就是在保证物流满足国民经济和社会发展的前提下，尽量减轻环境负担。

第四节　现代物流的发展趋势

一、全球化

为了实现资源和产品在全球范围内的高效流动和交换，促进区域经济的发展和全球资源的合理配置，物流运作必须向全球化的方向发展。与国内的物流系统相比，全球化物流具有国际性、复杂性和风险性等特点。

这种新兴的为国际贸易和跨国经营服务的全球化物流，要求有全球化的网络与之相适应。因此，企业内和企业间构筑机动性强、反应速度快的全球化物流网络体系是物流全球化发展的关键。

二、网络化、信息化

现代物流在信息系统的支撑下，借助于存储和运输等系统的参与和各种现代物流技术，共同完成纵横交错、四通八达的物流网络。物流覆盖面不断扩大，规模经济效益日益明显，社会物流成本不断下降。

物流的网络化是物流信息化的必然，是电子商务环境下物流活动的主要特征之一。

当今世界因特网（Internet）等全球网络资源的可用性及网络技术的普及为物流网络化提供了良好的外部环境。

三、运作系统化

大规模、系统性的生产作业要求物流作业将生产、销售、配送、运输、信息处理等分散的跨部门的活动有机结合起来，作为一个系统加以管理，使物流活动各个作业环节统筹协调、整体规划、有效运行，促使生产、采购与市场保持同步，形成以服务客户为主的综合能力，节约流通费用，提高流通效率，实现整个系统的最优化。

四、仓储、运输的现代化与综合化

仓储现代化要求实现高度机械化、自动化和标准化及组织起高效的人、机、物的系统；运输则要求建立起铁路、公路、水路、航空与管道的综合运输体系。二者匹配是现代物流的必备条件。

作为现代物流特征之一的物流社会化必然要求仓储、运输系统的综合，以适应流通规模的扩大和对物流服务的各种要求。这种趋势体现在现实中就是第三方物流成为现代物流业的主流。

五、协作物流

协作物流，从企业内部的角度出发，是对信息、运输、存货管理、仓储、物料供应、搬运、包装、实物配送等分散的物流作业领域的综合协调管理；从供应链战略管理的角度出发，它指挥着跨企业组织的物流作业，实现供应链的协调。

协作物流通过综合供应者到消费者的供应链运作，使物流、信息流和资金流的流动最优，并追求全面、系统的综合效果，成为当前国际上提高对客户需求反应能力十分有效的手段，是现代物流发展的新趋势。

六、服务化物流、绿色物流和逆向物流成为现代物流发展的主题

服务化物流源于人们收入的提高和消费的多样化、全方位化的发展趋势。

绿色物流注重生态环境，减少物流活动对环境造成的危害，促进经济和消费生活的健康发展，是经济可持续发展的重要组成部分。

逆向物流在抑制传统直线型的物流对环境造成危害的同时，设计和建立闭合、循环的物流系统，使传统物流末段的废旧物质能回流到正常的物流过程中，是一种全新的物流形态。服务化物流、绿色物流和逆向物流共同代表了现代物流发展的主要方向。

第二章　物流系统和物流系统工程

第一节　物流系统

一、系统

（一）系统的概念

所谓系统，是由两个以上互相区别又互相联系的单元结合起来为完成特定功能的有机结合体。每个单元可以称为一个子系统，每个子系统又可以分成更小的子系统。系统本身又处在更大的系统之中，这个更大的系统就是其所处的环境。

（二）系统的特征

1. 集合性

系统是由两个以上的单元结合起来的有机结合体，是一个有序、有效率的行动整体。系统追求整体效率最大化，整体的功能可能大于各个子系统的分功能之和。

2. 相关性

任何一个系统，其各个单元之间都是按一定的相互关系联结起来的一个等级层次结构。这些相互关系主要表现在：各单元之间的关系；各层次之间的等级层次关系；单元和系统之间的关系；单元、系统和环境之间的关系。系统相关性，是系统建立并稳定运行的基础和条件。由于任何原因而造成这种相互关系的破坏，都会损坏系统的成立和稳定有效运行。就像一座金字塔一样，每一块石头按一定的关系堆砌起来，每块石头在自己的位置上发挥着自己的作用，构成了整个金字塔坚如磐石的稳定结构。如果缺少某一块石头，或者把某块石头胡乱移到别的位置，金字塔就会不稳，甚至倒塌。

3. 目的性

任何系统都是为完成系统功能、达到系统目的而建立和运行的，系统的目的、功能决定系统的结构，系统的目的不同，功能不同，系统的结构也不同。要根据系统的目的、功能设立合适的系统。

4. 环境适应性

任何系统都必然处在一个更大的系统之中，这个更大的系统就是系统的环境。系统的环境，是系统所处的外部条件。环境和系统之间必然存在物质、能源、人员和信息的交换，系统要生存、要运行，就离不开这些物质、能源、人员和信息。因此，环境是系统必须接受的外部条件，系统必须适应环境才能生存。当然，系统也不会只是完全消极地适应环境，而是可以通过自身的努力能动地改造环境，为未来的生存与发展创造更好的环境。

（三）系统的分类

系统普遍存在于社会的各个领域各个方面。按不同特征可以将系统分成各种不同的种类。

按形成方式，可以将系统分成自然系统和人工系统。自然系统是由自然力形成的系统，如山川、河流、天地、自然系统等。人工系统则是由人工制造的系统，如铁路、桥梁、城市、企业，以及所有的管理系统等。人工系统可以转化为自然系统，如有些人工系统建成以后长久不变，久而久之也就变成了自然系统。如都江堰，最开始是由李冰率领将士和百姓建造的，由于几千年来一直原样保持下来，现在供人们观赏，已经成为一个自然系统。其他如城市、桥梁、铁路等系统也都如此。

按实体性质，可以将系统分为实体系统和概念系统。实体系统是由物质实体构成的系统，如山川、河流、铁路、桥梁、企业、学校、物资管理、交通管理等。概念系统，则是由无形的信息、概念构成的，如我国的法律体系、企业的规章制度、各种管理信息系统、人名地名、物资编码等。

按运行性质，可以将系统分成静态系统和动态系统。静态系统是指不随时间而发展变化、一定时间内或变化不显著的系统，如山川、河流、已经建好了的铁路、桥梁等。动态系统则是随时间而发展变化的系统。由于任何事物都是随时间而发展变化的，因此，世界上一般的系统都是动态系统。如企业、学校、城市、所有的管理系统等都是动态系统。由于动是绝对的，静是相对的，因此动态系统是绝对的，静态系统则是相对的。如已经建成的企业、学校、铁路、桥梁等，从相对意义上看，从总体、宏观上看，是不变的，是静态系统。但是，从微观上看，从局部看，从发展变化上看，每天都是有变化的，因此，它又是动态系统。总之，研究的视点不同，系统的运行性质也不同，系统的类型也就不同。

按与环境的关系，系统又可以分成开环系统和闭环系统。开环系统是指要与外界环境发生能量、信息、物质、人员交换的系统。一般的系统都是开环系统，它们都要和环境进行能量、物质、信息和人员的交换，如学校、工厂、交通、管理等。但是，也有些系统长期处于封闭状态，几乎不和外界发生往来，不和环境发生能量、信息、物质、人员的交换，这样的系统就是闭环系统，如现在还存在的一些与世隔绝的原始人部落、未开发的原始森林、太空天体和海底资源等；在科学技术领域，也存在一些闭环系统，如电子线路中的再生电路、无线电技术上的自激振荡等。

按实体的种类，系统又可以分成很多具体的系统。这些都是各个行业、各个部门、各个单位所面临的大量的实际的具体的系统。如电力系统、机械系统、气象系统、生物系统、物资系统、管理系统、信息系统等。

二、物流系统的概念

所谓物流系统，是由多个既互相区别又互相联系的单元结合起来的，以物资为工作对象，以完成物资物质实体流动为目的的有机结合体。最基本的物流系统由包装、装卸、运输、储存、加工及信息处理等子系统中的一个或几个有机地结合而成；每个子系统又可以往下分成更小的子系统；物流系统本身又处在更大的系统之中。

这个概念可理解为以下内容。

第一，“多个既互相区别又互相联系的单元”，即有多个单元，它们互相区别又互相联系。这是构成系统的基本和必要的条件。这里所谓单元，可以是单位组织，可以是空间，可以是职能或功能，可以是时间，也可以是其他因素。它们都是能够独立完成某一个或大或小的功能任务的独立体。大可以大到很大的系统，小可以小到一个人、一台设备、一台车、一项工作等。

第二，“以物资为工作对象，以完成物资物质实体流动为目的”，是物流系统的功能或目的。任何系统都有特定的功能或者目的，这是构成系统的又一个条件。物流系统既然也是一个系统，当然应有一个特定的功能。物流系统区别于一般系统的特点，就是以物资为工作对象，以完成物资物质实体流动为目的。这个特定功能强调两层意思：一是以物资作为工作对象，因为物流就是处理物资的；二是强调物资物质实体流动。这是物流的本质意义，是一切物流活动所共同具有的本质特征。

第三，“有机结合体”，是一般系统的基本特征和基本条件，物流系统也不例外。

第四，“最基本的物流系统由包装、装卸、运输、储存、加工及信息处理等子系统中的一个或几个有机地结合而成”。这是物流系统子系统的构成。子系统可以按照空间、时间、功能、职能或其他因素进行划分。包装、装卸、运输、储存、加工及信息处理等子系统是必须要有的，这是物流系统最基本的条件。没有这些最基本的物流活动，也就不是物流系统了。但是，这并不是说，任何物流系统必须具备所有这些物流活动，只要有“一个或几个”就可以了，同时，必须是“有机地”结合而成。

第五，“每个子系统又可以往下分成更小的子系统”，是说物流系统的子系统可以往下再分，构成一个等级层次结构。这也是一般系统的基本特征和条件。可以按空间、时间、功能分，也可以按其他因素分，分到最基本单元为止。这样构成一个既相互区别又相互联系的多个单元构成的等级层次结构，就是一个系统。

第六，“物流系统本身又处在更大的系统之中”，是说物流系统往上可以再合，可以和同等级的其他系统再结合成一个更大的系统。这也是一般系统的基本特征和条件。物流系统也具有这样的特征和条件。物流系统处在这个更大的系统之中，这个更大的系统又是这个物流系统的环境。物流系统也必须适应这个环境才能够生存和发展。

物流系统区别于一般系统的特点，是其特定功能或系统的目的，即以物资为工作对象，以完成物资物质实体流动为目的。任何一个系统，只要它是以物资为工作对象，以完成物资实体流动为目的，就都是一个物流系统。

三、物流系统的模式

物流系统根据功能性质可以分成各种各样的物流子系统。但是，不管是什么样的物流系统，都有共同的模式。仿照系统的输入—转换—输出模式，物流系统的模式描述如图2－1所示。

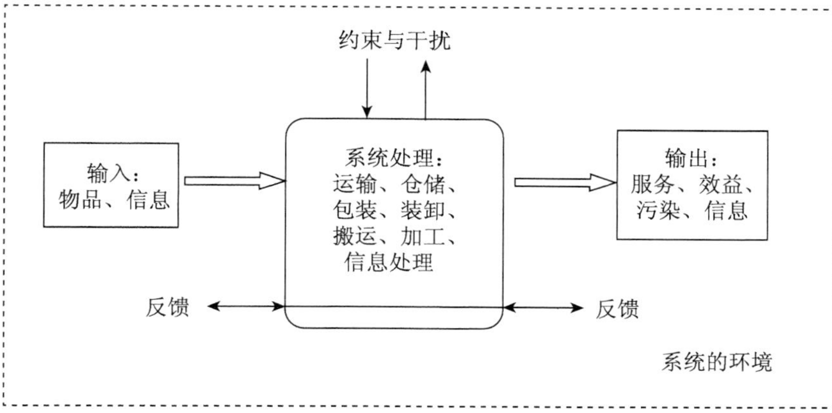

图2－1 物流系统模式

按上述系统模式，物流系统可看作是由物流系统所处的环境、物流、系统的输入与输出、约束干扰、反馈处理等几方面构成的。

（一）物流系统的环境

物流系统的环境，是指物流系统所处的更大的系统。它是物流系统处理的外部条件，是物流系统情愿或不情愿都必须接受的条件。物流系统与其环境之间的相互作用具体表现为物流系统的输入、输出、约束和干扰。

（二）物流系统的输入和输出

物流系统的输入，是指环境对物流系统的输入，是环境对系统的直接输入，是作为物流系统处理的对象而输入物流系统的。输入的具体内容，一是物品；二是信息。

物流系统的输出，是指物流系统对环境的输出，是物流系统对环境的直接输出，是物流系统处理结果的输出。输出的具体内容，也是物品和信息，但输出的物品与输入的物品是不同的，是加进了物流服务的物品。

（三）物流系统的约束、干扰和反馈

约束是环境对物流系统的间接输入，包括人力、物力、信息、能源以及政治、经济、文化、地理、气候等软硬件条件。它们是物流系统处理的条件，是系统情愿或不情愿都必

须接受的外部条件，是对系统的约束条件。系统的干扰是一种偶然的约束，也是一种间接、强迫性的输入。反馈主要是信息的反馈，存在于输入过程和输出过程中，在约束或干扰中也有。信息反馈一般都是系统和环境之间的信息反馈，在图 2－1 中用双向细线箭头表示。

（四）物流系统的处理

物流系统的处理是指将物流系统输入的物品、信息转化成系统输出的物品、信息的过程。其基本原理就是通过运输、仓储、包装、装卸、搬运、加工和信息处理等各种物流作业对输入的物品、信息赋予空间效用、时间效用或形质效用，使之变成顾客所需的物品、信息，并对环境进行输出。

四、物流系统的目标

（一）服务好

“服务好”作为物流系统的目标，并不像人们通常所想象的那样，只是服务态度热情友好一点，而是包括了很广泛的内容。物流系统本身，全部都是服务。物流系统就是一个服务系统，它的所有活动都是服务活动，为生产、流通、客户服务。这种服务的核心，就是满足客户的需求。满足客户的需求表现在各个方面，最主要的是满足客户对于所需物资的需求，不缺货，还要保质、保量、及时送货，安全可靠地进行运输、储存、包装、装卸，做到物流成本低、服务态度好，为客户提供信息支持、技术咨询、技术支持和售后服务等，几乎遍及物流活动各个方面、各个环节。因此，要服务好，实际上就是需要物流系统全面做好各个方面的工作。

（二）费用省

“费用省”是指物流的总费用最省。物流系统是由多个单元构成的，物流活动又由多种类型、多个环节构成，因此，各种物流方式、各个物流环节都会发生物流费用。一个物流系统所有的物流方式、物流环节所发生的物流费用的总和，就是这个物流系统的总费用。整个物流系统的第二个目标，就是要使得这个物流总费用最小。

要做到物流总费用最小，则要求整个物流系统优化，各个单元也要优化，要尽量利用各种物流优化技术，充分利用和努力节约资源，提高工作效率，降低物流成本。

要做到物流总费用最小，还要求整个物流系统各个单元、各个环节都要协调配合，协调出生产力，协调可以提高工作效率、降低成本，能够达到“1＋1＞2”的效果，这样就可以实现总费用最省。

但是，在物流系统的实际运行中，这两个目标往往是互相矛盾的：服务水平越高，物流成本也就越高。服务水平高出一定程度后，随着服务水平继续提高，则会造成物流成本的急剧上升。在这种情况下，则要注意学会协调和折中，选取一个既能使总费用较小又能使服务水平较满意的方案。

第二节 物流系统工程

一、系统工程

所谓系统工程，是为了创造或改造系统，使之最有效地达到系统的目标，运用各种科学知识，根据系统的思考方法，将其作为系统而进行开发、设计、制造或运行的综合性工程体系。

这个定义包含了系统工程的3个要点：

（1）其工作对象是系统。

（2）它需要综合运用各种知识。

（3）它采用一整套综合性的工程体系。

但是，它沿用的仍然是一种工程方法，是一门工程学，在这一点上和传统工程没有本质的区别，因此，称其为“系统工程”。

二、物流系统工程的概念

所谓物流系统工程，就是综合运用各种知识，设计制造或改造运行物流系统的综合性工程体系。

这个概念可理解为以下三个方面。

（1）“综合运用各种知识”，是系统工程不同于传统工程的地方。传统工程涉及的知识领域比较少、比较专、比较窄，而系统工程涉及的知识领域比较多、比较宽。这是因为系统工程一般是人机工程，需要处理人的因素，不但需要自然科学知识，而且需要社会科学方面的管理学、经济学、哲学、心理学、法律学等知识，也就是要综合运用各种知识。

（2）“设计制造或改造运行物流系统”包括两层意思：一是物流系统工程工作的对象，是物流系统；二是工作的内容，是设计、制造、改造、运行。这些都是传统的工程方法。

（3）“综合性的工程体系”，强调综合性，即传统工程手段的综合；强调了是工程体系。这是物流系统工程的工程学性质。

三、物流系统工程的基本观点和基本思想方法

物流系统工程既然是一项系统工程，就应当具备其基本观点，即系统的观点、整体最优的观点、发展变化的观点、协调配合的观点、适应环境的观点、控制的观点、人是系统主体的观点。

物流系统工程的基本思想方法，也就是一般系统工程的基本思想方法。对于一般的物流系统工程，可以运用7个步骤的思想方法，即摆明问题、指标设计、系统综合、系统分析、系统优化、择优决策、计划实施。即对于任何一个物流系统工程问题，总是先弄清问

题，查清原因；确定目标，看问题要解决到什么程度；为达到这些目标，收集各种可行方案；对可行方案进行分析，分别进行调试、完善、优化；最后在优化后的可行方案中挑选最优的方案付诸实施，制订实施计划、步骤、方针政策。

对于比较复杂的大型物流系统，则可以用三维结构的思想方法。把整个系统工程分成时间维、逻辑维和知识维。即把整个工程过程分成 7 个时间阶段，即规划阶段、拟订方案、分析阶段、实验阶段、调试阶段、运行阶段、更新阶段。每个阶段都实行上述的 7 个步骤，每个阶段的每个步骤都综合运用相应的知识，这样，一个一个步骤进行，直到最后完成。

第三章　仓储管理

第一节　仓储管理概述

一、仓储管理的含义

“仓”也称为仓库，是存放货物的建筑物和场地，可以是房屋建筑、大型容器、洞穴或者特定的场地等，具有存放和保护物品的功能；“储”表示收存以备使用，具有收存、保管、交付使用的意思，当适用有形物品时也称为储存。“仓储”则是利用仓库存放、储存未即时使用的物品的行为。简言之，仓储就是在特定的场所储存物品的行为。

仓储的形成显然在于社会产品出现剩余和产品流通的需要，当产品不能被即时消耗，需要专门的场所存放时，就产生了静态的仓储。而将物品存入仓库以及对存放在仓库里的物品进行保管、控制、提供使用等的管理，便形成了动态仓储。因此，可以说，仓储是对有形物品提供存放场所、物品存取过程和对存放物品的保管、控制的过程。仓储的性质可以归结为：仓储是物质产品的生产持续过程，物品的仓储也创造着产品的价值；仓储既有静态的物品储存，也包含动态的物品存取、保管、控制的过程；仓储活动发生在仓库等特定的场所；仓储的对象既可以是生产资料，也可以是生活资料，但必须是实物动态产品。

二、仓储管理的功能

1. 社会生产顺利进行的必要过程

一方面，现代社会的一个重要的特征就是专业化和规模化生产，劳动生产率极高，产量巨大，绝大多数产品都不能被即时消费，需要经过仓储的手段进行储存。这样才能避免生产过程被堵塞，保证生产过程能够继续进行。另一方面，生产所使用的原料、材料等需要有合理的储备，才能保证及时供应，满足生产的需要。

仓储本身是由生产率的提高造成的，但它的发展又促进生产率的提高。良好的仓储条件确保生产规模进一步扩大，促进专业化分工进一步细化，劳动生产率进一步提高。

2. 调整生产和消费的时间差别，维持市场稳定

一方面，人们的需求持续性与产品季节性、批量性生产的集中供给之间存在供需时差

的矛盾，通过仓储将集中生产的产品进行储存，持续地向消费者提供，才能不断满足消费需求。

另一方面，集中生产的产品如果即时推向市场销售，必然造成市场短时期内产品供给远远大于需求，造成产品价格大幅降低，甚至无法消费而被废弃；相反，非供应季节，市场供应量少而价高，通过仓储将产品均衡地向市场供给，才能稳定市场，有利于生产的持续进行。

3. 产品价值保存的作用

生产出的产品在消费之前必须保持其使用价值，否则将会被废弃。这项任务就需要由仓储承担，在仓储过程中对产品进行保护、管理，防止损坏而丧失价值。

仓储是产品提供消费的最后一道作业环节，可以根据市场对产品消费的偏好，对产品进行最后加工改造和流通加工，提高产品的附加值，以促进产品的销售，甚至增加收益。

4. 流通过程的衔接

产品从生产到消费，需要经过分散—集中—分散的过程，还可能需要经过不同运输工具的转换运输，为了有效率地利用各种运输工具，降低运输过程中的作业难度，实现经济运输，物品需要通过仓储进行候装、配载、包装、成组、分拣、疏散等。为了满足销售的需要，产品在仓储中进行整合、分类、拆除包装、配送等处理和存放。

存放在仓库里的产品，还可以提供给购买方进行查看。这是大多数现货批量交易的方法。因而仓储具有商品陈列的功能。

5. 市场信息的传感器

任何产品的生产都必须满足社会的需要，生产者需要把握市场需求的动向。社会仓储产品的变化是了解市场需求的极为重要的途径。仓储量减少、周转量加大，表明社会需求旺盛；反之则为需求不足。厂家存货增加表明其产品需求减少或者竞争力降低，或者生产规模不合适。仓储环节所获得的市场信息虽然比销售信息滞后，但更为准确和集中，信息反应快捷，且信息成本极低。现代企业生产特别重视仓储环节的信息反馈，将仓储量的变化作为决定生产的依据。现代物流管理特别重视仓储信息的收集和反应。

6. 开展物流管理的重要环节

仓储是物流的重要环节，产品在物流过程中相当一部分时间处在仓储之中进行运输整合、配送准备、流通加工、市场供给调整，仓储中的成本是物流成本的最重要的组成部分。开展物流管理必须特别重视对仓储的管理，有效的仓储管理才能实现物流管理的目的。

7. 提供信用保证

在大批量货物的实物交易中，购买方必须检验货物、确定货物的存在和货物的品质方可成交。购买方可以到仓库查验货物。由仓库保管人出具的货物仓单是实物交易的凭证，可以作为对购买方提供的保证。仓单本身作为融资工具，可以直接进行质押。

8. 现货交易的场所

存货人要转让已在仓库存放的货物时，购买人可以到仓库查验货物，取样化验。双方可以在仓库进行转让交割。国内众多的批发交易市场，就是既有货物存储功能的交易场所，又有货物交易功能的仓储。众多具有便利交易条件的仓储都提供交易活动服务，甚至部分形成有影响的交易市场。近年来，我国大量发展的仓储式商店，就是仓储交易功能高度发展、仓储与商业密切结合的结果。

三、仓储管理的业务范围

仓储的基本任务是存储保管、存期控制、数量管理、质量维护。同时，利用物资在仓储的存放，开发和开展多种服务是提高仓储附加值、促进物资流通、提高社会资源效益的有效手段，因而也是仓储的重要任务。

（一）仓储管理的基本业务

1. 物资存储

存储是指在特定的场所，将物品收存并进行妥善的保管，确保被存储的物品不受损害。存储是仓储的最基本任务，是仓储产生的根本原因。存储的对象必须是有价值的产品，且要在特定的场地进行，必须将存储物移到存储地进行；存储的目的是确保存储物的价值不受损害，保管人有绝对的义务妥善保管好存储物；存储物始终属于存货人所有，存货人有权控制存储物。

物资的存储有可能是长期的存储，也可能只是短时间的周转存储。进行物资存储既是仓储活动的表征，也是仓储的最基本任务。

2. 流通调控

仓储既可以长期进行也可以短期开展，存期的控制自然就形成了对流通的控制；或者反言之，由于流通中的需要，决定了商品是存储还是流通。这也就是仓储的“蓄水池”功能，当交易不利时，将商品储存，等待有利的交易机会。流通控制的任务就是对物资是仓储还是流通作出安排，确定储存时机、计划存放时间，当然也包括储存地点的选择。

3. 数量管理

仓储的数量管理包括两个方面：一是为存货人交付保管的仓储物的数量和提取仓储物的数量必须一致；二是保管人可以按照存货人的要求分批收货和分批出货，对储存的货物进行数量控制，配合物流管理的有效实施，同时向存货人提供存货数量的信息服务，以便客户控制存货。

4. 质量管理

根据收货时仓储物的质量交还仓储物是保管人的基本义务。为了保证仓储物的质量不发生变化，保管人需要采取先进的技术、合理的保管措施，妥善和勤勉地保管仓储物。仓储物发生危险时，保管人不仅要及时通知存货人，而且需要及时采取有效的措施减小损失。

（二）仓储管理的新业务

1. 交易中介

仓储经营人利用大量存放在仓库的有形资产，利用与物资使用部门广泛的业务联系，开展现货交易中介具有较为便利的条件。同时，有利于加速仓储物的周转和吸引仓储。仓储经营人利用仓储物开展物资交易不仅会给仓储经营人带来收益，而且能充分利用社会资源，加快社会资金周转，减少资金沉淀。交易功能的开发是仓储经营发展的重要方向。

2. 流通加工

加工本是生产的环节，但随着满足消费多样化、个性化、变化快的产品生产的发展，又为了严格控制物流成本的需要，生产企业将产品的定型、分装、组装、装潢等工序留到最接近销售的仓储环节进行，使得仓储成为流通加工的重要环节。

3. 配送

设置在生产和消费集中地区附近从事生产原材料、零部件或商品的仓储，对生产车间和销售点的配送成为基本的业务，根据生产的进度和销售的需要由仓库不间断地、小批量地将仓储物送到生产线和零售商店或收货人手上。仓储配送业务的发展，有利于生产企业降低存货，减少固定资金投入，实现准时制生产；有利于商店减少存货，降低流动资金使用量，且能保证销售。

4. 配载

大多数运输转换仓储都具有配载的任务。货物在仓库集中集货，按照运输的方向进行分类仓储，当运输工具到达时出库装运；而在配送中心就是在不断地对运输车辆进行配载，确保配送的及时进行和运输工具的充分利用。

第二节　仓储管理的作业方法

一、仓储管理的作业原则

（一）作业原则

1. 效率的原则

效率是指在一定劳动要素投入量时的产品产出量。较小的劳动要素投入和较高的产品产出量才能实现高效率。高效率就意味着劳动产出大，劳动要素利用率高，高效率是现代生产的基本要求。仓储的效率表现在仓容利用率、货物周转率、进出库时间、装卸车时间等指标上，表现出“快进、快出、多存储、保管好”的高效率仓储。

仓储的生产管理的核心就是效率管理，实现最少的劳动量的投入，获得最大的产品产出。劳动量的投入包括生产工具、劳动力的数量及其作业时间和使用时间。效率是仓储其他管理的基础，没有生产的效率，就不会有经营的效益，也就无法开展优质的服务。

高效率的实现是管理艺术的体现，通过准确地核算、科学地组织、妥善地安排场所和空间、机械设备与人员合理配合，部门与部门、人员与人员、设备与设备、人员与设备之间默契配合，使生产作业过程有条不紊的进行。

高效率还需要有效管理过程的保证，包括现场的组织、督促，标准化、制度化的操作管理，严格的质量责任制的约束。现场作业混乱、操作随意、作业质量差甚至出现作业事故显然不可能有效率。

2. 经济效益的原则

厂商生产经营的目的是为了获得最大化利润，这是经济学的基本假设条件，也是社会现实的反映。利润是经济效益的表现。

利润＝经营收入－经营成本－税金

实现利润最大化则需要做到经营收入最大化和经营成本最小化。

社会主义企业经营也不能排除为了追求利润最大化的动机，作为参与市场经济活动主体之一的仓储业，应围绕着获得最大经济效益的目的进行组织和经营，但也需要承担部分的社会责任，履行环境保护、维护社会安定的义务，满足社会不断增长的需要等社会义务，实现生产经营的社会效益。

3. 服务的原则

仓储活动本身就是向社会提供服务产品。服务是贯穿于仓储的一条主线，从仓储的定位、具体操作、对储存货物的控制都围绕着服务进行。仓储管理就需要围绕着服务定位，如何提供服务、改善服务、提高服务质量开展的管理，包括直接的服务管理和以服务为原则的生产管理。

仓储的服务水平与仓储经营成本有着密切的相关性，两者互相对立。服务好，成本高，收费则高，仓储服务管理就是在降低成本和提高（保持）服务水平之间保持平衡。仓储企业进行服务定位的策略。

进入或者引起竞争时期：高服务低价格且不惜增加仓储成本。

积极竞争时期：用较低的成本实现较高的仓储服务。

稳定竞争时期：提高服务水平维持成本不变。

已占有足够的市场份额处于垄断竞争（寡头）：服务水平不变，尽力降低成本。

退出阶段或完全垄断：大幅降低成本，但也降低服务水平。

（二）仓储管理人员的基本要求

1. 仓储管理人员的基本素质要求

（1）具有丰富的商品知识。对于所经营的商品要充分熟悉，掌握其理化性质和保管要求，能针对性地采取管理措施。

（2）掌握现代仓储管理的技术。对仓储管理技术充分掌握，并能熟练运用，特别是现代信息技术的使用。

（3）熟悉仓储设备。能合理和高效地安排使用仓储设备。

（4）办事能力强。能分轻重缓急，有条有理地处理事务。

（5）具有一定的财务管理能力。能查阅财务报表，进行经济核算、成本分析，正确掌握仓储经济信息，进行成本管理及价格管理和决策。

（6）具有一般的管理素质。

2. 仓储管理人员的职责

（1）认真贯彻仓储管理工作的方针、政策、体制和法律法规，树立高度的责任感，忠于职守，廉洁奉公，热爱仓库工作，具有敬业精神；树立为客户服务、为生产服务的观点，具有合作精神；树立讲效率、讲效益的思想，关心企业的经营。

（2）严格遵守仓储管理的规章制度和工作规范，严格履行岗位职责，及时做好物质的入库验收、保管保养和出库发运工作；严谨各项手续制度，做到收有据、发有凭，及时准确登记销账，手续完备，账物相符，把好收、发、管三关。

（3）熟悉仓库的结构、布局、技术定额，熟悉仓库规划；熟悉堆码、苫垫技术，掌握堆垛作业要求；在库容使用上做到妥善地安排货位，合理高效地利用仓容，堆垛整齐、稳固，间距合理，方便作业、清数、保管、检查、收发。

（4）熟悉仓储货物的特性、保管要求，能针对性地进行保管，防止货物损坏，提高仓储质量；熟练地填写表账、制作单证，妥善处理各种单证业务；了解仓储合同的义务约定，完整地履行义务；妥善处理风雨灾、热冻等自然灾害对仓储货物的影响，防止和减少损失。

（5）重视仓储成本管理，不断降低仓储成本。妥善保管好剩料、废旧包装，收集和处理好地脚货，做好回收工作。用具、苫垫、货板等妥善保管、细心使用促使使用寿命延长。重视研究物质仓储技术，提高仓储利用率，降低仓储物耗损率，提高仓储的经济效益。

（6）加强业务学习和训练，熟能生巧地掌握计量、衡量、测试用具和仪器的使用；掌握分管货物特性、质量标准、保管知识、作业要求和工艺流程；及时掌握仓库管理的新技术、新工艺，适应仓储自动化、现代化、信息化的发展，不断提高仓储的管理水平；了解仓库设备和设施的性能和要求，督促设备维护和维修。

（7）严格执行仓库安全管理的规章制度，时刻保持警惕，做好防火、防盗、防破坏、防虫鼠害等安全保卫工作，防止各种灾害和人身伤亡事故，确保人身、货物、设备的安全。

二、分区分类作业

（一）货物分区分类储存的意义

1. 货物分区分类储存的概念

分区分类储存货物，是仓库进行科学管理的方法之一。所谓分区，就是根据仓库的建筑、设备等条件将其划分为若干保管区，以适应货物分类储存的需要，即在一定的区城内合理储存一定种类的货物，以便集中保管和养护。所谓分类，就是根据仓储货物的自然属性、养护措施、消防方法等，将货物划分为若干类别，以便分门别类地将货物相对固定储存在某一货区内。仓库货物的分区分类储存是根据“四一致”的原则（性能一致、养护措施一致、作业手段一致、消防方法一致），把仓库划分为若干保管区域；把储存商品划分为若干类别，以便统一规划储存和保管。

而货物的专仓专储，是按储存货物的性能分类，并以一个库房专门储存一类商品，如粮仓，就是专门用于储存粮食的仓库；又如卷烟仓库，就是专门储存各种卷烟的仓库；还如弹药库，就是专门储存部队用的枪弹、炸药等军用危险品的专用仓库。由于这些货物本身的特殊性质，不宜与其他货物混存，如危险品、毒品等一般要求专仓专储。此外，贵重货物，如照相机、电脑、金银饰品等，不仅要专储，还要指定专人保管。

2. 仓库的分区分类与专仓专储的主要区别

（1）仓库的性质不同。采用分区分类储存货物的仓库，常为通用性仓库，其设施及装备适用于一般货物的储存、保养；而专仓专储的仓库，常为专用性仓库，其设施和装备往往只适用于某类商品的储存、保养，其专用性较强。

（2）储存货物的种类多少不同。采用分区分类储存货物方法的仓库，一般一个仓库内同时储存着若干类货物，其中大多数仓库是采用分类同区储存，即将仓库分成若干个储货区，而在同一储货区内，同时集中储存多种同类商品或性能互不影响、互不抵触的货物，如将纺织品分类中的服装、床单、台布等；家电分类中的电视机、收录机、洗衣机、空调、微波炉等，同时储存在一个货区内，便于分类集中保管和养护。而专仓专储则是一个仓库只储存一类货物。

（3）储存货物的数量多少不同。一般而言，分区分类方法适于多品种、小批量的货物储存，而专仓专储的方法适于少品种、大批量的货物储存，就同类同种货物的数量而言，分区分类储存货物的数量比用专仓专储方法储存的数量相对少得多，因为专仓专储的某种货物往往都是大批量的。

（4）储存商品的性质不同。分区分类储存的货物，特别是分类同区储存的商品，往往具有互容性，即同储在一个货区内，这些货物不会互相影响、互不相容；而专仓专储货物的性质往往较为特殊，不宜与其他货物混存，否则将会产生不良影响，如串味、变质、失量等。比如卷烟、茶叶、酒、食糖、香料等一般不宜同存一库。

3. 分区分类储存货物的作用

（1）可缩短货物拣选及收、发作业的时间。

（2）能合理使用仓容，提高仓容利用率。

（3）有利于保管员熟悉货物的性能，提高保管养护的技术水平。

（4）可合理配制和使用机械设施，有效提高机械化、自动化操作程度。

（5）有利于仓储货物的安全，减少损耗。

（二）货物分区分类储存的原则

仓库分区分类储存货物应遵循以下原则。

1. 货物的自然属性、性能应一致

所谓货物的性能一致，是指不同货物之间具有互容性，即同储一个库区，不同货物间不会互相影响、互相串味、互相作用，这样才能确保货物的储存环境条件安全。凡同类货物，性质相近，又有连带消费性的，应尽量安排在同一库区、库位进行储存，如床上用品和睡衣、拖鞋可存放在同一库区。按照商品的自然属性，可把怕热、怕光、怕潮、怕冻、怕风等具有不同自然属性的商品分区分类储存。若性质完全不同，并且互有影响，互不相容，不宜同存的商品，则必须严格分库存放，如化学危险品和一般货物、毒品和食品、互相串味的货物（茶叶和肥皂、酒和香烟）等，决不能混杂存放在同一库房或同一库区内，必须采用分区分类的方法，分开存放。固体精素会升华成气体，能防虫、杀虫，但不宜与饼干、糕点等食品同储一库，会污染食品，而可与毛皮、毛料服装同存一个库区，一举两得；又如，羊毛等蛋白质纤维怕碱不怕酸，而棉纤维则怕酸不怕碱，在分区分类储存时，应注意将碱性商品与羊毛制品分开储存，将酸性货物同棉制品分开储存；再如，碳化钙、磷化锌、碳化金属等一级遇水燃烧的商品，不能与酸、氧化剂同储一库，因为一旦相遇，即会发生燃烧或爆炸，后果不堪设想。

2. 货物的养护措施应一致

为了防止货物在储存期间发生物理机械变化、化学变化、生理生化变化及某些生物引起的变化，仓库保管人员必须采取一定的养护措施，如低温储藏养护、加热灭菌储藏养护、气调储存养护等。然而，不同的商品常因其性质各不相同，而采用的养护方法也各不相同，如冻猪肉、冻鸡、冻鸭等商品，需要在低温冷藏（18℃～－15℃）仓库内储藏养护，而苹果、生梨、蔬菜等商品，则需在常温冷藏（－2℃～＋5℃）常温仓库内储藏养护，这两类商品的养护措施各不相同，因此，不能同储一个库区，必须分区分类储存。而对于养护措施相同的商品，则可以同储一个库区，如棉布与棉衣、被单、被套等。

3. 货物的作业手段应一致

同储一个库区的货物，如果体积大小相差悬殊，单位重量相差很大，则需要用不同的装卸搬运手段，不宜在同一库区存放。如海绵、泡沫塑料与大型重型机床不宜同库存放。为便于实现装卸搬运作业的专业化、机械化，尽可能将作业手段相同的货物同储一库。

4. 货物的消防方法应一致

防火灭火方法不同的货物不应同库储存，必须分开，如油漆、橡胶制品燃烧时，需要用泡沫灭火机灭火；而精密仪器失火时，则用二氧化碳灭火机灭火，这两类商品就不宜混存在同一库区。又如爆炸品引起的火灾，主要用水扑救；而遇水分解的多卤化合物、氯磺酸、发烟硫酸等，绝不能用水灭火，只能用二氧化碳灭火器、干沙灭火，因而不能同储一个库区。而对于小麦和玉米，灭火时主要用水，可以同储一个库区。

仓库的分区分类必须遵循以上“四一致”的原则，统筹规划，把仓库划分为若干保管区域；把储存货物划分为若干类别，以便安全地、保质保量地分区分类储存和保管库存货物。

（三）货物分区分类储存的方法

由于仓库的类型、规模、经营范围、用途各不相同，各种仓储货物的性质、养护方法也迥然不同，因而分区分类储存的方法也有多种，需统筹兼顾，科学规划。

1. 按货物的种类和性质分区分类储存

按照货物的自然属性，把具有不同自然属性的货物分区分类储存。把怕热、怕光、怕潮、怕冻、怕风等具有不同自然属性的货物分区分类储存。凡同类货物，性质相近，又有连带消费性的，可尽量安排在同一库区、库位进行储存，如床上用品和睡衣、拖鞋可存放在同一库区。但若性质完全不同，并且互有影响，互不相容，不宜同存的货物则必须严格分库存放。

2. 按货物的危险性质分区分类储存

货物的危险性质，主要是指易燃、易爆、易氧化、腐蚀性、毒害性、放射性等。仓库应根据货物的危险特性进行分区分类储存，以免发生相互接触，产生燃烧、爆炸、腐蚀、毒害等严重恶性事故。这种方法主要适用于特种仓库。

3. 按货物的发运地分区分类储存

货物的储存期较短，并且吞吐量较大的中转仓库或待运仓库，可按货物的发往地区、运输方式、货主，进行分区分类储存。通常可先按运输方式分为公路、铁路、水路、航空，再按到达站、点、港的线路划分，最后按货主划分。这种分区分类方法虽不分商品的种类，但性能不相容、运价不同的商品，仍应分开存放。

4. 按仓储作业的特点分区分类储存

超长的、较大的、笨重的商品，应与易碎的、易变形的货物分区存放；进出库频繁的货物，应存放在车辆进出方便、装卸搬运容易的近库门的库区；储存期较长的商品，则应储存在库房深处，或多层仓库的楼上。

5. 按仓库的条件及货物的特性分区分类储存

一般情况下，怕热的货物应存放在地下室、低温仓库或阴凉通风的货棚内；负荷量较小的、轻泡商品，可存放在楼上库房；负荷量较大、笨重的商品，应存放在底楼库房内；价值高的贵金属，如金银饰品等，须存放在顶楼库房；价值较低的一般金属制品，可存放在下层库房内。

三、货位编号和货物编码作业

为了提高仓储管理的质量和效率，许多仓库已使用计算机进行管理。要正确使用计算机及数据软件管理好库存货物，并进行有关数据的处理，必须对分区分类的仓库及仓储货物实行货位编号和货物编码，科学合理的编码，才能使计算机管理达到最佳效果。

（一）货位编号的要求和方法

仓库的货位布置可根据仓库的条件、结构、需要，以及已确定的货物分类保管的方案及仓容定额加以确定。货位编号的方法有多种，可灵活掌握，但无论采用何种货位编号方式，货位摆放往往都需与主作业通道垂直，以便于存取。

1. 货位编号的要求

货位的编号就好比商品在仓库中的住址，必须符合“标志明显易找、编排循规有序”的原则。具体编号时，须符合以下要求。

（1）标志设置要适宜。货位编号的标志设置，要因地制宜，采用适当的方法，选择适当的地方。如无货架的库房内，走道、支道、段位的标志，一般都刷置在水泥或木板地坪上；有货架的库房内，货位标志一般设置在货架上。

（2）标志制作要规范。货位编号的标志如果随心所欲、五花八门，很容易造成单据串库、商品错收、错发等事故。统一使用阿拉伯字码制作标志，就可避免以上弊病。为了将库房及走道、支道、段位等加以区别，可在字码大小、颜色上进行区分，也可在字码外加上括号、圆圈等符号加以区分。

（3）编号顺序要一致。整个仓库范围内的库房、货棚、货场内的走道、支道、段位的编号，一般都以进门的方向左单右双或自左向右顺序编号的规则进行。

（4）段位间隔要恰当。段位间隔的宽窄，应取决于货种及批量的大小。

同时，应注意的是，走道、支道不宜经常变更位置与编号，因为这样不仅会打乱原来的货位编号，而且保管员不能迅速收、发货。

2. 货位编号的方法

（1）仓库内储存场所的编号。整个仓库内的储存场所若有库房、货棚、货场，则可以按一定的顺序（自左向右或自右向左），各自连续编号。库房的编号一般写在库房的外墙上或库门上，字体要统一、端正，色彩鲜艳、清晰醒目、易于辨认。货场的编号一般写在场地上，书写的材料要耐摩擦、耐雨淋、耐日晒。货棚编号书写的地方，则可根据具体情况而定。总之，应让人一目了然。

（2）库房编号。对于多层库房的编号，常采用“三位数编号”“四位数编号”或“五位数编号”。“三位数编号”是用3个数字或字母依次表示库房、层次和仓间，如131编号，表示1号库房、3层楼、1号仓间。“四位数编号”是用4个数字或字母依次表示库房、层次、仓间和货架，如1331编号，表示1号库房、3层楼、3号仓间、1号货架。“五位数编号”是用5个数字或字母依次表示库房、层次、仓间、货架、货格，如13311编号，表示1号库房、3层楼、3号仓间、1号货架、1号货格。

（3）货位编号。货位布置的方式不同，其编号的方式也不同。货位布置的方式一般有两种，横列式和纵列式。横列式，即货位横向摆放，可采用横向编号。纵列式，即货位纵向摆放，常采用纵向编号。

（二）货物分类及编码的原则、方法

1. 货物分类的原则、方法

（1）货物分类的概念。货物的分类是指为满足某种目的和需要，根据货物的特征、特

性，选择适当的分类标志，将货物划分为不同类别和组别的过程。

我国通常将货物划分为大类、中类、小类、品类、品种直至细目等。我国商品按生产和流通中的行业分工划分为88个大类，如食品、副食品、家电、纺织品、通信器材等。

（2）货物分类的原则。

①科学性原则。指货物在分类中所选择的分类标志必须能反映货物的本质特征，并具有明显的区别功能和相对稳定性，以满足分类的客观要求。科学性是分类的基本前提。

②系统性原则。指将货物总体按一定的排列顺序予以系统化，从而形成一个合理的科学分类系统。系统化是分类的关键。

③实用性原则。既要满足仓库分类储存的要求和条件，又要符合消费者选购的方便。

④可扩性原则。又称后备性原则，即进行分类时要考虑到事后能有足够的扩展余地，以保证新产品出现时，不至于打乱原有的分类。

⑤兼容性原则。要求与国家政策及相关标准（ISO标准等）协调一致，又与原有的分类保持连续性、可转换性，以便进行历史资料的对比分析。

⑥唯一性原则。指货物分类体系中的每一个分类层次只能对应一个分类标识，即一件商品（同类商品）只能在某一个子项中出现，而不能同时在几个子项中出现。

（3）货物分类的方法。关键是选择适当的分类标志。究竟应按什么标志分类，则要根据仓库的业务范围、储存货物的性质特点而定。下面介绍几种常用的货物分类标志。

①按货物的用途分类。所谓用途，即使用价值的标志，很多货物均按用途标志分类。如根据货物的基本用途，可将全部货物分为生产资料和生活资料两大类；若将生活资料继续按用途分类，又可分为食品、医药用品、纺织品等。目前，有不少按用途的分类已成为专有名词，如食品、医药用品、饲料、文化用品、交通工具等。

②按货物的原材料分类。这种分类适用于原材料的种类和质量对货物的性能和品质影响较大或起决定作用的情况。如对纺织品分类，以原材料为分类标志，可分为棉织品、麻织品、毛织品、化纤织品等。但是，对那些由多种原材料组成的或其质量和特性与原材料关系不大的商品，如电视机、小轿车等，则不宜采用这种分类。

③按商品的加工方法分类。若生产工艺不同，生产出的产品特性、品种也就不同的产品可使用这种分类方法。如茶叶以生产方式的不同，可分为红茶、绿茶、乌龙茶等。

④按货物的主要成分或特殊成分分类。有的商品其特性、质量、用途，往往是由其主要成分或特殊成分所决定，则可采用该种分类方法。如化肥可按主要成分的不同，分为氮肥、磷肥、钾肥等；又如，玻璃的主要成分是二氧化硅，但根据其中一些特殊成分，可分为钠玻璃、钾玻璃、铅玻璃、硅硼玻璃等。

⑤按其他特征分类。譬如按产品的形状、尺寸、颜色、重量、产地、产季等分类。这种分类的特点是，概念清楚，形象鲜明、直观，特征具体，通俗易记，便于区别。它们往往属于单一分类。

2. 商品编码的原则和方法

（1）商品编码的概念。商品编码，又称商品货号或商品代码，它赋予商品一定规律的代表性符号。符号可以由字母、数字或特殊标记等构成。商品编码与商品分类关系密切，一般商品分类在前，商品编码在后，因此，实践中称之为商品分类编码。1987年经国务院批准，发布了全国工农业产品（商品及物资）分类代码标准GB 7635—87，统一了全国商品的分类和代码。

（2）商品编码的原则。

①唯一性原则。每一种商品所编的代码是唯一的，每一个代码所代表的商品也应是唯一的。

②简明性原则。商品的代码应简单、明了、易记、易校验，不宜太冗长，既要将商品种类化繁为简，便于管理，又要便于计算机储存和处理。

③标准性原则。商品编码要与国家商品分类标准相一致，与国际通用商品分类编码制度协调、一致，才有利于信息交流、信息共享。

④可扩性原则。商品编码结构应留有充分扩充的余地，以备增加或减少商品类目时，无须破坏商品编码系统的相对稳定性。

⑤稳定性原则。商品代码确定之后，在一定时期内要保持相对的稳定性，不宜经常变更。

（3）商品编码的种类。商品编码依所用的符号类型分为：数字代码、字母代码、字母—数字代码、条码共4种。其中，最常用的是数字代码和条码。

（4）商品编码的方法。商品编码的方法常用的有3种。

①层次编码法。是按照商品类目在分类体系中的层次、顺序，依次进行编码，主要采用线分类体系。如大类用1位数表示（1～9）；中类用1位数表示（1～9）；小类用2位数表示（01～99）。

②平行编码法。以商品分类面编码的一种方法，即每个分类面确定一定数量的码位，各代码之间是并列平行的关系。如服装的分类，可先按服装的面料、式样、款式分为3个互相没有隶属关系的面，给每个面编号（1、2、3……）；每个面又可分成若干类目，再赋予每个类目一定的编号（A、B、C、D……）。使用时将有关类目搭配起来，便成了一个复合类目的平行码。如服装的平行编码法如下表所示。

若是全毛淑女西装，其编号为（AH1），见表3-1。编码时可全部用字母或全部用数字编码，也可同时用字母、数字进行编码。

表3-1　全毛淑女西装编号

服装面料	式样	款式	服装面料	式样	款式
全毛（A）	男士装（I）	西装（1）	毛絛（C）	童装（1II）	连衣裙（3）
全棉（B）	淑女装（H）	大衣（2）	丝麻（D）	婴儿装（IV）	衬衫（4）

③混合编码法。是层次编码法与平行编码法的结合运用。如把分类商品的自然属性特

征列出来后，其某些属性、特征用层次编码法，而另一些属性或特征则用平行编码法来表示，这样扬长避短，效果往往较理想。

四、堆码与苫垫作业

（一）堆码作业技术

堆码就是根据货物的特性、形状、规格、重量及包装质量等情况，同时，综合考虑地面的负荷、储存的要求，将商品分别叠堆成各种码垛。精湛的货物堆码技术，合理的码垛，对提高入库货物的储存保管质量，提高仓容利用率，提高收发作业及养护工作的效率，都有着不可低估的重要作用。

1. 堆码的要求

（1）对堆码场地的要求。堆码场地可分为 3 种：库房内堆码场地、货棚内堆码场地、露天堆码场地。不同类型的堆码场地，进行堆码作业时，会有不同的要求。

①库房内堆码场地。用于承受货物堆码的库房地坪，要求平坦、坚固、耐摩擦，一般要求 $1m^2$ 的地面承载能力为 5～10t。堆码时货垛应在墙基线和柱基线以外，垛底须适当垫高。

②货棚内堆码场地。货棚是一种半封闭式的建筑，为防止雨雪渗漏、积聚，货棚堆码场地四周必须有良好的排水系统，如排水沟、排水管道等。货棚内堆码的地坪应高于棚外地面，并做到平整、坚实。堆码时，货垛一般应垫高 20～40cm。

③露天堆码场地。露天货场的地坪材料可根据堆存货物对地面的承载要求，采用夯实泥地、铺砂石、块石地或钢筋水泥地等，应坚实、平坦、干燥、无积水、无杂草，四周同样应有良好的排水设施，堆码场地必须高于四周地面，货垛须垫高 40cm。

（2）对堆码货物的要求。货物在正式堆码前，须达到以下要求。

①货物的名称、规格、数量、质量已全查清。

②货物已根据物流的需要进行编码。

③货物外包装完好、清洁、标志清楚。

④部分受潮、锈蚀以及发生质量变化的不合格货物，已加工恢复或已剔除。

⑤为便于机械化作业，准备堆码的货物已进行集装单元化。

（3）堆码操作的要求。

①安全。堆码的操作工人必须严格遵守安全操作规程；使用各种装卸搬运设备，严禁超载，同时，还须防止建筑物超过安全负荷量。码垛必须不偏不斜，不歪不倒，牢固坚实，以免倒塌伤人、摔坏货物。

②合理。不同货物的性能、规格、尺寸不相同，应采用各种不同的垛形。不同品种、产地、等级、单价的货物，须分别堆码，以便收发、保管。货垛的高度要适度，不压坏底层的商品和地坪，与屋顶、照明灯保持一定距离；货垛的间距，走道的宽度，货垛与墙面、梁柱的距离等，都要合理、适度。垛距一般为 0.5～0.8m，主要通道为 2.5～3m。

③方便。货垛行数、层数，力求成整数，便于清点、收发作业。若过秤商品不成整数时，应分层标明重量。

④整齐。货垛应按一定的规格、尺寸叠放，排列整齐、规范。商品包装标志应一律朝外，便于查找。

⑤节约。堆垛时应注意节省空间位置，适当、合理安排货位的使用，提高仓容利用率。

2. 货垛安排

(1) 货垛“五距”的规范要求。“五距”指垛距、墙距、柱距、顶距和灯距。叠堆货垛时，不能依墙、靠柱、碰顶、贴灯；不能紧挨旁边的货垛，必须留有一定的间距。

①垛距。货垛与货垛之间的必要距离，称为垛距，常以支道作为垛距。垛距能方便存取作业，起通风、散热的作用，方便消防工作。库房一般为0.5～1m，货场一般不少于1.5m。

②墙距。为了防止库房墙壁和货场围墙上的潮气对货物的影响，也为了开窗通风、消防工作、建筑安全、收发作业，货垛必须留有墙距。墙距分为库房墙距和货场墙距，其中，库房墙距又分为内墙距和外墙距。内墙是指墙外还有建筑物相连，因而潮气相对少些；外墙则是指墙外没有建筑物相连，因此，墙上的湿度相对大些。库房：外墙距0.3～0.5m，内墙距0.1～0.2m；货场：只有外墙距，一般为0.8～3m。

③柱距。为了防止库房柱子的潮气影响货物，也为了保护仓库建筑物的安全，必须留有柱距，一般为0.1～0.3m。

④顶距。货垛堆放的最大高度与库房、货棚屋顶间的距离，称为顶距。顶距能便于装卸搬运作业，能通风散热，有利于消防工作，有利于收发、查点。顶距一般作如下规定：平房库，0.2～0.5m；人字形库房，以屋架下弦底为货垛的可堆高度；多层库房，底层与中层为0. 2～0.5m，顶层须大于、等于0.5m。

⑤灯距。货垛与照明灯之间的必要距离，称为灯距。为了确保储存货物的安全，防止照明灯发出的热量引起靠近商品燃烧而发生火灾，货垛必须留有灯距。灯距严格规定不少于0.5m。

(2) 货垛可堆层数、占地面积的确定。货物在堆垛前，必须先计算货垛的可堆层数及占地面积。对于规格整齐、形状一致的箱装货物，可参考以下公式计算：

占地面积＝总件数/每件货物底面积（m^2）

货垛可堆层数的确定：不用货架，货垛可堆高层数常有以下3种计算方法。

①地坪不超重可堆层数计算方法（在库房地坪安全负载范围内不超重）。指货物堆垛的重量，必须在建筑部门核定的库房地坪安全负载范围内，通常以kdm^2为单位，不得超重。因此，货物在堆垛前，应预先计算货垛不超重可堆高的最多层数。

a. 以一件商品来计算：

不超重可堆高层数＝库房地坪每平方米核定载重量/货物单位面积重量（层）

其中：货物单位面积重量＝每件货物的毛重/该件货物的底面积（kg/m^2）

b. 以整垛商品来计算：

不超重可堆高层数＝整垛货物实占面积库房地坪每平方米核定载重量/（每层货物的件数×每件货物的毛重）（层）

②货垛不超高可堆层数计算方法：

不超高可堆高层数＝库房可用高度/每件货物的高度（层）

③最底层商品承载力不超重可堆高层数计算方法：即在底层货物所能承载重力最大许可范围（在货物的外包装上一般有标志显示）内的可堆高层数。

不超重可堆高层数＝底层货物允许承载的最大重量/堆高货物单件重量＋1（层）

根据上述3种方法计算出的3个可堆高层数中取其中最小的数值，作为堆垛作业的可堆高层数。

例如，某仓库进了一批木箱装的罐头食品100箱。每箱毛重30kg，箱底面积为$0.3m^2$，箱高0.25m，木箱上标志显示允许承受的最大重压力为100kg，地坪承载能力为$5t/m^2$，库房可用高度为4.5m，若不采用货架储存，求该批货物的可堆高层数及货垛高度。

解：商品单位面积重量$=\frac{30}{0.3}=100$（kg/m^2）$=0.1$（t/m^2）

地坪不超重可堆高层数$=\frac{5}{0.1}=50$（层）

库房不超高可堆高层数$=\frac{4.5}{0.25}=18$（层）

商品木箱标志表示允许堆高层数$=\frac{100}{30}+1=5$（层）

因为5层<18层<50层，所以，该批罐头食品堆垛作业最大的叠堆高度为5层，货垛的高度为1.25m（5×0.25＝1.25），但若该仓库采用货架堆放，则最多可以堆高18层。

（3）货垛底层排列。货垛底层排列一般应先计算出货垛可堆高层数，再进行货垛底层排列，它主要包括两个内容。

①货垛底数计算。底层商品数的多少，与货位的面积成正比，与每件商品的占地面积成反比；与货垛总件数成正比，与货垛可堆高层数成反比。计算公式：

底数＝货垛总件数/可堆高层数

上例中，该批罐头食品货垛的占地面积为（100/5）×0.3＝6（m^2）。

②货垛底形排列。货垛底形排列的方式一般是根据货位的面积及每件货物的实占面积综合安排的。底形排列的好坏，直接关系到货垛的稳定性、收发货作业的方便性，应重视抓好。

（4）货垛的基本形式。为适应不同商品的性能、外形和保管要求，货垛的形式可以各异。箱形货物的堆垛通常有以下几种基本形式。

①重叠式。货物各层排列方式、数量完全相同，层间无交叉搭接，垛形整齐。其优点是操作简单、计数容易、收发方便；缺点是稳定性较差，易倒塌，因而常采用绳子、绳

网、塑料弹性薄膜等辅助材料防塌。

②砖砌式。货垛上下两层排列的图谱正好旋转18°，层间互相搭接，因而稳定性较好，但要求货物的长宽比为2∶3或3∶4。

③纵横交错式。货垛上下两层货物排列的图谱正好旋转90°，层间互相搭接，其优点是稳定性较好；缺点是只能用于正方形托盘，是机械化作业的主要垛形之一。

④中心留空通风式。需通风防潮的货物堆垛时，商品之间需留有一定的空隙。上下两层图谱方向对称，矩形、方形图谱均可采用。优点是有利于通风、透气，适宜货物的保管养护；缺点是空间利用率较低。

⑤压缝式。货垛底层成正方形、长方形或圆形，然后在两件商品的缝间上码。以正方形、长方形为垛底的货垛纵截面为“人”字形。适用于建筑陶瓷、阀门、桶形商品。

常见的“五五化”堆码。这是我国人工堆码中常用的一种科学、简便的堆码方式，以5为基本的计数单位，一个集装单元或一个货垛的商品总量是5的倍数，如梅花5、重迭5等，堆码后作业人员可根据集装单元数或货垛数直接推算商品总数，大大加快了点数的速度，并有效减少了计数的差错。在货物堆垛的实际作业中，通常是以上5种基本垛形和“五五化”堆码方法的结合运用。

（二）苫垫作业技术

货物在堆垛时一般都需要苫垫，即把货垛垫高，露天货物进行苫盖，只有这样才能使商品避免受潮、淋雨、暴晒等，保证储存养护商品的质量。

1. 苫盖技术

（1）苫盖目的。为了防止货物直接受到风吹、雨淋、日晒、冰冻的侵蚀，存放在露天货场的货物一般都需苫盖，因此，货物在堆垛时必须叠堆成易苫盖的垛形，如屋脊形、方形等，并选择适宜的苫盖物。对于某些不怕风吹、雨淋、日晒的货物，如果货场排水性能又好，可以不进行苫盖，如生铁、石块等。

（2）苫盖材料。通常使用的苫盖材料有塑料布、席子、油毡纸、铁皮、苫布等，也可以利用一些货物的旧包装材料改制成苫盖材料。若货垛需苫盖较长时间，一般可用两层席子，中间夹一层油毡纸作为苫盖材料，这既通风透气，又可防雨雪、日晒；若货垛只需临时苫盖一下，可用苫布。为了节省苫盖成本，还可以制成适当规格通用型的苫瓦，既方便使用，又可以反复利用。

（3）苫盖方法。苫盖的方法主要有以下几种。

①垛形苫盖法。根据货垛的形状进行适当的苫盖，适用于屋脊形货垛、方形货垛及大件包装货物的苫盖，常使用塑料布、苫布、席子等。

②鱼鳞苫盖法。即用席子、苫布等苫盖材料，自下而上、层层压茬围盖的一种苫盖方法，因为从外形看酷似鱼鳞，故称鱼鳞苫盖法，适用于怕雨淋、日晒的货物。若货物还需要通风透气的储存条件，可将席子、苫布等苫盖材料的下端反卷起来，使空气流通。

③隔离苫盖法。是用竹竿、钢管、旧苇席等，在货垛四周及垛顶隔开一定空间打起框

架，进行苫盖，既能防雨，又能隔热。

④活动棚架苫盖法。根据常用的垛形制成棚架，棚架下还装有滑轮可以推动。活动棚架需要时可以拼搭，并放置在货垛上，用作苫盖，不需要时则可以拆除，节省空间。

2. 垫垛技术

垫垛就是在货物堆垛前，根据货垛的形状、底面积大小、货物保管养护的需要、负载重量等要求，预先铺好垫垛物的作业。

（1）垫垛目的。垫垛是为了使堆垛的货物免受地坪潮气的侵蚀，使垛底通风透气，提高储存货物的保管养护质量，是仓储保管作业中必不可少的一个环节。

（2）垫垛材料。通常采用枕木、石墩、水泥墩、木板、防潮纸等，根据不同的储存条件，货物的不同要求，采用不同的垫垛材料。

（3）垫垛方法。

①码架式。即采用若干个码架，拼成所需货垛底面积的大小和形状，以备堆垛。码架，是用垫木为脚，上面钉着木条或木板的构架，专门用于垫垛。码架规格不一，常见的有：长 2m、宽 1m、高 0.2m 或 0.1m。不同储存条件，所需码架的高度不同：楼上库房使用的码架，高度一般为 0.1m；平房库使用的码架，高度一般为 0.2m；货棚、货场使用的码架高度一般在 0.3～0.5m。

②垫木式。采用规格相同的若干根枕木或垫石，按货位的大小、形状排列，作为垛垫。枕木和垫石一般都是长方体的，其宽和高相等，约为 0.2m，枕木较长约 2m，而垫石较短约 0.3m。这种垫垛方法最大的优点是，拼拆方便，不用时节省储存空间。适用于底层库房及货棚、货场垫垛。

③防潮纸式。即在垛底铺上一张防潮纸作为垛垫。常用芦席、油毡、塑料薄膜等防潮纸，适用于地面干燥的库房，同时储存的商品对通风要求又不高时，可在垛底垫一层防潮纸防潮。

此外，若采用货架存货，或采用自动化立体仓库的高层货架存货，则货垛下面可以不用垫垛。

五、保管作业流程

（一）仓储业务作业的概念

仓储业务作业是指从货物入库到货物发送的整个仓储作业全过程。主要包括入库流程、出库流程和库房管理等内容。

要起动仓储业务作业，管理部门必须要建立储备货物、雇用人员、展开工作程序、建立结账方法和存货控制以及启动当地配送系统等。

（二）仓储业务作业的全过程

仓储业务作业全过程所包含的内容：货物验收入库作业、货物保管作业、货物盘点作业、呆废货物处理、退货处理、财务处理、安全维护、货物出库作业、资料保管等。其作业流程大体上如图3-1所示。

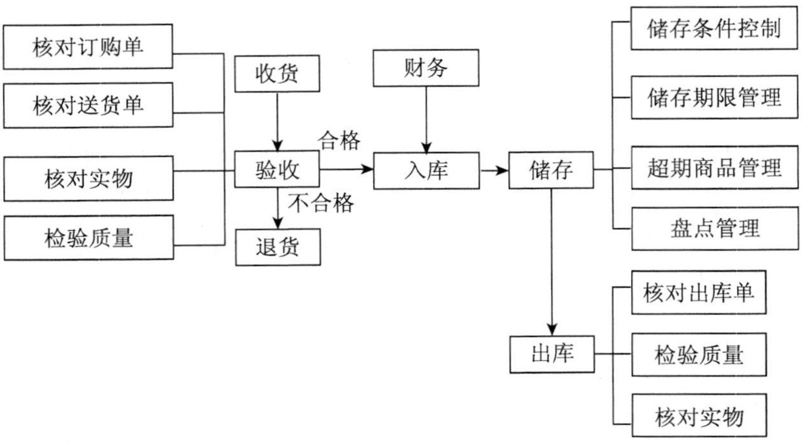

图3-1　仓储作业流程

（三）仓储业务作业的要求

仓储业务作业是一项技术要求高，组织严密的工作，必须做到及时、准确、严格、经济。

1. 及时

到库货物必须在规定的期限内完成验收工作。因为货物虽然到库，但未经过验收不能入库入账。只有及时验收，尽快提出检验报告，才能保证货物尽快入库，加快货物和资金周转。同时，货物的承付和索赔都有一定的期限，如果验收时发现货物不合规定要求，要提出退货、换货或赔偿等要求，均应在规定的期限内提出。否则，责任方不再承担责任，银行也将办理拒付手续。

2. 准确

验收的各项数据或检验报告必须准确无误。验收的目的是弄清货物数量和质量方面的实际情况，验收不准确，就失去了意义。同时，不准确的验收还会给人假象，造成错误的判断，引起保管工作的混乱，严重者还会危及营运安全。

3. 严格

仓库有关各方都要严肃认真地对待货物验收工作。验收工作的好坏直接关系到国家和企业利益，也关系到以后各项仓储业务的顺利开展，因此，仓库领导应高度重视验收工作，直接参与人员更要以高度负责的精神来对待这项工作。

4. 经济

货物在验收时，多数情况下，不但需要检验设备和验收人员，而且需要装卸搬运机具和设备以及相应工种工人的配合。这就要求各工种密切协作，合理组织调配人员与设备，以节省作业费用。此外，验收工作中，尽可能保护原包装，减少或避免破坏性试验，也是提高作业经济性的有效手段。

第三节 仓库的出入库管理

一、入库作业管理

（一）货物接收的依据

货物入库的依据是仓库同货主企业签订的仓储合同、仓库的上级管理部门下达的入库通知或货物入库计划。商品入库，是指接到货物入库通知单后，经过接运提货、装卸搬运、检查验收、办理入库手续等一系列作业环节构成的工作过程。

（二）货物入库的方式

货物到达仓库的形式不同，除了一小部分由供货单位直接运到仓库交货外，大部分要经过铁路、公路、航运、空运和短途运输等运输工具转运。凡经过交通运输部门转运的货物，均需经过仓库接运后，才能进行入库验收。因此，货物的接运是货物入库业务流程的第一道作业环节，也是货物仓库直接与外部发生的经济联系。它的主要任务是及时、准确地向交通运输部门提取入库商品，要求手续清楚，责任分明，为仓库验收工作创造有利条件。接运工作是仓库业务活动的开始，是货物入库和保管的前提，好坏直接影响货物的验收和入库后的保管保养。因此，在接运由交通运输部门（包括铁路）转运的商品时，必须认真检查，分清责任，取得必要的证件，避免将一些在运输过程中或运输前就已经损坏的商品带入仓库，造成验收中责任难分和在保管工作中的困难或损失。

由于接运工作直接与交通运输部门接触，因此，做好接运工作还需要熟悉交通运输部门的要求和制度。例如，发货人与运输部门的交接关系和责任的划分，铁路或航运等运输部门在运输中应负的责任，收货人的责任，铁路或其他运输部门编制普通记录和商务记录的范围，向交通运输部门索赔的手续和必要的证件等。

做好货物接运业务管理的主要意义在于，防止把在运输过程中或运输之前已经发生的货物损害和各种差错带入仓库，减少或避免经济损失，为验收和保管保养创造良好的条件。接运方式大致有 4 种。现将各种接运方式的注意事项分别叙述如下。

1. 车站、码头

（1）提货人员对所提取的货物应了解其品名、型号、特性和一般保管知识、装卸搬运注意事项等。在提货前应做好接运货物的准备工作，如装卸运输工具、腾出存入货物的场地等。提货人员在到货前，应主动了解到货时间和交货情况，根据到货多少，组织装卸人员、机具和车辆，按时前往提货。

（2）提货时应根据运单以及有关资料详细核对品名、规格、数量，并注意货物外观，查看包装、封印是否完好，有无沾污、受潮、水渍、油渍等异状。若有疑点或不符，应当场要求运输部门检查。对短缺损坏情况，凡属铁路方面责任的，应作出商务记录；属于其他方面责任需要铁路部门证明的应作出普通记录，由铁路运输员签字，并注意记录内容与实际情况要相符合。

（3）在短途运输中，要做到不混不乱，避免碰坏损失。危险品应按照危险品搬运规定办理。

（4）货物到库后，提货员应与保管员密切配合，尽量做到提货、运输、验收、入库、堆码一条龙作业，从而缩短入库验收时间，并办理内部交接手续。

2. 专用线接车

（1）接到专用线到货通知后，应立即确定卸货货位，力求缩短场内搬运距离；组织好卸车所需要的机械、人员以及有关资料，做好卸车准备。

（2）车皮到达后，引导对位，进行检查，查看车皮封闭情况是否良好（即车厢、车窗、铅封、苫布等有无异状）；根据运单和有关资料核对到货品名、规格、标志和清点件数；检查包装是否有损坏或有无散包；检查是否有进水、受潮或其他损坏现象。在检查中发现异常情况，应请铁路部门派人员复查，作出普通或商务记录，记录内容应与实际情况相符，以便交涉。

（3）卸车时要注意为商品验收和入库保管提供便利条件，分清车号、品名、规格，不混不乱；保证包装完好，不碰坏，不压伤，更不得自行打开包装。应根据商品的性质合理堆放，以免混淆，卸车后在货物上应标明车号和卸车日期。

（4）编制卸车记录，记明卸车货位规格、数量，连同有关证件和资料，尽快向保管员交代清楚，办好内部交接手续。

3. 仓库自行接货

（1）仓库接受货主委托直接到供货单位提货时，应将这种接货与检验工作结合起来同时进行。

（2）仓库应根据提货通知，了解所提货物的性能、规格、数量，准备好提货所需的机械、工具、人员，配备保管员在供方当场检验质量、清点数量，并做好验收记录，接货与验收合并一次完成。

4. 库内接货

存货单位或供货单位将货物直接运到仓库储存时，应由保管员或验收人员直接与送货人员办理交接手续，当面验收并做好记录。若有差错，应填写记录，由送货人员签字证明，据此向有关部门提出索赔。

（三）货物入库交接的程序

入库流程：订购单→送货单→点收检查→办理入库手续货物→放置到指定位置→填写货物标识卡加以标识。

(1) 采购部门根据货源的情况，及时填写订购单，送部门经理批准，并送一份给仓库，作为核对货物以及单价的依据。订购单须注明品名、规格、数量、单价以及供应商名称。

(2) 供应商须凭送货单将货物送至指定地点，送货单亦须注明供应商名称、品名、数量、规格、单价、金额。

(3) 仓库核对订购单、送货单无误后，将货物点收入库，如是货运公司送货，须将送货单随货同行，并在货运单上注明货单在哪一只箱中。

(4) 仓库填写入库单，送财务经理批准并分单。

(5) 仓库将货物放置到规定的货架并填写货物标识卡加以标识。

(四) 货物入库的验收

货物验收是按照验收业务作业流程，核对凭证等规定的程序和手续，对入库货物进行数量和质量检验的经济技术活动的总称。凡货物进入仓库储存，必须经过检查验收，只有验收后的货物，方可入库保管。货物验收涉及多项作业技术。

1. 货物验收的作用

所有到库货物，必须在入库前进行验收，只有在验收合格后方算正式入库。这种必要性体现在，一方面，各种到库货物来源复杂，渠道繁多，从结束其生产过程到进入仓库前，经过一系列储运环节，受到储运质量和其他各种外界因素的影响，质量和数量可能发生某种程度的变化；另一方面，各类货物虽然在出厂都经过了检验，但有时也会出现失误，造成错检或漏检，使一些不合格货物按合格货物交货。具体讲货物验收的作用，主要表现在以下方面。

(1) 货物的验收工作是做好货物保管保养的基础。货物经过长途运输、装卸搬运后，包装容易损坏、散失，没有包装的货物更容易发生变化。这些情况都将影响到货物的保管。只有在货物入库时，将货物实际状况搞清楚，判明货物的品种、规格、质量等是否符合国家标准或供货合同规定的技术条件，数量上是否与供货单位附来的凭证相符，才能分类分区按品种、规格分别进行堆码存放，才能针对货物的实际情况，采取相应的措施对货物进行保管保养。

(2) 验收记录是仓库提出退货、换货和索赔的依据。货物验收过程中，若发现货物数量不足，或发现规格不符，或质量不合格时，仓库检验人员作出详细的验收记录，据此由业务主管部门向供货单位提出退货、换货或向承运责任方提出索赔等要求。倘若货物入库时未进行严格的验收，或没有作出严格的验收记录，而在保管过程中，甚至在发货时才发现问题，就会使责任不分，丧失理赔权，带来不必要的经济损失。所以，货物只有经过严格的检验，在分清了货物入库前供货单位以及各个流转运输环节的责任后，才能将符合合同规定，符合企业生产需要的货物入库。

(3) 验收是避免货物积压，减少经济损失的重要手段。保管不合格品，是一种无效的劳动。对于一批不合格货物，如果不经过检查验收，就按合格货物入库，必然造成货物积压；对于计重货物，如果不进行检斤验数，就按有关单据的供货数量付款，当实际数量不足时，就会造成经济损失。

(4) 验收有利于维护货主利益。改革开放，使我国经济与世界经济的联系日益紧密，进口货物的数量和品种不断增加。对于进口货物，国别、产地和厂家等情况更为复杂，必须依据进口货物验收工作的程序与制度，严格认真地做好验收工作。否则，数量与质量方面的问题就不能得到及时发现，若超过索赔期，即使发现问题，也难以交涉，这就会给货主造成重大经济损失。

可见，把好货物验收关是十分重要的，任何疏忽大意，都会造成保管工作的混乱，给国家、企业带来经济损失。

2. 验收作业流程及其内容

(1) 验收准备。仓库接到到货通知后，应根据货物的性质和批量提前做好验收前的准备工作，大致包括以下内容。

①人员准备。安排好负责质量验收的技术人员或用料单位的专业技术人员，以及配合质量验收的装卸搬运人员。

②资料准备。收集并熟悉待验货物的有关文件，如技术标准、订货合同等。

③器具准备。准备好验收用的检验工具，如衡器、量具等，并检验其准确性。

④货位准备。确定验收入库时存放货位，计算和准备堆码苫垫材料。

⑤设备准备。大批量货物的数量验收，必须要有装卸搬运机械的配合，应做设备的申请调用。此外，对于特殊货物的验收，如毒害品、腐蚀品、放射品等，还要准备相应的防护用品。

(2) 核对凭证。入库货物必须具备下列凭证。

①入库通知单和订货合同副本，这是仓库接收货物的凭证。

②供货单位提供的材质证明书、装箱单、磅码单、发货明细表等。

③货物承运单位提供的运单，若货物在入库前发现残损情况，还要有承运部门提供的货运记录或普通记录，作为向责任方交涉的依据。

④核对凭证，也就是将上述凭证加以整理全面核对。入库通知单、订货合同要与供货单位提供的所有凭证逐一核对，相符后，才可进行下一步实物检验。

(3) 实物检验。所谓实物检验，就是根据入库单和有关技术资料对实物进行数量和质量检验。

①数量检验。数量检验是保证货物数量准确不可缺少的重要步骤，一般在质量验收之前，由仓库保管职能机构组织进行。按货物性质和包装情况，数量检验分为3种形式，即计件、检斤、检尺求积。

计件是按件数供货或以件数为计量单位的货物，做数量验收时的清点件数。一般情况下，计件货物应全部逐一点清，固定包装物的小件货物，如果包装完好，打开包装对保管不利。国内货物只检查外包装，不拆包检查，进口商品按合同或惯例办理。

检斤是按重量供货或以重量为计量单位的货物，做数量验收时的称重。金属材料、某些化工产品多半是检斤验收。按理论换算重量供应的货物，先要通过检尺，如金属材料中的板材、型材等，然后，按规定的换算方法换算成重量验收。对于进口货物，原则上应全部检斤，但如果订货合同规定理论换算重量交货，则按合同规定。所有检斤的货物，都应填写磅码单。

检尺求积是对以体积为计量单位的货物，如木材、竹材、砂石等，先检尺、后求体积所做的数量验收。凡是经过数量检验的货物，都应该填写磅码单。

在做数量验收之前，还应根据商品来源、包装好坏或有关部门规定，确定对到库商品是采取抽验还是全验方式。在一般情况下数量检验应全验，即按件数全部进行点数，按重量供货的全部检斤，按理论重量供货的全部检尺，后换算为重量，以实际检验结果的数量为实收数。有关全验和抽验，如果商品管理机构有统一规定时，则可按规定办理。

②质量检验。质量检验包括外观检验、尺寸检验、机械物理性能检验和化学成分检验4种形式。仓库一般只作外观检验和尺寸精度检验，后两种检验如果有必要，则由仓库技术管理职能机构取样，委托专门检验机构检验。

货物的外观检验。在仓库中，质量验收主要指货物外观检验，由仓库保管职能机构组织进行。外观检验是指通过人的感觉器官，检验货物的包装外形或装饰有无缺陷；检查货物包装的牢固程度；检查货物有无损伤，如撞击、变形、破碎等；检查货物是否被雨、雪、油污等污染，有无潮湿、霉腐、生虫等。外观有缺陷的货物，有时可能影响其质量，所以，对外观有严重缺陷的商品，要单独存放，防止混杂，等待处理。已经过外观检验的货物，都应该填写“检验记录单”。货物的外观检验，即通过直接观察货物包装或货物外观判别质量情况，大大简化了仓库的质量验收工作，避免了各个部门反复进行复杂的质量检验，从而节省大量的人力、物力和时间。

货物的尺寸检验。由仓库的技术管理职能机构组织进行。进行尺寸精度检验的商品，主要是金属材料中的型材、部分机电产品和少数建筑材料。不同型材的尺寸检验各有特点，如椭圆材主要检验直径和圆度；管材主要检验壁厚和内径；板材主要检验厚度及其均匀度等。对部分机电产品的检验，一般请用料单位派人员进行操作。尺寸精度检验是一项技术性强，很费时间的工作，全部检验工作量大，并且有些产品质量的特性只有通过破坏性的检验才能测到，因此，一般采用抽验的方式进行。

理化检验。是对货物内在质量和物理化学性质所进行的检验，一般主要是对进口货物进行理化检验。对货物内在质量的检验要求一定的技术知识和检验手段，目前仓库多不具备这些条件，因此，一般由专门的技术检验部门进行。

以上质量检验是货物交货时或入库前的验收。在某些特殊情况下，尚有完工时期的验收和制造时期的验收，就是在供货单位完工和正在制造过程中，由需方派员到供货单位检验。应当指出，即使供货单位检验过的货物，或者是因为运输条件不良，或者因为质量不稳定，也会在进库时发生质量问题，因此，交货时入库前的检验，在任何情况下都是有必要的。

货物验收方式分为全验和抽验。在进行数量和外观验收时一般要求全验。在质量验收时，当批量小、规格复杂、包装整齐或要求严格验收时可以采用全验。全验需要大量的人力、物力和时间，但是，可以保证验收的质量。当批量大、规格和包装整齐，存货单位的信誉较高，人工验收条件有限的情况下，通常采用抽验的方式。商品质量和储运管理水平的提高以及数理统计方法的发展，为抽验方式提供了物质条件和理论依据。

货物验收方式和有关程序应该由存货方和保管方共同协商，并通过协议在合同中加以明确规定。

（五）入库中的问题处理

1. 单证不齐、数量短缺、质量不符

货物验收中，可能会发现诸如单证不齐、数量短缺、质量不符合要求等问题，应区别不同情况，及时处理。

（1）验收中发现问题等待处理的货物，应该单独存放，妥善保管，防止混杂、丢失、损坏。

（2）数量短缺规定在磅差范围内的，可按原数入账；凡超过规定磅差范围的，应查对核实，做好验收记录和磅码单交主管部门会同货主向供货单位办理交涉。凡实际数量多于原发料量的，可由主管部门向供货单位退回多发数，或补发货款。在货物入库验收过程中发生的数量不符情况，其原因可能是发货方面在发货过程中出现了差错，误发了商品，或者是在运输过程中漏装或丢失了货物等。

（3）质量不符合规定时，应及时向供货单位办理退货、换货交涉，或征得供货单位同意代为修理，或在不影响使用前提下降价处理。货物规格不符或错发时，应先将规格对的予以入库，规格不对的做成验收记录交给主管部门办理换货。

（4）单证未到或不齐时，应及时向供货单位索取，到库货物应作为待检验货物堆放在待验区，待单证到齐后再进行验收。单证未到之前，不能验收，不能入库，更不能发料。

（5）属承运部门造成的货物数量短少或外观包装严重残损等，应凭接运提货时索取“货运记录”向承运部门索赔。

（6）价格不符，供方多收部分应予拒付，少收部分经过检查核对后，应主动联系，及时更正。

（7）“入库通知单”或其他单证已到，在规定的时间未见货物到库时，应及时向有关部门反映，以便查询处理。

2. 货物数量或质量问题

在货物验收过程中，如果发现货物数量或质量的问题，应该严格按照有关制度进行处理。这有利于分清各方的责任，并促使有关责任部门吸取教训，改进今后的工作。在对验收过程中发现的问题进行处理时应该注意以下几个方面：

（1）货物入库凭证未到齐之前不得正式验收。如果入库凭证不齐或不符，仓库有权拒收或暂时存放，等凭证到齐再验收入库。

（2）发现货物数量或质量不符合规定，要会同有关人员当场作出详细记录，交接双方应在记录上签字。如果是交货方的问题，仓库应该拒绝接收。如果是运输部门的问题就应该提出索赔。

（3）数量验收中，计件货物应及时验收，发现问题要按规定的手续，在规定的期限内向有关部门提出索赔要求。超过索赔期限，责任部门对形成的损失将不予负责。

二、出库业务作业

（一）货物出库的依据

货物出库必须依据货主开的“货物调拨通知单”，才能出库。不论任何情况下，仓库都不得擅自动用、变相动用或者外借货主的库存货物。

“货物调拨通知单”的格式不尽相同，不论采用何种形式，都必须符合财务制度要求，有法律效力的凭证。要坚决杜绝凭信誉或无正式手续的发货。

（二）货物出库的要求和基本方法

1. 货物出库的要求

其基本要求，要做到“三不三核五检查”。“三不”，即未接单据不登账，未经审单不备货，未经复核不出库；“三核”，即在发货时，要核实凭证、核对账卡、核对实物；“五检查”，即对单据和实物要进行品名、规格、包装、件数和重量检查。具体地说，货物出库要求严格执行各项规章制度，提高服务质量，使用户满意，包括对品种规格要求，积极与货主联系业务，为用户提货创造各种方便条件，杜绝差错事故。

2. 货物出库的形式

（1）送货。仓库根据货主单位预先送来的“货物调拨通知单”，通过发货作业，把应发货物交由运输部门送达收货单位，这种发货形式就是通常所称的送货制。仓库实行送货，要划清交接责任。仓储部门与运输部门的交接手续，是在仓库现场办理完毕的。运输部门与收货单位的交接手续，是根据货主单位与收货单位签订的协议，一般在收货单位指定的到货目的地办理。

送货具有“预先付货、按车排货、发货等车”的特点。仓库实行送货具有多方面的好处：仓库可预先安排作业，缩短发货时间；收货单位可避免因人力、车辆等不便而发生的取货困难；在运输上，可合理使用运输工具，减少运费。仓储部门实行送货业务，应考虑到货主单位不同的经营方式和供应地区的远近，既可向外地送货，也可向本地送货。

（2）自提。由收货人或其代理持“货物调拨通知单”直接到库提取，仓库凭单发货，这种发货形式就是仓库通常所称的提货制，具有“提单到库，随到随发，自提自运”的特点。为划清交接责任，仓库发货人与提货人在仓库现场，对出库商品当面交接清楚并办理签收手续。

（3）过户。过户是一种就地划拨的形式，货物虽未出库，但所有权已从原存货户转移到新存货户。仓库必须根据原存货单位开出的正式过户凭证，才能办理过户手续。

（4）取样。货主单位出于对货物质量检验、样品陈列等需要，到仓库提取货样。仓库也必须根据正式取样凭证才予发给样品，并做好账务记载。

（5）转仓。货主单位为了业务方便或改变储存条件，需要将某批库存商品自甲库转移到乙库，这就是转仓的发货形式。仓库也必须根据货主单位开出的正式转仓单，才予办理转仓手续。

（三）货物出库的程序

1. 出库流程

（1）内部。领料人填写领料单→主管签字→凭单领料→核对品名、规格、数量并发料。

（2）外部。商务代表填写库单→用户确认→收银→出库单送到装机处→装机人员领料→仓库发料→装机人员核对规格、数量并签字。

如无须装机，商务填写出库用户确认→收银→仓库发料商务确认规格、数量无误后在领料人处签字；如是内部领料使用，由各部门开列领料单，经主管签字，凭三联单到仓库领料。

如是出售物品领料，商务代表将配置单送仓库，确认货物无误后，开列出库单并将收银后的出库单送装机人员；装机人员凭出库单至仓库领料，核对货物无误后，仓管和装机人员同时签字。

如有赠品，须在出库单上注明名称、规格、数量。

2. 货物出库的方式

货物出库的方式主要有3种。第一种，客户自提。客户自己派人或派车来公司的库房提货。第二种，委托发货。自己去提货有困难的客户，一般会委托公司去找第三方物流公司提供送货服务。第三种，仓储企业派自己的货车给客户送货。提货的车到达仓库后，出示出库单据，在库房人员协调下，按规定做好数量记录，检斤人员按货位、品种、数量搬运货物装到车上。保管人员做好出库质量管理，严防撒漏、破损，做好数量、重量记录，制作出库检斤表，由复核人员核实品种、数量和提单，制作出仓库出门条。出库时交出库门卫，核实后放行。不同仓库在商品出库的操作程序上会有所不同，操作人员的分工也有粗有细，但就整个发货作业的过程而言，一般都是跟随着商品在库内的流向，或出库单的流转而构成各工种的衔接。

3. 出库程序

出库程序包括核单→复核→包装→点交→登账→清理等过程。出库采用何种方式，主要决定于收货人。

（1）核单备料。发放货物必须有正式的出库凭证，严禁无单或白条发料。保管员接到出库凭证后，应仔细核对。这就是出库业务的核单（验单）工作。首先，要审核出库凭证的真实性；其次，核对货物品名、型号、规格、单价、数量、收货单位、到站、银行账号；最后，审核出库凭证的有效期等。如属自提货物，还须检查有无财务部门准许发货的签单。

在对货物调拨通知单所列项目进行核查后，才能开始备料工作。出库商品应附有质量证明书或抄件、磅码单、装箱单等，机电设备等配件产品，其说明书及合格证应随货同到。备料时应本着“先进先出、易霉易坏先出、接近失效期先出”的原则，根据领料数量下堆备料或整堆发料。备料的计量实行“以收代发”，即利用入库检验时的一次清点数，不再重新过磅。备料后要及时变动料卡余额数量，填写实发数量和日期等。

（2）复核。为防止差错，备料后应立即进行复核。出库的复核形式主要有专职复核、交叉复核和环环复核3种。此外，在发货作业的各道环节上，都贯穿着复核工作。例如，理货员核对单货，守护员（门卫）凭票放行，账务员（保管会计）核对账单（票）等。这些分散的复核形式，起到分头把关的作用，都有助于提高仓库发货业务的工作质量。复核的主要内容包括：品种数量是否准确、货物质量是否完好、配套是否齐全、技术证件是否齐备、外观质量和包装是否完好等。复核后保管员和复核员应在“货物调拨通知单”上签名。

（3）包装。出库的货物如果没有符合运输方式所要求的包装，应进行包装。根据货物外形特点，选用适宜包装材料，其重量和尺寸，应便于装卸和搬运。出库货物包装，要求干燥、牢固，如有破损、潮湿、捆扎松散等不能保障商品在运输途中安全的，应负责加固整理，做到破包破箱不出门。此外，各类包装容器，外包装上有水湿、油迹、污损，均不许出门。另外，在包装中，严禁互相影响或性能互相抵触的货物混合包装。包装后，要写明收货单位、到站、发货号、本批总件数、发货单位等。

（4）点交。货物经复核后，如果是本单位内部领料，则将货物和交易所当面点交给提货人，办清交接手续；如系送料或将货物调出本单位办理托运的，则与送料人员或运输部门办理交接手续，当面将货物交点清楚。交清后，提货人员应在出库凭证上签章。

（5）登账。点交后，保管员应在出库单上填写实发数、发货日期等内容，并签名，然后将出库单连同有关证件资料，及时交货主，以使货主办理货款结算。保管员留存的一联出库凭证交实物明细账登记人员登记做账。

（6）现场和档案的清理。现场清理包括清理库存货物、库房、场地、设备和工具等。档案清理是指对收发、保养、盈亏数量和垛位安排等情况进行分析。

在整个出库业务程序过程中，复核和点交是两个最为关键的环节。复核是防止差错的重要和必不可少的措施，而点交则是划清仓库和提货方两者责任的必要手段。

4. 退货手续

退货流程：商务填红字出库单，收银装配核对货单办理退库手续货物归还原位领料后，装机困难或客户要求等原因需要退货时，需用红字填写出库单冲账，并将货物包装完好如初，经核对无缺后方能退库。

（四）出库中的问题处理

货物出库过程中出现的问题总是多方面的，应分别对待处理。

1. 出库凭证（提货单）的问题

（1）凡出库凭证超过提货期限，用户前来提货，必须先办手续，按规定缴逾期仓储保管费，然后方可发货。任何白条子，都不能作为发货凭证。提货时，用户发现规格差错，保管员不得自行调换规格发货，必须通过制票员重新开票方可发货。

（2）凡发现出库凭证有疑点，或者情况不清楚以及出库凭证发现有假冒、复制、涂改等情况时，应及时与仓库保卫部门以及出具出库单的单位或部门联系，妥善处理。

（3）物品进库未验收，或者期货未进库的出库凭证，一般暂缓发货，并通知货主，待货到并验收后再发货，提货期顺延，保管员不得代发代验。

（4）如客户因各种原因将出库凭证遗失，客户应及时与仓库发货员和账务人员联系挂失；如果挂失时货已被提走，保管人员不承担责任，但要协助货主单位找回货物；如果货还没有提走，经保管人员和财务人员查实后，做好挂失登记，将原凭证作废，缓期发货。

2. 货数与实存数不符

若出现提货数量与商品实存数不符的情况，一般是实存数小于提货数。造成这种问题的原因主要有：货物入库时，由于验收问题，增大了实收货物的签收数量，从而造成账面数大于实存数；仓库保管人员和发货人员在以前的发货过程中，因错发、串发等差错而形成实际商品库存量小于账面数；货主单位没有及时核减开出的提货数，造成库存账面数大于实际储存数，从而开出的提货单提货数量过大；仓储过程中造成的货物的毁损。

当遇到提货数量大于实际商品库存数量时，无论是何种原因造成的，都需要和仓库主管部门以及货主单位及时取得联系后再作处理。如属于入库时错账，则可以采用报出报入方法进行调整，即先按库存账面数开具商品出库单销账，然后再按实际库存数重新入库登账，并在入库单上签明情况。如果属于仓库保管员串发错发而引起问题，应由仓库方面负责解决库存数与提单数的差数。属于货主单位漏记账而多开出库数，应由货主单位出具新的提货单，重新组织提货和发货。如果是仓储过程中的损耗，需考虑该损耗数量是否在合理的范围之内，并与货主单位协商解决，合理范围内的损耗，应由货主单位承担，而超过合理范围之外的损耗，则应由仓储部门负责赔偿。

3. 串发货和错发货

所谓串发货和错发货，主要是指发货人员对货物种类规格不很熟悉的情况下，或者由于工作中的疏漏，把错误规格、数量的商品发出库的情况。如提货单开具某种货物的甲规格出库，而在发货时错把该种商品的乙规格发出，造成甲规格账面数小于实存数，乙规格账面数大于实存数。在这种情况下，如果货物尚未离库，应立即组织人力，重新发货。如果商品已经提出仓库，保管人员要根据实际库存情况，如实向本库主管部门和货主单位讲明串发货或错发货的品名、规格、数量、提货单位等情况，会同货主单位和运输单位共同协商解决。一般在无直接经济损失的情况下由货主单位重新按实际发货数冲单（票）解决。如果形成直接经济损失，应按赔偿损失单据冲转调整保管账。

4. 包装破漏

包装破漏是指在发货过程中，因商品外包装破散、砂眼等现象引起的商品渗漏、裸露等问题。这些问题主要是储存过程中因堆垛挤压、发货装卸操作不慎等情况引起的，发货时都应经过整理或更换包装，方可出库，否则造成的损失应由仓储部门承担。

5. 漏记账和错记账

漏记账是指在商品出库作业中，由于没有及时核销商品明细账而造成账面数量大于或少于实存数的现象。错记账是指在商品出库后核销明细账时没有按实际发货出库的货物名称、数量等登记，从而造成账实不符的情况。无论是漏记账还是错记账，一经发现，除及时向有关领导如实汇报情况外，还应根据原出库凭证查明原因调整保管账，使之与实际库存保持一致。如果由于漏记账和错记账给货主单位、运输单位和仓储部门造成了损失，应予赔偿，同时应追究相关人员的责任。

第四节　现代仓储保管技术

一、仓库温湿度的控制

货物在储存期间的质量变化与货物储存环境密切相关，而在货物储存环境诸因素中，仓库的温湿度最为重要。货物在储存期间发生的霉变、锈蚀、溶化、虫蛀、挥发等，都与温湿度关系密切。仓库温湿度的变化，直接受库外自然气候变化的影响。了解自然气候的变化规律，加强仓库温湿度管理，创造适合货物安全储存的温湿度条件，是货物养护的一项重要工作。

（一）温湿度的基本知识

货物在仓库储存过程中的各种变质现象，几乎都与空气温湿度有密切关系，仓储货物保管的中心环节就是控制好仓库的温湿度。由于货物的性质不同，其所适应的温湿度也不同。仓库温湿度的变化对储存商品的质量安全影响很大，而仓库温湿度往往又受自然气候变化的影响，这就需要仓库管理人员正确地控制和调节仓库温湿度，以确保储存货物的安全。

1. 空气温度

空气温度指空气的冷热程度，又叫气温，仓库温度的控制既要注意库房内外的温度，也要注意储存货物本身的温度。空气中的热量主要来自于太阳的热量。因为空气的导热性很小，只有接近地面的气层温度较高，通过冷热空气的对流，使整个大气层的温度发生变化。一般地说，距地面越近气温越高，距地面越远气温越低。

常用的温度单位是摄氏温度、华氏温度和绝对温度，它们之间的换算关系为：

摄氏温度＝（华氏温度－32）×5÷9

华氏温度＝32＋（摄氏温度×9÷5）

绝对温度＝273＋摄氏温度

2. 空气湿度

空气湿度指空气中水蒸气含量的多少，通常以绝对湿度、饱和湿度和相对湿度表示。

(1) 绝对湿度是指单位体积空气中，实际所含水蒸气的重量，即每立方米的空气中，含多少克的水汽量。

（2）饱和湿度指在一定气压、气温的条件下，单位体积空气中所能含有的最大水蒸气重量，其单位与绝对湿度的单位相同。空气中的水蒸气超过饱和湿度时，剩余的水蒸气即凝成水珠附在冷物体上，这种现象称为“水淞”。饱和湿度随温度升高而增加，因为气温高，空气中能够容纳的水蒸气量就多，故饱和湿度就大。

（3）相对湿度指空气中实际含有水蒸气量与当时温度下饱和蒸汽量的百分比，即绝对湿度与相对湿度的百分比，它表示在一定温度下，空气中的水蒸气距离该温度时的饱和水蒸气量的程度。相对湿度越大，说明空气越潮湿，反之，则越干燥。在仓库温湿度管理中，检查库房的湿度大小，主要是观测相对湿度的大小。

绝对湿度、饱和湿度和相对湿度三者的关系，可用下式表示：

相对湿度＝绝对湿度/饱和湿度×100％

在温度不变的情况下，空气绝对湿度越大，相对湿度越高；绝对湿度越小，相对湿度越低。在空气中水蒸气含量不变的情况下，温度越高，相对湿度越小；温度越低，相对湿度越高。

3. 露点

在绝对湿度和气压不变的情况下，若气温降低，空气中容纳不了原气温时所含的水蒸气量，使空气中的水蒸气达到饱和状态，此时的温度称为露点。必须指出，在气压一定时，露点的高低只与空气中的水汽含量有关，水汽含量越多露点也越高。当含有水蒸气的热空气进入库房，遇到冷的物体，使冷物体周围的湿空气温度降到露点，则空气中的水蒸气就会凝结在冷物体表面。这对商品保管是不利的。

（二）空气温湿度的变化对货物质量的影响

大多数货物都含有水分，它们对温湿度的适应性是有一定限度的，如果长期超过或低于这个限度，商品质量就会发生变化。因此，必须首先研究货物中的水分与空气温湿度的相互关系，并应用这些关系，做好货物养护工作，维护货物质量的安全。

1. 货物的吸湿性

指货物吸收和放出水分的性质，它与货物养护有着密切关系。货物吸湿性的大小以及吸湿速度的快慢，都直接影响该货物含水量的增减，对货物质量的影响极大。

货物从空气中吸收水分，叫作吸湿；水分从货物体内向空间散发，叫作散湿。具有吸湿性能的货物，叫作吸湿性货物。货物吸湿性的大小，集中体现在吸湿点的高低。当空气相对湿度高于货物的吸湿点时，货物便开始吸湿；低于吸湿点时，货物便开始散湿。不同货物，在同一温度下，吸湿点也不一样。吸湿点越低的货物，吸湿性越强，越易吸湿；同一货物，在不同温度下，吸湿点也不相同。一般地说，温度越高，吸湿点越低；反之，吸湿点越高。货物的吸湿点，是安全保管易吸湿货物的重要依据。只要储存环境的温湿度条件不超过货物的吸湿点，货物就不会因吸湿而发生变化。这对防止货物变质损失，具有重要的意义。

2. 货物的安全水分

是指吸湿性货物可以安全储存的最高含水量（也叫临界含水量）。货物在储存保管期间的含水量是有一定幅度要求的，如果超过了安全水分就会影响货物质量。因此，在货物养护工作中，应该掌握各种货物的安全水分，要经常注意货物本身的实际含水量是否超过了这个安全界限。如果发现问题，就应采取措施，以保证货物质量的安全。

货物的安全水分，通常是指货物含水量的最高界限。如果超过这个界限，货物就不能保证安全。但是，在实际工作中，有些货物，由于含水量过低，也会引起质量变化，如干缩、脆裂、风化、变形等。因此，商品的安全水分，还应该有一个最低临界限，当货物中的水分降低到最低临界限以下时，也不能保证货物的安全。不同货物的安全水分不同，这是由各种货物的不同性质所决定的，而每种货物的安全水分也是随着气温的变化而变化。气温高，安全水分就低；气温低，安全水分就高。

3. 货物的安全相对湿度与安全温度

吸湿性货物的含水量是随着空气温湿度的变化而变化。货物在储存中，为了保证其质量的安全，都要求空气温湿度条件与之相适应，使货物的含水量不超过临界水分。

为了保证货物含水量在安全临界之内，就要控制储存环境的空气相对湿度在一定范围内，这个范围就是货物的安全相对湿度。各种货物的安全相对湿度，不是固定不变的，而是随着温度的变化而变化。在空气相对湿度高于货物安全相对湿度时，并不意味着货物会立即变质，但可以说已经超过了安全储存界限。长时间的持续，则容易引起货物质量的变化。因此，库存管理中要控制相对湿度在安全范围之内。

货物在保管中为了其质量安全，对储存环境所要求的温度界限，就是货物的安全温度，有最高界限与最低界限之分。但是，对一般货物只要求最高温度界限，而对于怕冻货物要求最低温度界限。货物的安全温度是指空气温度，它是从仓储工作实践摸索出来的一个温度范围的数据。在实际养护中，要掌握货物的安全温度，就要综合考虑货物及其包装等各方面因素加以确定。

（三）仓库温湿度的调节与控制

仓库温湿度的变化，对储存货物的安全有着密切的关系，要保持货物质量稳定，控制与调节仓库温湿度，成为当前条件下货物养护的一个重要措施。各种货物的性能不同，各个库房的建筑结构、设备条件也有差异，气候在不断地变化着，以及其他各种因素错综复杂，因此，在确定措施前应缜密考虑，认真分析，才能运用得当，收到预期的效果。研究并采取一些措施控制仓库内温湿度的变化，对不适宜货物储存的温湿度要及时调节。控制与调节仓库环境的方法很多，密封、通风与吸潮相结合的方法，是控制与调节库内温湿度行之有效的方法。

1. 仓库的密封

仓库密封就是把整库、整垛或整件货物尽可能地密封起来，减少外界不良气候条件对其影响，以达到商品安全储存的目的。密封能保持库内温湿度处于相对稳定状态，达到防潮、防热、防干裂、防冻、防溶化的目的，还可收到防霉、防火、防锈蚀、防老化等各方面的效果。

（1）密封储存时应注意的几点事项。

①检查。密封前要检查货物质量、温度和含水量是否正常，如发现生霉、生虫、发热、进水等现象就不能进行密封。发现商品含水量超过安全范围及包装材料过潮，也不宜密封。

②时间。密封的时间要根据商品的性能和气候情况决定。怕潮、怕溶化、怕霉的货物，应选择在相对湿度较低的时节进行密封。

③材料。密封材料常用的有塑料薄膜、防潮纸、油毡纸、芦席等。密封材料必须干燥清洁、无异味。选用何种材料应根据货物的性质和密封的目的合理选择。

（2）密封储存的形式有4种。

①整库密封。对储存量大，出入库动态性不大的商品宜于采取整库密封。即将门窗缝隙用毡条或棉布条堵严，留做出入的门应加装隔潮门，门上要挂棉门帘。若密封库有易霉、怕虫蛀的货物，可在库内定期用药剂进行杀菌消毒，以防霉菌虫害滋生。

②按垛密封。对于一些怕潮易霉或易干裂的货物，可以用防潮效果好的材料，将货垛上下四周围起，进行整垛密封，以减少气候变化时对商品的影响。

③货架/柜/橱密封。对出入库频繁、零星而又怕潮易霉、易干裂、易生虫、易锈蚀的货物，可以采用货架密封法。在储存时可在货架内放一容器，内装硅或氯化钙等吸湿剂，以保持架内干燥；若要防虫，还应在货架内放入适量的驱虫剂。

④按件/箱密封。主要是将货物的包装严密地进行封闭，一般适于数量少、体积小的易霉、易锈蚀货物；多数易潮、生霉、溶化、生锈的货物，都适宜先用塑料袋按件包装，加热封口，或放在包装箱、包装桶或包装袋内。总之，要根据商品养护的需要，结合气候情况与储存条件，因地制宜，就地取材，灵活运用。

2. 通风

空气是从压力大的地方向压力小的地方流动，气压差越大，空气流动就越快。通风就是利用库内外空气温度不同而形成的气压差，使库内外空气形成对流，达到调节库内温湿度的目的。当库内外温度差距越大时，空气流动就越快；若库外有风，借风的压力更能加速库内外空气的对流，但风力亦不能过大（风力超过5级灰尘较多）。正确地进行通风，不仅可以调节与改善库内的温湿度，而且能及时地散发货物及包装的多余水分。按通风的目的不同，可分为利用通风降温、升温和利用通风散潮两种。

（1）通风降温、升温。主要指对空气湿度要求不高，而对温度要求比较严格的一些怕热货物，如玻璃瓶或铁桶装的易挥发的化工原料、化学试剂和医药等的液体货物。这类货物在气温高的季节，只要库外温度低于库内时，就可以通风。对于一些怕冻货物，在冬季，只要库外温度高于库内也可以进行通风，以提高库内温度。

（2）通风散湿。是指对易霉腐、溶化、锈蚀等的库存货物的通风。利用通风散潮，降低库内的相对湿度，首先应该对比库内外绝对湿度的高低，然后再考虑气温与相对湿度的高低。在分析研究比较复杂的库内外温湿度变化情况下，决定是否通风。

①当库外空气的相对湿度和绝对湿度都低于库内时，可以通风。

②当库外温度和绝对湿度都低于库内，而相对湿度稍高时，也可以通风。

③库内外温度接近，库外相对湿度比库内低，或库内外的相对湿度接近而库外温度较库内低时，都可以通风。因为在这两种情况下，库外的绝对湿度都比库内低。

通风方法有自然通风和机械通风。自然通风就是利用库房门窗、通风洞等，使库内外空气进行自然交换。当库外无风时，气流的自然交换，主要靠库内外温差而产生的气压差进行，需要开启上部和下部的通风口、门窗，进行空气的自然交换；当库外有风时，库内外空气的交换主要靠风的压力，此时，应关闭库房迎风面上部出气口，开启背风面上部出气口。机械通风就是在库房上部装设排风扇，在库房下部装置进风扇，利用机械进行通风，以加速库房内外的空气交换，有的还在进风处安装空气过滤设备，以提高空气的洁净程度和降低空气的湿度或温度。

3. 吸潮

吸潮是与密封配合，用以降低库内空气湿度的一种有效方法。在梅雨季节或阴雨天，当库内湿度过大，又无适当通风时机的情况下，在密封库里常采用吸潮的办法，以降低库内的湿度，常采用吸潮剂或去湿机吸潮。

吸潮剂的种类很多，常用的有生石灰、氯化钙、硅胶，除了以上几种吸潮剂外，还可以因地制宜，就地取材，如使用木炭、炉灰和干谷壳等进行吸潮。

近年来，仓库普遍使用空气去湿机吸潮，利用机械吸潮的方法，降低空气的相对湿度。去湿机的工作原理是室内潮湿空气经过滤器（吸尘泡沫塑料或金属网）到蒸发器，由于蒸发器的表面温度低于空气露点温度，空气中的水分就会凝结成水滴，流入接水盘，经水管排出，使空气中的含水量降低；被冷却干燥空气，经加热后，使其相对湿度降低，再由离心机送入室内，室内空气相对湿度便不断地下降，当达到所要求的相对湿度时，即可停机。空气去湿机吸潮，在温度27℃，相对湿度为70%时，一般1h可吸水3～4kg。使用空气去湿机吸潮，不仅效率高、降湿快，而且体积小、重量轻，不污染商品。

二、金属的防锈与除锈

仓储货物的锈蚀一般是指金属制品的锈蚀，即金属制品的生锈和腐蚀，是由于金属表面受到周围介质的化学作用或电化学作用而引起的破坏现象，是一种自然现象，是仓储商品养护的主要内容之一。

造成金属锈蚀的原因有化学腐蚀（是指金属在干燥的气体或电解质存在的环境中，受到氧化物质的直接作用，腐蚀中没有电流产生，腐蚀物直接生成在发生反应的表面区域）、电化学腐蚀（是指有电流参与的腐蚀）、大气腐蚀（是指金属在大气中的锈蚀现象）3类。其中，大气腐蚀是最常见、最普遍的一种腐蚀，也是商品储存过程中最常见的一种腐蚀现象。

金属制品的防锈，主要是针对影响金属锈蚀的外界因素进行的。

1. 创造良好的储存条件

创造良好的储存条件，使产生或促进锈蚀的环境条件得到根除或最大限度地被抑制。如果储存条件不好，货物包装再好，仍然会锈蚀，因此，必须做到以下几个方面。

（1）认真选择储存场所。露天货场要尽可能远离工厂区，特别要远离化工厂；地势要高，不积水，要干燥通风；垛底垫高 30～40cm。仓库要通风、干燥、门窗严密，易于控制和调节库内温湿度。

（2）保持库房和货场干燥，其相对湿度应该在临界湿度（是指金属商品处在某一相对湿度以下时，即使长期放置于大气中也几乎不生锈，一旦超过这一相对湿度，其锈蚀速度会突然增加）以下。要建立气象报告制度，利用自然气候和机械通风，或安放干燥剂，调节控制温湿度。搞好排水系统，用煤渣或石块末垫平地层，增加透水性。

（3）保持库内外清洁，清除堆垛周围杂草，不使材料受到沾污和附着尘土。

（4）认真选择储存条件，对需要进库存放的材料必须入库，可存放在露天的材料，应根据保管要求，妥善堆垛，采取苫盖维护。金属不得与酸、碱、盐类以及气体、粉末等货物混存，做到分类设点，分批存放，间隔明显，防止发生接触腐蚀。

2. 密封法防锈蚀

（1）干燥空气封存法。也称控制相对湿度法。当空气相对湿度控制在35%时，金属则不易生锈，非金属也不易生霉。有 3 种方法：在密封装置内预先放置被保护物，直接充入干燥空气，同时吸出潮湿空气，然后密封容器；在密封装置内，预先放置干燥剂，一定时间后，迅速安放被保护物，继续干燥，达到平衡干燥度以后密封容器；在密封装置内，同时放置被保护物及干燥剂，然后密封容器。以上 3 种方法中，第一种最好，可用于精密零件较长期的防锈。方法二也较好，用于一般零件的防锈。方法三比较简便，适用于一般对防锈要求不高的零件的储存防锈，或作为涂油封存的一种辅助措施。

（2）充氮封存法。氮气的化学性质比较稳定，在货物包装中，充入干燥的氮气，隔绝了水分、氧气等腐蚀性介质，从而达到使金属不易生锈、非金属不易老化的目的。

3. 涂油防锈

涂油是一种广泛应用的防锈方法，可借油层的隔离作用，使水分和大气中的氧及其他有害气体，不易于接触金属制品表面，从而防止货物锈蚀，或减缓金属锈蚀速度。防锈油是由油用油脂和缓蚀剂组成，常用的防锈油配方有多种，如凡士林、硬脂酸铝，应用于刀具、板牙、轴承及汽车零件等。

4. 化学药剂除锈

这是借助药物将锈蚀层除掉的一种先进的方法。化学药剂除锈不仅除锈速度快，效果好，且不影响商品的尺寸和精度，仅对金属有微量溶解现象。但是，有些货物由于结构和外部形状等原因，不允许使用化学除锈法。化学除锈液一般由两部分组成，一部分是溶解锈蚀物，大多是采用无机酸，其中以磷酸使用得最多，因为它的腐蚀性较小；另一部分是对金属表面起钝化（保护）作用的铬酸等。

三、霉变和虫害的防治

（一）货物霉变的防治

1. 化学药剂防霉

防霉变最主要方法是使用防霉腐剂。其基本原理是使微生物菌体蛋白凝固、沉淀、变性，或破坏酶系统使酶失去活性，影响细胞呼吸和代谢；或改变细胞膜的通透性，使细胞破裂。防霉腐剂低浓度能抑制微生物生长，高浓度就会使其死亡。有实际应用价值的防霉腐剂具有低毒、广谱、高效、使用方便和价格低廉等特点。低毒，是安全性的条件；广谱，才能有较强的适应性；高效，用量才能减少，提高使用方便性，降低成本和避免改变商品理化性能；长效，才能确保商品长时间储存使用。防霉腐剂的使用方法主要有以下内容。

（1）加法。将一定比例的药剂直接加入到材料或制品中去，如食品、化妆品等。

（2）渍法。将制品在一定温度和一定浓度的防霉剂溶液中浸渍一定时间后晾干。

（3）涂抹法。将一定浓度的防霉剂溶液用刷子等工具涂抹在制品表面。

（4）喷雾法。将一定浓度的防霉剂溶液用喷雾器均匀地喷洒在材料或制品表面。

（5）熏蒸法。将挥发性防霉剂（如硝基苯甲醛、环氧乙烷的粉末或片剂）置于密封包装内，通过防腐剂的挥发成分防止货物的霉变。

2. 气相防霉变

它是化学药品防霉腐方法之一。就是使用具有挥发性的防霉防腐剂，利用其挥发生成的气体，直接与霉腐微生物接触，杀死或抑制霉腐微生物的生长，以达到防霉腐的目的。有的在生产中将防霉腐剂直接加到货物上，对其外观与质量没有不良影响。为了提高防霉腐的效果，一般是在密封条件下进行，常用的气相防霉腐剂有多聚甲醛和环氧乙烷。

3. 气调防霉腐

它是生态防霉腐的形式之一。霉腐微生物与生物性货物的呼吸代谢都离不开空气、水分、温度这 3 个因素。只要有效控制其中一个因素，就能达到防止商品发生霉腐的目的，如只要控制和调节空气中氧的浓度，人为地造成一个低氧环境，使霉腐微生物生长繁殖受到抑制。气调防霉腐要在密封条件下，通过改变空气组成成分，以降低氧的浓度，造成低氧环境，抑制腐微生物的生命活动与生物性货物的呼吸强度，从而达到防霉腐的效果。

4. 低温冷藏防霉腐

是通过控制和调节仓库内及货物本身的温度，使其低于霉腐微生物生长繁殖的最低界限，抑制酶的活性。一方面，抑制生物性商品的呼吸、氧化过程，使其自身分解受阻；另一方面，抑制霉腐微生物的代谢与生长繁殖，达到防霉腐的目的。

低温冷藏防霉腐所需的温度与时间，应以具体货物而定，一般温度越低，持续时间越长，霉腐微生物的死亡率越高。冷藏适于含水量大、不耐冰冻的易腐商品，短时间的在0℃左右的冷却储藏，如蔬菜、水果、鲜蛋、乳品、鲜肉的冷却防腐保鲜。具体方法可用自然冰或人造冰降温储藏食品，也可在专用仓库中安装制冷设备建立冷库。

5. 干燥防霉腐

是生态防霉腐方法之一，它通过减少仓库环境中的水分和货物本身的水分，使霉腐微生物得不到生长繁殖所需水分而达到防霉腐的目的。目前，主要采用吸潮防潮和通风、晾晒降水等方法，条件允许的企业也可以采用烘干、微波烘干等方法。

6. 其他方法

利用紫外线、微波、红外线、辐射等方法。在实际工作中，还应加强对库存货物的管理。

（1）加强入库验收。易霉货物入库，首先应检验其包装是否潮湿，货物的含水量是否超过安全水分。易霉货物在保管期间应特别注意检查，加强保护。

（2）加强仓库温湿度管理。要根据货物的不同性能，正确运用密封、吸潮及通风相结合的方法，管好库内温湿度，特别在梅雨季节，要将相对湿度控制在不适宜霉菌生长的范围内。

（3）选择合理的储存场所。易霉货物应尽量安排在空气流通、光线较强、比较干燥的库房，并应避免与含水量大的货物同储在一起。

（4）对储存保管的货物要合理堆码，下垫隔潮板。商品堆垛不应靠墙靠柱。

（5）对货物进行密封处理。

（6）做好日常的仓库清洁卫生。

（二）虫害的防治

1. 仓库一般虫害的防治

仓库虫害不仅种类繁多，而且分布相当广泛，世界上已定名的有500多种，在我国发现有近200种，在仓储部门已发现严重危害货物的达30多种。

其防治工作有以下几个方面。

（1）做好环境卫生。虫害的防治工作主要应杜绝虫源，杜绝害虫生长繁殖的环境。为此，要做好库内外环境卫生，特别注意害虫喜藏匿和过冬之处，定期做好消毒工作。对储存易生虫货物的库房，在害虫繁殖期之前，可使用磷化铝、溴甲烷、硫酸氟等进行一次熏蒸，在库内墙角、走道、垛底、苫垫物料等喷洒杀虫药剂，如敌百虫、马拉酸磷等溶液。

（2）药物防治。

①驱避剂。是利用易挥发并具有特殊气味和毒性的固体药物，使挥发出来的气体在货物周围经常保持一定的浓度，从而起到驱避毒杀仓库害虫的作用。常用驱避剂药物有精萘、对二氯化苯、樟脑精等。把它们放在严密的包装内防虫，适用于毛、麻、丝、棉织品、皮毛、皮革制品以及竹木制品等，但不适用于橡胶、人造革、食品等。

②熏蒸剂。对于已经生虫的货物可用熏蒸剂熏蒸杀虫。熏蒸剂的蒸气通过害虫的气门及气管进入体内，而引起中毒死亡。常用的有溴甲烷、磷化铝、环氧乙烷和硫磺等。熏蒸方法可根据商品数量多少，结合仓库建筑条件，酌情采用整库密封熏蒸、帐幕密封熏蒸、

小室密封熏蒸和密封箱、密封缸熏蒸等形式。

③气调充氮或二氧化碳。仓库害虫在缺氧条件下或在高浓度氮及二氧化碳中均不能生长繁殖。应定期检测氧浓度，宜控制在1%以下。

(3) 其他方法防治虫害。主要利用紫外线、微波、辐射、高温、低温、缺氧，以及合成激素杀虫等。

2. 白蚁的防治

白蚁喜欢在温暖潮湿条件下生活，南方地区多发生白蚁危害。白蚁的生长繁殖和群体发展速度很快，在仓库中主要危害木制建筑和苫垫物料，也危害一些木制品、棉、麻、纸张等商品。其防治措施如下。

(1) 预防方法。对库内的木制材料可涂刷一层灭蚁药剂防白蚁。

(2) 检查方法。在白蚁活动繁殖期间，要加强检查库房木结构、苫垫物料、包装、易被白蚁危害的储存商品以及库外周围环境中树木等，看是否有白蚁活动或危害的迹象，发现后采取措施及时杀灭。

(3) 杀灭方法。常用方法为诱杀法，在白蚁活动处附近挖掘直径50～100cm，深度约为30～40cm的土坑，坑内放白蚁喜欢食用的松树枝、甘蔗渣、松花粉等饵料，然后将坑口用石棉或油毡盖好，等引诱来的白蚁较多时，即可用喷洒灭蚁药剂、沸水、火烧等方法杀灭。也可用诱杀箱、胃毒剂灭杀。

3. 鼠害的防治

鼠的种类很多，繁殖能力很强，性格机警狡猾，喜欢藏在阴暗隐蔽处，多在夜间活动，每天活动有规律性和一定的活动范围，食性广杂，但对新出现食物不轻易取食，经过一定时间观察后才做试探性取食，发现食物不适应时，立即避食。

防鼠方法主要是断绝食物来源，拆除库内外一切可为鼠类隐蔽的场所，经常做好库内外环境卫生，使鼠类没有栖身和取食之处。储存易受鼠害的商品的库房通风孔应安装铁丝网，库门窗要严格密闭，不能留有可供鼠类出入的缝隙，库门要安装至少高5cm的挡鼠板，发现库内有鼠洞或墙壁、地面有缝隙，应立即用石块、水泥堵严，并要定期检查鼠害情况和密度。

四、冷冻冷藏技术

（一）冷藏保管的原理

冷藏是指在保持低温的条件下储存物品的方法。由于在低温环境中，细菌等微生物大大降低繁殖速度，生物体的新陈代谢速度降低，能够延长有机体的保鲜时间，因而对鱼肉食品、水果、蔬菜及其他易腐烂物品都采用冷藏的方式仓储。另外，对于在低温时能凝固成固态的液体流质品，采取冷藏的方式有利于运输、作业和销售，也采用冷藏的方式仓储。此外，在低温环境中一些混合物的化学反应速度降低，也采用冷藏方式储藏。

冷藏保管的温度控制的不同，分为冷藏和冷冻两种方式。冷藏是将温度控制在0℃～

5℃进行保存，在该温度下水分不致冻结，不破坏食品的组织，具有保鲜的作用，但微生物仍有一定的繁殖能力，因而保藏时间较短；冷冻则是将温度控制在0℃以下，使水分冻结，微生物停止繁殖，新陈代谢基本停止，从而实现防腐。冷冻保管又分为一般冷冻和速冻。一般冷冻采取逐步降温的方式降低温度，达到控制温度停止降温，如－200℃；速冻则是在很短的时间内将温度降到控制温度以下如－600℃，使水分在短时间内完全冻结，然后逐步恢复到控制温度（不低于－200℃）。速冻一般不会破坏细胞组织，具有较好的保鲜作用。冷冻储藏能保持较长时间不腐烂变质。

（二）冷库的种类

冷库可以分为生产性冷库和周转性冷库。生产性冷库是指进行冷冻品生产的冷库，是生产的配套设施；周转性冷库则是维持冷货低温的流通仓库。冷库按控制的温度和制冷方式不同分为冷冻仓库、冷藏仓库、气调冷库和流动的冷藏车、冷藏集装箱等。固定的冷库由冷藏库房、冷冻库房、分发间、制冷设备机房等组成。库房采用可封闭式的隔热保冷结构，内装有冷却排管或冷风装置与制冷设备相接。库内装有温度、湿度测量设备，湿度控制设备，通风换气设备等以及货位、货架、货物传输、作业设备等。

（三）冷库仓储管理

作为一种专业化的仓库，冷库具有较为特殊的布局和结构、用具，货物也较为特殊。冷库的管理技术、专业水平要求较高。冷库存放的大多数为食品，管理不善不仅造成货损事故，还会发生食物不安全事故，影响人民身体健康。

1. 冷库使用

冷库分为冷冻库、冷藏库，应按库房的设计用途使用，两者不能混用。库房改变用途时，必须按照所改变的用途进行制冷能力、保冷材料、设施设备改造，完全满足新的用途。

冷库要保持清洁、干燥，经常清洁、清除残留物和结冰，库内不得出现积水。冷库在投入使用后，除非进行空仓维修保养，必须保持制冷状态。即使没有存货，冷冻库也要保持在－50℃，冷藏库控温在露点以下。

要按照货物的类别和保管温度不同分类使用库房。食品库不得存放其他货品，食品也不能存放在非食品库房。控制温度不同的货物不能存放在同一库房内。

2. 货物出入库

货物入库时，除了通常仓储所进行的查验、点数外，还要对送达货物的温度进行测定、查验货物内部状态，并进行详细的记录，对于已霉变的货物不接受入库。货物入库前要进行预冷，保证货物均匀地降到需要的温度。未经预冷冻结的货物不得直接进入冷冻库，以免高温货物大量吸冷造成库内温度升高，影响库内其他冻货。

货物出库时应认真核对，由于冷库内大都储存相同的货物，要核对货物的标志、编号、货主人、批次等区别项目，防止错取、错发。对于出库时需要升温处理的货物，应按照作业规程进行加热升温，不得采用自然升温。

3. 冷货作业

为了减少冷耗，货物出入库作业应选择在气温较低的时间段进行，如早晨、傍晚、夜间。出入库作业时集中仓库内的作业力量，尽可能缩短作业时间。要使装运车辆离库门距离最近，缩短货物露天搬运距离；防止隔车搬运。在货物出入库中出现库温升温较高时，应停止作业，封库降温。出入库搬运应采用推车、叉车、输送带等机械搬运，采取托盘等成组作业，提高作业速度。作业中不得将货物散放在地坪，避免货物、货盘冲击地坪、内墙、冷管等，吊机悬挂重量不得超过设计负荷。

库内堆码严格按照仓库规章进行。选择合适货位，将存期长的存放在库里端，存期短的货物存放在库门附近，易升温的货物接近冷风口或排管附近。根据货物或包装形状合理采用垂直叠垛或交叉叠垛，如对冷冻猪肉堆码时采用肉皮向下、头尾交错、腹背相连、长短对弯、码平码紧的方式堆码。货垛要求堆码整齐，货垛稳固，间距合适。货垛不能堵塞或者影响冷风的流动，避免出现冷风短路。堆垛完毕在垛头上悬挂货垛牌。

堆垛间距要求：①低温冷冻库货垛距顶棚 0.2m；②高温冷藏库货垛距顶棚 0.3m；③距顶排水管下侧 0.3m；④距顶排水管横侧 0.3m；⑤距未装设墙冷排管的墙壁 0.2m；⑥距冷风机周围 1.5m。

拆垛作业时应从上往下取货，禁止在垛中抽取。取货时要注意防止因货物冻结粘连强行取货而扯坏包装。

4. 冷货保管

冷库内要保持清洁干净，地面、墙、顶棚、门框上无积水、结霜、挂冰，随有随扫除，特别是在作业以后，应及时清洁。制冷设备、管系上的结霜、结冰及时清除，以提高制冷功能。

定时和经常测试库内温湿度，严格按照货物保存所需的温度控制仓库内温度，尽可能减少温度波动，防止货物变质或者解冻变软发生倒垛。

按照货物所需要的通风要求，进行通风换气。通风换气的目的是为了保持库内有合适的氧分和湿度，冷库一般采用机械通风的方式进行通风换气，要根据货物保管的需要控制通风次数和通风时间，如冷藏库每天 2～4 次，每次换气量为冷藏间体积的 1～2 倍，或者使库内二氧化碳含量达到适合的范围。库藏通风意味着外部的空气进入库内，也将空气中的热量、湿度带入库内，因而要选择合适的时机通风换气。

当货物存期届满、接近保存期、出现性质变化、变质等时，及时通知存货人处理。

（四）冷库安全

冷库虽然说不会发生爆炸、燃烧等恶性危险事故，但冷库的低温、封闭的库房对人员还是会产生伤害，低温会造成设备的材料强度、性能降低，需引起足够的重视。

1. 防止冻伤

进入库房的人员，必须保温防护、穿戴手套、工作鞋。身体裸露部位不得接触冷冻库内的物品，包括货物、排管、货架、作业工具等。

2. 防止人员缺氧窒息

由于冷库特别是冷藏库内的植物和微生物的呼吸作用使二氧化碳浓度增加或者冷气泄漏入库内，会使得库房内氧气不足，造成人员窒息。人员在进入库房前，尤其是长期封闭的库房，需进行通风，排除氧气不足的危险。

3. 避免人员被封闭库内

库门应设专人开关，限制无关人员进库。人员入库，应在门外悬挂告示牌。作业工班需明确核查人数的责任承担人，在确定人员都出库后，才能摘除告示牌。

4. 妥善使用设备

库内作业应使用抗冷设备，且进行必要的保温防护。不使用会发生低温损害的设备和用具。

五、其他保管技术

（一）食品的储存保管

食品是人类社会赖以生存的物质基础，要了解食品储存质量变化的规律及其影响因素，保证食品质量，减少食品损耗，为社会提供优质的物质保证。

根据食品在储存过程中的质量变化规律和储存实践经验，其储存方法有以下几种。

1. 食品的冷冻保藏

食品的变质腐败主要是由于食品内酶所进行的生化过程和微生物生命活动所引起的破坏作用所致。酶的作用、微生物的繁殖以及食品内所进行的化学反应速度都受到温度的影响，因此，食品的冷冻保藏就是利用低温保藏食品，即降低食品的温度，并维持低温或冻结状态，以便阻止或延缓食品的腐败变质，从而达到较长时期地储存食品的目的。

2. 食品的罐藏

凡用密封容器包装并经高温杀菌的食品称为罐头食品。罐头食品可直接食用，它的食味虽稍逊于新鲜食品，但基本能保持原有的风味和营养价值。罐头食品不仅便于携带和运输，还便于储存，不易破损并耐藏，能常年供应市场，不受季节影响。

目前的罐藏容器有金属和非金属的。罐头食品在储藏中会出现胀罐，以及由于酸坏引起的黑变和发霉等腐败变质现象。因此，罐头食品储藏时要注意以下几点。

（1）控制温度。罐头食品入库时与仓库温度的差值一般以5℃～9℃为宜，如差值超过11℃，容器表面就会出汗。另外，库温应尽量保持稳定，不能忽高忽低。

（2）防止光照。尤其是玻璃等透明罐头要防止光照。

（3）湿度控制。如果空气中湿度过高，与罐头表面接触时即会结露而引起罐头锈蚀，在转库或装卸时易发生这一现象。罐头食品的仓库应通风良好，必要时应将湿空气及时排掉，遇潮湿空气应关闭门窗。库内空气湿度以70％、75％最为适宜，堆放时要便于空气流通和检查作业。

（4）防止盐分侵入。沿海地区的罐头仓库，空气中常会带有盐分，可促使罐头腐蚀。应采用密闭储藏法，以防海风盐分的侵入。

3. 食品的辐射保藏

食品辐射保藏就是利用射线的辐射能量，对新鲜肉类及其制品、水产品及其制品、蛋及其制品、粮食、水果、蔬菜、调味料以及其他加工产品进行杀菌、杀虫、抑制发芽、延迟后熟等处理，从而最大限度地减少食品的损失。辐射是一种较好的保藏食品的物理方法之一，辐射保藏的关键是辐射剂量和辐射时间。

4. 食品的干藏

食品的干藏原理是控制水分对于微生物和酶之间的关系。大多数新鲜食品的水分活度在 0.99 以上，而微生物是适宜水分活度在 0.75 以上，因此，将食品脱水，使其水分活度下降到 0 以下，能生长的微生物为数极少。酶为食品所固有，它同样需要水分才具有活性，水分减少，其活性也下降，但只有当干制品的水分降到 1%以下时，酶的活性才会完全消失。

食品脱水干制，可在室温条件下长期保藏，以便延长食品的供应季节，平衡产销高峰，交流各地特产，储备供救急、救灾和战争备用的物资。

5. 食品的化学保藏

食品的化学保藏就是在食品生产和储运过程中使用化学制品提高食品的耐藏性和尽量保持其原有品质的措施，其目的是保持品质和延长保藏时间。食品采用化学保藏法时，需要有严格的卫生要求，而且所用的防腐剂或添加剂必须对人体无毒害。化学保藏法只能作为辅助性的措施，需控制使用。化学保藏法使用的化学制品主要有防腐剂和抗氧化剂两种。

化学防腐剂用于对易腐食品的处理。防腐剂有二氧化硫、山梨酸、山梨酸钾、苯甲酸；抗菌素有金霉素、氯霉素和土霉素、枯草杆菌、乳酸链球菌等。可通过浸泡法、喷洒法、抗菌素冰块保藏法，以及家畜饲养法或注射法进行处理。

抗氧化剂主要用于防止食品异味和褐变。防止异味的抗氧剂用于防止脂肪类食品异味，有酚类和天然物质，如抗坏血酸和生育酚。防止褐变的抗氧化剂主要用于果蔬组织在切割、去皮、切片磨碎后极易出现酶性褐变现象，有抗坏血酸和二氧化硫。

6. 食品的气调储藏

果蔬在储藏期间的呼吸作用，消耗了果蔬组织中的养分，是果蔬衰老品质下降的主要原因。影响呼吸的主要因素有温度、空气成分和湿度等。气调储藏是改变库内气体成分的含量，致使空气成分从本质上不同于正常空气条件下的储藏。一般比正常空气的含氧量低，二氧化碳和氮的含量高，再配合适宜的温度，可显著地抑制果蔬的呼吸和延缓变软、变质及其他衰老的进程，以达到延长储藏期限、减少干耗和腐烂，而获得好的品质。

自发或自然气调法。即将果蔬藏于一个密封仓库或容器中，在一定时间内，由于果蔬的呼吸作用使仓库或容器的含氧量减少、二氧化碳逐渐增加，当二者达到一定比例时，造成一个抑制果蔬呼吸的气体环境，从而达到延长果蔬储藏期的目的。这里注意，要每隔一定时间重新换气，重新密封，以防止果蔬缺氧造成损失。

人工气调法。即人为地使封闭的空间的氧迅速降低，二氧化碳升高，几分钟至几小时内就进入稳定期。有充氮法（抽出大部分空气，再充入氮气）、气流法（以事先配制好的气体输入储藏室，代替室内的全部空气）。

混合法或半自然降氧法。实践表明，采用冲氮法把氧含量从21%降到10%比较容易，而从10%降到5%就要耗费前者约2倍的氮气。为了降低成本，可开始先充氮，把氧迅速降到10%左右，然后依靠果蔬的呼吸来消耗氧气，直至降到规定的空气组成范围后，再根据气体成分的变化而调节控制。

7. 食品的减压保藏法

减压储藏是气调储藏的进一步发展。它把储藏场所的气压降低，造成一定的真空度。减压储藏中的重要问题是在减压条件下组织极易蒸腾而干萎，必须保持较高的湿度，一般在95%以上。而湿度高又会加重病害，因此，减压储藏必须配合使用消毒防腐剂。另一个问题就是经减压储藏的产品风味不好，但放置一段时间又有所恢复。当前减压储藏库的造价高，生产上还未应用，但由于它能克服气调储藏中的许多缺点，因此，仍然为果蔬储藏中一种先进而理想的方式。

8. 食品的电磁处理保藏法

（1）高频磁场处理。食品放在或通过电磁线圈的磁场中，使其受到磁力线的影响。

（2）高压电场处理。食品放在或通过由两个金属极板组成的高压电场中，可使食品受到电场的直接作用或高压放电形成离子空间的作用，或是放电形成臭氧的作用等。

（3）离子空气和臭氧处理。用高压放电形成的离子空气和臭氧直接处理食品。据研究，负离子空气对一些果蔬有抑制生理活性的效应，正离子空气则带有促进作用；臭氧是强氧化剂，除有消毒防腐作用之外，还有其他生理效应。

应用电磁处理进行果蔬储藏，其保鲜效果十分明显，但目前还处在实验研究阶段，今后将会得到广泛应用。

（二）危险品的安全储存

1. 危险品的特性

危险品是指在流通中，由于本身具有的燃烧、爆炸、腐蚀、毒害及放射线等性能，或因摩擦、振动、撞击、曝晒或温湿度等外界因素的影响，能够发生燃烧、爆炸或人畜中毒、表皮灼伤，以致危及生命，造成财产损失等危险性的货物。

危险货物分为九类：爆炸品，压缩气体和液化气体，易燃液体，易燃固体、自燃物品和遇湿易燃物品，氧化剂和有机过氧化物，毒害品和感染性物品，放射性物品，腐蚀品，杂类。

（1）爆炸品，指在外界作用下（如受热、撞击等），能发生剧烈的化学反应，瞬时产生大量的气体和热量，使周围压力急骤上升，发生爆炸，对周围环境造成破坏的物品，也包括无整体爆炸危险，但具有燃烧、抛射及较小爆炸危险，或仅产生热、光、音响或烟雾等一种或几种作用的烟火物品。

爆炸品按危险性分为 5 项。

第 1 项：具有整体爆炸危险的物质和物品。

第 2 项：具有抛射危险，但无整体爆炸危险的物质和物品。

第 3 项：具有燃烧危险和较小爆炸或较小抛射危险或两者兼有，但无整体爆炸危险的物质和物品。

第 4 项：无重大危险的爆炸物质和物品。本项货物危险性较小，万一被点燃或引燃，其危险作用大部分局限在包装件内部，而对包装件外部无重大危险。

第 5 项：非常不敏感的爆炸物质。本项货物性质比较稳定，在着火试验中不会爆炸。

(2) 压缩气体和液化气体，指压缩、液化或加压溶解的气体，应符合下述两种情况之一者。

①临界温度低于 50℃时，或在 50℃时，其蒸气压力大于 291kPa 的压缩或液化气体。

②温度在 21.1℃时，气体的绝对压力大于 275kPa，或在 51.4℃时气体的绝对压力大于 715kPa 的压缩气体；或在 37.8℃时，雷德蒸气压（Reid Vapour Pressure）大于 274kPa 的液化气体或加压溶解的气体。

本类货物分为 3 项。

第 1 项：易燃气体。

第 2 项：不燃气体，指无毒、不燃气体，包括助燃气体。

第 3 项：有毒气体，本项货物的毒性指标与第 6 类毒性指标相同。

(3) 易燃液体，指易燃的液体、液体混合物或含有固体物质的液体，但不包括由于其危险特性列入其他类别的液体。其闭杯试验闪点等于或低于 61℃，但不同运输方式可确定本运输方式适用的闪点，而不低于 45℃。

本类货物按闪点分为 3 项。

第 1 项：低闪点液体，本项货物系指闭杯试验闪点低于－18℃的液体。

第 2 项：中闪点液体，本项货物系指闭杯试验闪点在－18℃～＜23℃的液体。

第 3 项：高闪点液体，本项货物系指闭杯试验闪点在 23℃～61℃的液体。

(4) 易燃固体、自燃物品和遇湿易燃物品。

易燃固体指燃点低，对热、撞击、摩擦敏感，易被外部火源点燃，燃烧迅速，并可能散发出有毒烟雾或有毒气体的固体，但不包括已列入爆炸品的物质。

自燃物品指自燃点低，在空气中易于发生氧化反应，放出热量，而自行燃烧的物品。

遇湿易燃物品指遇水或受潮时，发生剧烈化学反应，放出大量的易燃气体和热量的物品。有些不需明火即能燃烧或爆炸。

(5) 氧化剂和有机过氧化物。

氧化剂指处于高氧化态，具有强氧化性，易分解并放出氧和热量的物质。包括含有过氧基的有机物，其本身不一定可燃，但能导致可燃物的燃烧，与松软的粉末状可燃物能组成爆炸性混合物，对热、震动或摩擦较敏感。

有机过氧化物指分子组成中含有过氧基的有机物，其本身易燃易爆，极易分解，对热、震动或摩擦极为敏感。

（6）毒害品和感染性物品。

毒害品指进入肌体后，累积达到一定的量，能与体液和组织发生生物化学作用或生物物理学变化，扰乱或破坏肌体的正常生理功能，引起暂时性或持久性的病理状态，甚至危及生命的物品。经口摄取半数致死量：固体 $LD_{50} \leqslant 500mg/kg$，液体 $LD_{50} \leqslant 2000mg/kg$；经皮肤接触24h，半数致死量 $LD_{50} \leqslant 1000mg/kg$；粉尘、烟雾及蒸气吸入半数致死浓度 $LC_{50} \leqslant 10mg/L$ 的固体或液体，以及列入危险货物品名表的农药。

感染性物品指含有致病的微生物，能引起病态甚至死亡的物质。

（7）放射性物品，指放射性比活度大于7.4×10 4Bq/kg的物品。

（8）腐蚀品，指能灼伤人体组织并对金属等物品造成损坏的固体或液体。与皮肤接触在4h内出现可见坏死现象，或温度在55℃时，对20号钢的表面均匀年腐蚀率超过6.25mm/a的固体或液体。

本类货物按化学性质分为3项。

第1项：酸性腐蚀品。

第2项：碱性腐蚀品。

第3项：其他腐蚀品。

（9）杂类，指在运输过程中呈现的危险性质不包括在上述8类危险性中的物品。

本类货物分为2项：

第1项：磁性物品，指航空运输时，其包件表面任何一点距2.1m处的磁场强度 $H \geqslant 0.159A/m$。

第2项：另行规定的物品，指具有麻醉、毒害或其他类似性质，能造成飞行机组人员情绪烦躁或不适，以致影响飞行任务的正确执行，危及飞行安全的物品。

以上是对各种危险品的简单介绍，必须了解它们各个不同方面的特点和危险性，采取相应有效的措施，才能在储存过程中保证安全。

2. 危险品仓库的种类及建筑要求

危险品仓库，一般占地面积较大。在布局上，应区别各类物品的不同性能，以“安全第一”为原则，搞好区域规划。按照储存商品的类别和性能，充分利用地形、地物，合理划分各类物品的存放地区；按地势标高和气象资料设置必要的防雷网；要按安全需要，科学布置消防系统。危险品仓库在库区布局上要按公安部建筑设计防火规范的要求，预留符合规定的防火安全距离。

（1）爆炸品仓库。要专库专用，最好是利用山势、洼地作为屏障。建地下式库，要有1/3～2/3的高度设在地面以下，外露墙壁用土培成45°斜坡，库顶要用轻质不燃材料覆盖。如地上式库，应与四周保持足够的安全距离，并在周围筑堤（堤基离库墙1～3m，堤顶宽度不小于1m，且高出屋檐1.5m以上），采用轻质隔热库顶。每幢建筑面积在 $100m^2$ 以内，通风良好，四壁为防水层，地坪用沥青抹平。为了防止日光照射，库房门窗安装不透明玻璃或用白色涂料涂刷，库内照明可安装电灯（最好安防爆式电灯），电源开关应设在库房外避雨的地方；无电源的地方，可用于电池照明，绝对不可用明火灯具。

（2）压缩气体和液化气体仓库。要专库专用，库间距离不少于 20m。用耐火材料建造，墙壁坚固并具有绝热性，库顶为轻质不燃材料。门窗应向外开启，库内高度不低于 3.25m。若存于普通砖木结构库房，库内要通风、干燥、防潮、防热，地面光滑，采用防爆式照明。窗户应使用磨砂玻璃或涂成白色。易燃易爆气体库房，应有避雷装置。仓库与生活区距离应不少于 50m，在储存气体的库房周围不能堆放任何可燃材料。

（3）易燃液体仓库。库房要远离生活区，用水方便，库间要有足够的消防车通道，消火栓的分布要周密合理。库房宜采用钢筋混凝土结构，门窗向外开启。低沸点商品，宜存于低温库房或窑洞、地窖中，用防爆灯在库外通过玻璃窗向库内照明。库内外墙壁上不能安装任何电器设备。库内应安装排毒净化设备，以排除易燃液体放出的有毒气体。

（4）易燃固体、自燃物品和遇湿易燃物品仓库。易燃固体库房要阴凉、干燥、通风，有隔热、防热措施。一级品中的赛璐珞、硝化棉和赤磷及二级品中的火柴，要专库储存。

自燃物品仓库包括一级自燃物品库（不含黄磷和桐油配料制品）。必须存于阴凉、干燥、通风的库房，且有防热、隔热设施，如双墙、双顶或库内墙壁、屋顶加隔热层。库房不宜过大，和邻库须有一定的安全距离；二级自燃物品库（桐油配料制品），在一般情况下，它的氧化速度是比较缓慢的，危害性也比较小，但要存于防热防潮的库房。

遇湿易燃物品仓库要求库房地势高且干燥，排水畅通，不渗不漏，便于控制温湿度。其中，电石要专库储存。

（5）氧化剂和有机过氧化物仓库。这种库房以隔热、降温为主。库顶宜用绝热材料，库内需加顶棚，地坪宜用空心砖砌筑，以保持干燥。门窗要严实，既便于密闭，又方便开启通风。

（6）毒害品和感染性物品仓库。毒害品可存于普通砖木结构库房，地坪要抹光，门窗要严密、遮光，能分解散发毒性气体，要专库独立隔离储存，通风良好，并设气体净化装置。有条件的库房可安装机械通风排毒设备，以保持库内空气清洁。门窗玻璃宜涂成白色，以防日光直接照射。

（7）放射性物品仓库。应建特型库，最好是地下式的，库房建筑宜用混凝土结构，墙壁厚度应不少于 50cm，房顶、四壁、地坪要用拌有重晶石粉的混凝土抹平。地坪表面要光滑，以便冲洗残存的放射性灰尘，四壁、天花板、门窗应用铅板衬制或覆盖，库内要有下水道和专用渗井。

（8）腐蚀品仓库。库顶最好是水泥的平顶结构，里面涂耐酸漆，以防腐蚀。地坪可以用一般的水泥地面。对于木结构的屋架、门窗和各个结构部位的铁附件，都应涂上耐酸漆或比较耐酸的油漆，以防酸性货物挥发出来的气体或蒸气腐蚀库房建筑结构。库内不宜安装电灯，在建筑上必须考虑库房的采光，也可以采取在库外向库内照明的方法。

对易燃、易挥发、易沉淀的腐蚀商品要储存于冬暖夏凉的库房；遇水分解发烟的卤化物的库房，必须干燥和通风良好；碱性腐蚀货物可以存放在地势较高的库房；酸性与碱性腐蚀商品，由于它们性质相互抵触，要将它们分库存放。

3. 危险品的安全储存管理

特性危险品分为十大类，各有特点，但也有共同的危险性，总体上，大都具有怕热、怕摩擦、怕水及有腐蚀性等危险特性。因此，危险品仓库的设置必须远离四周其他建筑物，危险品仓库的建筑形式多种多样，要根据危险品的不同性能建造和选择适宜的储存场所。同时，危险品在装卸、搬运、堆码及管理、养护等方面，必须采取科学的方法，危险品仓库管理一般要求做到以下几点。

（1）货物出入库管理。

货物出库。提货车辆和提货人员一般不得进入存货区，由仓库搬运人员将应发货物送到货区外的发货场。柴油车及无安全装置的车辆不得进库区，提货车辆装运抵触性货物的，不得进入库区拼车装运。商品出库时包装完整，重量正确，并标有符合货物品名和危险性质的明显标记。

货物入库。必须防止不合格和不符合安全储存的货物混运进库。这是把好危险货物储存安全的第一关。商品入库要检查其包装、衬垫、封口等，符合安全储存要求，才准运入库。

（2）分区分类储存。易爆、易燃、助燃、毒害、腐蚀、放射等类货物性质各异，互相影响或抵触的，必须分区隔离储存，即使同类货物，虽性质互不抵触，但也应视其危险性的大小和剧缓程度进行分类存储。

根据仓库建筑、设备和水源与消防条件，适当划分各类危险品的货区和货位，区与区、仓与仓、垛与垛之间，要有一定的安全间距。划定的货区、货段和货位，应进行货位编号。

危险品在储存过程中，要定期检查与观测，并记录清楚。要根据商品的特性，加强温湿度的控制与调节。

（3）堆码苫垫。危险品应以库房储存为主，堆码不宜过高过大，货垛之间要留出足够宽的走道，墙距也应较宽。一般堆垛高度，液体商品以不超过2m，固体货物以不超过3m为宜。

库房存放怕潮货物，垛底应适当垫高，露天存放更应垫高防水。同时，应根据货物性质选择适宜的苫盖物料。如硫磺等腐蚀性货物，不宜用苫布盖，以用苇席盖为妥。储存危险品用过的苫垫物料，需要调剂使用时，要刷洗干净后再用。

（4）安全装运。危险品的装卸、搬运，必须轻装轻卸，使用不发生火花的工具（用铜制的或包铜的器具），禁止滚、摔、碰、撞、重压、振动、摩擦和倾斜。对怕热、怕潮的危险品，在装运时应采取必要措施。装卸场地和道路必须平坦、畅通；如夜间装卸，必须有足够亮度的安全照明设施。在装卸、搬运操作中，应根据商品性质和操作要求，穿戴相应合适的防护服具。腐蚀性货物仓库附近应设水池或冲洗设备，预防操作中万一包装破裂、人身沾染时，便于迅速浸入水中及时冲洗解救。

第四章　库存管理

第一节　库存管理概述

一、库存

（一）库存的概念

“库存”，是指在仓库中处于暂时停滞状态、用于未来的、有经济价值的物资。广义的库存还包括处于制造加工状态和运输状态的物品。这里要明确两点：其一，物资所停滞的位置不是在生产线上，不是在车间里，也不是在非仓库中的任何位置；其二，物资的停滞状态可能由任何原因引起，而不一定是某种特殊的停滞。这些原因大体有：①能动的各种形态的储备；②被动的各种形态的储存；③完全的积压等。

（二）库存的双重性

库存从属性上看，具有双重性：一方面，是生产和生活的前提条件；另一方面，又是生产和生活的负担，是一种资金的占用，要支付多种费用，不仅要负担常规的货物保管费用，还要承担库存损失和库存风险。因此，库存不能没有，但也不能过多，应当在满足社会需要的前提下，越少越好。

（三）库存的优缺点

库存的优点体现在以下几个方面：①获得大量购买的价格折扣；②防止涨价、政策的改变以及延迟交货等情况的发生；③大量运输降低运输成本；④避免由于紧急情况而发生停产；⑤提高客户服务水平。

库存的不足之处则表现为：①占用企业大量资金。通常情况下会达到企业总资产的20％～40％；②增加企业的产品成本与管理成本；③掩盖企业众多管理问题，如计划不周、采购不力、生产不均衡、产品质量不稳定及市场销售不力等。

（四）库存的分类

在生产企业，为了生产的需要，总需要有一部分原材料处在生产准备状态，也就是处在一种暂时等待状态，这些原材料从开始进入等待状态起，到离开等待状态（进入生产，或者消费，或者下一个流通阶段之前）为止的阶段，就是库存货物。这种库存，有以下几种情况：

1. 原材料库存

原材料是从市场上采购回来准备用于生产，但还没有用到生产上之前的暂时等待阶段。

2. 在制品库存

在制品是在生产过程各个工序之间的临时储存的工件、物料等，上个工序加工完了，应该到下一个工序，但下一个工序还没有空出来，不能进入下一个工序的加工，不得不存放到仓库里或者就存放在工位旁。各个工序都可能有在制品库存，一般都存放在在制品仓库中。这种在制品库存能够衔接上下工序，保障上下工序都能顺利进行。

3. 产成品库存

企业的产成品生产出来以后，应该推向市场、供应给用户。但是，不是每件产成品一生产出来就能推向市场的，总要形成一定的批量后，才一起推向市场。有的时候，市场上暂时没有需求，那就需要等待更长的时间。这种从生产出来起直到推向市场之前的阶段的产成品，就是产成品库存。产成品库存衔接供需保障生产和销售都能顺利进行。

4. 流通库存

在流通企业，货物采购进来是为了销售出去。但是，为了保证连续不断顺利地销售，需要有一部分货物处在暂时等待状态。例如，采购进来一批货物，但这一批货物不是一下子就全部销售出去，可能要持续一段时间。没有销售出去的货物，就只能暂时存放在仓库里，等待销售。流通企业里这种暂时处在等待销售状态的物资，就是流通企业的库存，或者叫流通库存。这种流通库存在不同的流通企业中都有，如批发企业库存、零售企业库存等，都是流通库存。这种流通库存的作用，就是可以保障后续销售的持续进行，保障流通活动的顺畅。

5. 周转库存

在生产企业和流通企业中为准备生产和销售而有意识暂时存放的库存，都叫周转库存。这种库存的特点，一是暂时存放；二是存放的目的是为了准备生产或销售，是为了衔接供需，缓冲供需在时间上的矛盾，保障供需各方都能顺利进行。

6. 安全库存

是为了应对一些不确定性情况而有意识储备的库存，一般叫作安全库存。如国家为预防灾荒、战争等不确定因素的发生而进行的粮食储备、钢材储备、麻袋储备等，就是一种安全储备。生产企业和流通企业中为预防一些随机性、偶然性因素的发生，也需要设立一些安全库存；安全库存的特点，一般存放期长，长期保存。存放的目的，是为了应付紧急的、意外的需求。一旦发生意外的、紧急的需求，可以从安全库存中予以满足。事后又将安全库存补足到额定水平。因此，安全库存要经常保持到额定值不变。如国家为预防洪水，平时有意识地储存一定量的麻袋。这些麻袋平时一般是不动用的，是一种防洪安全储备，只有发生洪水灾害时，才紧急动用，保证防洪需要。防洪完毕，需重新补足额定储备。

二、库存管理

（一）库存管理的概念

库存管理是指在物流过程中库存商品数量的管理，往往认为其主要内容就是保持一定的库存数量。但是，就库存所包括的内容而言，数量管理仅仅是其中的重要一项，并不是库存管理的全部内容。库存物资应是良品，假如是过时的、陈旧的物品，这一情报便会迅速传到有关单位，势必会降低企业的信誉。因此，必须实行有效的库存管理。另外，即使库存物资是良品，但如果存放数量过多，势必积压资金，影响资金周转，还要花费更多的人力、财力去保管。反之，若库存物资数量过少，外界又会怀疑企业实力不雄厚，也会影响企业的发展。

因此，实行库存管理预先要明确规定经营方针。如库存物品在何时入库为宜；库存数量应为多少适宜；存放的迄止日期应在何时为宜。应先针对上述具体问题确定经营方针，然后，再开始进行库存管理工作。

（二）库存管理的目标

库存管理的目标主要有两个：一是保障供应；二是降低成本。首先是保障供应，不缺货。仓库的根本任务，就是要能够满足需求者的需求。无论是生产、流通还是消费，都离不开库存物资，仓库的第一任务就是要保障供应。

要做到保障供应，有一个很简单的办法，就是保证大量库存。但是，这样做就必然需要占用很多库存资金，需要大的仓库，还需要保管维护，也就增大了经营成本，给企业造成大的负担。因此，库存管理应该千方百计降低成本。

第二节　库存控制

库存管理的核心是库存控制管理，它直接关系到库存的成本和效益，是企业大幅度提高物流运作效率和企业经济效益的最重要的途径。

一、库存控制的内容

所谓库存控制，就是对库存量的控制。因为库存意味着资金的积压，而且要占用仓库进行存放，还要花费人力、物力、财力进行保管，这些都会增加成本。因此，库存量越高、库存时间越长，库存费用也就越大。因此，从经济效益考虑，人们都希望降低库存。库存越小，费用就越小。但是，库存又不能太小，太小则容易产生缺货，影响生产或销售。所以，在理论和实践上，根据企业具体的情况，都有一个最佳库存水平。在这个最合适的库存量水平上，既能够满足货物需求，保障供应，又可以使库存总费用节省。因此，无论是生产企业，还是流通企业，都在为追求这个最佳库存水平而千方百计地工作。所有这些为追求最佳库存水平而进行的工作，都是库存控制工作。

这里要说明的是，所谓库存控制，主要是对周转库存而言的。安全库存虽然也有一个库存控制的问题，但那只是一次性的计算出安全库存量的额定值就可以了。平时只要维护这个额定值，不需要另外进行什么工作。而周转库存就不同了，它的订货、进货、库存、销售的全过程都需要纳入库存控制的机制中去。因此，从平时看，库存控制工作主要大量反映在周转库存中，其对周转库存效益的影响是特别显著的，可以在一定满足程度情况下，显著降低库存水平。

二、库存控制的基本方法

（一）定量订货法

1. 定量订货法原理

所谓定量订货法，就是预先确定一个订货点和订货批量，随时检查库存，当库存下降到订货点时就发出订货指令，订货批量取经济订货批量。

其原理如图 4－1 所示，假设实施订货点控制技术之前，已确定好了订货点为 Q_K，订货量为 Q^*。其中，Q_K 由两部分构成，一部分是安全库存 Q_S，另一部分是提前期平均需求量$\overline{D}_L$，$Q_S=Q_K-\overline{D}_L$，或 $Q_K=Q_S+\overline{D}_L$。在系统开始运转时，从 0 时刻开始，每天检查库存，假设在第一个周期，随着销售的进行，库存量以 R_1 的速度下降，当库存下降到 Q_K 时，就发出订货指令，订货批量为 Q^*。随后进入订货进货提前期 T_{K_1}。提前期 T_{K_1} 结束时，消耗的库存物资数量为 D_{L_1}，使库存水平下降到最低。这时所订货物批量 Q^* 到达，实际库存量一下上升了一个 Q^*，达到高库存，然后进入第二个周期的销售。假设第二个周期的销售速率为 R_2，库存下降到 Q_K 时，又发出订货，订货批量为 Q^*。随后进入第二个订货进货提前期 T_{K_2}。提前期 T_{K_2} 结束时，消耗的库存物资数量为 D_{L_2}，使库存水平又下降到最低。这时新订货物批量 Q^* 到达，实际库存量一下又上升了一个 Q^*，又达到高库存，然后进入第三个周期的销售。这样不断循环下去。这里假设是随机型，也就是假设 $R_1\neq R_2\neq R_3\neq\cdots$，$T_{K_1}\neq T_{K_2}\neq T_{K_3}\neq\cdots$，因而提前期销售量 $D_{L_1}\neq D_{L_2}\neq D_{L_3}\neq\cdots$，各个提前期需求量进行平均就是$\overline{D}_L$。

当然，也可以是确定型的情况，这时，$R_1=R_2=R_3=\cdots$，$T_{K_1}=T_{K_2}=T_{K_3}=\cdots$，因而提前期销售量 $D_{L_1}=D_{L_2}=D_{L_3}=\cdots$，各个提前期需求量进行平均就是 D_L。

在整个库存中的所有的需求量都得到满足，没有出现缺货，都是由订货点库存量满足的。其中，T_{K_1}、T_{K_2} 期间还没有动用安全库存，而 T_{K_3} 期间动用了安全库存 Q_S，库存满足率达到了 100%。但是，如果安全库存设得太小的话，则 T_{K_3} 期间的库存曲线就会下降到横坐标以下，也就是会出现缺货，而且 Q_S 越小，缺货量就越大。因此，设定安全库存量的作用就是为了降低缺货率，提高库存满足率。

由于控制了订货点 Q_K 和订货批量 Q^*，使得整个系统的库存水平得到了控制。最高

库存量 Q_{max} 不超过 $Q_K + Q^*$。

以上就是定量订货法原理，这个订货策略，其核心就是要解决 3 个问题。一是确定订货点；二是确定订货批量；三是确定如何实施。下面分别进行研究。

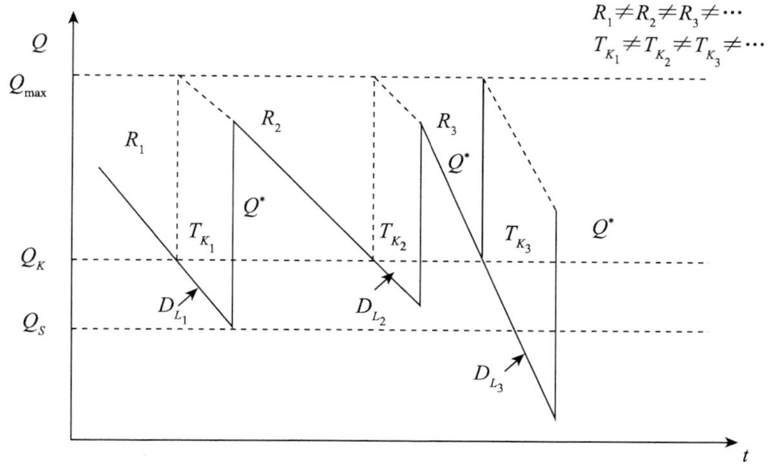

图 4-1 定量订货法原理

2. 定量订货法控制参数的确定

(1) 订货点的确定。订货点就是发出订货的时机。在定量订货法中，是把发出订货时仓库里该品种还保有的实际库存量叫作订货点。订货点是一个决策变量，它是直接控制库存水平的一个关键变量。

显然，订货点不能取太高，也不能取太低。如果太高，则订货物资订回来了，原有的库存物资还没有卖完，这样新旧物资合在一起，库存量就太高了，增加库存成本，不好；订货点如果太低，则订货物资还没有到达，旧的物资就已经卖完了，造成缺货，会降低服务水平，也不好。那么，订货点该如何确定才合适呢?

订货点的大小取决于两个因素。

①销售速率（对供应者而言，是供应速率，下同）。也就是销售速率的快慢，用单位时间内的平均销售量 R 来描述。显然，销售速率越高，订货点也越高。

②订货提前期。所谓订货提前期，就是指从发出订货到所订货物运回入库所需要的时间。用 T_K 来描述。显然，T_K 越大，订货点越高。T_K 的大小，取决于路途的远近和运输工具速度的快慢。按照已有的销售速率在订货提前期内将有一定的销售量，将这个销售量叫作订货提前期销售量，或简称订货提前期需求量，用 D_L 表示，显然有：

$$“D_L” = “R” \times “T_K”$$

之所以都加上引号是表示这里只是概念意义，因为它们各自可能都是随机变量或确定变量，在数值上具体表达式可能不同。

由上式提前期需求量 D_L 与订货提前期 T_K 以及销售速率 R 的关系，可以看出，订货点合适的大小应当取为刚好等于提前期需求量。即 $Q_K = D_L = R \times T_K$。在这种情况下，既能满足需要又可以使库存量降到最低，是一种理想的状态。

但这种情况是一个概念性的计算方法，针对具体的模型，各自有具体的表达形式。在正态需求的情况下，有：

$$\begin{aligned} Q_K &= \overline{D}_L + Q_S = \overline{D}_L + \alpha \times \sigma_D \\ &= \overline{R} \times \overline{T_K} + \alpha \times \sqrt{\overline{T_K} \times \sigma_R^2 + \overline{R}^2 \times \sigma_T^2} \end{aligned} \tag{4-1}$$

其中，称 Q_S 为安全库存量。它是在平均提前期需求量 $\overline{D}_L$ 之上附加的一个保险裕量。它在数值上等于标准偏差 σ_D 的“个数”。这个“个数”就是安全系数 α。α 越大，则安全库存量 Q_S 也越大。安全系数究竟取多大，要由缺货率 q 或者库存满足率 p 来确定。所谓缺货率，也就是缺货水平，指的是实际上发生的提前期需求量 D_L 超过某一个额定库存量 Q_K 的累积概率，用 q 表示：

$$q = P\ \{D_L > Q_K\} \tag{4-2}$$

而库存满足率，也就是由库存物资现货供应满足用户的程度，也称服务率，或服务水平，记为 p。它在数值上等于实际发生的提前期需求量小于等于额定库存量 Q_K 的累积概率：

$$p = P\ \{D_L \leqslant Q_K\} \tag{4-3}$$

而且有：

$$P + q = 1 \tag{4-4}$$

也就是说，缺货率和库存满足率是互补的，知道一个，也就知道另一个。它们的优势和安全系数是一一对应的，而安全系数又和安全库存量是一一对应的。因此，安全系数 α、缺货率 q、库存满足率 P 和安全库存量 Q_S 也是一一对应的，知道 α，或者 q、P，就可以知道 Q_S。人们把这种对应关系整理成一个表，叫作安全系数表，见表 4-1。

表 4-1　主要安全系数表

α	0.0	0.13	0.26	0.39	0.54
P	0.5	0.55	0.6	0.65	0.70
q	0.5	0.45	0.4	0.35	0.30
α	0.68	0.84	1.00	1.04	1.28
P	0.75	0.80	0.84	0.85	0.90
q	0.25	0.20	0.16	0.15	0.10
α	1.65	1.75	1.88	2.00	2.05
P	0.95	0.96	0.97	0.977	0.98
q	0.05	0.04	0.03	0.023	0.02

续　表

α	2.33	2.40	3.00	3.08	3.09
P	0.99	0.992	0.9987	0.9999	1.0000
q	0.01	0.008	0.0013	0.0001	0.0000

这样，如果知道 q 或 p，就可以由安全库存系数表查出 α，根据安全系数 α 和标准偏差 σ_D，就可以由式（4－1）求出相应的安全库存量 Q_S。

在式（4－1）中，$\overline{D_L}$ 和 σ_D 是订货提前期需求量 D_L 的平均值和标准偏差，$\overline{R}$ 和 σ_R、$\overline{T_K}$ 和 σ_T 分别是需求速率 R 和订货提前期 T_K 的平均值和标准偏差。

根据式（4－1）就可以求出在正态分布下的订货点。

式（4－1）可以简单地理解为订货点是由两部分组成的：一部分是平均的提前期需求量，另一部分是安全库存量。安全库存量也可以简单地用日平均需求量乘以安全天数来简单的计算。

在非正态分布的需求情况下，$Q_K = D_L \mid p\ \{D_L \leqslant Q_K\} = p$

也就是非正态分布下的订货点就等于订货提前期需求量小于等于订货点的累积概率等于给定的服务率 p 时的那个提前期需求量。

（2）订货批量的确定。所谓订货批量，就是一次订货所订的物资数量。订货批量也是不能随意确定的。因为订货批量的高低，直接影响库存量的高低，也直接影响物资的供应满足程度。订货批量太大，虽然可以较充分满足用户需要，但将使库存量过高，成本升高；订货批量太小，库存量虽然可以降下来，但不一定能保证满足用户需要。因此，订货批量也要合适。决定订货批量的大小主要考虑下面两个因素：

①需求速率$\overline{R}$的高低。需求速率越高，说明用户的需求量大，当然订货批量也应该大，这是容易理解的。

②经营费用的高低。费用的高低，对订货批量有影响，在确定订货批量时，需要综合考虑发生的各种费用，根据使总费用最省的原则来确定经济订货批量 Q^*。

不同的模型中，考虑的库存费用种类不一样，订货批量的大小也不一样。如在不允许缺货、瞬时到货的模型中的经济订货批量 Q^* 可以表示为：

$$Q^* = \sqrt{\frac{2c_0 R}{c_1}} \tag{4-5}$$

它取决于单次订货费用 c_0 和单位物资单位时间的保管费用 c_1，还取决于单位时间内的需求量 R。

在随机型的模型中，订货批量也可以采用这个公式计算。

（3）如何实施。定量订货法的实施步骤是很简单的，可以分为以下 3 步：

①按照前面所说的办法确定订货点和订货批量。

②库存管理人员或销售人员每天检查库存。

③当库存量下降到订货点时，就发出订货。订货量取一个经济订货批量。

应用定量订货法时，还要注意运用环境条件。不是什么情况下都可以运用定量订货法的。

定量订货法应用的前提条件是：

①只适用于订货不受限制的情况。即什么时候订货就能订到货，想到哪订货就能到哪订到货。也就是说，只适用于物资资源供应充足、供大于求、自由流通的市场。

②只适用于单一品种的情况。如果要实行几个品种的联合采购，则要进行灵活处理。

③不但适用于确定型需求，而且适用于随机型需求。对于不同的需求类型，可以导出具体的运用形式，但它们的应用原理都是相同的。

④一般多用于C类物资，品种多而价值低廉，实行固定批量订货。

下面举例说明。

例1：已知某公司过去6个月的销售量分别为10、16、14、20、16、14（t），如果它们服从正态分布，订货提前期为1个月，单次订货费用 c_0 为75元，单位物资单位时间的保管费用 c_1＝10元/t·月，预计今后一段时间将继续以其趋势销售，要求库存满足率为84%。如果实行定量订货法，则应该怎样操作？

这里，需求速率是一个随机变量，订货提前期是一个常量，为了计算订货点，先要对 R 和 T_K 进行处理。

R 的平均值：$\overline{R}=\dfrac{\sum_{i=1}^{6}R_i}{6}=15$（t）

R 的标准差：$\sigma_R=\sqrt{\dfrac{\sum_{i=1}^{6}(R_i-\overline{R})^2}{6}}=3$

所以，R 服从以15为平均值、3为标准偏差的正态分布：

$$R \sim N\ (15,\ 3)$$

订货周期是常数：$T_K=1$。再由库存满足率 $p=84\%$，查安全系数表得 $\alpha=1$。

所以，订货点：$Q_K=\overline{D}_L+Q_S=\overline{D}_L+\alpha\times\sigma_D=\overline{R}\times T_K+\alpha\times\sqrt{T_K}\times\sigma_R$

$=15\times1+1\times\sqrt{1}\times3=18$（t）

经济订货批量：$Q^*=\sqrt{\dfrac{2c_0\overline{R}}{c_1}}=\sqrt{\dfrac{2\times75\times15}{10}}=15(\mathrm{t})$

所以，具体实施定量订货法，就是随时检查库存，当库存量下降到18t时，就发出订货，订货批量取15t。当然，在实际工作中，不一定要那么精确，可以根据实际情况做一些必要的调整。

例2：某公司的提前期需求量的概率分布如表4-2所示，如要求库存满足率不小于85%，则订货点应取多少，安全库存应设置为多少？

根据给出的概率表，求出累计概率。写于 p 所在的列中。这个累计概率就是各个提前期需求量的库存满足率。由表中查出累计概率 p 不小于 85%所对应的提前期需求量 D_L 就可以取为订货点 Q_K。

表 4-2

D_L	$P(D_L)$	p
30	0.025	0.025
40	0.100	0.125
50	0.200	0.325
60	0.350	0.675
70	0.200	0.875
80	0.100	0.875
90	0.025	1.000
$\sum$	1.000	

由于 $Q_K = D_L \mid p\ \{D_L \leqslant Q_K\}_{=0.85} = 70$，所以，订货点应取 70。

要求安全库存量，由于 $\overline{D_L} = \sum D_L \times P(D_L) = 60$，则由 $Q_K = \overline{D}_L + Q_S$ 得：$Q_S = Q_K - \overline{D}_L = 70 - 60 = 10$。

（二）定期订货法

1. 定期订货法的原理

定期订货法的原理，是预先确定一个订货周期 T^* 和一个最高库存量 Q_{max}，周期性检查库存，发出订货。订货批量的大小应使订货后的“名义”库存量达到额定的最高库存量 Q_{max}。定期订货法的运行模型如图 4-2 所示。

在系统运行以前，先确定好订货周期，假设为 T，也确定好仓库库存控制的最高库存量，假设为 Q_{max}。库存销售按正常规律进行。假设在时间轴的 0 点开始运行定期订货法，这时检查库存量，库存水平在 1 点，库存量假设为 Q_{K_1}，则发出订货，订货量取 Q_{K_1} 与 Q_{max}的差值，即第一次的订货量 $Q_1 = Q_{max} - Q_{K_1}$。随后进入第一个订货提前期 T_{K_1}，提前期结束，所订 Q_1 的货物到达，实际库存一下升高 Q_1，达到高库存。然后进入第二个周期的销售，销售仍然按正常进行，销售过程中可以不管库存量的变化。待经过一个周期 T，到了按订货周期该订货的日子，又检查库存量，假设这时（2 点）现库存量为 Q_{K_2}，就又发出订货量 Q_2，Q_2 的大小等于 Q_{K_2} 与 Q_{max}的差值。随后进入第二个订货提前期 T_{K_2}，T_{K_2} 结束，所订 Q_2 的货物到达，实际库存又一下升高 Q_2，达到高库存。随后进入第三个销售周期。到了下一个订货日，又检查库存、发出订货。这样循环下去。

为什么这样操作能起到既控制库存量又保证满足用户需要的目的呢？

控制库存量是很明显的。整个运行过程的最高库存量不会超过 Q_{max}。实际上，刚订货时，包括订货量在内的"名义"库存量最高就是 Q_{max}，待经过一个订货提前期销售，所订货物实际到达，实际最高库存量比 Q_{max} 还少一个提前期平均需求量，等于 $Q_{max}-\overline{D}_L$。所以，Q_{max} 实际上就是最高库存量的控制线，它是定期订货法用以控制库存量的一个关键性的控制参数。

定期订货法如何保证用户需求的满足程度呢？定期订货法在保证用户需求满足程度方面的方法原理是与定量订货法不同的。定量订货法是以提前期用户需求量为依据，制定策略的目的是保证提前期内用户需求量的满足，它的决策参数 Q_K 就是只能按一定满足程度保证满足提前期内用户的需求量。定期订货法不是以满足提前期内用户的需求量为目的的，而是以满足订货周期内的需求量再加上满足提前期内用户的需求量为目的的，即是以满足 $T+T_K$ 期间的用户总需求量为目的的。它是根据 $T+T_K$ 期间的用户总需求量为依据来确定 Q_{max} 的。因为 $T+T_K$ 期间的总需求量也是随机变化的，所以，也是一个随机变量。其值也是由两部分构成的，一部分是 $T+T_K$ 期间的平均需求量，另一部分是为预防随机性延误而设置的安全库存量。安全库存量的大小也是根据一定的库存满足率而设置的。库存满足率越高，则安全库存量越多，Q_{max} 越大，库存满足程度也越高。

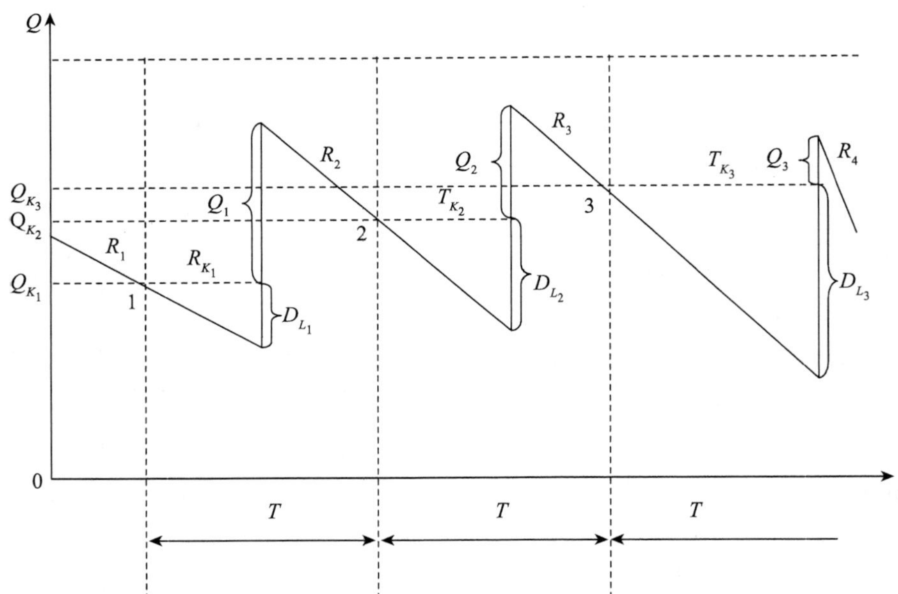

图 4-2　定期订货法原理

2. 定期订货法控制参数的确定

(1) 订货周期的确定。定期订货法中，订货周期决定了订货时机，也就是定期订货法的订货点。订货周期，就是订货间隔期。它与定量订货法的订货间隔期不同，定量订货法的订货间隔期互相可能不等，定期订货法的订货间隔期都是相同的。订货间隔期的长短，直接决定了最高库存量的大小，也就是决定了仓库水平的高低，因而决定了库存费用的大小。所以，订货周期不能太大，太大了，就会使库存水平过高，也不能太小，太小了，订货批次过多，增加订货费用。

在一般情况下，可以用经济订货周期作为定期订货法的订货周期，即：

$$T^* = \sqrt{\frac{2c_0}{c_1 R}} \tag{4-6}$$

式中的变量的含义与经济批量公式中的一样。

实际上，订货周期也可以根据具体情况进行调整。如①根据自然日历习惯，例如以月、季、年等；②根据企业的生产周期或供应周期等。也就是说，不一定很精确也可以。

(2) 最高库存量的确定。前面已经说到，定期订货法的最高库存量应该以满足 $T+T_K$ 期间的需求量为依据。也就是说，可以取最高库存量定于 $T+T_K$ 期间的总需求量。如果用 D_{T+T_K} 来描述 $T+T_K$ 期间的需求量，则有：

$$Q_{\max} = \text{“}D_{T+T_K}\text{”}$$

因为 D_{T+T_K} 一般也是随机变量，所以，也存在一个“分布”问题。和定量订货法中的 D_L 一样，我们也把它分为正态分布和其他分布两类。

对于正态分布，最高库存量等于平均 D_{T+T_K} 加上安全库存 Q_S：

$$Q_{\max} = \overline{D_{T+T_K}} + Q_S = \overline{D_{T+T_K}} + \alpha \times \sigma_D$$

这是用 D_{T+T_K} 来描述的式子。和定量订货法中的 D_L 一样，D_{T+T_K} 也可以用 R 和 T_K 来描述。则可以写成如下的式子：

$$Q_{\max} = \overline{R} \times (T + \overline{T_K}) + \alpha \times \sqrt{(\overline{T_K} + T) \times \sigma_R^2 + \overline{R}^2 \times \sigma_T^2}$$

它们都和 D_L 的情况相似，只是这里用 $T+T_K$ 代替了那里的 T_K 而已。

对于非正态分布，$Q_{\max}$ 的求法也类似于定量订货法中的 Q_K 的求法，$Q_{\max}$ 等于某一个 D_{T+T_K} 值，在这个 D_{T+T_K} 点，其累计概率不小于给定的库存满足率：

$$Q_{\max} = D_{T+T_K} \mid P\{D_{T+T_K} \leqslant Q_{\max}\} = p$$

根据给定的库存满足率 p 到给定的 D_{T+T_K} 的累计概率分布表中去查对应的 D_{T+T_K}，就可以得出 $Q_{\max}$。

(3) 订货量的确定。定期订货法没有固定不变的订货批量，每个周期的订货量的大小都是由当时的实际库存量的大小确定的，等于当时的实际库存量与最高库存量的差值。这里所谓的“实际库存量”，严格地说，是指检查库存时所实际具有的能够用于销售供应的全部物资的数量。也就是说，它不光包括当时的存于仓库的物资数量 Q_K，也包括已订未到物资数量 I 和已经售出而尚未发货的物资数量 B。Q_K、I、B 都是由订货时检查库存而实际得到的数据，每次检查的值可能不一样。所以，每次的订货量也不一样。第 i 次检查库存发出订货的数量 Q_i 可以表示为：

$$Q_i = Q_{max} - Q_{k_i} - I_i + B_i$$

（4）如何实施。定期订货法具体实施时，首先要如前所说，进行需求分析、经验方式分析、控制方法分析等。在确定要用定期订货法时，就要分析确定决策参数 Q_{max} 和 T。然后在具体运行时，每隔一个订货周期 T 检查库存，发出订货。每次订货量的大小都是使订货后的名义库存量达到 Q_{max}。

定期订货法应用的前提条件是：

①它的直接运用只适用于单一品种的情况，但是稍加处理，也可以用于几个品种的联合采购。

②它不但适用于随机型需求，而且适用于确定型需求。对于不同的需求类型，可以导出具体的运用形式，但它们的应用原理都是相同的。

③它一般多用于A类物资，即品种少而价值高，比较重要的物资。

下面举例说明。

例3：某公司为实施定期订货法策略对某个商品的销售量进行了分析研究。发现用户需求服从正态分布。过去9个月的销售量分别是：11、13、12、15、14、16、18、17、19（t），如果组织资源进货，则订货提前期为1个月，一次订货费为30元，1吨物资1个月的保管费为1元。如果要求库存满足率达到90%，根据这些情况应当如何制定定期订货法策略。又因实施定期订货法策略后，第一次订货检查时，发现现有库存量为21t，已定未到物资为5t，已经售出但尚未提货的物资为3t，问第一次订货时应该订多少？

由题可以得到如下信息：$R\sim(\overline{R}, \sigma_R)$，$T_K=1$（月），为常数。$c_0=30$ 元，$c_1=1$ 元/t·月，$p=0.9$。第一次检查结果：$Q_{k_i}=21$t、$I_i=5$t、$B_i=3$t。（$i=1$）

要求定期订货法策略和第一次订货量，先求需求速率的平均值和标准偏差：

$$\overline{R} = \frac{\sum_{i=1}^{9} R_i}{9} = 15(\text{t/月})$$

$$\sigma_R = \sqrt{\frac{\sum_{i=1}^{9}(R_i - \overline{R})^2}{9}} = 1.8$$

再求订货周期 T：$T^* = \sqrt{\dfrac{2c_0}{c_1 R}} = 2(\text{月})$

由于 $p=0.9$ 时，查表可得 $\alpha=1.28$，所以：

$$Q_{max} = \overline{R} \times (T + \overline{T_K}) + \alpha \times \sqrt{(\overline{T_K} + T) \times \sigma_R^2 + \overline{R}^2 \times \sigma_T^2}$$

因为 $T=2$ 已定，所以，$\sigma_T=0$，则得：

$Q_{max}=15\times(2+1)+1.28\times\sqrt{3}\times1.8\approx49$（t）

因此，具体的定期订货法策略是，设置订货周期 T 为 2 个月，最高库存量 Q_{max} 设为 49t，周期性地检查库存，发出订货。订货量的大小，使得订货后的名义库存量达到 Q_{max}，所以，第一次检查库存发出订货量为：$Q_i = Q_{max} - Q_{k_i} - I_i + B_i = 49 - 21 - 5 + 3 = 26$（t）。

第五章　运输管理

第一节　运输概述

一、运输的概念及其地位

（一）运输的概念

运输是人和物的载运及输送，是在不同地域范围间（如两个城市、两个工厂之间，或一个大企业内相距较远的两车间之间），以改变对象的空间位置为目的的活动，对对象进行空间位移。

运输作为社会生产力的有机组成部分，主要是通过完成物品的空间位移表现出来的，即将生产和消费所处的不同空间连接起来，实现物品在不同地点之间的移动。运输还被称为经济的动脉，是国民经济的基础。积极开展综合运输，合理利用各种运输方式，不断提高运输效率，讲求运输经济效益，是现代运输发展的基本趋势。经济学家哈努科夫在讨论运输与生产力布局的关系时指出，运输是社会生产力的组成部分，同时也是物质资料生产的必要条件，它对生产配置和社会劳动生产率的水平有着巨大的影响。现代化大生产要求按时供应大量的原料、燃料和材料，并从生产地输出成品到消费区去。为了完成这个任务，就必须要有发达的运输。我国运输经济学家方举也曾指出，交通运输是社会生产必备的一般条件，是整个经济的主要基础。生产、分配、交换和消费，必须通过运输的纽带才能得到有机的结合。生产的社会化程度越高，商品经济越发达，生产对流通的依赖性越大，运输在再生产中的作用越重要。可以说，运输是物流的核心业务，是物流运作与管理不可缺少的一环。

（二）运输的地位

1. 运输是物流的主要功能要素之一

按物流的概念，物流是“物”的物理性运动，这种运动不但改变了物的时间状态，也改变了物的空间状态。而运输承担了改变空间状态的主要任务，运输是改变空间状态的主要手段，运输再配以搬运、配送等活动，就能圆满完成改变空间状态的全部任务。

2. 运输是社会物质生产的必要条件之一

运输是国民经济的基础和先行。马克思将运输称为“第四个物质生产部门”，是将运输看成生产过程的继续，这个继续虽然以生产过程为前提，但如果没有这个继续，生产过程则不能最后完成。所以，虽然运输这种生产活动和一般生产活动不同，不创造新的物质产品，只变动其所在的空间位置，但这一变动则使生产能继续下去，使社会再生产不断推进，所以，将其看成一种物质生产部门。

3. 运输可以创造“场所效用”

通过运输，将“物”运到场所效用最高的地方，就能发挥“物”的潜力，实现资源的优化配置。从这个意义来讲，也相当于通过运输提高了物的使用价值，因此，也具有增值的作用。

4. 运输是“第三个利润源”的主要源泉

（1）物流货物运输是运动中的活动，和静止的保管不同，要靠大量的动力消耗才能实现这一活动，而运输又承担大跨度空间转移的任务，所以，活动的时间长、距离长、消耗也大。消耗的绝对数量大，其节约的潜力也就大。

（2）从运费看，运费在全部物流货物运输费中占最高的比例，一般综合分析计算社会物流货物运输费用，物流货物运输费在其中占接近50%的比例，有些产品运费高于产品的生产费，节约的潜力是大的。

（3）由于运输总里程大，运输总量巨大，通过体制改革和运输合理化可大大缩短运输吨公里数，从而获得比较大的节约。

二、运输的功能与作用

在物流中心的物流过程中，运输主要提供两大功能，即货物转移和货物储存。运输的主要目的就是以最短的时间、最低的成本将货物转移到规定地点，主要功能就是货物在价值链中实现位移，从而产生空间效用和时间效用；另一大功能就是对货物在运输期间进行临时储存，也就是说将运输工具（主要是运输车辆）作为临时的储存设施，而且这种储存是免费储存、自然储存。总之，运输是把物流系统连接在一起的纽带，是物流过程不可缺少的组成部分。快速有效的物流系统必须具备良好的运输条件，没有运输就没有物流。对于物流中心而言，运输管理是决定核心竞争能力的关键要素，运输管理的有效性直接决定了物流中心运作水平的高低。

（一）货物移动

显而易见，运输首先实现了货物在空间上移动的职能。无论货物处于哪种形式，是材料、零部件、配件、在制品或成品，或是在流通中的商品，运输都是必不可少的。运输通过改变货物的地点与位置而创造出价值，这是空间效用。另外，运输能使货物在需要的时间到达目的地，这是时间效用。运输的主要职能就是将货物从原产地转移到目的地，运输的主要目的就是要以最少的时间和费用完成物品的运输任务。

运输是一个增值的过程，通过创造空间效用与时间效用创造价值。商品最终送到顾客手中，运输成本构成了商品价格的一个重要部分，运输成本的降低可以达到以较低的成本提供优质顾客服务的效果，从而提高竞争力。

（二）短时货物库存

对货物进行短时储存也是运输的职能之一，即将运输工具作为暂时的储存场所。如果转移中的货物需要储存，而短时间内货物又将重新转移的话，卸货和装货的成本也许会超过储存在运输工具中的费用。这时，便可考虑采用此法，只不过产品是移动的，而不是处于闲置状态。

例如，当交付的货物处在转移之中，而最初的装运目的地被改变时，货物需要临时的储存，那么，采取改变则是实现货物短时存储的一种方法。另外，在仓库空间有限的情况下，利用运输工具储存也不失为一种可行的选择。可将货物装上运输工具，采用迂回路径或间接路径运往目的地。尽管用运输工具储存货物可能是昂贵的，但如果从总成本或完成任务的角度看，考虑装卸成本、储存能力的限制等，用运输工具储存又往往是合理的，甚至有时是必要的。

三、运输合理化

（一）不合理运输

1. 空驶

空驶即空车无货载行驶，可以说是不合理运输的最严重形式。造成空驶的不合理运输主要有以下几种原因：①能利用社会化的运输体系而不利用，却依靠自备车送货提货，这往往出现单程车，单程空驶的不合理运输。②由于工作失误或计划不周，造成货源不实，车辆空去空回，形成双程空驶。③由于车辆过分专用，无法搭运回程货，只能单程实车，单程回空周转。

2. 对流运输

对流运输亦称“相向运输”或“交错运输”，指同一种货物在同一线路或平行线路上做相对方向的运送，而与对方运程的全部或一部分发生重叠交错的运输称对流运输。

3. 迂回运输

迂回运输是舍近取远的一种运输，即可以选取短距离运输，却选择路程较长路线进行运输的一种不合理形式。

4. 重复运输

本来可以直接将货物运到目的地，但未达目的地就将货卸下，再重复装运送达目的地。这是重复运输的一种形式。另一种形式是，同品种货物在同一地点一面运进，同时又运出。重复运输的最大毛病是增加非必要的中间环节。这就延缓了流通速度，增加费用，增大货损。

5. 倒流运输

倒流运输是指货物从销地或中转地向产地或起运地回流的一种运输现象。其不合理程度要甚于对流运输，其原因在于，两程的运输都是不必要的，形成了双程的浪费。

6. 过远运输

过远运输是指调运物资舍近求远。

7. 运力选择不当

未发挥各种运输工具优势，而不正确地利用运输工具造成的不合理现象，称为运力选择不当。常见有以下若干形式：①弃水走陆。在同时可以利用水运及陆运时，不利用成本较低的水运或水陆联运，而选择成本较高的铁路运输或汽车运输，使水运优势不能发挥。②铁路、大型船舶的过近运输。不是铁路及大型船舶的经济运行里程，却利用这些运力进行运输的不合理做法。主要不合理之处在于火车及大型船舶起运及到达目的地的准备、装卸时间长，且机动灵活性不足，在过近距离中利用，发挥不了运速快的优势；相反由于装卸时间长，反而会延长运输时间。另外，和小型运输设备比较，火车及大型船舶装卸难度大、费用也较高。③运输工具承载能力选择不当。不根据承运货物数量及重量选择，而盲目决定运输工具，造成过分超载、损坏车辆或货物不满而浪费运力的现象，尤其是“大马拉小车”现象发生较多。由于装货量小，单位货物运输成本必然增加。

8. 托运方式选择不当

对于货主而言，可以选择最好托运方式而未选择，造成运力浪费及费用支出加大的一种不合理运输。应选择整车而未选择，反而采取零担托运。应当直达而选择了中转运输，应当中转运输而选择了直达运输等，都属于这一类型的不合理运输。

9. 超限运输

超过规定的长度、宽度、高度和重量，容易引起货损、车辆损坏和公路路面及公路设施的损坏，还会造成严重的事故。这是当前表现突出的不合理运输。

（二）运输合理化的概念

运输路线合理化就是按照货物流通规律，组织货物运输，力求用最少的劳动消耗，得到最高的经济效益。也就是说，在有利于生产，有利于市场供应，有利于节约流通费用、运力以及劳动力的前提下，使货物运输里程最短，经过最少的环节，用最快的时间，以最小的损耗和最低的成本，把货物从出发地运到客户要求的地点。运输路线合理化是物流中心进行运输管理的最基本要求，合理化的运输路线可以节省运力、缩短运输时间，最终表现为节约运输成本和提高运输质量，增强物流中心的竞争优势。

运输合理化的影响因素很多，起决定性作用的有 5 方面的因素。

1. 运输距离

在运输时，运输时间、运输货损、运费、车辆或船舶周转等运输的若干技术经济指标，都与运距有一定比例关系，运距长短是运输是否合理的一个最基本因素。缩短运输距离从宏观、微观看都会带来好处。

2. 运输环节

每增加一次运输，不但会增加起运的运费和总运费，而且必然会增加运输的附属活动，如装卸、包装等，各项技术经济指标也会下降。所以，减少运输环节，尤其是同类运输工具的环节，对合理运输有促进作用。

3. 运输工具

各种运输工具都有各自的优势领域，对工具进行优化选择，按运输工具特点进行装卸运输作业，最大限度发挥所用运输工具的作用，是运输合理化的重要一环。

4. 运输时间

运输是物流过程中需要花费较多时间的环节，尤其是远程运输，在全部物流时间中，运输时间占绝大部分，所以，运输时间的缩短对整个流通时间的缩短有决定性的作用。此外，运输时间短，有利于运输工具的加速周转，充分发挥运力，有利于货主资金的周转，有利于运输线路通过能力的提高，对运输合理化有很大贡献。

5. 运输费用

运输费用的降低，无论对货主企业还是对物流经营企业来讲，都是运输合理化的一个重要目标。

（三）运输合理化的有效措施

1. 提高运输工具实载率

提高实载率的意义在于：充分利用运输工具的额定能力，减少车船空驶和不满载行驶的时间，减少浪费，从而求得运输的合理化。根据测定，汽车运输的实载率每下降1%，百吨货物公里的油耗上升1%～2%。

当前，国内外开展的“配送”形式，优势之一就是将多家需要的货或者一家需要的多种货实行配装，以达到容积和载重的充分合理运用，比起以往自家提货或一家送货车辆大部分空驶的状况，是运输合理化的一个进展。在铁路运输中，采用整车运输、合装整车、整车分卸及整车零卸等具体措施，都是提高实载率的有效措施。

2. 采取减少动力投入，增加运输能力的有效措施

这种合理化的要点是，少投入、多产出，走高效益之路。运输的投入主要是能耗和基础设施的建设，在设施建设已定型和完成的情况下，尽量减少能源投入，是少投入的核心。做到了这一点就能大大节约运费，降低单位货物的运输成本，达到合理化的目的。

国内外在这方面的有效措施有：①在机车能力允许情况下，加挂车皮。②水运拖排和拖带法。竹、木等物资的运输，利用竹、木本身浮力。不用运输工具载运，采取拖带法运输，可省去运输工具本身的动力消耗从而求得合理；将无动力驳船编成一定队形，一般是“纵列”，用拖轮拖带行驶，有比船舶载乘运输运量大的优点，求得合理化。③顶推法。是我国内河货运采取的一种有效方法。将内河船舶编成一定队形，由机动船顶推前进的航行方法。其优点是航行阻力小，顶推量大，速度较快，运输成本很低。④汽车列车。汽车列车的原理和船舶拖带、火车加挂基本相同，都是在充分利用动力能力的基础上，增加运输

能力。汽车列车和单车相比，可以采用甩挂的办法，提高效率、降低油耗。根据测定，在汽车列车中，半挂汽车列车又比全挂汽车列车更为优越。⑤选择大吨位汽车。在运量比较大的路线上，采用大吨位汽车进行运输，和小吨位汽车进行运输相比能够有相当大的节约。例如，美国货运汽车平均吨位为12.5t，每百吨公里油耗为3.01L，我国平均载重吨位为4.6t，每百吨公里油耗为8L。

3. 发展直达运输

直达运输是追求运输合理化的重要形式，其对合理化的追求要点是通过减少中转过载换载，从而提高运输速度，省去装卸费用，降低中转货损。直达的优势，尤其是在一次运输批量和用户一次需求量达到了一整车时表现最为突出。

4. 配载运输

是充分利用运输工具载重量和容积，合理安放装载的货物及载运方法以求得合理化的一种运输方式。配载运输也是提高运输工具实载率的一种有效形式。

配载运输往往是轻重商品的混合配载，在以重质货物运输为主的情况下，同时搭载一些轻质货物，如海运矿石、黄沙等重质货物，在仓面捎运木材、毛竹等。铁路运矿石、钢材等重物上面搭运轻质农、副产品等，在基本不增加运力投入情况下，在基本不减少重质货物运输情况下，解决了轻质货的搭运，因而效果显著。

5. 发展特殊运输技术和运输工具

依靠科技进步是运输合理化的重要途径。例如，专用散装及罐车，解决粉状、液状物运输损耗大，安全性差等问题；袋鼠式车皮，大型半挂车解决了大型设备整体运输问题；“滚装船”解决了车载货的运输问题。集装箱船比船舶能容纳更多的箱体，集装箱高速直达车船加快了运输速度等，都是通过采用先进的科学技术实现合理化。

6. 通过流通加工，使运输合理化

有不少产品，由于产品本身形态及特性问题，很难实现运输的合理化，如果进行适当加工，就能够有效解决合理运输问题。如将造纸材料在产地预先加工成干纸浆，然后压缩体积运输，就能解决造纸材料运输不满载的问题。轻质产品预先捆紧包装成规定尺寸，装车就容易提高装载量；水产品及肉类预先冷冻，就可提高车辆装载率并降低运输损耗。

另外，还要充分发挥各种运输工具作用，形成社会化的运输体系，提高各种运输工具的功效。

新经济提供的信息、网络、物流机械装备的大规模、自动化技术等，已经使构成物流的运输活动发生了很大的变化，形成了新的发展趋势。

第一，运输地位的变化。新经济中的现代物流业，逐渐使运输从物流的主导地位变成现代物流的支撑因素。

第二，运输结构的变化。随着经济全球化的进程，运输的空间距离将被拉大，承担大量运输的远洋海运和承担多品种、少批量、多批次的长距离空中快运二类运输形式的比重将有比较大的增长。

第三，不同的运输方式的一体化。无论在基础平台建设方面还是在运行方面，会出现一体化的趋势。

第二节　现代运输方式

现代运输的主要方式包括公路、铁路、水路、航空、管道运输等。这里，将分别从这几种运输方式的产生及发展、优缺点、适用范围等内容进行分析。

一、公路运输

在物流供应链中，公路运输是最主要的货运方式。它是指利用一定的载运工具（人力车、畜力车、拖拉机、汽车等）沿公路（一般土路、有路面铺装的道路、高速公路）实现旅客或货物空间位移的过程。由于汽车已成为现代公路运输的主要载运工具，因此，现代公路运输即是指汽车运输。

公路运输是19世纪末随着现代汽车的诞生而产生的。初期主要承担短途运输业务。第一次世界大战结束后，基于汽车工业的发展和公路里程的增加，公路运输走向发展的阶段，不仅是短途的主力，并进入长途运输的领域。第二次世界大战结束后，公路运输发展迅速。欧洲许多国家和美国、日本等国已建成比较发达的公路网，汽车工业又提供了雄厚的物质基础，促使公路运输在运输业中跃至主导地位。

公路运输主要承担近距离、小批量的货运和水运、铁路运输难以到达地区的长途、大批量货运及铁路运输、水运优势难以发挥的短途运输。由于公路运输具有灵活性，近年来，在有铁路、水运的地区，长途大批量运输也开始用公路运输。

公路运输的主要优点是灵活性强，投资较低，建设期短，易于因地制宜，对收、到站设施要求不高，可采取"门到门"运输形式，即从发站者门口直到收货者门口，而不需转运或反复装卸搬运。公路运输也可作为其他运输方式的衔接手段。公路运输的经济半径，一般在200km以内。

公路运输的主要缺点是载运量小，从客运角度，小到三四人，大到数十人，从货运角度，普通可载运3～5t，即使使用全拖车，也不过数十吨，无法与铁路或轮船的庞大容量相比；安全性差，公路运输由于车种复杂，路况不良，以及驾驶人员的疏忽等因素，交通事故较多，安全性较差。

公路运输业务分成两部分：整车运输和零担运输。满载运输按照整车收费，不考虑货运量，费率随运距不同而变化。非满载运输则按照货物的运量和运距两个因素来收费。整车满载运输方式的运输成本相对较低，但是，通常运输不能持续地进行，存在着闲置时间和空驶距离，增加了整车运输的成本。所以，要求承运人要做好运输规划，以便在满足客户需求的同时，缩短汽车的闲置时间和空驶时间。

二、铁路运输

铁路运输是使用铁路列车运送货物和旅客的一种运输方式。主要承担长距离、大批量的货运，在没有水运条件地区，几乎所有大批量货物都依靠铁路进行运输，铁路运输是在干线运输中起主力运输作用的运输形式。

1825 年，英国在斯托克顿和达林顿之间修建了一条长 32km、运送煤炭和旅客的铁路，用蒸汽机车牵引列车，创造了运送 550 名旅客、时速达 24km 的记录。这是世界第一条公用铁路。在这以前，虽然也曾有过马拉车在轨道上行驶或把蒸汽机装在车辆上以驱动车辆在道路上行驶，但这些都不足以称为铁路运输方式。斯托克顿—达林顿铁路的正式开业运营标志着近代铁路运输业的开端。

目前，在全球 236 个国家和地区中，有 144 个设有铁路运输（包括全世界最小的国家梵蒂冈在内），其中，约 90 个国家和地区提供客运铁路服务。铁路依然是世界上载客量最高的交通工具，拥有无法被取代的地位。

铁路运输的优点是运量大、运价低廉且运距长；行驶具有自动控制性；有效使用土地；污染性较低；不大受自然条件限制。

铁路运输的缺点是货损较高，铁路运输可能因为列车行驶时的震动或货物装卸不当，造成所承载货物的损坏，而且运输过程需要经多次中转，也容易导致货物损坏、遗失，铁路运输的货损比例远高于公路运输，一些货主不敢将高价值的货物交由铁路承运；营运缺乏弹性，只能在固定线路上实现运输，需要以其他运输手段配合和衔接，容易产生空车回送现象，从而造成营运成本的增加，与公路运输相比，铁路运输经济里程一般在 200km 以上。

铁路运输在轨道、机车、车厢、调车等方面要花费高额固定成本。此外，还包括两项巨大的、与行程有关的成本：劳动力和燃料。它们与车厢的数量无关，而只随运距和运输时间变化。

三、水路运输

水路运输是使用船舶运送客货的一种运输方式，主要承担大批量、长距离的运输，也是在干线运输中起主力作用的运输形式。在内河及沿海，水运也常作为小型运输工具使用，担任补充及衔接大批量干线运输的任务。

水上运输既是一种古老的运输方式，也是一种现代化的运输方式。在出现铁路、航空以前，水上运输同以人力、畜力为动力的陆上运输方式相比，无论运输能力、成本和方便程度等各个方面都处于优越地位。因此，资本主义国家早期的工业大多沿通航水道的两岸设厂，形成沿着江、河布局的所谓“工业走廊”。在历史上，水运的发展对工业的布局有很大的影响。此外，海洋运输还具有其独特的地位，由于地理因素的关系（大陆被海洋分隔），海洋运输是沟通联系各个国家和地区的主要运输方式，尤其是在大力发展对外贸易过程中，它的主导作用几乎是无可代替的。

从古老的独木舟、竹木筏、蓬帆船，到现代高度自动化的远洋旅游船和集装箱船，期间经历了几千年漫长的历史。人类真正使用机械开动船舶是在 1807 年美国人罗伯特·富尔顿把锅炉、蒸汽机和明轮装到内河船“克莱蒙特号”上，并在纽约与奥尔巴尼之间的哈得逊河上进行了有实用价值的航行。1838年出现了装在船舶尾部的螺旋桨推进装置。1890年发明了内燃机，而后越来越多的船都利用内燃机（主要是低速柴油机）作为自己的主要动力设备，再以后出现了汽轮机动力装置和核动力装置，等等。

随着科学技术的进步，为保证自身的安全和正常的营运生产，如今船舶所具有的设备装置也越来越臻于完善。除了机舱部门逐渐自动化、电气化之外，栖装设备也在不断改进中，诸如锚设备、舵设备、系泊设备、救生设备等。此外，通信导航设备也日益精确有效，一般船上都装有磁罗经、电罗经、计程仪、探测仪、雷达等，较新式的船上还配有无线电测向仪、双曲线定位仪以及卫星导航装置。可以认为，现代化的大型船舶犹如一座海上的浮动城市，各种先进的设备基本上能保证它在世界各大洋上正常航行。

水路运输的主要优点是单位运输成本低，水运（尤其是海运）是最低廉的运输方式；运输量大，船舶货舱的比例比其他运输工具都大；能源消耗低；续航能力大，商船出行，所携带的燃料、粮食及淡水，可历时数十日。

水运的缺点是运输速度慢；受港口、水位、季节、气候影响较大，因而一年中运输中断的时间较长；往往需要地面运输系统的配合才能完成客、货运输过程。

水路运输有以下4种形式：①沿海运输。是使用船舶通过大陆附近沿海航道运送客货的一种方式。②近海运输。是使用船舶通过大陆邻近国家海上航道运送客、货的一种运输形式。③远洋运输。是使用船舶跨大洋的长途运输形式。④内河运输。是使用船舶在陆地内的江、河、湖、川等水道进行运输的一种方式。4种水路运输方式的不同也导致了使用的载驳船的大小不一样。

四、航空运输

航空运输是使用飞机或其他航空器进行运输的一种形式。航空运输是最快的运输方式，但固定成本和可变成本加在一起使其成为最昂贵的运输方式，短途运输尤其如此。因此，主要适合运载的货物有两类，一类是价值高、运费承担能力很强的货物，如贵重设备的零部件、高档产品等；另一类是紧急需要的物资，如救灾抢险物资等。

航空运输始于1871年。当时，普法战争中的法国人用气球把政府官员和物资、邮件等运出被普军围困的巴黎。1918年5月5日，飞机运输首次出现，航线为纽约—华盛顿—芝加哥。20世纪30年代有了民用运输机，各种技术性能不断改进，航空工业的发展促进航空运输的发展。第二次世界大战结束后，在世界范围内逐渐建立了航线网，以各国主要城市为起讫点的世界航线网遍及各大洲。60年代后期，航空运输进入了现代化的世界航空运输时代。目前，世界航空运输业已经发展成为一个规模庞大的行业。以世界各国主要都市为起止点的世界航空网已遍及各大洲。

航空运输的主要优点是速度快，这是航空运输的最大优势，而且距离越长，航空运输所能节约的时间越多，快速的特点也越显著；不受地形限制，机动性大，飞机在空中飞行，受陆地地形因素限制很少，受航线条件限制的程度也远比汽车运输、铁路运输和水运小得多；舒适、安全；适用范围广泛、用途广，飞机和直升机，不但可供客货运输，而且还可以用于邮政、农业、渔业、林业、救济、工程、警务、气象、旅游观光和军事；基本建设周期短、投资少。要发展航空运输，从设备条件上讲，只要添置飞机和修建机场就可基本满足。这与修建铁路和公路相比，建设周期短、占地少、投资少、收效快。

航空运输的主要缺点是航空运输具有国际性，航空事业属于环球多国籍的运输行业，具有跨国服务的特性，故需考虑国际化服务与合作；航空运输载运量小、成本高，由于受飞机机舱容积制约，航空运输载运量小，运载成本和运价比地面运输高；受气象条件限制，航空运输工具在空中飞行的航期和安全常受影响；航空运输造成的噪声污染比较严重。由于航空运输具有快速、机动的特点，可以为旅客节省大量时间，为货主加速资金周转，所以，在客运和进出口贸易中，尤其是在运输贵重物品、精密仪器、鲜活物资等方面，起着越来越大的作用。在火车、汽车都达不到的地区也可依靠航空运输，因而有其重要意义。

五、管道运输

管道运输是利用管道输送气体、液体和粉状固体的一种运输方式。其运输形式是靠物体在管道内顺着压力方向循序移动实现的，同其他运输方式相比重要的区别在于，管道设备是静止不动的。

现代管道运输始于 19 世纪中叶。1865 年美国宾夕法尼亚州建成第一条原油输送管道。然而它的进一步发展则是从 20 世纪开始的。随着第二次世界大战后石油工业的发展，管道的建设进入了一个新的阶段，各产油国竞相兴建大量石油及油气管道。

20 世纪 60 年代开始，输油管道的发展趋于采用大管径、长距离，并逐渐建成成品油输送的管网系统。同时，开始了用管道输送煤浆的尝试。全球的管道运输承担着很大比例的能源物资运输，包括原油、成品油、天然气、油田伴生气、煤浆等。其完成的运量大大高于人们的想象（如在美国接近于汽车运输的运量）。

近年来，管道运输也被进一步研究用于解决散状物料、成件货物、集装物料的运输，以及发展容器式管道输送系统。

管道运输的主要优点是由于采用密封设备，在运输过程中可避免散失、丢失等损失，也不存在其他运输设备本身在运输过程中消耗动力所形成的无效运输问题。另外，运输量大，适合于大且连续不断运送的物资，比如，运送原油、提炼的石油制品及天然气，但应当注意的是，管道运输并不适于汽油的运送，而用汽车运送汽油效果会更好一些；永久性，占用土地少，易选取捷径缩短运距；可长期稳定运行，便于管理；耗能低，运输费用低；沿途无噪声、漏失污染少。

管道运输的缺点是不如其他运输方式灵活，承运的货物比较单一，货源减少时不能改变路线，只适于定点、量大、单向的流体运输。

管道运输必不可少的一项成本支出是搭建管道及相关设备的费用及与管道直径关系

不大的相关基础设施的建设费用。管道运输的价格构成通常包括两个部分，一是与托运人的最大运量相关的固定部分；二是与实际运量相关的部分。这种价格结构促使托运人使用管道运输来运送需求量可预测的那部分货物，而采用其他方式来运送需求量变动的货物。

第三节　运输决策

一、现代运输方式的选择

（一）运输方式的定性选择

（1）单一运输方式的选择。单一运输方式，就是选择一种运输方式提供运输服务。可以根据5种基本运输方式的特点，结合自身运输需求进行恰当的选择。

（2）多式联运的选择。多式联运就是选择使用两种以上的运输方式联合起来提供运输服务。多式联运的主要特点是在不同运输方式间自由变换运输工具，以最合理、最有效的方式实现货物运输过程。例如，将卡车上的集装箱装上飞机，或铁路车厢被拖上船等。多式联运的组合方法有很多，但在实际中，这些组合并不都是实用的，一般只有铁路与公路联运、公路或铁路与水路联运得到了较为广泛的应用。

铁路与公路联运，即公铁联运，或称驮背运输，是指在铁路平板车上载运卡车拖车，通常运距比正常的卡车运输长。它综合了卡车运输的方便、灵活与铁路长距离运输经济的特点，运费通常比单纯的卡车运输要低。这样，卡车运输公司可以延伸其服务范围，而铁路部门也能够分享到某些一般只由卡车公司单独运输的业务，同时，托运人也可以在合理价格下享受到长距离“门到门”服务的便捷。因此，驮背运输，即铁路公路联运成为最受欢迎的多式联运方式。

公路或铁路与水路联运，也称鱼背运输，即将卡车拖车、火车车箱或集装箱转载到驳船或船舶上进行长途运输。这种使用水路进行长途运输的方式，是最便宜的运输方式之一，在国际多式联运中应用广泛。

此外，航空与公路联运应用也较广泛，即将航空货运与卡车运输结合起来，这种方式所提供的服务和灵活性可与公路直达运输相比拟。

两种以上运输方式的连接所具有的经济潜力，使得多式联运吸引了托运人和承运人。多式联运的发展对物流计划者具有很大的利益，这种发展增加了系统设计中的可选方案，从而可以降低物流成本、改善服务。

（3）运输中间商的选择。运输中间商，一种是运输承包公司，另一种是运输代理人。运输承包公司是不具有运输工具或只具有少量短途运输工具，而以办理货运业务（或兼办客运业务）为主的专业运输业务企业。采用运输承包发运货物时，可以把有关货运工作委托给运输承包公司，由其负责办理货物运输全过程中所发生的与运输有关的事务，并与掌握运输工具的运输企业发生托运与承运的关系，特别是对于一些运输条件要求较高、货运业务手续较为繁杂，且面向千家万户的运输，更适合采用运输承包发运货物。比如，零担货物的集结运输，由于零担货物批数多、重量小、发散地分散、品种复杂、形状各异、包装不统一，由运输承包公司承包此项业务，不仅可以方便货主提高运输服务质量，而且可以通过运输承包公司的货物集结过程，化零为整，提高运输效率和运输过程的安全可靠性。

运输代理人主要应用于国际货物运输业务中。国际间货物运输业务的业务范围遍布国内外广大地区，不仅涉及面广、头绪多，而且情况复杂，任何一个运输经营人都不可能亲自处理每一项具体运输业务，这就需要把不少工作委托给代理人代办。运输代理人接受委托人的委托，代办各种运输业务并按提供的劳务收取一定的报酬，即代理费、佣金或手续费。代理人一般都经营运输多年、精通业务、经验比较丰富，且熟悉各种运输手续和规章制度，与交通运输部门以及贸易、银行、保险、海关等有着广泛的联系和密切的关系，从而具有有利条件为委托人代办各种运输事项。因此，委托代理人去完成一项运输业务，有时比自己亲自去处理更为有利。因为代理人熟悉当地情况，与各方面有着密切关系，比人生地疏的委托人自己去办可能更顺利，更好一些，虽然要花费一些酬金，但委托人从代理人提供的服务中可以得到补偿。因此，代理在运输业中的发展十分迅速。物流企业可以根据代理人的不同性质和范围进行选择。

（4）自用运输的选择。所谓自用运输，即使用自有的运输设备运输自有的、承租的或受托的货物的活动。比如，拥有或租用火车车皮、客车汽车、货用飞机及运输船舶运输自己的，或自己承租的，或自己受托的货物等，都是自用运输。拥有自用运输设备，具有更大的控制力和灵活性，能够随时适应顾客的需要，这种高度的反应能力可以使企业缩短交货时间，减少库存，减少缺料的可能性，而且可以不受商业运输公司服务水平和运价的限制，有利于改善和顾客的关系。但是，自用运输有一个很大的弊端，就是运输成本较高。主要原因就是回空问题，回空成本要计入运出或运入的单程货运成本内，这样货运成本实际是单程成本的 2 倍。因此，企业是选择运输中间商还是选择自用运输，一定要做好成本的比较工作，选择最佳运输方式。

（二）运输方式的定量选择

上述是对各种运输方式服务选择的定性分析。此外，还需要作定量分析，将指标量化，使所选择的运输方式的优劣可以一目了然。所谓的定量分析，就是对所选择的运输方式的各种指标（即影响因素）绩效进行评分，给出衡量值，然后物流管理运输部门根据各种指标的重要程度给出不同的权重，用权重乘以运输方式的绩效衡量值就得到运输方式在该评估因素中的等级，将个别因素等级累积起来就得到运输方式的总等级。绩效的衡量值和权重分值越高，表示绩效越好，评估指标越重要，总等级分值越高的运输方式越好。

在目前的物流环境中，由于各种新运输形式的出现，各种承运方式能提供的服务和能力也在不断增长，这就使选择运输方式比过去更加复杂，评估也变得更加困难。因此，必须慎重考虑众多因素，对其进行定性和定量分析以求选择最佳运输方式。

二、运输路线的选择

运输路线选择是在模式选择之后的又一重要运输决策，主要是选择起点到终点的最短路，不同运输方式路线选择也不同。最短路的度量单位可能是时间最短、距离最短或费用最小等。通常是将运输模式和路线选择结合在一起，因为路线选择的可能性在很大程度上取决于运输模式。路线选择问题可分为以下几类：

①中间点相同，起讫点不同。

②中间点不同，但起讫点相同。

③多个起点，多个终点，没有中间点。

④多个起点，多个终点，有中间点。

（1）起讫点不同。这种情况常用最短路算法，其步骤如下：第一，确定网络中已标号及未标号的点；第二，对每个标号的点，确定和它直接相连的未标号的点；第三，选择和已标号的点有最近距离的未标号的点进行标号；第四，若到达终点便停止，否则返回第二步，重新进行。

（2）起讫点相同。它主要考虑从设施点出发访问一定数量顾客后又回到原来的出发点的线路确定问题，通常应用在饮料递送、送牛奶、送包裹等问题，也就是运筹学中常见的旅行商问题，其目标是通过确定回到出发点前服务顾客的次序，使总旅行距离最小。通常的数学模型为：

$$\min Z = \sum_{i=1}^{m}\sum_{j=1}^{n} C_{ij}X_{ij}$$

$$\text{s. t}\begin{cases}\sum_{i=1}^{m} X_{ij} = 1, j = 1,2,\cdots,n \\ \sum_{j=1}^{n} X_{ij} = 1, i = 1,2,\cdots,m \\ X_{ij} \in \{0,1\}\end{cases} \tag{5-1}$$

式中：C_{ij}——旅行商经过对应路段（i，j）所花的费用，如时间、距离、费用等。

决策变量 X_{ij}——如果路段（i，j）在线路上，其值为1，否则为0。

简单贪婪算法可以解决这类问题，其步骤如下：第一步，选择距出发点最近的顾客位置；第二步，在没有选择的位置中选距离当前已选择的位置最近的顾客位置；第三步，如果所有位置都选了便停止，否则返回第二步。

例：某邮递员从站点 A 送信，服务3个顾客 B、C、D，从站点 A 到3个顾客的距离如表5-1所示。

表 5-1　　站点至各顾客的距离　　单位：千米

	A	B	C	D
A	0	21	25	26
B	21	0	18	19
C	25	18	0	24
D	26	19	24	0

确定最优的送信路线。

按上述方法求解，步骤如下：第一步，B 距 A 最近；第二步，C 距 B 最近；第三步，只剩 D 没选，D 即为继 C 之后的顾客，然后返回 A。

求出的配送顺序为 $A—B—C—D—A$。

(3) 多起点、多终点，没有中间点。这个问题主要是将多个供应点的供应分配到多个顾客需求点，常用在产品从工厂到仓库的配送、从仓库向顾客供应等。这类经典的运筹学问题称为运输问题，求解运输问题常用伏格尔法或表上作业法。通常的运输问题可以描述为：设某物资有 m 个产地；A_1，A_2，A_3，…，A_m；供应 n 个销地 B_1，B_2，B_3，…，B_n，已知 A_i 的产量为 a_i（$i=1$，2，3，…，m），B_j 的销量为 b_j（$j=1$，2，3，…，n）。由 A_i 到 B_j 的单位运价为 C_{ij}。X_{ij} 表示由产地 A_i 运到销地 B_j 的物资量（$i=1$，2，3，…，m；$j=1$，2，3，…，n）。则运输问题的数学模型为：

$$\min Z = \sum_{i=1}^{m}\sum_{j=1}^{n} C_{ij}X_{ij}$$

$$\text{s. t}\begin{cases} \sum_{i=1}^{m} X_{ij} = b_j, j = 1,2,\cdots,n \\ \sum_{j=1}^{n} X_{ij} = a_i, i = 1,2,\cdots,m \\ X_{ij} \geqslant 0 \end{cases} \qquad (5-2)$$

(4) 多起点、多终点，有中间点。这个问题是指最优分配多个供应点的供应到多个需求点，也可以灵活地在各中间点处分配，有些起点或终点也可能是中间点。这类问题又称为转运问题。解决此问题第一步要将其转化为运输问题，那就可以用任何一种求解运输问题的算法来解决了。这一问题的解决方法可参见运筹学相关资料。

第六章　配送管理

第一节　配送概述

一、配送的概念

配送的英语原词为Delivery，但不能将它简单地理解为交货、运送。和“配送”相近的词汇还有：分送、投送、输送、供应、供给、发放等，从配送的实际形态上看，这些词汇都不能对配送作出满意的标注。

从配送活动的实施过程看，配送包括两个方面的活动：“配”是对货物进行集中、分拣和组配，“送”是以各种不同的方式将货物送至指定地点或用户手中。可以对配送归纳出以下几个特点。

第一，配送不是一般概念的送货，也不是生产企业推销产品时直接从事的销售性送货，而是从物流节点至用户的一种特殊送货形式。从送货的功能看，其特殊性表现在：①从事送货的是专职流通企业，而不是生产企业；②配送是“中转”型送货，而一般传统意义上的送货，尤其是从工厂至用户的送货往往是直达型；③一般送货是生产企业生产什么就送什么，有什么就送什么，而配送则是需要什么送什么，是以用户为驱动源的。

第二，配送不是一般的运输和输送，而是运输与其他活动共同构成的结合体。虽然配送活动离不开运输，但在整个运输过程中是处于“二次运输”“支线运输”“末端运输”的位置，即是最终资源配置，是接近顾客的配置，是从物流节点至用户的终端运输。

第三，配送不是供应和供给，不是广义概念的组织资源订货、签约、进货、结算及对物资处理分配的供应，而是以供应者送货到用户的形式进行供应。从服务方式上看，配送是一种“门到门”的服务，可以将货物从物流节点一直送到用户的仓库、营业现场、车间乃至生产线的起点。

第四，配送不是消极的送货发货，而是在全面配货的基础上，充分按照用户的要求进行服务，是将“配”和“送”有机地结合起来，完全按照用户要求的数量、种类、时间等进行分货、配货、配装等工作。

第五，配送是一项有计划的活动，需要根据客户的需要以及从事配送的企业的能力，有计划地进行送货活动，以满足客户预定的需要。

二、配送的分类

配送作为一种现代流通组织形式，具有集商流、物流于一身的职能，但由于配送者、主体、配送对象、服务对象以及流通环境的不同等，配送可以按不同的标志进行不同的分类。

（一）按实施配送的节点

1. 配送中心配送

这种配送的组织者是配送中心，规模大，有一套配套的实施配送的设施、设备和装备等。配送中心配送专业性较强，和用户一般有固定的配送关系，配送设施及工艺是按用户专门设计的。因此，配送中心配送具有能力强、配送品种多、数量大等特点。由于服务对象固定，其灵活机动性较差，而且由于规模大，要有一套配套设施、设备，使其投资较高。这就决定了配送中心的建设和发展受到一定的限制。

2. 仓库配送

它一般是以仓库为据点进行的配送，也可以是以原仓库在保持储存保管功能的前提下，增加一部分配送职能，或经对原仓库的改造，使其成为专业的配送中心。

3. 商店配送

这种配送的组织者是商业或物资的门市网点。商店配送形式是除自身日常的零售业务外，按用户的要求将商店经营的品种配齐，或代用户外订外购一部分本店平时不经营的商品，和本店经营的品种配齐后送达用户，因此，在某种意义上讲，它是一种销售配送形式。连销商店配送也是商店配送中的一种形式，分为两种情况：一种是独立成立专门从事为连销商店服务的配送企业，这种形式除主要承担连销商店配送任务外，还兼有为其他用户服务的职能；另一种是存在于连销商店内的配送，它不承担其他用户的配送，任务是服务于连销经营。

4. 生产企业配送

配送业务的组织者是生产企业。一般认为，这类生产企业是具有生产地方性较强的产品的特点，如食品、饮料、百货等。

（二）按配送货物的种类和数量

1. 单（少）品种大批量配送

这种配送适于那些需要量大、品种单一或少品种的生产企业。由于这种配送品种单一、数量多，可以实行整车运输，有利于车辆满载和采用大吨位车辆运送。

2. 多品种少批量配送

由于这种配送的特点是用户所需的物品数量不大、品种多，因此在配送时，要按用户的要求，将所需的各种货物配备齐全，凑整装车后送达用户。

3. 配套成套配送

这种配送的特点是用户所需的物品是成套性的。如装配性的生产企业，为生产某种整机产品，需要许多零部件，需要将所需的全部零部件配齐，按生产节奏定时送达生产企业，生产企业随即将此成套零部件送入生产线装配产品。

（三）按配送时间和数量

1. 定时配送

这是按规定的时间间隔进行配送，每次配送的品种、数量可按计划执行，也可以在配送前以商定的联络方式通知配送时间和数量。它可以区分为日配送和准时—看板方式配送。

2. 定量配送

它是指按规定的批量在一个指定的时间范围内进行配送。这种配送方式由于配送数量固定，备货较为简单，可以通过与用户的协商，按托盘、集装箱及车辆的装载能力确定配送数量，这样可以提高配送效率。

3. 定时定量配送

这种方式是按照规定的配送时间和配送数量进行配送，兼有定时配送和定量配送的特点，要求配送管理水平较高。

4. 定时定路线配送

它是在规定的运行路线上制定到达时间表，按运行时间表进行配送，用户可按规定路线站和规定时间接货，或提出其他配送要求。

5. 即时配送

这种配送是完全按用户提出的配送时间和数量随即进行配送，是一种灵活性很高的应急配送方式。采用这种方式的物品，用户可以实现保险储备为零的零库存，即以即时配送代替保险储备。

（四）按经营形式

1. 销售配送

这种配送主体是销售企业，或销售企业作为销售战略措施，即所谓的促销配送型。这种配送的对象一般是不固定的，用户也不固定，配送对象和用户取决于市场的占有情况，因此，配送的随机性较强，大部分商店配送就属于这一类。

2. 供应配送

用户为了自己的供应需要采取的配送方式，往往是由用户或用户集团组建的配送据点，集中组织大批量进货，然后向本企业或企业集团内若干企业配送。商业中的连锁商店广泛采用这种方式。这种方式可以提高供应水平和供应能力，通过大批量进货取得价格折扣的优惠，达到降低供应成本的目的。

3. 销售—供应一体化配送

这种配送方式是销售企业对于那些基本固定的用户及其所需的物品，在进行销售的同时还承担着用户有计划的供应职能，既是销售者，又是用户的供应代理人。这种配送有利于形成稳定的供需关系，有利于采取先进的计划手段和技术，有利于保持流通渠道的稳定等。

4. 代存代供配送

这种配送是用户把属于自己的货物委托配送企业代存、代供，或委托代订，然后组织对本身的配送。这种配送的特点是货物所有权不发生变化，所发生的只是货物的位置转移，配送企业仅从代存、代供中获取收益，而不能获得商业利润。

（五）按加工程度

1. 加工配送

这种配送是与流通加工相结合，在配送据点设置流通加工，或是流通加工与配送据点组建一体实施配送业务。流通加工与配送的结合，可以使流通加工更具有针对性，配送企业不但可以依靠送货服务、销售经营取得收益，而且可以通过流通加工增值取得收益。

2. 集疏配送

这种配送只改变产品数量组成形式，而不改变产品本身的物理、化学性质并与干线运输相配合的配送方式，如大批量进货后小批量多批次发货，或零星集货后形成一定批量再送货等。

（六）按配送企业专业化程度

1. 综合配送

这种配送的特点是配送的种类较多，且来源渠道不同，但在一个配送据点中组织对用户的配送，因此，综合性强。同时，由于综合性配送的特点，决定了它可以减少用户为组织所需全部商品进货的负担，只需和少数配送企业联系，便可以解决多种需求。

2. 专业配送

它是按产品性质和状态划分专业领域的配送方式。这种配送方式由于自身的特点，可以优化配送设施，合理配备配送机械、车辆，并能制定适用合理的工艺流程，以提高配送效率。诸如中、小件杂货配送，金属材料配送，燃料煤、水泥、木材、平板玻璃、化工产品、生鲜食品等的配送，都属于专业配送。

（七）共同配送

共同配送是为了提高物流效益，对许多用户一起配送，以追求配送合理化为目的的一种配送形式。共同配送可分为以下几种形式：

（1）由一个配送企业综合各用户的要求，在配送时间、数量、次数、路线等方面的安排上，在用户可以接受的前提下，作出全面规划和合理计划，以便实现配送的优化。

（2）由一辆配送车辆混载多货主货物的配送，是一种较为简单易行的共同配送方式。

(3) 在用户集中的地区，由于交通拥挤，各用户单独配置按货场或处置场有困难，而设置的多用户联合配送的接收点或处置点。

(4) 在同一城市或同一地区中有数个不同的配送企业，各配送企业可以共同利用配送中心、配送机械装备或设施，对不同配送企业的用户共同实行配送。

三、配送的作用

在发达国家，配送不但广为实行，而且成为企业经营活动的重要组成部分，对优化经济结构、节约社会劳动及充分发挥物流功能起到了巨大的作用。具体表现在以下方面。

（一）有利于物流运动实现合理化

配送不仅能够把流通推上专业化、社会化，更重要的是，能以其特有的运动形态和优势调整流通结构，使物流运动达到规模经济，并以规模优势取得较低的运输成本，通过配送减少车辆的空驶，提高运输效率和经济效益，并能减少对空气的污染。

（二）完善运输和整个物流系统

20世纪下半叶以来，由于科学技术的进步，运输工具的改善，使得干线运输在多种运输方式中都达到较高的水平，长距离、大批量的运输实现了低成本化。但是，在干线运输完成后需要支线运输和小搬运来完成末端运输，这种支线运输及小搬运成了物流过程的一个薄弱环节。采用配送方式，将支线运输和小搬运活动统一起来，发挥灵活性、适应性和服务性的特点，使运输过程得以优化和完善。

（三）提高末端物流的效益

采用配送方式，通过增大经济批量达到经济地进货又通过将各种商品的用户集中在一起统一进行发货，代替分别向不同用户小批量发货达到经济地发货，使末端物流经济效益得到提高。

（四）通过集中库存使企业实现低库存或零库存

在采用准时化配送方式后，生产企业可以依靠配送中心的准时化配送进行准时化生产而不需保持库存或较小地保持库存。这样，生产企业就可以实现“零库存”，可极大地降低库存占用资金，从而改善企业的财务状况。实行集中库存后，其库存总量会大大地低于各企业的分散库存之总量，也增加了调节能力，提高了社会经济效益。此外，集中库存还可以发挥规模经济优势，使单位存货成本下降。

（五）简化事务，方便用户

采用配送方式，用户只需向一处提出订货就能达到向多处采购的目的，因而极大地减轻了用户的工作量和负担，也节省了订货等一系列事务开支。

（六）提高供应保证程度

生产企业保持库存维持生产，由于受库存费用的制约，提高供应的保证程度很难，保证供应和降低库存成本存在二律背反问题。采取配送方式，由于配送中心的集中存货可以调节企业间供需关系，同时库存量更大，降低了企业断货、缺货、影响生产的风险。

（七）配送为电子商务的发展提供了基础和支持

从商务角度看，电子商务的发展需要具备两个重要的条件：一是货款的支付；二是货物的配送。网上购物无论如何方便快捷，如何减少流通环节，唯一不能减少的就是货物配送，配送服务如不能匹配，则网上购物就不能发挥其方便快捷的优势。

第二节　配送的环节和流程

一、配送的基本环节

从总体上看，配送是由备货、理货和送货 3 个基本环节组成的，其中每个环节又包含若干项具体的活动。

（一）备货

备货是指准备货物的系列活动，是配送的基础环节，应当包括筹集货物和储存货物两项具体活动。

1. 筹集货物

在不同的经济体制下，筹集货物（或者说组织货源）是由不同的行为主体去完成的。若生产企业直接进行配送，那么，筹集货物的工作自然是由企业（生产者）自己去组织的。在专业化流通体制下，筹集货物的工作会出现两种情况：其一，由提供配送服务的配送企业直接承担，一般是通过向生产企业订货或购货完成此项工作；其二，选择商流、物流分开的模式进行配送，订货、购货等筹集货物的工作通常是由货主（如生产企业）自己去做，配送组织只负责进货和集货（集中货物）等工作，货物所有权属于事主（接受配送服务的需求者）。总之，筹集货物都是由订货（或购货）、进货、集货及相关的验货、结算等一系列活动组成的。

2. 储存货物

储存货物是购货、进货活动的延续。在配送活动中，货物储存有两种表现形态：一是暂存形态；二是储备（包括保险储备和周转储备）形态。暂存形态的储存，是按照分拣、配货工序要求，在理货场地储存少量货物。这种形态的货物储存是为了适应“日配”“及时配送”需要而设置的，其数量多少对下一个环节的工作方便与否会产生很大影响，但不会影响储存活动的总体效益。储备形态的储存，是按照一定时期配送活动要求，根据货源的到货情况（到货周期）有计划地确定的，是使配送持续运作的资源保证。如上所述，用于支持配送的货物储备有两种具体形态：周转储备和保险储备。然而，不管是哪一种形态的储备，相对来说数量都比较多。因此，货物储备合理与否，会直接影响配送的整体效益。

备货是决定配送成败与否、规模大小的最基础的环节，也是决定配送效益高低的关键环节。

（二）理货

理货是配送的一项重要内容，也是配送区别于一般送货的重要标志。理货包括货物分拣、配货和包装等经济活动。其中，分拣是指采用适当的方式和手段，从储存的货物中选出用户所需货物的活动。分拣货物一般采取两种方式来操作：一是摘取式；二是播种式。

（三）送货

送货是配送活动的核心，也是备货和理货工序的延伸。在物流活动中，送货实际上就是货物的运输。在送货过程中，常常进行3种选择：运输方式、运输路线和运输工具。

二、配送的工艺流程

配送工艺流程包括一般流程和特殊流程。一般流程即配送活动必须经过的基本工艺流程，也是各种货物的配送活动共同具有的工艺流程。特殊流程则刚好相反，是适于特殊需要和特殊产品而设计、实施的工艺流程。

（一）配送的一般流程

配送的一般流程基本上是：进货—储存—分拣、配货—送货。每个流程的作业内容如下所述。

1. 进货

进货也是组织货源。其方式有两种：①订货或购货；②集货或接货。前者的货物所有权属于配送主体，后者的货物所有权属于用户。

2. 储存

储存即按照用户提出的要求并依据配送计划将购到或收集到的各种货物进行检验，然后分门别类地储存在相应的设施或场所中，以备拣选和配货。储存作业一般都包括这样几道程序：运输—卸货—验收—入库—保管—出库。储存作业依产品性质、形状不同而形式各异。

3. 分拣、配货

分拣和配货是同一个工艺流程中的两项有着紧密关系的经济活动，一般采用机械化或半机械化方式操作。随着一些高新技术的广泛应用，自动化的分拣、配货系统已在很多国家的配送中心建立起来，并发挥了重要作用。

4. 送货

在送货流程中，包括这样几项活动：搬运、配装、运输和交货。其作业程序如下所示：配装—运输—交货。送货是配送的终结。

（二）配送的特殊流程

在实践中，某些有特殊性质、形状的货物，其配送活动有许多独特之处，据此，在配送的一般流程的基础上，又产生了配送的特殊流程。其作业程序如下所示：

（1）进货—储存—分拣—送货。

（2）进货—储存—送货。

（3）进货—加工—储存—分拣—配货—配装—送货。

（4）进货—储存—加工—储存—装配—送货。

第三节　配送中心

一、配送中心的概念

配送中心是组织配送性销售或供应，专门从事实物配送工作的物流节点。配送中心是物流领域社会分工、专业分工细化的产物，适应物流合理化、生产社会化、市场扩大化的客观需求，集储存、加工、集货、分货、装运、情报等多项功能于一体，通过集约化经营取得规模效益。

具体而言，配送中心的含义可描述为：配送中心是从事货物配备（集货、加工、分货、拣货、配货）和组织对用户的送货，以高水平实现销售或供应的现代流通设施。

这个含义要注意以下几个问题：

第一，“货物配备”，即配送中心按照生产企业的要求，对货物的数量、品种、规格、质量等进行的配备。这是配送中心最主要、最独特的工作，全部由其自身完成。

第二，“组织送货”，即配送中心按照生产企业的要求，组织货物定时、定点、定量地送抵用户。由于送货方式较多，有的由配送中心自行承担，有的利用社会运输力量完成，有的由用户自提。因此，就送货而言，配送中心是组织者而不是承担者。

第三，强调了配送活动和销售供应等经营活动的结合，配送成为经营的一种手段，以此排除了这是单纯物流活动的看法。

第四，强调配送中心为“现代流通设施”，着意于和以前的流通设施诸如商场、贸易中心、仓库等相区别。流通设施以现代装备和工艺为基础，不但处理商流，而且处理物流、信息流，是集商流、物流、信息流于一身的全功能流通设施。

二、配送中心的分类

按照不同标准，配送中心可以分为以下几种类型。

（一）专业配送中心

大体上有两个含义：一是配送对象、配送技术属于某一专业范畴，在某一专业范畴有一定的综合性，综合这一专业的多种物资进行配送，如多数制造业的销售配送中心。我国目前在石家庄、上海等地建的配送中心大多采用这一形式。二是以配送为专业化职能，基本不从事经营的服务型配送中心。

（二）柔性配送中心

在某种程度上与第二种专业配送中心对立的配送中心。这种配送中心不向固定化、专业化方向发展，能够随时变化，对用户要求有很强适应性，不固定供需关系，不断发展配送用户和改变配送用户。

（三）供应配送中心

专门为某个或某些用户（如联营商店、联合公司）组织供应的配送中心，如为大型联营超级市场组织供应的配送中心、代替零件加工厂送货的零件配送中心。

（四）销售配送中心

以销售经营为目的、以配送为手段的配送中心。销售配送中心大体有3种类型：一是生产企业将本身产品直接销售给消费者的配送中心，国外这种配送中心很多。二是流通企业作为本身经营的一种方式，建立配送中心以扩大销售。我国目前拟建的配送中心大多属于这种类型。三是流通企业和生产企业联合的协作性配送中心。比较而言，国外和我国的发展趋势，都以销售配送中心为主要发展方向。

（五）城市配送中心

以城市范围为配送范围的配送中心。城市范围一般处于汽车运输的经济里程，汽车配送可直接送抵最终用户。由于运距短、反应能力强，这种配送中心往往和零售经营相结合，在从事多品种、少批量、多用户的配送上具有优势。

（六）大区域型配送中心

以较强的辐射能力和库存准备，向相当广大的一个区域进行配送的配送中心。这种配送中心规模较大，用户和配送批量也较大，配送目的地既包括下一级的城市配送中心，也包括营业所、商店、批发商和企业用户；零星配送虽有从事，但不是主体形式。该类型配送中心在国外十分普遍。

（七）储存型配送中心

有很强储存功能的配送中心。一般而言，买方市场下，企业产品销售需要有较大库存支持；卖方市场下，企业原材料、零部件供应需要有较大库存支持；大范围配送也需要较大库存支持。我国目前拟建的配送中心都采用集中库存形式，库存量较大，多为储存型。

（八）流通型配送中心

基本上没有长期储存功能，仅以暂存或随进随出方式进行配货、送货的配送中心。这种配送中心的典型方式是，大量货物整进并按一定批量零出，采用大型分货机，进货时直接进入分货机传送带，分送到各用户货位或直接分送到配送汽车上，货物在配送中心里仅做少许停滞。

（九）加工配送中心

从提高原材料利用率、提高运输效率、方便用户等多重目的出发，许多材料都需要配送中心的加工职能。这种配送中心的实例目前见到的不多。

三、配送中心的作用

配送中心是专业从事货物配送活动的物流场所或经济组织，是集加工、理货、送货等多种职能于一体的物流节点，也可以说，配送中心是集货中心、分货中心、加工中心功能的综合。

（一）存储功能

配送中心的服务对象是生产企业和商业网点，如连锁店和超市，其主要职能就是按照用户的要求及时将各种配装好的货物送交到用户手中，满足生产和消费需要。为了顺利有序地完成向用户配送货物的任务，更好地发挥保障生产和消费需要的作用，通常配送中心都建有现代化的仓储设施，如仓库、堆场等，存储一定量的商品，形成对配送的资源保证。某些区域性大型配送中心和开展“代理交货”配送业务的配送中心，不但要在配送货物的过程中存储货物，而且所存储的货物数量更大，品种更多。

（二）分拣功能

作为物流节点的配送中心，其客户是为数众多的企业或零售商，在这些众多的客户中，彼此之间存在着很大的差别，不仅各自经营性质、产业性质不同，而且经营规模和经营管理水平不一样。面对这样一个复杂的用户群，为满足不同用户的不同需求，有效地组织配送活动，配送中心必须采取适当的方式对组织来的货物进行分拣，然后，按照配送计划组织配货和分装，强大的分拣能力是配送中心实现按客户要求组织送货的基础，也是配送中心发挥其分拣中心作用的保证，分拣功能是配送中心重要功能之一。

（三）集散功能

在一个大的物流系统中，配送中心凭借其特殊的地位和拥有的各种先进设备、完善的物流管理信息系统，能够实现将分散在各个生产企业的产品集中在一起，通过分拣、配货、配装等环节向多家用户进行发送。同时，可以把各个用户所需要的多种货物有效地组合或配装在一起，形成经济、合理的批量，实现高效率、低成本的物流。另外，配送中心在建设选址时也充分考虑了其集散功能，一般选择商品流通发达、交通较为便利的中心城市或地区，以便充分发挥配送中心作为货物或商品集散地的功能，如中海北方物流有限公司按照统一标准在东北各主要城市设立了 6 个二级配送中心，形成了以大连为基地，辐射东北 3 省的梯次仓储配送格局。配送中心集散功能如图 6－1 所示。

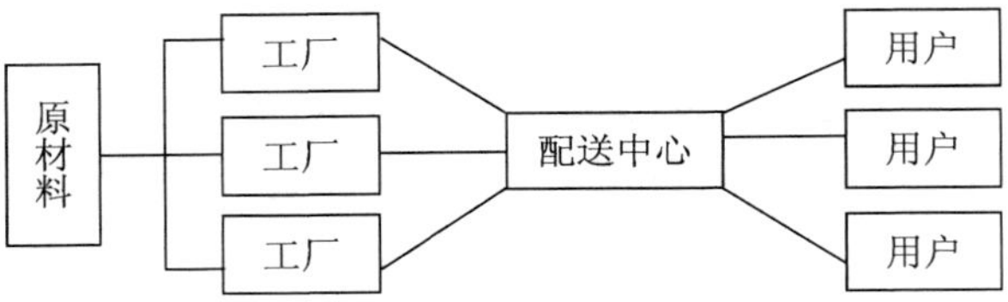

图 6－1　配送中心集散示意

（四）衔接功能

通过开展货物配送活动，配送中心能把各种生产资料和生活资料直接送到用户手中。另外，通过发货和储存，又起到了调节市场需求、平衡供求关系的作用。现代化的配送中心如同一个“蓄水池”，不断地进货、送货，快速地周转有效解决了产销不平衡，缓解供需矛盾，在产、销之间建立起一个缓冲平台，这是配送中心衔接供需两个市场的另一个表现。可以说，现代化的配送中心通过储存和发散货物功能的发挥，体现出了其衔接生产与消费，供应与需求的功能，使供需双方实现了无缝连接。

（五）流通加工功能

配送加工虽不是普遍的，但往往是有着重要作用的功能要素，主要是通过配送加工，可以大大提高客户的满意程度。国内外许多配送中心都很重视提升自己的配送加工能力，通过按照客户的要求开展配送加工可以使配送的效率和满意程度提高，配送加工有别于一般的流通加工，一般取决于客户的要求，销售型配送中心有时也根据市场需求来进行简单的配送加工。

（六）信息处理

配送中心连接着物流干线和配送，直接面对着产品的供需双方，因而不仅是实物的连接，更重要的是信息的传递和处理，包括在配送中心的信息生成和交换。

四、配送中心的流程

（一）配送中心的一般流程

这是配送中心的典型流程，其主要特点是：有较大的储存场所，分货、拣选、配货场所及装备较大，理货、分类、配货、配装的功能要求较强，流通加工功能相对较弱。

采用这种流程的配送中心有：以中、小件杂货配送为代表的配送中心；固体化产品的配送中心，没有保质期的食品配送中心；由于货种多，为保证配送，配送中心需要一定的储存量，属于有储存功能的配送中心。其流程如图 6-2 所示。

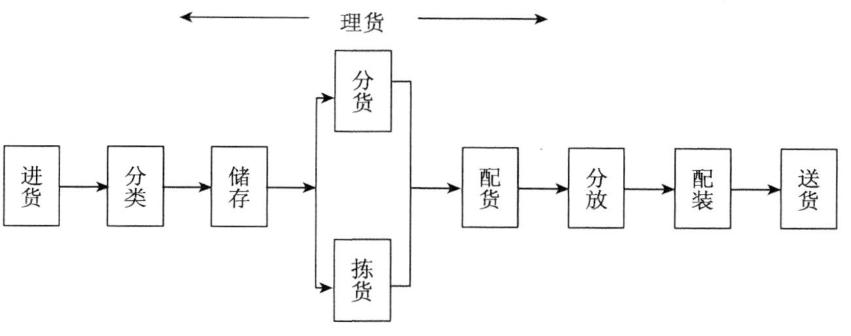

图 6-2 配送中心的一般流程

（二）配送中心的特殊流程

1. 不带储存库的配送中心流程

这种流程的特点是：配送中心无大量储存，只有满足一时配送之需的备货暂存。暂存地点设在配货场地中，在配送中心不单设储存区。采用这种流程的配送中心以配送为专职职能，将大面积储存场所转移到中心以外。其流程如图 6-3 所示。

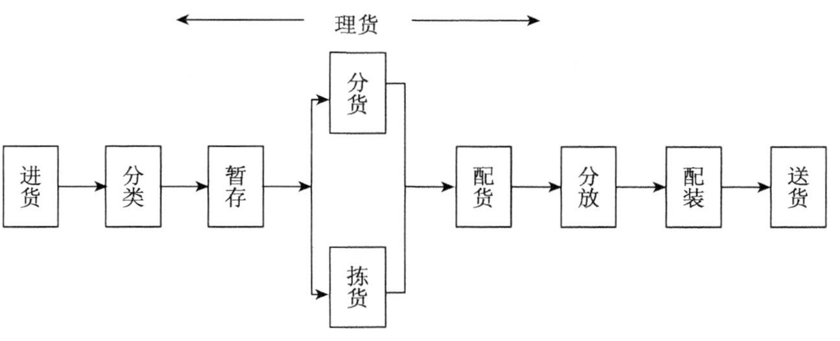

图 6-3 不带储存库的配送中心流程

2. 加工配送型配送中心流程

这种流程的特点是：进货商品大批量、单（少）品种、分类工作不重或基本上无须分类；储存后进行的加工，一般按用户要求进行，和生产企业的标准、系列加工有所不同；加工或加工后分放部分占配送中心较大面积；加工后产品直接按用户分放、配货，有的配送中心不单设分货、配货或拣选环节。

加工配送中心不止一种模式，随加工方式不同，中心流程会有所区别。典型流程如图6-4所示。

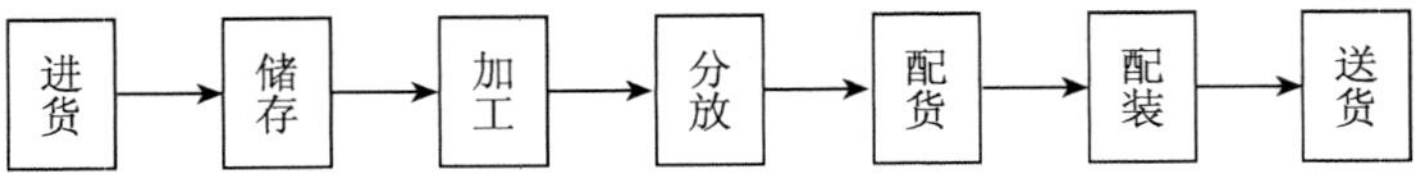

图6-4　加工配送型配送中心流程

3. 批量转换型配送中心流程

这种流程的特点是：流程十分简单，基本不存在分类、拣选、分货、配货、配装等工序；进货批量大、品种单一，但发货时需转换成小批量；由于大量进货，储存能力较强，储存工序及装货工序是主要工序。采用这种流程的配送中心包括不需要在经加工的煤炭、水泥、油料等产品的配送中心，其流程如图6-5所示。

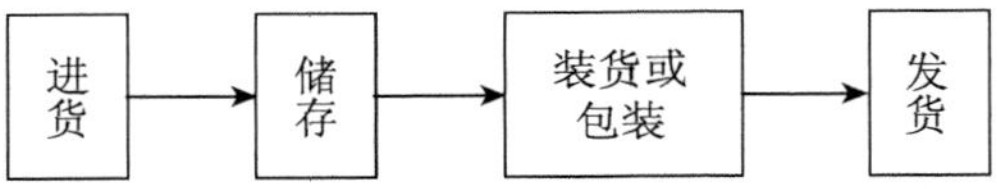

图6-5　批量转换型配送中心流程

五、配送中心的选址与布局

（一）选址

配送中心是一种物流节点，不是具有单一的储藏功能的仓库，而是发挥配送职能的流通仓库，配送中心的目的是降低运输成本，减少销售机会的损失。配送中心的设置和建设要考虑一个区域范围内物流系统的整体规划，同时要满足其经营上的要求，是一项建设规模大、投资额高、涉及面广的系统工程。这里主要介绍配送中心选址中涉及的几个主要方面。

1. 配送中心的布点原则

配送中心建设是一项物流基础设施建设，一旦建成就无法改变，因此，布点不能有一丝的随意性，应在一定设计原则下进行。

（1）适应性原则。必须与国家及省市的经济发展方针、政策相适应。与我国物流资源分布和需求分布相适应。同时，要与一个地区或区域的经济发展特征和主产品特征相适应，既要考虑配送中心本身经营运作上的可行性，又要与区域物流系统规划相适应。

（2）协调性原则。要将国家的物流网络作为一个大系统考虑，要确立自身在网络中的位置，与整个系统相协调。同时，在配送中心的规模，设施与设备的选择，生产作业能力、配送商品的特性等方面要保持协调性、一致性。

（3）经济性原则。布点中的费用主要包括建设费用和经营费用两大部分。前者涉及面广，一次性投入较大，如规划、设计费用、使用费用、基本建设材料费用、人工费用、设施与设备的选择与安装费用等；后者主要是配送中心建成后，经营配送中心所需的费用，如运输费用，设备、设施使用费用和维护费用等。配送中心布局时，既要充分考虑各种技术、经济因素，进行功能比较，又要进行价值分析；既要考虑企业效益，又要兼顾社会效益，总的原则是求得综合成本最低。

（4）前瞻性原则。配送中心建设是一项长期投资，因此，布点要有全局观念和长远考虑，要有前瞻性。应结合国家物流系统的长期规划和现实状况，以及国家经济长期发展规划考虑，既要符合目前需要，又要考虑日后发展的可能；应立足当前，放眼未来。

2. 配送中心布点的影响因素

（1）自然环境因素：①气象条件；②地质条件；③水文条件；④地形条件。

（2）经营环境因素：①产业政策；②主要商品特性；③物流费用；④服务水平。

（3）基础设施状况：①道路、交通条件；②公共设施状况。

（4）其他：①国土资源利用；②环境保护要求。

3. 配送中心选址的方法

一个配送中心为多个用户配送货物运输费用最小的位置，如图 6-6 所示。

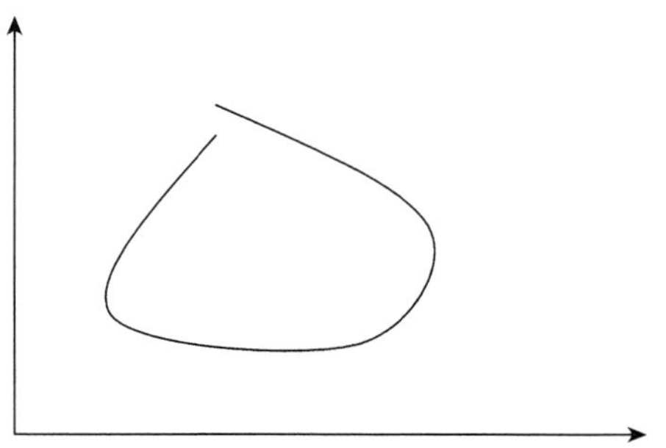

图 6-6　单一配送中心与多个用户分布

图 6-6 中，假设有 n 个用户，分布在不同的坐标点为（x_i，y_i）上，配送中心的坐标为（x_0，y_0），那么从配送中心到多个用户的运输费总额为：

$$H=\sum_{i=1}^{n}C_i \tag{6-1}$$

式中：H——从配送中心到所有用户的运输费用总和；

C_i——配送中心到第 i 个用户的运输费用；

n——用户个数。

另设：a_i——从配送中心到第 i 个用户每单位运量、单位距离的运输费用；

ω_i——从配送中心到第 i 个用户的运量；

d_i——从配送中心到第 i 个用户的直线距离。

则
$$C_i = a_i\omega_i d_i \tag{6-2}$$

其中：
$$d_i = \sqrt{(x_0 - x_i)^2 + (y_0 - y_i)^2}$$

那么：
$$\begin{aligned} H &= \sum_{i=1}^{n} C_i \\ &= \sum_{i=1}^{n} a_i\omega_i d_i \\ &= \sum_{i=1}^{n} a_i\omega_i \sqrt{(x_0 - x_i)^2 + (y_0 - y_i)^2} \end{aligned} \tag{6-3}$$

为求得运输总费用最小，将式（6－3）分别对 x_0、y_0 求偏导，然后令偏导等于零，可得到配送中心的最佳地址坐标（x^*，y^*）的数学模型。

令
$$\frac{\partial H}{\partial x_0} = \sum_{i=1}^{n} a_i\omega_i (x_0 - x_i)/d_i \tag{6-4}$$

$$\frac{\partial H}{\partial y_0} = \sum_{i=1}^{n} a_i\omega_i (y_0 - y_i)/d_i \tag{6-5}$$

得
$$x_0^* = \frac{\sum_{i=1}^{n} a_i\omega_i x_i/d_i}{\sum_{i=1}^{n} a_i\omega_i/d_i} \tag{6-6}$$

$$y_0^* = \frac{\sum_{i=1}^{n} a_i\omega_i y_i/d_i}{\sum_{i=1}^{n} a_i w_i/d_i} \tag{6-7}$$

上式中因仍含有未知数 x_0、y_0 的项 d_i，所以一次不能求得 x_0^*、y_0^*。通常采用迭代计算法求得最终解。迭代法计算如下：

（1）先将区域 N 内所有用户的几何重心点坐标（x_0^0，y_0^0）作为初始地点。

（2）将（x_0^0，y_0^0）代入式（6－3）中计算出与（x_{00}，y_{00}）相对应的运输总费用 H。

（3）将（x_{00}，y_{00}）代入式（6－6）、式（6－7）中计算出改善的配送中心地点（x'_0，y'_0）。

（4）利用式（6－3）计算出与（x'_0，y'_0）相对应的运输总费用 H_1。

（5）比较 H_0 与 H_1，若 $H_1 \geqslant H_0$，则（x_0，y_0）为最优解，计算完毕；若 $H_1 < H_0$，则返回第 3 步计算，将（x'_0，y'_0）代入式（6－6）、式（6－7）中计算出另一改善的配送中心地点（x_0^2，y_0^2）反复迭代，直至 $H_{k+1} \geqslant H_k$，求出最优解（x_0^k，y_0^k）为止。

此外，也可以用从供应商到配送中心的运输总费用作成本函数模型来确定配送中心位置，这时只要将供应商作为用户即可。另外，在实际选址中，直线距离和道路运距有一定差距，可用修正系数加以修正。

4. 配送中心规模的确定

配送中心规模大小受业务量、业务性质、内容和作业要求的影响较大，一般要根据以下几个方面来确定。

(1) 物流量预测（吐吞量预测）。预测时要根据历年经营的大量原始数据分析，以企业发展的规划和目标为依据进行。要考虑商品库存的周转率、最大库存水平，通常以备齐全部配送品种为前提，根据商品数量品种的 ABC 分类。A 类商品备齐率 100%，B 类 95%，C 类 90%，由此确定配送中心的平均储存量和最高储存量。

(2) 确定单位面积作业量的定额。根据经验，配送中心各作业的单位面积作业量定额如下表所示。

表 6－1　配送中心各作业的单位面积作业量

作业法名称	单位面积作业量
收检货作业区	0.2～0.3
分拣作业区	0.2～0.3
储存作业区	0.7～0.9
理货配货作业区	0.2～0.3

根据预测吐吞和各作业区单位面积作业量定额可大致估算出配送中心的作业面积。

(3) 配送中心的占地面积。一般辅助生产建筑面积为配送中心作业面积的 5%～8%，办公、生活用建筑面积为配送中心作业面积的 5%左右，这样，配送中心的总建筑面积就可大致确定出来，再根据城建规划部门的有关规定可基本估算出总的占地面积。

（二）配送中心的布局

在完成各作业程序、作业区域以及主要物流设备和周边设施等的规划后，便可进行空间区域的布置规划和作业区域的区块布置工作以及标示各作业区域的面积和界限范围。

现就区域布置规划的主要程序进行说明。

1. 活动关系的分析

在各类作业区域之间可能存在的活动关系如下：①程序上的关系，即是建立在物料流和信息流之间的关系；②组织上的关系，即是建立在各部门组织之间的关系；③功能上的关系，即是因为区域之间因功能需要而形成的关系；④环境上的关系，即是考虑到操作环境和安全需要而保持的关系。

对上述各种关系程度加以分析，可作为区域布置规划的参考。在物流中心的布置规划中，可分为物流作业区域、辅助作业区域和厂区活动区三大部分。在进行布置规划时，首先应对规划区域特性和活动相关性分类，再进行活动关系的分析。

对于物流作业区域则以物流作业流程为主。为此，必须进行物料搬运分析和物料的始点和终点之间的流量分析，从而了解各区域之间物流量规模大小及程度。

物料搬运分析是以每个独立的物流作业为分析单元，如一般物流作业、运货作业、盘点移仓作业等。所谓物流量分析是在各项物流作业活动中对物料从某一区域到另一区域的物料流量大小进行研究。在此必须说明，为了便于研究物流流量，必须把不同搬运单位的货物转换成相同的搬运单位。

辅助作业区域是辅助性的区域，必须考虑信息流和有关组织、功能、环境等方面相配合的区域。按重要程度把这些相关区域分为不同级别。在区域之间必须考虑人员往返接触程度、文件传递频率、组织管理上的关系、是否共用设备和相同的空间区域和是否进行类似性的活动等因素。如果区域间关系程度大，区域间布置尽量相邻或接近。如发货区和称重区应相邻，而关系程度低的区域则不宜接近，如库存区和司机休息室。

2. 作业空间规划

作业空间规划在整个物流中心规划设计中占有重要的地位。这一规划将直接影响到运营成本、空间投资与效益。在规划空间时，首先根据作业流量、作业活动特性、设备型号、建筑物特性、成本和效率等因素，确定满足作业要求的空间大小、长度、宽度和高度。

在完成物流设备和周边设备规划并选定各项设备型号和数量后，便可进行各作业区内的设备规划工作。

通过对各区域的分析，可估计各区域的面积，根据各部门区域性质不同，要求作业空间的标准也不同。最后，根据整个物流中心的实际和发展情况作适当调整。

在规划作业空间时，除了估计设备的基本使用面积外，还要估计操作、活动、物料暂存作业空间和通道面积等。

（1）通道空间的布置规划。通道的正确安排和宽度设计将直接影响物流效率。一般在规划布置厂房时首先设计通道位置和宽度。影响通道位置和宽度的因素有：通道形式、搬运设备的型号、尺寸、能力和旋转半径、储存货物尺寸、到进出口和装卸区的距离、储存的批量尺寸、防火墙位置、行列空间、服务区和设备的位置、地板负载能力、电梯和斜道位置以及出入方便性等。

物流中心的通道分为厂区通道和厂内通道两种。厂区通道将对车辆、人员的进出、车辆回转、上下货等动线有影响。而厂房内通道包括以下几种：

①工作通道。这是物流仓储作业和出入厂房作业的通道，包括主通道和辅助通道。主通道连接厂房的进出口和各作业区，道路最宽。辅助通道连接主通道和各作业区内的通道，一般是平行或垂直于主通道。

②员工进出特殊区的人行道。

③电梯通道。出入电梯的通道，距主通道约 3～4.5m。

④其他各种性质的通道。这是公共设施，防火设备或紧急逃生所需要的进出道路。

在空间分配时，最主要的应该考虑通道设置和宽度。良好道路的设计应该注意以下几个因素：

流量经济性，即让厂房通道的人和物的移动形成路径。

空间经济性，即慎重设计空间大小，有效发挥空间的效益。

设计顺序，首先设计主通道和出入厂门的位置，之后设计出入厂门和作业区间的通道，最后设计服务设施和参观走道。

大规模厂房的空间经济性，即在一个6m的厂房内应有一条1.2～2m的通道，约占有效地板空间的25%～30%。一个180m宽的厂房应有3条宽3.6m的通道，只占空间的6%。再加上一些次要通道，也只占10%～12%。由此可见，大厂房在通道设计方面可实现最大的空间性。

危险条件，即在设计通道时要宽畅，当遇危险时以便逃生。

楼层间的交通，电梯是楼层间的主要交通工具。电梯位置不能妨碍主要通道的交通。

此外，不同储区的布置其通道空间比例也不一样。就一般物流中心的作业特性而言，采用中枢通道式。只要通道穿过厂房中央，就可有效利用空间。

关于通道宽度设计，根据不同作业区域、人员或车辆行走速度、单位时间通行人数、搬运物品体积等因素而定。就人员行走通道为例，设人员通过速度为 v（km/h），单位时间（min）通过人数为 n，两人前后最短距离为 d（m），平均每人身宽 w（m），则每人在通道上所占空间为 $d\times w$（m^2），为此通道宽度 W 公式如下：

$$W = d\times w\times \frac{n}{v} \tag{6-8}$$

（2）进行货区的作业空间规划。

①进出货平台的规划。众所周知，货物在进货时可能需要拆装、理货、检查或暂存以待车装载配送。为此，在进出货平台上应留空间作为缓冲区。为了使平台与车辆高度能满足装卸货的顺利进行，进出货平台需要连接设备。这种连接设备需要1～2.5m的空间。若使用固定式连接设备时需1.5～3.5m的空间。为使车辆及人员畅通进出，在暂存区和连接设备之间应有出入通道。

②进出货码头配置形式的设计。关于出入码头设计可根据作业性质、厂房形式以及仓库内物流动线来决定码头的安排形式。为使物料顺畅进出仓库，进货码头与发货码头的相对位置是很重要的。两者位置合适与否将直接影响进出货效率。两者位置关系有以下几种。

a. 进出货共同码头。这种形式可提高空间和设备利用率，但管理困难，特别是进出货高峰时间，容易造成进出或相互影响的不良效果。这种形式适合进出货时间错开的仓库。

b. 进出货分开使用码头，两者相邻。管理这种设计方案使进出货空间分开，不会使进出货互相影响，但空间利用率低。这种设计适合厂房空间较大、进出货容易互相影响的仓库。

c. 进出货分开使用码头，两者不相邻。这是进出货作业完全独立的两码头，不但空间分开，而且设备也独立。优点是进货与动线更加畅通迅速，但设备利用率较低。这种设计适用于厂房空间不足的情况。

d. 多个进出货码头。适用于进出货频繁且空间足够的仓库。

③码头的设计形式。码头形式有锯齿形和直线形两种。锯齿形的优点是车辆旋转纵深较浅，缺点是占用仓库内部空间较大；直线形优点在于占用仓库内部空间小，缺点是车辆旋转纵深较大，且需要较大外部空间。究竟选用哪种形式的停车码头，可根据土地和建筑物的价格而定。如果土地费用远低于仓库造价时，选直线形为最佳。

在设计进出货空间时，除考虑效率和空间之外，还应该考虑安全问题。尤其是设计车辆和码头之间的连接部分时必须考虑到如何防止大风吹入仓库内部和雨水进入仓库。此外，还应该避免库内空调的冷暖气外溢和能源损失。为此，停车码头有以下3种形式。

第一种，内围式。把码头围在厂房内、进出车辆可直接入厂装卸货。其优点在于安全、不怕风吹雨打，以及冷暖气不怕外溢。

第二种，齐平式。月台与仓库外边齐平，优点是整个月台仍在仓库内，可避免能源浪费。此种形式造价低，目前被广泛采用。

第三种，开放式。月台全部突出在厂房之外，月台上的货物完全没有遮掩，库内冷暖气更易外溢。

④月台数量计算。为了计算月台数量，首先应准确掌握有关进出货的历史资料，高峰时段的车数和每车装卸货需要的时间。此外，应该考虑到将来厂房的扩大发展。为了使设备顺利进出码头，必须考虑每一个停车月台门面尺寸。一般物流中心月台门高为2.44m，门宽为2.75m。

（3）仓储区的作业空间规划。在规划储区空间时首先应考虑以下因素：货品尺寸和数量，托盘尺寸和货架空间，设备的型号、尺寸、能力和旋转半径，走廊宽度、位置和需要空间，柱间距离，建筑尺寸与形式，出货及搬运位置，补货或服务设施的位置（防火墙、灭火器、排水口）以及作业原则（经济性、单元化负载、货品不落地、减少搬运次数和距离、有效利用空间）。总之，无论仓储区如何布置，应先求出存货所占空间大小，货品尺寸及数量，堆放方式，托盘尺寸和货架储位空间。

①托盘平置堆放。当大量发货时，把托盘放在地板上平置堆放为宜。此时，应考虑托盘数量、尺寸和通道。设托盘尺寸为$P\times P$，通过货品尺寸和托盘尺寸计算每个托盘平均可堆放N箱货品。若平均存货量为Q，则需要空间D为：

$$D=\frac{Q}{N}(P\times P) \tag{6-9}$$

在考虑实际仓储所需空间时还应考虑到高层叉车存取作业所需空间。此外，中枢型通道约占全部面积的30%～35%。为此，实际仓储所需空间A计算如下：

$$A=\frac{D}{(1-35\%)}=1.5D \tag{6-10}$$

设料框尺寸为$P\times P$，由货物尺寸和料框尺寸算出每个托盘平均可堆放N箱货品，料

框在仓库中可堆放 L 层，平均存货量 Q，则存货空间 D 为：

$$D=\frac{Q}{L\times N}(P\times P) \tag{6-11}$$

当计算实际仓储所需空间时，还要考虑到高层叉车存取作业所需空间，采用一般的中枢型通道，则通道约占全部面积的 35%～40%，所以实际仓储需要空间 A 为：

$$A=\frac{D}{(1-40\%)}=1.67D \tag{6-12}$$

②使用托盘货架储存。在计算存货空间时除了考虑货品尺寸和数量、托盘尺寸、货架形式和层数外，还要考虑相应通道空间。设货架为上层，每个托盘可堆放 N 箱，平均存货量约为 Q，则存货需要的托盘占地 P 为：

$$P=\frac{Q}{L\times N} \tag{6-13}$$

由于货架具有区块特性，即每个区块由两排货架和通道组成。实际仓储区空间包括存取通道和仓库区块空间（由托盘占地空间换算）。在计算货架的货位空间时，应以一个货位为计算基础。

③利用轻型货架储存。对于尺寸不大的小量多品种货物采用轻型货架储存。如以箱为储存单位时，在计算空间时应考虑货品尺寸、数量、货架形式及层数、货架的储位空间等因素。设货架为 L 层，每个货位面积 $a\times b$，每货位堆放 m 箱，平均存货量 Q，则存货空间 D 为：

$$D=\frac{Q}{L\times m}(a\cdot b) \tag{6-14}$$

（4）拣货区作业空间规划。拣货作业是物流中心内最费时的工作。如能最佳布置拣货方式必将提高整个物流中心的效率。常见的拣货方式如下。

①储存和拣货区共用托盘货架。体积大发货量也大的物品适合这种模式。一般是托盘货架第一层（地面层）为拣货区，第二、三层为库存区。当拣货结束后再由库存区向拣货区补货。

在空间计算时，首先考虑拣货区的货物品项总数，因为品项数的多少将影响地面上的托盘空间。实际空间多少取决于品项总数和库存量所需的托盘数。因为实际库存单位为托盘单位，所以，不足一个托盘的品项仍按一个托盘来估计。为此，库存空间应适当放大，一般放大 1.3 倍为宜。

②储存和拣货区共用的零星拣货方式。

a. 流动货架拣货方式。这种方式适用于进出货量较小、体积不大或外形不规则货品的拣货工作。因为进货→保管→拣货→发货都是单向物流动线，可配合入、出库的输送机作业。让流动货架实现储存和拣货的保管功能，可达到先入先出的管理效果。在进货区把货物直接从车上卸到入库输送机上，入库输送机自动把货物送到储存和拣货区。这种方式的拣货效率较高。拣取完的货物立即被放在出库输送机上，自动把货物送到发货区。

拣取单位可分为箱拣货和单品拣货两种。箱拣货方式可配合加贴条码标签作业进行输送带的分类作业。单品拣货配合拆箱作业，并可利用储运箱为拣货用户的装载单位进行集货，再通过输送带分送到发货区。当然，储运箱应具有如条码、发货单卡等识别功能。

流动货架优点在于：仅在拣货区通道上行走便可方便拣货，使用出库输送机提高效率，出入库输送机分开可同时进行出入库作业。

对于规模较大的物流中心可采用多列流动货架进行平行作业。之后，再用合流输送机把各线拣发货物集中。

b. 一般货架拣货方式。用单面开放式货架进行拣货作业，但入库和出库是在同一侧。为此，可共用一条入库输送机进行补货和拣货作业。虽然节省空间，但必须注意入库和出库时间必须错开，以免造成作业混乱。

c. 积层式货架的作业方式。在拣货作业时，拣取位置不宜超过1.8m，否则操作困难。如利用有限空间进行大量拣货作业，可用积层式货架区。下层为大型货架，为箱拣取。上层为轻量小型货架，用于单品拣取。这样可充分利用仓储空间。

③储存与拣货区分开的零星拣货方式。这种方式是储存与拣货区不在同一个货架，通过补货作业把货品由库存区送到拣货区。这种方式适合进出货量中等的情况。

如果作业是多品种小批量的单品发货方式，则可在拣货区出库输送机两侧增设无动力拣货输送机。这种方式的优点，拣货员拣取货物是利用拣货输送机，一边推着空储运箱一边按拣货方向在流动货架前边走边拣货。当拣货完毕便把储运箱移到动力输送机上。这种方式工作方便、效率较高。

④分段拣货的少量拣货方式。当拣货区内拣货品项过多时，使得流动货架的拣货路线很长，则可考虑接力棒式的分段拣货方式。如果订单品项分布都落在同一分区中，则可跳过其他分区，缩短拣货行走距离、避免绕行整个拣货区。

⑤U形多品种少批量拣货补货方式。为减少拣货人员或兼顾输送机两侧货架的拣取作业时，可采用U形拣货路径和输送机方式。

（5）集货区的规划。在物流中心的作业中，当货物经过拣取出库后进行集货、清点、检查和准备装车等作业。由于拣货方式和装载容器的单位不同，在发货前的暂存和准备工作需要有一定的集货空间。各种集货作业的拣货类型如下。

①单一订单拣取。以单一订单用户为单元，拣取后的发货单元可能是储位箱、笼车、台车或托盘。集货区以此为单位规划暂存区以待发货。

②订单分区拣货。以单一订单用户为主，根据拣货单把储存区分成几个区，拣取之后的发货单元可能同时包括储运箱、笼车或托盘等组合。为此，可能有另外的装拼、组合或贴标、注记等工作。这样有利于装车送货员识别不同用户的货品。这种方式要求较大的集货空间。在设计时可分为主要用户和次要用户的集货区。

③订单批量拣取。这是多张订单批量拣取的作业方式。这种方式在拣取后需要进行分类作业。为此，需要有分类输送设备或者人工分类的作业空间。

a. 分类输送设备。当发货量大、品项包装或装载类型相似时，可采用分类输送设备。批量拣取的货物按用户分类之后的发货单元，可能是以单品为主。之后，在合并点再把单元装在储运箱、笼车或托盘等负载单位上。这种集货区空间设计和单一订单拣取方式相同。

b. 人工分类。人工分类适合于发货的用户少且货物种类及物性变化较大的物品。拣取货品以单品为主，经过批量拣取后再进行人工分类，并按车次的发货暂存区进行合并。为此，需要有行走通道和发货码头前的暂存空间。

一般集货区货位设计以地区堆放为主，同时，考虑发货装载顺序和动线畅通性，在空间允许条件下以单排为宜。否则容易造成装车时在集货区反复查找货物及搬运工作，降低装载作业效率。

另外，在规划集货区空间时还要考虑每天平均发货订单、发货车次和出车路线，以及每天拣货和出车工作时序安排等因素。例如，有的工作是一天发货两次或夜间配合，拣货时段则在白天上班时间完成，在不同发车时序要求下需要集货空间配合工作，方便车辆达到物流中心，立即可以进行货物清点和装载作业，减少车辆等待时间。

有时也可以把集货区和发货暂存区放在一起，但发货暂存区的空间常作装载工作之用。如果拣出的货物需要等待较长时间才能装车，则有必要把发货码头和发货暂存区分开。

（6）行政区的规划。主要是指非直接从事生产、物流、仓储或流通加工部门的规划。如办公室、会议室、福利休闲设施等。

（7）厂区规划。除了厂房内的物流，仓储和行政区外，厂区还包括停车场、警卫室、环境美化区等。

①大门和门卫室配合厂区对外出入大门和外连道路形式进行规划。如果出入共用一个大门时，警卫室设置在大门一侧，并可进行出入车辆管理。如果出入口相邻并位于厂区同侧时，出入道路较大，可把出入动线分开，警卫室设于出入口中间，分别进行出入车辆管理。若出入口位于厂区同侧时，可分别设立警卫室，严格执行一边进厂一边出厂的出入管理制度。这种情况适用于进出货时段重合，进出车辆频繁的情况。

②停车场。一个现代化的物流中心对停车场的设计是十分重视的。停车种类主要是进货车辆、来宾用车辆和职员用车。根据物流中心的现实和发展情况、车辆类型估计车数。停车角度可分为90°、60°和45°3种。停车位应和车辆行走车道相关。不同角度下的车辆进出所需车道宽度是不一样的。一般情况下多采用90°和60°的车位形式，现在分别说明如下。

a. 60°停车场设计。优点是车辆进出方便、车道宽度较小，缺点是车位深度较深，同一列可停车数较少。

b. 90°停车场设计。这种车位设计使车辆进出困难，要求车宽度较大、车位深度和车长一样，同一列可停车数较多。按90°规划2280m^2（60m×38m）的停车场时，可停82辆（5.79m×2.74m/车位）。若按60°规划2276m^2（6.25m×36.6m）的停车场时，可停78辆。由此可知，在面积接近的条件下，60°形式的车位布置比90°形式的车位布置要略少。然而，在实际设计车位时，还应考虑车辆尺寸和可用空间的长宽比例，以充分利用有限空间。

③运输车辆回车空间。在设计停车场时，必须对进出物流中心的车辆型号和尺寸进行分析并留停车和回车的空间。

④车辆停泊绿化空间。在停车场周围的围墙边设计绿化区，以美化环境。

3. 各区域位置的设计

在完成各作业区域面积计算和基本规划后，必须决定各部门区域的相互位置。方法是按各作业区域的计算面积大小和长宽比例作成缩小的模块，并根据生产流程和相关部门的关系设计相互位置。

在分析区域性的基础上设几个作业区域间物流动线形式。以下为几种物流动线形式。

(1) 直线式：适合于出入口在厂房两侧，作业流程简单规模较小的物流作业，无论订单大小和拣货品项多少，均要通过厂房全程。

(2) 双直线式：适合于出入口在厂房两侧，作业流程相似但有两种不同进出货形态。

(3) 锯齿形：通常适用于多排并列的库存货架区内。

(4) U形：适合于出入口在厂房同侧，根据进出频率大小安排靠近进出口端的储区，缩短拣货搬运路线。

(5) 分流式：适用于批量拣货的分流作业。

(6) 集中式：这种方式适用于因储区特性把订单分割在不同区域拣货后再进行集货作业。

在进行各区域位置安排时，第一步决定物流中心对外的连外道路形式；第二步决定物流中心厂房空间范围、大小和长宽比例；第三步决定物流中心内由进货到发货的主要物流动线形式，如U形、双排形之类；第四步是根据作业流程顺序安排各区域位置。物流作业区域是由进货作业开始进行布置，根据物料流程前后关系顺次安排相关位置。其中，作业区域中如有面积较大长宽比不易变动的区域时，应首先安排在建筑平面中，如自动化立体仓库、分类输送机等作业区。之后再插入面积较小的长宽比例容易调整的区域，如理货区和暂存区之类；第五步决定行政办公区和物流仓储区的关系。一般物流中心行政办公区是集中式布置。为了提高空间利用率，多采用多楼层办公方案。

4. 物流动线分析

在区域布置阶段，没有指出各项设备的规格型号和尺寸，但基本确定了各种设备类型。根据这些设备性能，注意分析各区之间和区域内的物流动线是否流畅。

首先，根据厂房装卸货的出入形式，厂房内物流动线形式以及各区域相对位置，设计厂房内的主要通道。其次，进行物流设备方向和面积的规划。在此规划过程中需要考虑作业空间和区域内的通道情况。最后，分析各区域之间物流动线形式，绘制物流动线图，进一步研究物流动线的合理性和流畅性。

综上所述，在物流中心系统规划基本完成之后，必须对这个规划进行评估。评估内容如下。

(1) 经济性。评估内容包括土地面积、库房建筑面积、机械设备成本、人力成本以及耗能等方面。

(2) 技术性。包括自动化程度、设备可靠性和设备维护保养3方面。自动化程度是指搬运省力化、出入库系统自动化、拣货系统自动化和信息处理自动化。设备可靠性是指当发生任何故障时仍可进行配置作业，当主要系统发生故障时，可迅速修复或有备用系统代替等。设备维护保养是指定期有人保养设备。

(3) 系统作业。内容有储位柔性程度、系统作业柔性程度、系统扩充性、人员安全性和人员素质等。储位柔性是指存取空间可否调整、储位可否按需要弹性应用和储位是否限定存放特性货物等。系统作业柔性是指系统是否易于改变、系统作业的原则、程序和方法是否可以变更。系统扩充性是指当系统扩充时是否改变原有布置形式和现有建筑、原有设备是否能用、是否改变现有作业方式以及是否增加土地等。人员安全性是指仓库货架稳定性如何，人员和搬运设备、路径之间是否交错和频繁接触、自高处向下搬运货物是否潜在危及人员安全因素、电气设备是否有不安全隐患、通道是否畅通、遇难时可否安全逃生等。

第七章　采购管理

第一节　采购管理概述

一、采购

（一）采购的含义

采购就是购买生产和生活所需的物资，其过程包括提出采购需求、选定供应商、谈妥价格、确定交货及相关条件、签订合同并按要求收货付款的过程。

采购包括两个基本意思：一是“采”；二是“购”。因此，从学术的角度说，采购比购买的含义更广泛、更复杂。采购主要包含以下一些基本含义。

1. 所有采购都是从资源市场获取资源的过程

无论是生活，还是生产，采购的意义，就在于能解决二者所需要但是自己又缺乏的资源问题。这些资源包括生活资料，也包括生产资料；包括物资资源（如原材料、设备、工具等），也包括非物资资源（如信息、软件、技术、文化用品等）。能够提供这些资源的供应商，形成了一个资源市场。而为了从资源市场获取这些资源，都是通过采购的方式。也就是说，采购的基本功能，就是帮助人们从资源市场获取所需的各种资源。

2. 采购既是一个商流过程，也是一个物流过程

采购的基本作用，就是将资源从资源市场的供应者手中转移到用户手中的过程。在这个过程中，一是要实现将资源的所有权从供应者手中转移到用户手中；二是要实现将资源的物质实体从供应者手中转移到用户手中。前者是一个商流过程，主要通过商品交易、等价交换实现商品所有权的转移。后者是一个物流过程，主要通过运输、储存、包装、装卸、流通加工等手段实现商品空间位置和时间位置的转移，是商品实实在在地到达用户手中。采购过程，实际上是这两个方面的完整结合，缺一不可。因此，采购过程实际上是商流过程与物流过程的统一。

3. 采购是一种经济活动

采购是企业经济活动的主要组成部分。所谓经济活动，就是要遵循经济规律，追求经济效益。在整个采购活动过程中，一方面，通过采购，获取资源，保证企业的正常生产的

顺利进行，这是采购的效益。另一方面，在采购过程中，也会发生各种费用，这就是采购成本。要追求采购经济效益的最大化，就要不断降低采购成本，以最少的成本去获取最大的效益。而要做到这一点，就要努力追求科学采购。科学采购是实现企业经济利益最大化的基本利润源泉。

（二）企业采购与消费市场采购

企业采购不同于消费市场采购，消费品市场采购活动往往是个人行为，而企业采购主体通常是企业、机关等单位或机构。二者无论是在采购的目的、动机，还是采购决策与特点等方面，都存在着明显的区别。此外，企业采购是供应商与企业之间相互依靠的过程，因而在供应商与采购商（企业）之间往往会发展成长期的合作关系。

消费品采购与企业采购的区别见表 7－1。

表 7－1　消费品采购与企业采购的区别

	企业采购	消费品采购
采购目的	保证生产	满足个人需求
采购动机	主要出于理性考虑	还带有个人喜好或冲动
采购功能	专业职能、企业行为	消费者个人行为
采购决策	多人参与、程序化过程	个人决定
产品与市场知识	系统、宽广	零散、有限
采购量	大	小
采购需求	由生产及发展驱动、波动性强	由生活所需导向、通常较稳定
采购市场价格	弹性有限	弹性相对较大
顾客	数量有限、往往地域性集中	数量很多、地域上分散

（三）工业、制造企业采购特点

通常，工业企业或制造业依据其生产环境或制造环境可分为按库存生产、按订单生产以及按订单设计生产 3 类。对于不同的生产环境，企业所采取的生产组织方式不同，相应的运作管理也不同。

（1）对于按库存生产的企业一般采取流水作业，货物成批采购、标准化程度较高、采购功能相对简单，采购的商务化比重大。

（2）对于按订单生产的企业，生产组织灵活迅速，生产设备一般按机群或工艺布局，采购要求较高，针对原材料、零部件等不同的物料应采取不同的采购及供应商管理方式。

（3）对于按订单设计生产的企业，生产往往要求现场作业，采购通常是接受订单并确定设计以后开始，采购具有技术性强的特点。

表7－2概括了不同生产环境对应的生产及采购特点。

表7－2　　不同生产环境对应的生产及采购特点

生产环境	按库存生产	按订单生产	按订单设计生产
作业方式	流水线	机群式或按工艺特点	现场作业
生产特点	产品导向	工艺导向	项目或设计导向
产品特点	数量大、标准化程度高	品种多、质量要求高	单件小批量、设计要求
竞争优势	低成本、及时交货	高质量、按时交货	专有技术及制造安装
采购特点	成批、标准化采购	分类采购与管理	技术性采购

（四）采购分类

1. 按价格分

（1）招标采购。货物采购的所有条件（如物资名称、规格、品质要求、数量、交货期、付款条件、处罚规则、投标押金、投标资格等）详细列明，刊登公告。投标厂商按公告的条件，在规定的时间内，交纳投标押金，参加投标。招标采购的开标按规定必须至少3家以上厂商从事报价投标方得开标，开标后原则上以报价最低的厂商得标，但得标的报价仍高过标底时，采购人员有权宣布流标，或征得监办人员的同意，以议价方式办理。

（2）询价现购。采购人员选取信用可靠的厂商将采购条件讲明，并询问价格或寄发询价单并促请对方报价，比较后现价采购。

（3）比价采购。采购人员请数家厂商提供价格后，从中加以比价后，决定厂商进行采购。

（4）议价采购。采购人员与厂商经讨价还价后，议定价格进行采购。一般来说，询价、比价和议价是结合使用的，很少单独进行。

（5）定价收购。购买物资数量巨大，非几家厂商所能全部提供的，如纺织厂订购棉花、糖厂订购甘蔗等，或当市场上该物资匮乏时，则定价现款收购。

（6）公开市场采购。采购人员在公开交易或拍卖时随机采购，因此，大宗采购物资时，价格变动频繁。

2. 按采购主体分

从逻辑上把采购按采购主体分类，则可以形成一个采购主体类型体系，如图7－1所示。

- 物资采购（按采购主体分）
  - 个人采购
  - 集团采购
    - 家庭采购
    - 企业采购
      - 流通企业采购
      - 生产企业采购
    - 政府采购
    - 事业单位采购
    - 军队采购

图 7－1　按采购主体分的采购类型

（1）个人采购。是指个人生活用品的采购。一般是单一品种、单次、单一决策、随机发生的，带有很大的主观性和随意性。即使采购失误，也只影响个人，造成的损失不至太大。

（2）集团采购。一般是两个以上的人共用的用品的采购，是多品种、大批量、大金额的、多批次甚至持续进行的，直接关系到多个人的集团利益，往往由集团决策。一旦采购决策失误，将对集团造成损失，因此，集团采购一般非常慎重、非常严格、非常科学，因而也特别受到重视。家庭采购，可以算是集团采购。但是，典型的集团采购，主要是指企业采购、政府采购、事业单位采购、军队采购等。这些不同类型的采购，有一些共同点，但各自又有各自不同的特点。其中，企业采购是关系到国民经济的主体部分，当然是大多数人更加关注的。根据企业类型不同，又分成流通企业采购和生产企业采购，流通企业主要是从事商品流通工作的，包括物资企业、商业企业，它们又分别包括批发企业、零售企业等。生产企业主要是从事商品生产的企业。生产企业和流通企业在采购模式上，有共同点，也有互相不同的特点。

3. 按采购方法分

可分成传统采购和科学采购两大类。科学采购又包括订货点采购、MRP 采购、准时化采购、供应链采购和电子商务采购等，如图 7－2 所示。

- 物资采购（按采购方法分）
  - 传统采购
  - 科学采购
    - 订货点采购
    - MRP采购
    - 准时化采购
    - 供应链采购
    - 电子商务采购

图 7－2　按采购方法分的采购类型

(1) 传统采购。企业的传统采购，一般模式是，每个月的月末，企业各个单位报下个月的采购申请单，包括需要采购的货物的品种数量，然后采购科把这些表汇总，制订出统一的采购计划，并于下个月实行采购实施。采购回来的货物存放于企业的仓库中，满足下个月对各个单位的物资供应。这种采购，以各个单位的采购申请单为依据，以填充库存为目的，管理比较简单、粗糙，市场响应不灵敏、库存量大，资金积压多、库存风险大。

(2) 科学采购。主要包括以下内容。

①订货点采购是紧密根据需求的变化和订货提前期的大小，精确确定订货点、订货批量或订货周期、最高库存水准等，建立起连续的订货启动、操作机制和库存控制机制，达到既满足需求又使得库存总成本最小的目的。这种采购模式以需求分析为依据，以填充库存为目的，采用一些科学方法、兼顾满足需求和库存成本控制，原理比较科学，操作比较简单。但是，由于市场的随机因素多，该方法同样具有库存量大、市场响应不灵敏的缺陷。

②MRP 采购。主要应用于生产企业，是生产企业根据主生产计划和主产品的结构以及库存情况逐步推导出生产主产品所需要的零部件、原材料等的生产计划和采购计划的过程。这个采购计划规定了采购的品种、数量、采购时间和采购回来的时间，计划比较精细、严格。它也是以需求分析为依据、以满足库存为目的，市场响应灵敏度及库存水平都比以上方法有所进步。

③JIT 采购。也称准时化采购，是一种完全以满足需求为依据的采购方法。它对采购的要求，就是要供应商恰好在用户需要的时候，将合适的品种、合适的数量送到用户需求的地点。它是以需求为依据，改造采购过程和采购方式，使它们完全适合于需求的品种、需求的时间和需求的数量，做到既灵敏响应需求的变化，又使得库存向零库存趋近。这是一种比较科学、比较理想的采购模式。

④供应链采购。是一种供应链机制下的采购模式。在供应链机制下，采购不再由采购者操作，而是由供应商操作。采购者只需要把自己的需求规律信息即库存信息向供应商连续及时传递，供应商根据产品的消耗情况不断及时连续小批量补充库存，保证采购者既满足需要又使总库存量最小。供应链采购对信息系统、供应商操作要求都比较高，是一种科学的、理想的采购模式。

⑤电子商务采购。也就是网上采购，是在电子商务环境下的采购模式。它的基本特点是，在网上寻找供应商、寻找品种、网上洽谈贸易、网上订货甚至在网上支付货款，但在网下送货进货。这种模式的好处，扩大了采购市场的范围、缩短了供需距离，简化了采购手续、减少了采购时间，减少了采购成本，提高了工作效率，是一种很有前途的采购模式。但是，它依赖于电子商务的发展和物流配送水平的提高。而这两者几乎要取决于整个国民经济水平和科技进步的水平。我国现在已经有不少企业以及政府采购采用了网上采购的方式，但要把网上采购真正搞好，还需要一些时日。

（五）采购的原则

经长期的摸索与总结，提出了“5R”原则用以指导采购活动，取得了良好的效果。通俗地讲，采购就是在适当的时候，以适当的价格，从适当的供应商处买回所需数量商品的活动。

采购必须要围绕“价”“质”“量”“地”“时”等基本要素来开展工作。

1. 适价（Right Price）

价格永远是采购活动中的关注焦点，目前，企业老板们对采购最关心的就是采购部能节省多少采购资金，采购人员不得不把相当多的时间与精力放在跟供应商的“砍价”上。货物的价格与该货物的种类、是否为长期购买、是否为大量购买及与市场当时的供求关系有关，与采购者对该货物的市场状况是否熟悉也有关系，采购者要时常了解该行业的最新市况，尽可能多地获取相关资料。适价原则即是从品质的角度保证同等品质情况下，不高于同类物资的价格。

一个合适的价格往往要经过以下几个环节的努力才能获得。

（1）多渠道获得报价。这不仅要求现有供应商报价，而且应该要求一些新供应商报价。与某些现有供应商的合作可能已达数年之久，但它们的报价未必优惠。获得多渠道的报价后，就会对该物料的市价有一个大体的了解，并可与企业内部事先作出的估价进行比较。

（2）比价。专业采购人员所要考虑的“货比三家”远比家庭主妇在这点上所想的要多，因为专业采购所买的东西可能是一台价值300万元的设备或年采购金额达千万元的电子零件，这就要求必须谨慎行事。由于供应商的报价单中所包含的条件往往不同，故采购人员必须将不同供应商报价中的条件转化成一致后才能比较。只有这样，才能得到真实可信的比较结果。

（3）议价。经过比价环节后，筛选出价格最适当的2～3个报价（注意：是适当价格，不是最低价格），然后进行议价环节。随着进一步的深入沟通，不仅可以将详细的采购要求传达给供应商，而且还可进一步“杀价”，供应商的第一次报价往往含有“水分”。如果货物为卖方市场，即使是面对面地与供应商议价，最后所取得的实际成绩也可能比预期的要低。

（4）定价。经过上述3个环节后，双方均可接受的价格便作为日后的正式采购价，一般需保持2～3个供应商的报价。他们的价格可能相同，也可能不同。

2. 适质（Right Quality）

优秀的采购人员不仅要做一个精明的商人，而且要在一定程度上扮演品质管理人员的角色。在日常的采购作业中要安排部分时间去推动供应商完善品质体系及改善、稳定货物品质。

货物品质达不到使用要求的严重后果是显而易见的。

（1）货物品质不良，往往导致企业内部相关人员花费大量的时间与精力去处理，会增加大量的管理费用。

（2）货物品质不良，往往在重检、挑选上花费额外的时间与精力，造成检验费用增加。

（3）货物品质不良，导致生产线返工增多，降低生产效率。

（4）因货物品质不良而导致生产计划推迟进行，有可能引起不能按承诺的时间向客户交货，会降低客户对企业的信任度。

（5）若因货物品质不良引起客户退货，有可能令企业蒙受严重损失，如从市场上召回产品、报废库存品等，严重的还会丢失客户。

3. 适时（Right Time）

企业已安排好的生产计划若因原材料未能如期到达往往会引起企业内部混乱，即会产生“停工待料”，产品不能按计划出货会引起客户强烈不满。若原材料提前太多时间买回来放在仓库里“等”着生产，又会造成库存过多，大量积压采购资金，这是很忌讳的事情，故采购人员要扮演协调者与监督者的角色去促使供应商按预定时间交货。若企业实施JIT采购，交货时机就更显重要。

4. 适量（Right Quantity）

采购量多，价格就便宜，但不是采购越多越好，资金的周转率、仓库储存的成本都直接影响采购成本，应根据资金的周转率、储存成本、货物需求计划等综合计算出最经济的采购量。

采购量的大小决定生产与销售的顺畅与资金的调度。货物采购量过大，会造成过高的存货储备成本与资金积压；货物采购量过小，则采购成本提高，因此，适当的采购量（即适量）是非常必要的。

5. 适地（Right Place）

企业往往容易在与距离较近的供应商的合作中取得主动权，企业在选择JIT试点供应商时也必须选择近距离供应商来实施。供应商离自己企业越近，运输费用就越低，机动性就越高，协调沟通就越方便，成本自然就越低了。同时，有助于紧急订购时的时间安排。

做过采购的人员都有这样的体会，就是在实际的采购作业中很难将上述“5R”面面俱到，往往只能侧重其中最为关心的一两个方面。上述的几个方面有时还会存在“效益背反”的情况，就是过分强调“5R”中的一方面时就要牺牲其他方面作为补偿。例如，若过分强调品质，供应商就不能以市场最低价供货，因为供应商在品质控制上投入了很多精力，他必然会把部分这方面的成本转嫁到客户身上。这就要求采购人员必须综观全局，准确地把握企业对所购货物各方面的要求，以便在与供应商谈判时提出合理要求，从而争取有更多机会获得供应商合理报价。总之，只有综合考虑才能实现最佳采购，这需要采购者在长期的实际操作中积累经验。

二、采购管理

（一）采购管理与采购的区别

所谓采购管理，就是指为保障企业物资供应而对企业采购进货活动进行的管理活动。为了深入理解采购管理的含义，下面探讨一下采购管理与采购的联系和区别。

采购管理是对整个企业采购活动的计划、组织、指挥、协调和控制活动，是管理活动，是面向整个企业的，不但面向企业全体采购员，而且面向企业组织其他人员（进行有关采购的协调配合工作），一般由企业的采购部门来承担。其使命，就是要保证整个企业的物资供应；其权利，是可以调动整个企业的资源。

相对而言，采购只是指具体的采购业务活动，是作业活动，一般是由采购人员承担的工作，只涉及采购人员个人。其使命，就是完成采购主管布置的具体采购任务；其权利，只能调动采购主管分配的有限资源。可见，采购管理与采购是有区别的。

（二）采购管理的作用

货物采购要实现与资源市场的纽带作用，就要建立与资源市场的友好和有效的关系。可以说，资源市场也是企业的生命线。它不但是企业的物料来源，而且是资源市场信息的来源。作为货物来源，它是通过货物采购人员的采购活动为企业生产适时地提供原材料、设备和工具，保障企业生产得以顺利进行；作为信息来源，也是通过货物采购人员的采购活动，与资源市场广泛接触，了解资源市场的产品信息、技术水平信息、发展动态信息、运输信息等，这些信息对企业都是非常重要的。总体而言，采购管理可以发挥以下强大的作用。

（1）对制定最优的采购策略本身提供支持。企业可以利用这些信息选择最好的供应商、最好的产品和最好的运输路线、运输方式，进行最有效率的采购。

（2）资源市场中资源的发展变化、技术动态信息等，对企业随时制定和调整产品策略、对企业生产决策提供有力的支持。企业应根据资源的发展变化随时调整其产品策略和生产策略。

（3）有利于与供应商建立起一种比较友好的关系，为企业的货物采购和企业生产提供比较宽松的、高效率的外部环境条件。供应链思想的核心就是要建立起企业与供应商之间的高效率的运作体系，因此，货物采购的一个重要职能，就是要通过货物采购人员建立起与资源市场的各个供应商之间的友好、宽松、有效的供应链关系。

（三）采购管理的目标

1. 总目标

采购管理的总目标可用一句话表述：以最低的总成本为企业提供满足其需要的货物和服务。总目标的实现不仅仅是采购部门的事情，而是需要整个企业的共同努力，但在某一时期，企业可能专注于一个具体的目标。

2. 子目标

采购总目标可以具体分解为以下子目标。

(1) 为企业提供所需的物料和服务。这是采购管理最基本的目标。最初，采购部门就是为此目标而设的。提供不间断的物料和服务，以便使整个组织正常运转，这是采购部门的第一要务。原材料和零部件的缺货，由于必须支出的固定成本而带来的运营成本的增加以及无法向顾客兑现做出的交货承诺，这将对企业造成极大的损失。例如，没有外购的轮胎，汽车制造商不可能制造出完整的汽车；没有外购的燃料，航空公司不可能保证其航班按航运时刻表飞行；没有外购的手术器械，医院也不可能进行手术。

(2) 力争最低的成本。在一家典型的企业中，企业采购部门的活动消耗的资金最大。此外，企业采购活动的经济杠杆效用也非常明显。尽管“价格购买者”这个词由于意味着其在采购时所关注的唯一因素是价格而一般被人理解为贬义词，但当确保质量、发送和服务方面的要求得到满足时，采购部门还是应全力以赴地以最低的价格获得所需物料和服务。

(3) 使存货和损失降到最低限度。保证货物供应不间断的一个方法是保持大量的库存。而保持库存必然占用资金，这些资金再不能用于其他方面。保持库存的成本一般每年要占库存商品价值的20%～50%，如果采购部门可以用价值1000万元的库存（而不是原来的2000万元）来保证企业的正常运作，那么1000万元库存的减少不仅意味着多了1000万元的流动资本，而且也意味着节省了200万～500万元的存货费用。

(4) 保持并提高自己的产品或服务。为了生产产品或提供服务，每一种物料的投入都要达到一定的质量要求，否则最终产品或服务将达不到期望的要求，或是其生产成本远远超过可以接受的程度。纠正低质量物料投入生产的内部成本的数额可能是巨大的。例如，一个质量较低的弹簧安装到柴油机的刹车系统上，其成本仅仅是93美分。但是，如果在这台机车使用过程中，这个有缺陷的弹簧出了毛病，必须进行拆卸来重装弹簧。再考虑到机车在订货方面的损失，总成本可能达上万美元。

（四）采购管理的内容与过程

企业采购管理的基本任务有3个。

(1) 要保证企业所需的各种物资的供应。

(2) 要从资源市场获取各种信息、为企业物资采购和生产决策提供信息支持。

(3) 要与资源市场供应商建立起友好且有效的关系，为企业营造宽松有效的资源环境。

其中第一项是最重要、最基本的任务。如果这一项搞不好，就不能称之为采购管理。

为了实现采购管理的基本职能，采购管理需要有一系列的业务内容和业务模式。采购管理的基本内容和模式，如图7-3所示。

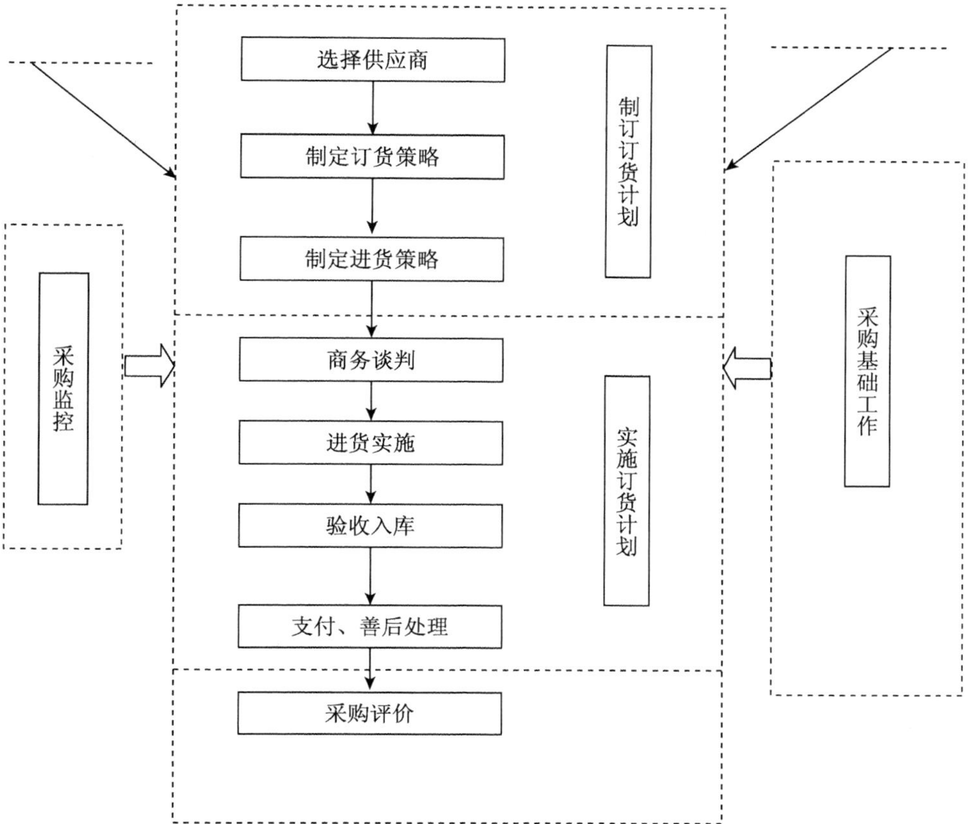

图 7－3　采购管理的基本内容和模式

（五）采购管理的重要性

企业的基本职能是为社会提供产品和服务。这个基本职能可以分解成产品销售、产品生产和货物采购 3 个子职能。在这 3 个职能中，按重要性排序，产品销售最重要，在市场经济中，没有销售，就是没有市场，没有市场则一切都免谈。只有有了市场需要，再根据市场需要设计产品或服务，才能进行产品生产。产品生产确定以后，才能根据产品生产的需要来设计策划产品采购。

物资采购的重要性虽然排在最后，但并不意味着它不重要。其重要性表现在以下几个方面：

（1）货物采购为企业保障供应，维持正常生产，降低缺货风险创造条件。很显然，物资供应是产品生产的前提条件，生产所需要的原材料、设备和工具都要由货物采购来提供；没有采购就没有生产条件，没有物资供应就不可能进行生产。

（2）货物采购供应的物资的质量好坏直接决定着本企业产品质量的好坏，能不能生产出合格的产品，取决于货物采购所提供的原材料以及设备工具质量的好坏。

(3) 货物采购的成本构成了物资生产成本的主体部分，包括采购费用、购买费用、进货费用、仓储费用、流动资金占用费用以及管理费用等。物资采购的成本太高，将会大大降低产品生产的经济效益，甚至亏损，致使产品生产成为没有意义的事情。

(4) 货物采购是企业和资源市场的关系接口，是企业外部供应链的操作点。只有通过货物采购部门人员与供应商的接触和业务交流，才能把企业与供应商们联结起来，形成一种相互支持、相互配合的关系。在条件成熟以后，可以组织成一种供应链关系，那样就会使企业在管理、效益方面都登上一个崭新的台阶。

(5) 货物采购是企业与市场的信息接口。货物采购人员虽然直接和资源市场打交道，但资源市场和销售市场是交融混杂在一起的，都处在大市场之中。所以，货物采购人员也是和市场打交道的，对市场信息比较容易获得，是企业的市场信息接口，可以为企业及时提供各种各样的市场信息，供企业进行管理决策。

(6) 货物采购是企业科学管理的开端。企业原材料供应是直接和生产相联系的。原材料供应模式往往会在很大程度上影响生产模式。如果实行准时采购制度，则企业的生产方式就会改成看板方式，则企业的生产流程、搬运方式都要做很大的变革。再如，要实行供应链采购，则需要实行供应商掌握库存、多频次小批量补充货物的方式，这也将大大改变企业的生产方式和搬运方式。因此，如果货物采购提供一种科学的物资采购供应模式，必然会要求生产方式、物料搬运方式都作相应的变动，合在一起共同构成一种科学管理模式。这种科学管理模式是从货物采购供应作为开端而运作起来的。

第二节　采购管理组织

一、采购管理组织设置的原则

采购管理组织，是采购管理最基本的组成部分，为了搞好企业复杂繁多的采购管理工作，需要有合理的管理机制和精干的管理组织机构，要有一些能干的管理人员和操作人员。

采购管理部门应该依据以下原则进行设置。

（一）部门设置应同企业的性质和规模相适应

采购机构的设置同企业的性质、产品、规模等有直接的关系。比如，石油企业的原材料一般需要一些专业人员采购，并往往直接向最高领导汇报；小公司可能仅仅设置一个简单的供应部门负责原材料的采购，而大型企业或跨国公司则常设有集团采购部或中央采购中心负责采购。

（二）部门设置应同企业采购目标、方针相适应

比如，企业产品质量不好，而影响产品质量的因素主要是原材料，则改进供应商原材

料质量的责任主要在采购部门，那么采购部门就应该配备相应的品质工程师，或者赋予采购部门以相应的职责以使其指挥相关部门的人员参与原材料质量的改进。

（三）部门设置应同企业的管理水平相适应

如果企业导入了 MRP（物料需求计划）或 JIT（准时制）系统，那么采购的需求计划、订单开立、收货跟单均可通过计算机按 MRP 或 JIT 系统操作控制，其采购机构的设置显然有别于手工作坊式的企业。

（四）采购管理机制

采购管理具有巨大的潜在作用，相对于提高销售额的努力，付出较少的时间和精力就能获得巨大的效益，但这仅仅是一种可能性，并不一定会发生，其发生的条件就是高层管理者的重视。尽管一些企业的高层就是从采购工作做起的，但这一情况非常不普遍，在我国更是少之又少。研究报告表明，采购部门的经理最常用的头衔是副总裁（31%），紧接着是主任（30%）。可以相信，把采购主管提高到公司高层的位置，再配备高素质的员工并给予正常的权力，采购部门必将发挥巨大的作用。

二、采购部门的设置

虽然集中企业采购权于一个部门是采购管理发展的趋势，但要根据企业的具体情况决定采购部门的设置，主要是依据企业的规模和产品的多少。但是，无论采购部门如何设置，都必须在企业中拥有较高的地位，最好能向最高领导直接汇报工作，因为这是保证采购部门发挥作用的必要条件。

第一，如果企业规模较小，产品结构较单一（典型的例子就是单一的工厂或企业，分公司距离较近的大公司也可以），设置单一的采购部门并直接向总经理汇报工作较好（如图 7－4 所示）。

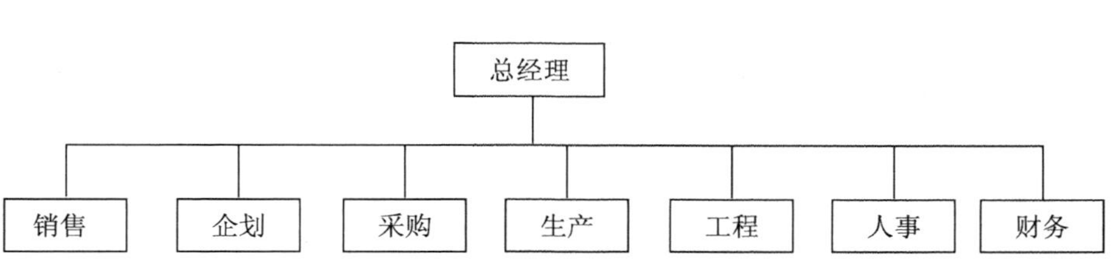

图 7－4 企业采购部门设置形式之一

第二，一些企业的规模较大，如大型的跨国公司或国内的大型国有企业，还有一些企业业务较多、管理繁杂，可以设置独立的采购部门体系，并向分管采购的副总经理汇报工作。这样不仅满足了采购集中化的要求，也方便了公司的管理（如图 7－5 所示）。

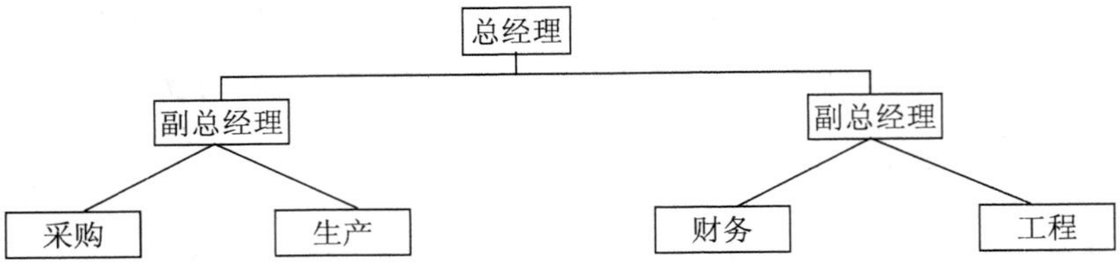

图7-5　企业采购部门设置形式之二

第三，对于一些规模大、产品种类多、原材料需求差异性大、各子公司的地理位置距离远的企业，可采用集中分散的采购设置模式。在公司总部设采购部，负责总公司采购战略和计划的制订，协调各子公司之间的采购行动，避免恶意竞争，集中采购总公司共性化的产品和服务，实现采购总成本最低。同时，在各子公司或某一地理区域分设采购部，这样便于各子公司满足个性化的需求，保持同供应商之间的密切联系，以此促进公司的发展（如图7-6所示）。

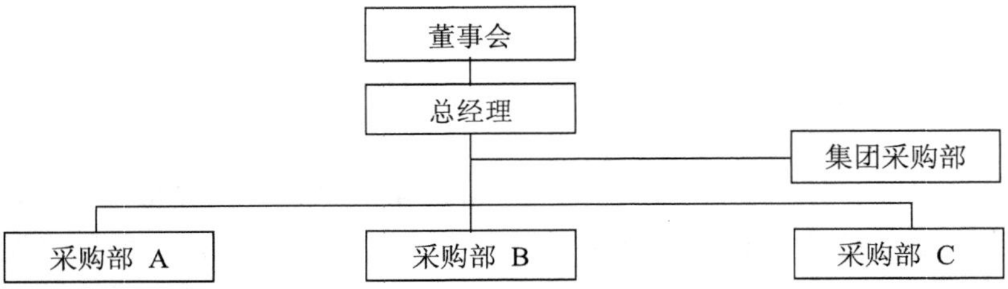

图7-6　企业采购部门设置形式之三

第四，采购管理部门人员设置。当明确了采购部在公司中的设置后，就要考虑采购部内部人员的设置。采购部内部岗位责任的设置一般有3种方式：

（1）根据采购原材料设置，不同的采购原材料配备不同的采购人员。这适合原材料需求种类多、专业性强的企业，如大型的汽车厂、石化厂。在这些企业中，几乎每一种原材料都有各自物理或化学方面的要求，如果没有专业的知识和技能，则不可能完成采购任务，因此，不同的原材料采购需要配备不同的采购人员（如图7-7所示）。

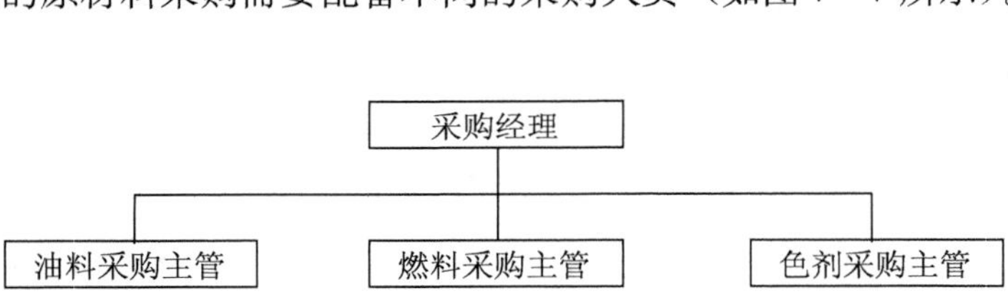

图7-7　某石化厂的采购部门设置

（2）根据采购流程设置，采购的不同环节设置不同的采购人员。这样便于采购人员更好地熟悉业务，精通招标、谈判等技能。同时，有利于各个环节相互监督，避免浪费和腐败现象，减少内部审计成本，还有利于培养大家的团队合作精神。但是，这要求内部更好地协调和合作，否则会造成采购效率低下，管理混乱（如图 7－8 所示）。

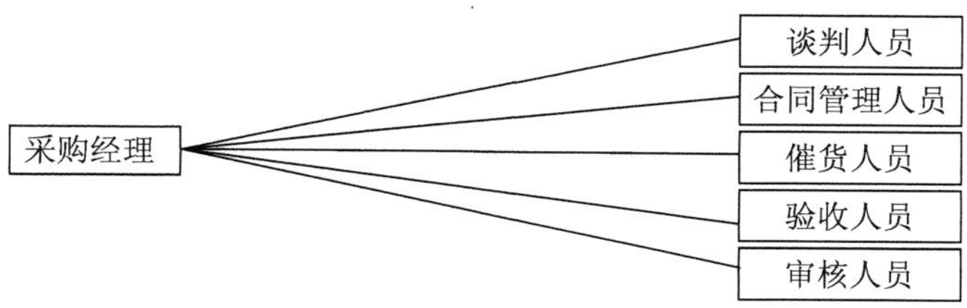

图 7－8　按采购流程和环节设置采购人员

（3）综合采购原材料和采购流程设置采购人员。这种方式主要适合一些大企业。在这些大企业中，原材料需求多、数量大、专业性强，采购组织也相应复杂得多（如图 7－9 所示）。

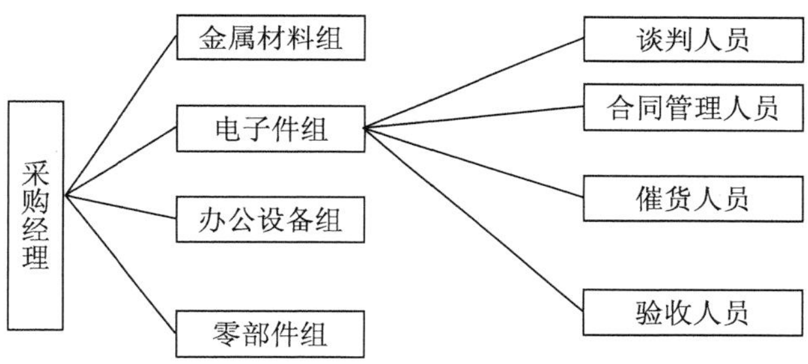

图 7－9　综合采购物料和采购流程设置采购人员

三、采购部门的职责

要想发挥采购的集中管理优势，首先要坚持采购职能的中心化。“中心化”意味着采购部是公司对供应商的唯一窗口。同时，采购也是能对公司客户产生极大作用的组织，是连接公司客户和供应商的纽带。主要职能表现为两个方面：一是对外职能，选择和管理供应商，控制并保证价格优势；二是对内职能，控制和保证采购流程的实施，保证采购质量和交货周期能够满足公司生产和市场的需要。

采购中心化并不是什么都管，采购部门的主要职责必须明确，主要有以下职责：

（一）供应商的选择与评价

这一任务包括供应商的筛选、鉴别、评价、认证、培养、审核、考察、评审、资料备案等具体工作。它是采购工作的起点和重点，没有对供应商的了解和管理，没有专业性的对行业的了解，供应商的产品和服务就很难满足企业的需要。对供应商做的工作越多，采购工作就会更有效率，管理问题就会少一些。

（二）保证公司在采购价格上的优势

采购部门应对市场（国际/国内）的行情有及时的了解，保证公司在采购价格上的优势，在市场状况发生明显变化时能够妥善利用供应商的资源，采取适当战略降低风险和取得竞争优势。

（三）制定采购制度和设计合理的采购流程

采购部门应在制定符合本公司规章制度的同时满足质量控制和财务制度的采购控制流程，确保公司的采购活动能够满足来自生产部门、市场部门、公司内部的各种采购要求。

（四）提高采购效率

采购部门应通过不懈的努力，降低采购运作的成本，提高采购效率，提高内部/外部的客户满意度。

（五）控制采购风险

采购部门应通过人员培训和组织调整，控制采购的合同风险和法律风险，杜绝来自公司内外的对采购流程的侵犯，提高采购部门的纯洁性。

第三节　供应商管理

一、概述

（一）供应商管理概述

供应商，是指可以为企业生产提供原材料、设备、工具及其他资源的企业。它可以是生产企业，也可以是流通企业。企业要维持正常生产，就必须要有一批可靠的供应商为企业提供各种各样的物资供应。供应商对企业的物资供应起着非常重要的作用，采购管理就是直接和供应商打交道而从供应商那里获得各种物资。因此，采购管理的一个重要工作，就是要搞好供应商管理。

所谓供应商管理，就是对供应商的了解、选择、开发、使用和控制等综合性的管理工作的总称。其中，了解是基础；选择、开发、控制是手段；使用是目的。供应商管理的目的，就是要建立起一支稳定可靠的供应商队伍，为企业生产提供可靠的物资供应。

（二）进行供应商管理的意义

供应商，是一种客观存在，而且自然地构成了企业的外部环境的组成部分。它必然间接或直接地对企业造成影响。因为任何供应商，不管与企业有直接关系还是没有直接关系，都是资源市场的组成部分。

企业的采购，都只能从这个资源市场中获取物资。因此，企业采购物资的质量水平、价格水平必然受到资源市场每个成员的共同影响。

供应商的一个特点，就是它们都是一个与购买者独立的利益主体，而且是一个以追求利益最大化为目的的利益主体。按传统的观念，供应商和购买者是利益互相冲突的矛盾对立体。对购买者而言，原材料供应没有可靠的保证、产品质量没有保障、采购成本太高，这些都直接影响了企业生产和成本效益。

为了创造出一种良好的供应商关系局面，克服传统的供应商关系观念，企业有必要非常注重供应商的管理工作，通过多方面持续努力，了解、选择、开发供应商，合理使用和控制供应商，建立起一支可靠的供应商队伍，为生产提供稳定可靠的物资供应保障。

（三）供应商管理的基本环节

搞好供应商管理应主要抓好以下几个基本环节：①供应商调查；②资源市场调查；③供应商开发；④供应商考核；⑤供应商选择；⑥供应商使用；⑦供应商激励与控制。

二、供应商调查与开发

（一）供应商调查

供应商管理的首要工作，就是了解供应商、了解资源市场。要了解供应商的情况，就要进行供应商调查。

供应商调查，在不同的阶段有不同的要求。具体可以分成 3 种，第一种是初步供应商调查；第二种是资源市场调查；第三种是深入供应商调查。

1. 初步供应商调查

所谓初步供应商调查，是对供应商的基本情况的调查。主要是了解供应商的名称、地址、生产能力、能提供什么产品、能提供多少、价格如何、质量如何、市场份额有多大、运输进货条件如何，等等。

（1）初步供应商调查的目的。目的是为了了解供应商的一般情况。而了解供应商的一般情况的目的，一是为选择最佳供应商做准备；二是了解掌握整个资源市场的情况，许多供应商基本情况的汇总就是整个资源市场的基本情况。

（2）初步供应商调查的特点。一是调查内容浅，只要了解一些简单的、基本的情况；二是调查面广，最好能够对资源市场中各个供应商都有所调查、有所了解，从而能够掌握资源市场的基本状况。

（3）初步供应商调查的方法。一般可以采用访问调查法，通过访问有关人员而获得信息。例如，可以访问供应商单位市场部有关人员，或者访问有关用户，或有关市场主管人员，或者其他的知情人士。通过访问建立供应商卡片（如表 7－3 所示）。

表 7－3 供应商卡片

<table>
<tr><td rowspan="6">公司基本情况</td><td>名称</td><td colspan="5"></td></tr>
<tr><td>地址</td><td colspan="5"></td></tr>
<tr><td>营业执照号</td><td colspan="2"></td><td>注册资本</td><td colspan="2"></td></tr>
<tr><td>联系人</td><td colspan="2"></td><td>部门、职务</td><td colspan="2"></td></tr>
<tr><td>电话</td><td colspan="2"></td><td>传真</td><td colspan="2"></td></tr>
<tr><td>E－mail</td><td colspan="2"></td><td>信用度</td><td colspan="2"></td></tr>
<tr><td rowspan="2">产品情况</td><td>产品名</td><td>规格</td><td>价格</td><td>质量</td><td>可供量</td><td>市场份额</td></tr>
<tr><td></td><td></td><td></td><td></td><td></td><td></td></tr>
<tr><td>运输方式</td><td></td><td>运输时间</td><td colspan="2"></td><td>运输费用</td><td></td></tr>
<tr><td>备注</td><td colspan="6"></td></tr>
</table>

表 7－3 也可以作为调查表的形式，由供应商填写。

供应商卡片是采购管理的基础工作。在采购工作中，经常要选择供应商，就可以利用供应商卡片进行选择。当然，供应商卡片也要根据情况的变化，经常进行维护、修改和更新。

在实行了计算机信息管理的企业中，供应商管理应纳入计算机管理。把供应商卡片的内容输入到计算机中去，利用数据库进行操作、修改和利用。

在初步供应商调查的基础上，要利用供应商初步调查的资料进行供应商分析。初步供应商分析的主要目的，是比较各个供应商的优势和劣势，选择适合企业需要的供应商。

（4）供应商分析的主要内容包括以下方面。

①产品的品种、规格和质量水平是否符合企业需要，价格水平如何。只有这些都适合企业，才算得上企业的可能供应商，才有必要进行下面的分析。

②企业的实力、规模如何，产品的生产能力如何，技术水平如何，管理水平如何，信用度如何。企业的信用度，是指企业对客户、对银行等的诚信程度。表现为供应商对自己的承诺和义务认证履行的程度，特别是像产品质量保证、按时交货、往来账目处理等方面能够以诚相待、一丝不苟地履行自己的责任和义务。对信用度的调查，在初步调查阶段，可以采用访问制，从大众中得出一个大概的、定性的结论。在详细调查阶段，可以通过大量的业务往来统计分析供应商的信用程度，这是可以得到定量结果的。

③产品是竞争性商品还是垄断性商品？如果是竞争性商品，则调查供应商的竞争态势如何，产品的销售情况如何，市场份额如何，产品的价格水平是否合适。

④供应商相对于本企业的地理交通情况如何，进行运输方式分析、运输时间分析、运输费用分析，看运输成本是否合适。

在进行以上分析的基础上，为选定供应商提供决策支持。

2. 资源市场调查

（1）资源市场调查的内容。初步供应商调查是资源市场调查的内容之一，但资源市场调查不仅指供应商调查，还应包括以下一些基本内容。

①资源市场的规模、容量、性质。

②资源市场的环境如何，如市场的管理制度、法制建设、市场的规范化程度、市场的经济环境、政治环境等外部条件如何，市场的发展前景如何。

③资源市场中各个供应商的情况如何，也就是指前面进行的初步供应商调查所得到的情况如何。对众多的供应商的调查资料进行分析，就可以得出资源市场自身的基本情况，如资源市场的生产能力、技术水平、管理水平、可供资源量、质量水平、价格水平、需求状况以及竞争性质等。

（2）资源市场分析主要包括以下内容。

①确定资源市场是紧缺型市场还是富余型市场？是垄断性市场还是竞争性市场？对于垄断性市场，企业将来应当采用垄断性采购策略；对于竞争性市场，企业应当采用竞争性采购策略，如采用投标招标制、一商多角制等。

②确定资源市场是成长型市场还是没落型市场？如果是没落型市场，则要趁早准备替换产品，不要等到产品被淘汰了再去开发新产品。

③确定资源市场总的水平，并根据整个市场水平来选择合适的供应商。要选择在资源市场中处于先进水平的供应商、选择产品质量优而价格低的供应商。

3. 深入供应商调查

深入供应商调查，是指对经过初步调查后，准备发展为供应商的企业进行更加深入仔细的考察活动。这种考察，是深入到供应商企业的生产线、各个生产工艺、质量检验环节甚至管理部门，对现有的设备工艺、生产技术、管理技术等进行考察，了解所采购的产品能否满足本企业所应具备的生产工艺条件、质量保证体系和管理规范要求。有的甚至要根据所采购的产品的生产要求，进行资源重组并进行样品试制，试制成功以后，才算考察合格。只有通过深入的供应商调查，才能发现可靠的供应商，建立起比较稳定的货物采购供需关系。

深入的供应商调查，需要花费较多的时间和精力，调查的成本高，并不是所有的供应商都必须要调查。它只是在以下情况下才需要：

（1）准备发展成紧密关系的供应商。

（2）寻找关键零部件产品的供应商。

除以上两种情况以外，对于一般关系的供应商，或者是非关键产品的供应商，一般不必进行深入的调查，只进行简单初步的调查就可以了。

（二）供应商的开发

供应商管理的一个重要任务就是要开发供应商。所谓开发供应商就是从无到有地寻找新的供应商，建立起适合企业需要的供应商队伍。一批适合企业需要的供应商是企业的宝贵资源。供应商企业适时适地为企业提供原材料，保证企业生产和流通的顺利进行，这是企业最大的需要。

供应商开发是一个很重要的工作，也是一项庞大复杂的系统，需要精心策划、认真组织。

1. 供应商信息的来源

要开发供应商，首先，必须扩大供应商来源，供应商越多，选择供应商的机会就越大。供应商的主要信息来源有：①国内外采购指南；②国内外产品发布会；③国内外新闻传播媒体（报纸、刊物、广播电台、电视、网络）；④国内外产品展销会；⑤政府组织的各类商品订货会；⑥国内外行业协会——会员名录、产业公报；⑦国内外企业协会；⑧国内外各种厂商联谊会或同业工会；⑨国内外政府相关统计调查报告或刊物；⑩其他各类出版物的厂商名录；⑪整体性的媒体招商广告；⑫厂商介绍；⑬供应商自行找上门。

2. 开发供应商的操作流程

新供应商的开发工作应有计划地进行，并应在预定的日期之前开发成功。本部分将根据开发新供应商的一般步骤按先后顺序来进行阐述。

（1）明确需求。这里所说的需求主要包含以下几方面：

①要求何时开发成功；②需要何种原材料或零部件；③年/月需求量为多少；④欲开发什么性质的企业作为供应商；⑤要求供应商有什么样的生产能力、品质水平；⑥要求是本地供应商，还是远近皆可，等等。

弄清楚上述问题后在寻找供应商时就会目标明确得多，从而少做无用功。

（2）编制供应商开发进度表。最好按开发供应商的步骤编制一份时间进度表。这样不仅可使开发新供应商的具体工作明确化，而且可尽量减少计划日期被拖延的可能性。表7－4是一份“供应商开发进度表”样本。

表7－4　　供应商开发进度表

项目负责人：　　　　日期：

序号	开发步骤	进度日期											
		第1周	第2周	第3周	第4周	第5周	第6周	第7周	第8周	第9周	第10周	第11周	第12周
1	寻找新供应商资料	——→											
2	取得联系并初步会谈		——→										
3	初步访厂			——→									
4	报价			——→									

续　表

序号	开发步骤	进度日期											
		第 1 周	第 2 周	第 3 周	第 4 周	第 5 周	第 6 周	第 7 周	第 8 周	第 9 周	第 10 周	第 11 周	第 12 周
5	工厂审核及整改				——	→							
6	制作样品						——	→					
7	评估样品								→				
8	小批量试产									——	→		
9	中批量试产											——	→

(3) 寻找新供应商资料。明确对新供应商的需求后，便可依照编制的进度表进行开发的具体工作。寻找新供应商的资料或信息是第一步。

获得所需信息的方式有很多，如访问国际互联网、查找电话簿（黄页）、参加各种展览会、通过别人介绍等。可参阅上述供应商调查的相关内容。

一般而言，通过各种方式获得的供应商家数会有好几家，可根据企业对欲开发的新供应商的各方面要求进行初步筛选，留下 3～5 家供应商供进一步接触。

(4) 初步联系。应使用适当的联系方法去跟供应商取得联系。第一次尽可能采用电话联系，应跟供应商的相关业务人员清楚表达联系的目的、需求并初步了解该供应商的产品。如果不是特别情况，不要第一次联系就叫供应商报价。

跟供应商电话联系取得初步的信息后，应根据筛选出的供应商所在地的远近采取不同的行动。可以要求距离较近的供应商到企业面谈；如果是远距离供应商，草率地叫供应商赶过来显然是不合适的，合适的做法是叫供应商用快递寄些资料和样品过来，从供应商的资料/样品可以在一定程度上了解其实力。还有一种方式，就是通过访问供应商的网页去了解供应商。

无论是远是近，要求供应商填写一份调查问卷是必要的。供应商调查问卷，可根据调查对象来编制，使之了解供应商的基本情况。

(5) 初步访厂。这一步骤不一定进行，如果方便且有必要的话，由采购人员在对供应商正式审厂之前去“踩踩点”还是有益的。因为越来越多企业的供应商开发工作是由一个包括工程、品管人员在内的开发团队去完成，如果采购人员不提前对供应商的工厂有一个初步了解，万一供应商的实际生产现场很差，采购人员毫无疑问会遭到开发团队内其他部门人员的抱怨甚至是责难，他们会认为采购人员在浪费他们的宝贵时间。

初步访厂主要是看一看供应商的生产区与办公区，如生产线的生产情况、生产设备、仓库、检验及测量仪器、5S 状况等，也可能会初步查一查供应商的财务状况。目的是得到一个关于该供应商的初步总体印象，这种结果是不精确的，但会影响到采购人员决定对该供应商是否有必要采取下一步行动。

（6）报价。在初步掌握供应商的一些基本情况后，作为采购人员很想知道的就是供应商能以什么样的价位提供物料，此时再要求供应商报价就比较合适，因为供应商对其潜在客户也有了一定的了解。要求供应商报价前，最好发一份询价单（RFQ）给所有要报价的供应商，以便使供应商进一步得到该物料的一些基本情况，并可让供应商以相同的报价条件（币别、价格术语、交货地、付款条件等）报价格，这样对采购人员比价非常有利，并可以为还盘提供方便。

（7）正式工厂审核（Audit）。在与供应商议价后，一般可获得采购方基本满意的价格。如果购买的是关键物料，除特殊情况外都要安排正式的工厂审核，以利采购方更准确、更详细地掌握供应商的工程技术能力、品质保证能力、财务状况等基本信息。采购方的审核人员一般由采购人员、品管人员、工程技术人员等组成。

在开发供应商的全过程中，有两个环节最耗费时间：一是工厂审核过程中发现有问题时反复整改及来回审核；二是反复提供样品。对这两方面的问题双方应积极配合，用最短的时间逾越难关。

在进行工厂审核时，可采用下列3种方式：①审核程序、记录、报表等；②生产现场查看；③对供应商相关人员提问审核。

（8）样品认证（First Artile）。要求供应商提供适当数量的样品供检验、装配以确定其产品是否可被接受。这是开发新供应商全过程中的一个重要环节。

如果采购方所需的是通用性产品，供应商能很快提供出样品给采购方试用；如果采购方所需的产品是非通用性产品，则送样过程要复杂些。

供应商在提供样品时，应根据产品类别提交下列全部或部分资料：①材质证明；②安全（安规）证明；③检验报告（一般包括外观、尺寸、功能等项目）；④符合证明书（Certificate of Confirmation，CDC）。

采购人员收到供应商提供的样品后，一般需将供应商名称及样品的一些基本信息填入一份“样品认证表”（First Article Form）中，随样品一起送给品管部、工程部等进行相关检测、试验及装配等评估。一些大企业中专门设有“样品评估小组”评审样品。需对供应商改善后的样品进行再次评估。一般而言，同一产品的送样次数不宜超过3次。

（9）批量试产。样品通过评审，并不代表该供应商能批量供货，采购方应向供应商索要或订购适当数量的物料来进行批量试产（Trial Run），只有较大数量的样品能通过评估，样品评估这个环节才算真正结束。

（10）正式接纳为合格供应商。如果对新供应商的工厂审核及样品评估均达到采购方的要求，那么该供应商便可接纳为合格供应商，它将被加入到合格供应商清单中去（Approved Vendor List，AVL）。

（11）订单转移。一般而言，开发新供应商有两个原因：第一，现有供应商的综合服务水平不能满足企业的要求，需开发新供应商去取代现有供应商或给现有供应商施加压力；第二，企业不断开发新产品，现有供应商不能提供新产品所需的原材料或零部件，或现有供应商的产能不够。

如果目前有供应商在供货，当新供应商开发成功后就要考虑订单如何分配的问题。通常，新供应商的订单以逐步增加为宜，以避免新供应商在磨合期中产生的问题影响企业的正常生产。当新供应商供货时间超过 3 个月，就可将新老供应商在各方面进行比较，综合服务水平高的供应商应得到较多或绝大部分订单。

（12）开发新供应商流程见图 7－10。

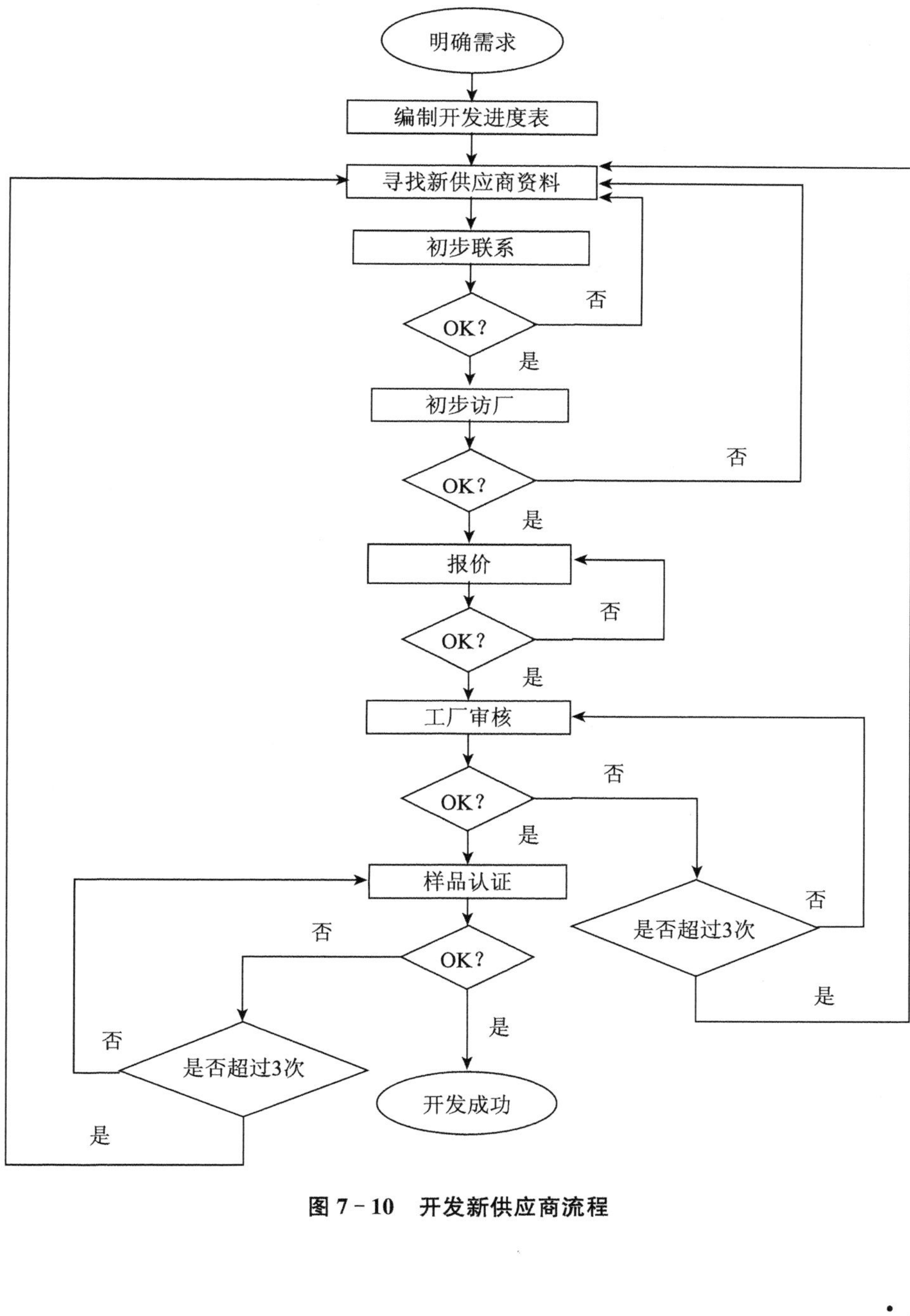

图 7－10　开发新供应商流程

三、供应商考核

供应商考核主要是指供应商签订正式合同以后正式运作期间对供应商整个运作活动的全面考核。这种考核应当比试运作期间更全面。这个期间主要应从以下几个方面对供应商进行考核。

1. 产品质量

产品质量是最重要的因素，在开始运作的一段时间内，主要加强对产品质量的检查。检查可分为两种：一种是全检，另一种是抽检。全检工作量太大，一般采用抽检的方法。质量的好坏可以用质量合格率来描述。如果在一次交货中一共抽检了 n 件，其中有 m 件是合格的，则质量合格率为 p，其公式为：

$$p=\frac{m}{n}\times 100\% \tag{7-1}$$

显然，质量合格率 p 越高越好。如果在 N 次的交货中，每次的产品合格率 p 都不一样，则可以用平均合格率 P 来描述：

$$P=\frac{\sum_{i=1}^{N}p^{i}}{N} \tag{7-2}$$

有些情况下，企业采取对不合格产品退货的措施。这时，质量合格率也可以用退货率描述。所谓退货率，是指退货量占采购进货量的比率。如果采购进货 n 次（或件、个），其中退货 r 次（或件、个），则退货率可以用公式表示为：

$$\text{退货率}=\frac{r}{n}\times 100\% \tag{7-3}$$

显然，退货率越高，表明其产品质量越差。

2. 交货期

交货期也是一个很重要的考核指标参数。考察交货期主要是考察供应商的准时交货率，这可以用准时交货的次数与总交货次数之比来衡量：

$$\text{交货准时率}=\frac{\text{准时的次数}}{\text{总交货次数}}\times 100\%$$

3. 交货量

考察交货量主要是考核按时交货量，它可以用按时交货量率评价。按时交货量率是指给定交货期内的实际交货量与期内应当完成交货量比率：

$$\text{按时交货量率}=\frac{\text{期内实际完成交货量}}{\text{期内应完成交货量}}\times 100\%$$

也可以用未按时交货量率描述：

$$\begin{aligned}\text{未按时交货量率}&=\frac{\text{期内实际未完成交货量}}{\text{期内应完成交货量}}\times 100\%\\&=1-\text{按时交货量率}\end{aligned}$$

如果每期的交货量率不同，则可以求出各个交货期的平均按时交货量率：

$$平均按时交货量率=\frac{\sum 按时交货量率}{N}$$

考核总的供货满足率可以用总供货满足率或总缺货率描述：

$$总供货满足率=\frac{期内实际完成供货量}{期内应当完成供货总量}\times 100\%$$

$$总缺货率=\frac{期内实际未完成供货量}{期内应当完成供货总量}\times 100\%$$
$$=1-总供货满足率$$

4. 工作质量

考核工作质量，可以用交货差错率和交货破损率描述：

$$交货差错率=\frac{期内交货差错量}{期内交货总量}\times 100\%$$

$$交货破损率=\frac{期内交货破损量}{期内交货总量}\times 100\%$$

5. 价格

考核供应商的价格水平，可以和市场同档次产品的平均价和最低价进行比较，分别用市场平均价格比率和市场最低价格比率表示：

$$平均价格比率=\frac{供应商的供货价格-市场平均价}{市场平均价}\times 100\%$$

$$最低价格比率=\frac{供应商的供货价格-市场最低价}{市场最低价}\times 100\%$$

6. 进货费用水平

考核供应商的进货费用水平，可以用进货费用节约率考核：

$$进货费用节约率=\frac{本期进货费用-上期进货费用}{上期进货费用}\times 100\%$$

7. 信用度

信用度主要考核供应商履行自己的承诺、以诚待人、不故意拖账、欠账的程度。信用度可以用公式描述：

$$信用度=\frac{期内失信的次数}{期内交往总次数}\times 100\%$$

8. 配合度

主要考核供应商的协调精神。在和供应商相处过程中，常常因为环境的变化或具体情况的变化，需要把工作任务进行调整变更。这种变更可能会导致供应商的工作方式的变更甚至导致供应商要作出一点牺牲。这时，可以考察供应商在这些方面积极配合的程度。另外，如工作出现了困难或者发生了问题，可能有时也需要供应商配合才能解决。在这种时候，都可以看出供应商的配合程度。

供应商的配合度，主要靠人们的主观评分考核。主要找与供应商相处的有关人员，让他们根据这个方面的体验为供应商评分，特别典型的，可能会有上报或投诉的情况。这时，可以把上报或投诉的情况也作为评分依据之一。

四、供应商的选择

（一）供应商选择概述

供应商选择是供应商管理的目的，是最重要的一项工作。选择一批好的供应商，不但对企业的正常生产起着决定作用，而且对企业的发展也非常重要。因此，要下大气力采用各种方法选择好供应商。

实际上，供应商选择融合在供应商开发的全过程中。供应商开发的过程包括了几次供应商的选择过程：在众多的供应商中，每个品种要选择5～10个供应商进入初步调查。初步调查以后，要选择1～3个供应商进入深入调查；深入调查之后又要做一次选择，初步确定1～2个供应商。初步确定的供应商进入试运行，又要进行试运行的考核和选择，确定最后的供应商结果。

一个好的供应商需要具备以下条件：

1. 企业生产能力强

表现为产量高、规模大、生产历史长、经验丰富、生产设备好。

2. 企业技术水平高

表现为生产技术先进、设计能力和开发能力强，生产设备先进，产品的技术含量高，达到国内先进水平。

3. 企业管理水平高

表现为有一个坚强有力的领导班子，尤其是要有一个有魄力、有能力、有管理水平的一把手；要有一个高水平的生产管理系统；还要有一个有力的、具体落实的质量管理保障体系。

4. 企业服务水平高

表现为能对顾客高度负责、主动热诚认真服务，并且售后服务制度完备、服务能力强。

（二）选择供应商的原则

许多成功企业的实践经验表明，做到目标明确、深入细致地调查研究、全面了解每个候选供应商的情况、综合平衡、择优选用是开发新供应商的基本要点。一般而言，开发新供应商应遵循以下几方面的原则。

1. 目标定位原则

这个原则要求新供应商评审人员注重对供应商进行考察的广度和深度，应依据所采购商品的品质特性、采购数量和品质保证要求选择供应商，使建立的采购渠道能够保证品质要求，减少采购风险，并有利于产品打入目标市场，让客户对企业生产的产品充满信心。

2. 优势互补原则

开发的供应商应在经营方向和技术能力方面符合企业预期的要求水平，供应商在某些领域应具有比采购方更强的优势，在日后的配合中能在一定程度上优势互补，尤其在建立关键、重要零部件的采购渠道时，更需对供应商的生产能力、技术水平、优势所在、长期供货能力等方面有清楚的把握。

只有那些经营理念和技术水平符合或达到规定要求的供应商，才能成为企业生产经营和日后发展的忠实和坚强的合作伙伴。

3. 择优录用原则

在相同的报价及相同的交货承诺下，毫无疑问要选择形象好、可以给世界驰名企业供货的厂家作为供应商。信誉好的企业能更好地兑现曾许下的承诺。

4. 共同发展原则

目前，市场竞争越来越激烈，如果供应商不以全力配合企业的发展规划，企业在实际运作中必然会受到影响。若供应商能以荣辱与共的精神支持企业的发展，把双方的利益捆绑在一起，这样就能对市场的风云变幻作出更快速、更有效的反应，并能以更具竞争力的价位争夺更大的市场份额。

（三）供应商选择方法

选择供应商的方法，要根据具体情况采用合适的方法。常用的方法主要有两类：一是考核选择；二是招标选择。

1. 考核选择

所谓考核选择，就是在对供应商充分调查了解的基础上，进行认真考核、分析比较而选择供应商的方法。

（1）调查了解供应商。供应商调查可以分为初步供应商调查和深入供应商调查。每个阶段的调查对象都有一个供应商选择的问题，而且选择的目的和依据是不同的。

初步供应商调查对象的选择非常简单，选择的基本依据就是其产品的品种规格、质量价格水平、生产能力、地理位置、运输条件等。在这些条件合适的供应商当中选择几个，就是初步供应商调查的对象。

深入供应商调查对象的选择，一是根据企业产品的 ABC 分类确定的产品重要程度；二是根据供应商企业的生产能力水平的实际情况。对于企业的关键、重要产品，要认真地选择供应商。这些产品，或者是价值高，或者是精度高，或者是性能优越，或者是技术先进，或者是稀缺品，或者是企业产品的关键的、核心的零部件等。要对此进行深入研究考察考核，选择真正能够满足企业要求的供应商。

深入供应商调查对象的选择标准主要是企业的实力、产品的生产能力、技术水平、质量保障体系和管理水平等。

（2）考察考核供应商。初步确定的供应商还要进入试运行阶段进行考察考核，试运行阶段的考察考核更实际、更全面、更严格。在运作过程中，要对各个评价指标进行考核评估，包括产品质量合格率、按时交货率、按时交货量率、交货差错率、交货破损率、价格水平、进货费用水平、信用度、配合度等。在单项考核评估的基础上，还要进行综合评估。综合评估就是把以上各个指标进行加权平均计算而得出的一个综合成绩。可以用下式计算：

$$s=\frac{\sum w_i p_i}{\sum w_i}\times 100\% \tag{7-4}$$

式中：s——综合指标；

p_i——第 i 个指标；

w_i——第 i 个指标的权数，由人们根据各个指标的相对重要性而主观设定。

把各个选定的单项考核指标值与相应的权数值相乘再相加除以总权数，就可以算出综合成绩值 s，s 可以作为供应商表现的综合描述。这个值越高的供应商表现越好。

（3）考核选择供应商。通过试运作阶段，得出各个供应商的综合评估成绩，基本上就可以最后确定哪些供应商可以入选，哪些供应商被淘汰了。一般试运作阶段达到优秀级的供应商应该入选；一般或较差级的供应商应予以淘汰；对于良好级的供应商，可以根据情况，将其列入候补名单。候补名单中的成员可以根据情况处理，可以入选，也可以落选。

综上可以看出，考核选择供应商是一个耗时较长的深入细致的工作。当供应商选定之后，应当终止试运作期，签订正式的供应商关系合同；进入正式运作期后，就开始了比较稳定正常的物资供需关系运作。

2. 招标选择

招标选择的主要工作，一是要准备一份合适的招标书；二是要建立一个合适的评标小组和评标规则；三是要组织好整个招标投标活动。

招标活动的另一个关键环节就是要组织好评标。评标就意味着具体选择供应商。能不能选择一个好的供应商，关键就看评标活动的具体操作。

在招标活动中，广大供应商的主要工作，一是起草投标书参与投标竞争；二是参加招标会，进行投标说明和辩论。评标小组根据各个供应商的标书及其投标陈述，进行质询、分析和评比，最后得出中标的供应商。这样就最后地选定了供应商。

五、供应商的使用、激励与控制

（一）供应商使用

进入供应商使用的第一个工作，就是要签订一份与供应商的正式合同。这既是宣告双方合作关系的开始，是一份双方承担责任与义务的责任状，也是将来双方合作关系的规范书。协议生效后，就成为直接约束双方的法律性文件，双方都必须遵守。

在供应商使用的初期，采购企业的采购部门，应当和供应商协调，建立起供应商运作的机制，相互在业务衔接、作业规范等方面建立起一个合作框架。在这个框架的基础上，各自按时按质按量完成应当承担的工作。在日后供应商使用的整个期间，供应商应尽职尽责，完成企业规定的物资供应工作。采购企业的采购管理部门应当按合同的规定，严格考核检查供应商执行合同、完成物资供应任务的情况，既充分使用、发挥供应商的积极性，又进行科学的激励和控制，保证供应商的物资供应工作顺利健康地进行。

（二）供应商激励与控制

供应商激励和控制的目的，一是努力充分发挥供应商的积极性和主动性，努力搞好所承担的物资供应工作，保证采购企业的生产生活正常进行；二是要防止供应商企业的不轨行为，预防一切对企业、对社会的不确定性损失。

对供应商的激励与控制应当注意以下一些方面的工作。

1. 逐渐建立起稳定可靠的关系

企业应当和供应商签订一个较长时间的业务合同关系，如 1～3 年。时间太短，不利于供应商全心全意搞好物资供应工作。合同时间也不能太长。一方面，因为将来可能会发生变化，如市场变化导致产量变化甚至产品变化、组织机构变化等；另一方面，也是为了防止供应商产生一劳永逸、铁饭碗的思想而放松对业务的竞争进取精神。

为了促使供应商加强竞争进取，就要使供应商有危机感。因此，合同时间一般以 1 年比较合适，如果合适，第二年继续，可以再续签。第二年不合适，则合同终止。这样签合同，就是既要让供应商感到放心，可以有一段较长时间的稳定工作；又要让供应商感到有危机感，不要放松竞争进取精神。

2. 有意识地引入竞争机制

有意识地在供应商之间引入竞争机制，促使供应商之间在产品质量、服务质量和价格水平方面不断优化而努力。例如，在几个供应量比较大的品种中，每个品种可以实行 AB 角制，或 ABC 角制。所谓 AB 角制，就是一个品种设两个供应商，一个 A 角，作为主供应商，承担 50%～80%的供应量，一个 B 角，作为副供应商，承担 20%～50%的供应量。在运行过程中，对供应商的运作过程进行结构评分，一个季度或半年评比一次，如果主供应商的月平均分数比副供应商的月平均分数低 10%以上，就可以把主供应商降级成副供应商，同时把副供应商升级成主供应商。ABC 角制则实行 3 个角色的制度，原理与 AB 角制一样，同样也是一种激励和控制的方式。

3. 与供应商建立相互信任的关系

当供应商经考核转为正式供应商之后，一个重要的措施就是将验货收货逐渐转为免检收货。免检，是给供应商的最高荣誉，也可以显示出企业对供应商的高度信任。免检，当然不是不负责任地随意给出，应当稳妥地进行。既要积极地推进免检考核的进程，又要确保产品质量。一般免检考核时间要经历 3 个月左右，在免检考核期间内，起初要进行严格的全检或抽检。如果全检或抽检的结果，不合格品率很小，则可以降低抽检的频次，直到不合格率几乎降到零。这个时候，要组织供应商稳定生产工艺和管理条件，保持住零不合格率。如果真能保持住零不合格率一段时间，就可以实行免检了。

免检期间，也不是绝对地免检，还要不时地随机抽检一下。抽检的结果如果满意，则继续免检。一旦发现了问题，就要增加抽检频次，进一步加大抽检的强度，甚至取消免检。通过这种方式，也可以激励和控制供应商。

4. 建立相应的监督控制措施

在建立起信任关系的基础上，也要建立起比较得力、相应的监督控制措施。根据情况的不同，可以分别采取以下一些措施。

（1）对一些非常重要的供应商，或是当问题比较严重时，可以向供应商单位派常驻代表。常驻代表的作用，就是沟通信息、技术指导、监督检查等。对于那些不太重要的供应商，或者问题不那么严重的单位，则视情况分别采用定期或不定期到工厂进行监督检查，或者设监督点对关键工序或特殊工序进行监督检查，或者要求供应商报告生产条件情况、提供制程管制上的检验记录，进行分析评议等办法实行监督控制。

（2）加强成品检验和进货检验，做好检验记录，退还不合格品，甚至追究赔款或罚款，督促供应商改进。

（3）组织本企业管理技术人员对供应商进行辅导，提出产品技术规范要求，使其提高产品质量水平或企业服务水平。

第四节　现代采购技术

一、招标采购

（一）招标采购的概念

所谓招标采购，是指由招标人在一定范围内公开购买信息（发出公告或通知），邀请潜在的供应商进行投标，然后，招标人通过某种事先确定的标准从所有投标者中评选出最佳的投标人为中标人，包括对投标人所提出的价格、质量、交货期限和该投标人的技术水平、财务状况等因素进行综合比较评价，确定其中最佳的投标人为中标人，并与之签订合同的一种采购形式。其中，所谓标，就是标书，是任务计划书、任务目标的意思；招标，就是招收完成给定的任务计划的企业。

在商业贸易特别是在国际贸易中，大宗商品的采购或大型建设项目承包等，通常不采用一般的交易程序，而是按照预先规定的条件，对外公开邀请符合条件的国内外制造商或承包商报价投标，最后由招标人从中选出价格和条件优惠的投标者，与之签订合同。在这种交易中，对采购商（或采购机构）而言，进行的业务是招标；对承包商（或出口商）而言，进行的业务是投标。

招标，指由招标人发出招标公告或通知，邀请潜在的投标商进行投标，最后由招标人通过对各投标人所提出的价格、质量、交货期限和该投标人的技术水平、财务状况等因素进行综合比较，确定其中最佳的投标人为中标人，并与之最终签订合同的过程。与狭义的招标相对的一个概念是投标，投标是指投标人接到招标通知后，根据招标通知的要求填写招标文件（也称标书），并将其送交给招标人的行为。可见，从狭义上讲，招标与投标是一个过程的两个方面，分别代表了采购方和供应方的交易行为。

（二）招标采购的特点

1. 招标程序的公开性

有时也指透明性，是指整个采购程序都在公开情况下进行。公开发布投标邀请，公开开标，公布中标结果，投标商资格审查标准和最佳投标商评选标准要事先公布，采购法律也要公开。美国采购学者亨瑞芝将招标程序的公开性比喻为“如在金鱼缸中”（in a goldfish bowl），人人都可洞察一切。

2. 招标程序的竞争性

招标就是一种引发竞争的采购程序，是竞争的一种具体方式。招标的竞争性充分体现了现代竞争的平等、信誉、正当和合法等基本原则。招标作为一种规范、有约束的竞争，有一套严格的程序和实施方法。政府采购机关通过招标程序，可以最大程度地吸引和扩大投标人的竞争，从而使招标方有可能以更低的价格采购到所需的物资或服务，更充分地获得市场利益，有利于政府采购经济效益目标的实现。

3. 招标程序的公平性

所有对招标感兴趣的供应商、承包商和服务提供者都可以进行投标，并且地位一律平等，不允许对任何投标商进行歧视；评选中标商应按事先公布的标准进行；投标是一次性的并不准同投标商进行谈判。所有这些措施既保证了招标程序的完整，又可以吸引优秀的供应商竞争投标。

（三）招标采购的流程

招标采购应按照招标、投标、开标、评标、定标和签订合同等步骤组织实施。

1. 招标

招标的程序包括：

（1）发布招标公告（或投标邀请函）。公开招标应当发布招标公告（邀请招标发布投标邀请函）。招标公告必须在财政部门指定的报刊或者媒体上发布。

（2）资格审查。招标人可以对有兴趣投标的供应商进行资格审查。资格审查的办法和程序可以在招标公告（或投标邀请函）中载明，或者通过指定报刊、媒体发布资格预审公告，由潜在的投标人向招标人提交资格证明文件，招标人根据资格预审文件的规定对潜在的投标人进行资格审查。

（3）发售招标文件。在招标公告（或投标邀请函）规定的时间、地点向有兴趣投标且经过审查符合资格要求的供应商发售招标文件。

（4）招标文件的澄清、修改。对已售出的招标文件需要进行澄清或非实质性修改的，招标人一般应当在提交投标文件截止日期 15 天前以书面形式通知所有招标文件的购买者，以澄清或修改内容为招标文件的组成部分。这里应该特别注意的是，必须是在提交投标文件截止日期前 15 天发出招标文件的澄清或修改部分。

2. 投标

投标是指投标人接到招标通知后，根据招标通知的要求填写招标文件，并将其送交采购机构的行为。投标人应该按照招标文件的规定编制投标文件，投标文件应载明的事项有：投标函；投标人资格、资信证明文件；投标项目方案及说明；投标价格；投标保证金或者其他形式的担保；招标文件要求具备的其他内容。投标文件应在规定的截止时间前密封送达投标地点。这里特别要注意的是，招标公告发布或投标邀请函发出日到提交投标文件截止日，一般不得少于20天，即等标期最少为20天。

3. 开标

开标是采购机构在预先规定的时间和地点将投标人的投标文件正式启封揭晓的行为。检查投标文件的密封情况后，按招标通知书中规定的时间、地点，邀请投标方代表参加开标会，当众宣读供应商名单、有无撤标情况、提交投标保证金的方式是否符合要求、投标项目的内容、价格等内容，并合理地解释投标文件中还不甚明确的地方。以电传、电报等方式来投标的，不予开标。开标时应做好开标记录，内容包括：项目名称、招标号、刊登招标通告的日期、购买招标书的单位及其报价、收到其招标书的日期及其处理情况。开标仪式由招标人主持，邀请采购人、投标人代表和监督机关（或公证机关）及有关单位代表参加。评标委员会成员不参加开标仪式。

开标仪式的主要程序如下：①主持人简要介绍招标项目的基本情况，宣布开标仪式开始；②介绍参加开标仪式的领导和来宾；③介绍参加投标的投标人单位名称及投标人代表；④宣布监督方代表；⑤宣布开标人、唱标人、监标人、记标人及有关注意事项；⑥宣布评标标准及评标办法；⑦检查投标文件的密封和标记情况；⑧按递交投标文件的逆顺序开标；⑨工作人员按照开标顺序唱标；⑩监督方代表、领导和来宾讲话。

4. 评标

评标是采购机构根据招标文件的要求，对所有的标书进行审查和评比的行为。开标仪式结束后，由招标人召集评标委员会，向评标委员会移交投标人递交的投标文件。评标应当按照招标文件的规定进行，由评标委员会独立进行评标。

评标的基本内容和程序如下：①审查投标文件的有效性。②对投标文件的技术方案和商务方案进行审查。③询标。评标委员会可以要求投标人对投标文件中含义不明确的地方进行必要的澄清，但澄清不得超过投标文件记载的范围或改变投标文件的实质性内容。④综合评审。评标委员会依据招标文件的规定和评标结论。评标结论中应具体说明询标时所了解的情况，对投标文件进行综合评审和比较。⑤评标委员会根据综合评审和比较情况，得出评标结论。评标结论中应具体说明收到的投标文件数、符合要求的投标文件数、无效的投标文件数及其无效的原因、评标过程的有关情况、最终的评审结论等，并向招标人推荐1～3个中标候选人（应注明排列顺序，并说明按这种顺序排列的原因以及最终方案的优劣比较等）。

5. 定标

招标人对评标委员会提交的评标结论进行审查，按照招标文件规定的定标原则，在规定时间内从评标委员会推荐的中标候选人中确定中标人，在确定中标人后应将中标结果书面通知所有投标人。

6. 签订合同

中标人应当按照中标通知书的规定，并依据招标文件的规定与采购人签订合同。中标通知书、招标文件及其修改和澄清部分、中标人的投标文件及其补充部分是签订合同的重要依据。

二、JIT采购

（一）JIT采购的原理

当年，丰田公司的大野耐一创造JIT生产方式，是在美国参观超级市场时受超级市场供货方式的启发而萌生的想法。美国超级市场除了商店货架上的货物之外，是不另外设仓库、设库存的。商场每天晚上都根据当天的销售量预计第二天的销售量而向供应商发出订货。第二天清早供应商按指定的数量送货到商场，有的供应商一天还分两次送货，基本上按照用户需要的品种、需要的数量，在需要的时候，送到需要的地点。每天的送货刚好满足了用户的需要，没有多余，也没有库存、没有浪费。大野耐一就想到要把这种模式运用到生产中去，因而产生了准时化生产。

实际上，超级市场模式本来就是一种采购供应的模式。有一个供应商、一个用户，双方形成了一个供需“节”（如图7-11所示）。

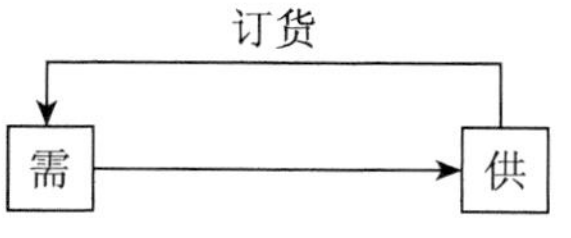

图7-11　供需“节”

采购方向供应商发出订货，供应商根据需方的订货，送货到需方。具体在超级市场模式下，超级市场是需方，供应商给超级市场进行准时化供购模式，能够起到以下几个作用：

（1）它的采购送货是直接送到需求点上。

（2）用户需要什么，就送什么，品种规格符合客户需要。

（3）用户需要什么质量，就送什么质量，品种质量符合客户需要，杜绝次品和废品。

（4）用户需要多少，就送多少，不少送，也不多送。

（5）用户什么时候需要，就什么时候送货，不晚送，也不早送，非常准时。

（6）用户在什么地点需要，就送到什么地点。

上述几条，既做到了很好地满足用户的需求，又使得用户的库存量最小，用户不需要设库存，只在货架上（或在生产线边）有一点临时的存放，一天销售完毕（一天工作完，生产线停止时），这些临时存放就消失，库存完全为零，真正实现了零库存。

这样的采购模式，就是JIT采购模式。以上几条，既是JIT采购的原理，又是JIT采购的特点。

（二）JIT采购的优点

依据JIT采购的原理，一个企业中的所有活动只有当需要进行的时候才接受服务，才是最合算的。即只有在需要的时候，把需要的品质和数量，提供到所需要的地点，才是最节省、最有效率的。因此，JIT采购是一种最节省、最有效率的采购模式。

传统采购为了保证企业生产经营的正常进行和应付物资采购过程中的各种不确定性（如市场价格变化、物资短缺、运输条件约束等），常常产生大量的原材料和外购件库存。而JIT则认为，过高的库存不仅增加了库存成本，而且还将许多生产、管理方面的矛盾掩盖起来，使问题得不到及时解决，日积月累，小问题就可能累积成了大问题甚至严重影响企业的生产效率。因此，JIT采购也可以通过不断减少原材料和外购件的库存暴露生产过程中隐藏的问题，从解决深层次的问题以提高生产效率。

JIT采购是一种理想的物资采购方式。它设置了一个最高标准，一种极限目标，即原材料和外购件的库存为零，缺陷为零。同时，为了尽可能地实现这样的目标，JIT采购提供了一个不断改进的有效途径，即降低原材料和外购件库存—暴露货物采购问题—采取措施解决问题—降低原材料和外购件库存。

在企业货物采购过程中，存有大量的不增加产品价值的活动，如订货、修改订货、收货、装卸、开票、质量检验、点数、入库以及转运等，把大量时间、精力、资金花在这些活动上，是一种浪费。JIT采购模式由于大大地精简了采购作业流程，消除了这些浪费，极大地提高了工作效率。

进一步地减少并最终消除原材料和外购件库存，不仅取决于企业内部，而且取决于供应商的管理水平。JIT采购模式不仅对企业内部的科学管理提出了严格的要求，而且也对供应商的管理水平提出了更高、更严格的要求。JIT采购不仅是一种采购的方式，也是一种科学的管理模式。JIT采购模式的运作，在客观上将在用户企业和供应商企业中铸造一种科学管理模式。这将大大提高用户企业和供应商企业的科学管理水平。

由于JIT采购是当企业需要什么样的货物，就能供给什么样的货物，什么时间要就能什么时间供应，需要多少就能供给多少，企业的原材料和外购件库存降到最低水平。从这个意义讲，JIT采购最能适应市场需求的变化，使企业能够具有真正的柔性。

（三）JIT采购的作用

JIT采购是关于货物采购的一种全新的思路，企业实施JIT采购具有重要的意义。根据资料统计，JIT采购在以下几个方面已经取得了令人满意的成果。

1. 大幅度减少原材料和外购件的库存

根据国外一些实施JIT采购策略企业的测算，JIT采购可以使原材料和外购件的库存降低 40%～85%。原材料和外购件库存的降低，有利于减少流动资金的占用，加速流动资金的周转。同时，有利于节省原材料和外购件库存占用的空间，从而降低库存成本。

2. 提高采购货物的质量

一般而言，实施 JIT 采购，可以使购买的原材料和外购件的质量提高 2～3 倍。原材料和外购件质量的提高，又会引致质量成本的降低。据估计，推行 JIT 采购可使质量成本减少 26%～63%。

3. 降低原材料和外购件的采购价格

由于供应商和制造商的密切合作以及内部规模效益与长期订货，再加上消除了采购过程中的一些浪费（如订货手续、装卸环节、检验手续等），就使得购买的原材料和外购件的价格得以降低。例如，生产复印机的美国施乐（Xerox）公司，通过实施 JIT 采购策略，使其采购货物的价格下降了 40%～50%。

此外，推行 JIT 采购策略，不仅缩短了交货时间，节约了采购过程所需资源（包括人力、资金、设备等），而且提高了企业的劳动生产率，增强了企业的适应能力。

（四）JIT 采购的实施条件

成功实施 JIT 采购策略，需要具备一定的前提条件，下面的条件是实施 JIT 采购最为基本的条件。

1. 距离越近越好

供应商和用户企业的空间距离越近越好。太远了，操作不方便，发挥不了 JIT 采购的优越性，很难实现零库存。

2. 制造商和供应商建立互利合作的战略伙伴关系

JIT 采购策略的推行，有赖于制造商和供应商之间建立起长期的、互利合作的新型关系，相互信任，相互支持，共同获益。

3. 注重基础设施的建设

良好的交通运输和通信条件是实施 JIT 采购策略的重要保证，企业间通用标准的基础设施建设，对 JIT 采购的推行至关重要。因此，要想成功实施 JIT 采购策略，制造商和供应商都应注重基础设施的建设。诚然，这些条件的改善，不仅仅取决于制造商和供应商的努力，各级政府也须加大投入。

4. 强调供应商的参与

JIT 采购不只是企业货物采购部门的事，也离不开供应商的积极参与。供应商的参与，不仅体现在准时、按质按量供应制造商所需的原材料和外购件，而且体现在积极参与制造商的产品开发设计过程。与此同时，制造商有义务帮助供应商改善产品质量，提高劳动生产率，降低供货成本。

5. 建立实施 JIT 采购策略的组织

企业领导必须从战略高度认识 JIT 采购的意义，并建立相应的企业组织保证该采购策略的成功实施。这一组织的构成，不仅应有企业的货物采购部门，而且应包括产品设计部门、生产部门、质量部门、财务部门等。其任务是，提出实施方案，具体组织实施，对实施效果进行评价，并进行连续不断的改进。

6. 制造商向供应商提供综合、稳定的生产计划和作业数据

综合、稳定的生产计划和作业数据可以使供应商及早准备，精心安排其生产，确保准时、按质按量交货。否则，供应商就不得不求助于缓冲库存，从而增加其供货成本。有些供应商在制造商工厂附近建立仓库以满足制造商的 JIT 采购要求，实质上这不是真正的 JIT 采购，而只是负担的转移。

7. 着重教育与培训

通过教育和培训，使制造商和供应商充分认识到实施 JIT 采购的意义，并使他们掌握 JIT 采购的技术和标准，以便对 JIT 采购进行不断的改进。

8. 加强信息技术的应用

JIT 采购是建立在有效信息交换的基础上的，信息技术的应用可以保证制造商和供应商之间的信息交换。因此，制造商和供应商都必须加强对信息技术，特别是电子数据交换（EDI）技术的应用投资，以更加有效地推行 JIT 采购策略。

（五）JIT 采购的实施步骤

1. JIT 采购方法

前面分析了 JIT 采购法的特点和优点，从中可以看到，JIT 采购方法和传统的采购方法的一些显著差别，要实施 JIT 采购法，以下 4 点是十分重要的。

（1）看板管理是 JIT 采购中最实用有效的手段。

（2）选择最佳的供应商，并对供应商进行有效的管理是 JIT 采购成功的基石。

（3）供应商与用户的紧密合作是 JIT 采购成功的钥匙。

（4）卓有成效的采购过程，严格的质量控制是 JIT 采购成功的保证。

2. JIT 采购步骤

在实施 JIT 采购时，大体上可以遵从下面的步骤。

（1）创建 JIT 采购班组。JIT 采购班组的作用，就是全面处理 JIT 有关事宜。一是要制订 JIT 采购的操作规程，协调企业内部各有关部门的运作、协调企业与供应商之间的运作。JIT 采购班组除了采购科有关人员外，还应有本企业以及供应商企业的生产管理人员、技术人员、搬运人员等。一般应成立两个班组，一个是专门处理供应商事务，该班组的任务是培训和指导供应商的 JIT 采购操作、衔接供应商与本企业的操作流程、认定和评估供应商的信誉、能力，与供应商谈判签订准时化订货合同，向供应商发放免检签证等。另一个班组是专门协调本企业各个部门的 JIT 采购操作、制订作业流程、指导和培训操作人员并进行操作检验、监督和评估。这些班组人员，对 JIT 采购的方法应有充分的了解和认识，必要时要进行培训。

（2）制订计划，确保 JIT 采购策略有计划、有步骤地实施。要制定采购策略以及改进当前采购方式的措施，包括如何减少供应商的数量、供应商的评价、向供应商发放签证等内容。在

这个过程中，要与供应商一起商定JIT采购的目标和有关措施，保持经常性的信息沟通。

(3) 精选少数几家供应商建立伙伴关系。供应商和制造商之间互利的伙伴关系，意味着双方之间充满了一种紧密合作、主动交流、相互信赖的和谐气氛，共同承担长期协作的义务。在这种关系的基础上，发展共同的目标，分享共同的利益。

(4) 进行试点工作。先从某种产品或某条生产线的试点开始，进行准时零部件或原材料的准时化供应试点。在试点过程中，取得企业各个部门的支持是很重要的，特别是生产部门的支持。通过试点，总结经验，为正式的JIT采购实施打下基础。

(5) 搞好供应商的培训，确定共同目标。JIT采购是供需双方共同的业务活动，单靠采购部门的努力是不够的，需要供应商的配合，因此，需要对供应商进行教育培训。通过培训，相互之间才能很好地协调做好采购的准时化工作。

(6) 给供应商颁发产品免检证书。在实施JIT采购策略时，核发免检证书是非常关键的一步。前提是供应商的产品100%的合格。为此，核发免检证书时，要求供应商提供最新、正确、完整的产品质量文件，包括设计蓝图、规格、检验程序以及其他必要的关键内容。

(7) 实现配合进度的交货方式。向供应商采购的原材料和外购件，其目标是要实现这样的交货方式：当正好需要某货件时，该货件就运抵卸货月台，并随之直接运至生产线，并在制造产品时使用该原材料。

(8) 继续改进，扩大成果。JIT采购是一个不断完善和改进的过程，需要在实施过程中不断总结经验教训，从降低运输成本、提高交货的准确性、提高产品的质量、降低供应商库存等各方面进行改进，不断提高JIT采购的运作绩效。

三、MRP采购

（一）MRP基本介绍

订货点方法是用于处理独立需求问题的，它不能令人满意地解决生产系统内发生的相关需求问题。同时，订货点方法不适于订货型生产（MTO）企业。于是，人们提出了MRP。MRP英文全称为Material Requirements Planning，译为“物料需求计划”。它是一种工业制造企业内的物资计划管理模式，根据产品结构层次、物品的从属和数量关系，以每个物品为计划对象，以完工日期为时间基准倒排计划，按提前期长短区别各个物品下达计划时间的先后顺序。它可以精确地确定对组件的需求数量与时间，消除盲目性，实现低库存与高服务水平的并存。

MRP应用的目的之一是进行库存的控制和管理。按需求的类型可以将库存问题分成两种，独立性需求和相关性需求。独立性需求和相关性需求的概念是美国的J. A. 奥列基博士（Dr. Joseph A. Orlicky）提出的，同时，他还指出订货点法只适用于独立性需求的物资。

独立性需求是指将要被消费者消费或使用的制成品的库存，如自行车生产企业的自行车的库存。制成品需求的波动受市场条件的影响，而不受其他库存品的影响。这类库存问题往往建立在对外部需求预测的基础上，通过一些库存模型的分析，制定相应的库存政策对库存进行管理，如什么时候订货、订多少、如何对库存品进行分类等。

相关性需求库存是指将被用来制造最终产品的材料或零部件的库存。这些物料的需求彼此之间具有一定的相互关系。这些物料的需求不需要预测，通过相互之间的关系进行计算。

MRP基本的原理是，由主生产进度计划（MPS）和主产品的层次结构逐层逐个地求出主产品所有零部件的出产时间、出产数量。这个计划叫作物料需求计划。其中，如果零部件靠企业内部生产，需要根据各自的生产时间长短提前安排投产时间，形成零部件投产计划；如果零部件需要从企业外部采购，则要根据各自的订货提前期确定提前发出各自订货的时间、采购的数量，形成采购计划。确定按照这些投产计划进行生产和按照采购计划进行采购，就可以实现所有零部件的出产计划，从而不仅能够保证产品的交货期，而且能够降低原材料的库存，减少流动资金的占用。MRP的逻辑原理如图7－12所示。

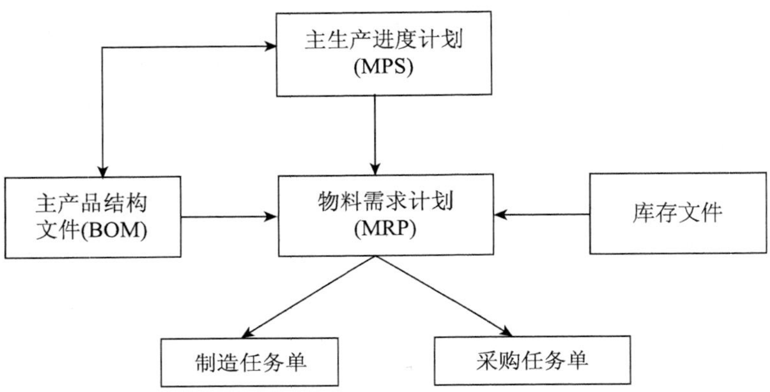

图7－12　MRP逻辑原理

由图7－12可以看出，物料需求计划MRP是由主生产进度计划（MPS）、主产品的结构文件（BOM）和库存文件组成的。

1. *主产品*

主产品就是企业用以供应市场需求的产成品。例如，汽车制造厂生产的汽车，电视机厂生产的电视机，都是各自企业的主产品。

2. *主产品结构文件*（Bill of Materials，BOM）

BOM主要反映主产品的层次结构、所有零部件的结构关系和数量组成。根据这个文件，可以确定主产品及各个零部件的需要数量、需要时间及其相互间的装配关系。

3. *主生产进度计划*（Master Production Schedule，MPS）

MPS主要描述主产品及由此结构文件BOM决定的零部件的出产进度，表现为各时间段内的生产量，有出产时间、出产数量或装配时间、装配数量等。

4. *产品库存文件*

产品库存文件包括了主产品及其所有的零部件的库存量、已订未到量和已分配但还没有提走的数量。制订物料需求计划有一个指导思想，就是要尽可能减少库存。产品优先从库存原材料中供应，仓库中有的，就不再安排生产和采购。仓库中有但数量不够的，只安排不够的那一部分数量投产或采购。

5. 制造任务单和采购订货单

由物料需求计划产生产品投产计划和产品采购计划，根据产品投产计划和采购计划组织物资的生产和采购，生成制造任务单和采购订货单，交制造部门生产或交采购部门去采购。

（二）MRP 采购的实施

1. 采购计划的确定

前文中，已经通过 MRP 系统的运行结果确定了所需物料的计划发出订货的订货量和订货时间。这就是订货计划，也就是采购计划。根据这个计划规定的时间发出订货，订货量取计划中规定的订货量，则经过一个采购提前期，采购回来的物料刚好可以赶上这一周的需要。但是，在实际生活中，执行这样的采购计划可能会有一定困难。这主要是由于没有一个固定的订货批量，订货量时大时小，无论是包装还是运输，都不太方便，有些甚至不能实现。因为供应商的商品通常都是整箱整包地包装好了的，一般不拆零卖，要买就买一个包装单元。也就是说，采购的数量受供应商包装单元的约束。同样，运输要受运输单元的约束。采购数量最好是一个整数，是包装单元的整数倍，采购数量应当按固定订货批量进行采购。这样就要使用按固定订货批量处理的 MRP 计算模型。

按固定订货批量处理的 MRP 计算模型的原理，如表 7－5 所示。

表 7－5　　采购计划的确定计算表

项目：E（1级） 订货点：60 订货批量：150 提前期：3周		周次							
		1	2	3	4	5	6	7	8
总需要量		60	40	60	40	60	40	60	40
计划到货量			150						
库存量	100	40	150	90	50	140	100	40	150
净需要量					150				150
计划接受订货					150				
计划发出订货			150						

在表 7－5 中，产品 E 设定了固定订货批量 150，订货点为 60，订货提前期为 3 周。它在第二周有一个 150 的在途到货，计划期前库存量 100。根据各周需求量的情况，可以

计算出各周的订货后库存量。所谓订货后库存量，是指把本周计划订货到货量考虑进来，用于销售之后还剩下的库存量：

本周订货后库存量＝上周订货后库存量＋本周在途到货量＋
本周计划接受订货量－本周需求量

其中，本周计划接受订货量则是这样确定的：判断上周订货后库存量加上本周的计划在途到货量再减去本周需求量，是否等于小于0。如果等于小于0，则把计划接受订货量等于一个订货批量，否则计划接受订货量就等于0。

求出了计划接受订货量后，就可以得出计划发出订货量。计划发出订货量就等于计划接受订货量提前一个订货提前期而得到。例如，第五周有一个150的计划接受订货量，把它提前一个订货提前期3周，即在第二周就有一个150的计划发出订货量。这意味着，应当在第二周就出发去采购一个批量150，则经过一个订货提前期，即到第五周，这个150的订货批量就能运进自备仓库，参加对于第五周需求量的满足。同理，对应第八周的计划接受订货量150，应该在第五周发出一个150的计划发出订货量。

2. MRP采购的注意事项

一般的采购活动都有以下几个步骤：资源调查、供应商认证；询价及洽商；生成请购单；下达采购单；采购单跟踪；验收入库；结算。

实施MRP采购除了经过上述这些步骤外，还必须有一定的基础条件，最为重要的有两点：一是企业实施了MRP管理系统；二是企业有良好的供应商管理。

如果企业没有实施MRP系统，就谈不上进行MRP采购，不运行MRP系统，物料的需求计划就不可能由相关性需求转换成独立性需求，没有MRP系统生成的计划订货量，MRP采购就失去了依据，如果手工计算，那计算量可想而知，对于复杂产品的物料相关性需求靠手工计算根本就是不可能的。而若采用订货点方法进行采购，必然造成零部件配不齐或者原材料的大量库存，占用大量的流动资金。因此，可以说MRP系统与MRP采购是相辅相成的，如果企业采用了MRP系统，则它对需要购买的物料必然实行MRP采购管理才能使MRP系统得到良好地运行；而企业若实行MRP采购管理，则必然是实行了MRP管理，否则MRP采购如同空中楼阁，失去了基础。

实施MRP采购管理必须要有良好的供应商管理作为基础。在MRP采购中，购货的时间性要求比较严格。如果没有良好的供应商管理，不能与供应商建立起稳定的客户关系，则供货的时间性要求很难保证。

此外，MRP采购同一般采购管理还有一点不同，就是物料采购确定或者物料到达后，需要及时更新数据库，这里不仅仅包括库存记录，而且包括在途的物料和已发订货单数量和计划到货量。这些数据都会添加到MRP系统中，作为下次运行MRP系统的基础数据。

（三）MRP采购的特点

通过前面对MRP采购的介绍，不难发现MRP采购有以下几个特点。

1. 需求的相关性

同订货点方法不同，MRP 采购是针对具有相关性需求货物的采购方法，不但需求本身之间相关，需求和资源相关，而且需求的品种数量相关，需求时间也相关。

2. 需求的确定性

MRP 采购计划是根据主生产进度计划、主产品结构文件、库存文件和各种零部件的生产时间或订货进货时间精确计算出来的，其需要的时间、数量都是确切规定好了的，而且不能够改变。

3. 计划的精细性

MRP 采购计划有充分的根据，从主产品到零部件，从需求数量到需求时间，从出产先后到装配关系都做了明确的规定，无一遗漏或偏差。不折不扣地按照这个计划进行，能够保证主产品出产计划的如期实现。

4. 计算的复杂性

MRP 采购计划要根据主产品出产计划、主产品结构文件、库存文件、生产时间和采购时间把主产品的所有零部件的需要数量、需要时间、先后关系等准确计算出来，其计算量是非常庞大的，特别是当主产品复杂、零部件数量很多时，如果用人工计算，简直望尘莫及。借助计算机，才有了可以进行的可能性。

MRP 采购的优越性是很明显的，由于进行了精确的计划和计算，使得所有需要采购的货物能够按时按量到达需要的地方，一般不会产生超量的原材料库存。事实上，对于采购品从经济订货批量考虑，没有必要一定要追求零库存。这样，可以大大节约订货费用和各种手续费用，从而降低生产成本。通过对使用 MRP 的企业调查显示，这些企业库存水平平均降低 20%～40%。与此同时，减少零部件缺货 80%；改进了对用户的服务，服务水平可以达到 95%。这就很好地解决了库存量与服务水平二者之间的矛盾，改变了以往那种两者不可兼得的局面。

MRP 采购除了能经济有效地采购企业所需的物料外，还有利于促进企业提高管理水平。因为实行 MRP 采购，必然是企业采用了 MRP 系统，而 MRP 系统输入的信息多、操作规范、时间观念强，这些都要求企业加强系统化、信息化、规范化管理，提高素质和管理水平。

四、供应链采购

（一）供应链采购的原理和特点

供应链采购是指供应链内部企业之间的采购。供应链内部的需求企业向供应商企业采购订货，供应商企业将货物供应给需求企业。

供应链采购与传统的采购相比，货价供需关系没变，采购的概念没变，但是，由于供应链各个企业之间是一种战略伙伴关系，采购是在一种非常友好合作的环境中进行，所以，采购的观念和采购的操作都发生了很大变化，如表 7 - 6 所示。

表 7－6　　供应链采购与传统采购的区别

项目	供应链采购	传统采购
基本性质	基于需求的采购	基于库存的采购
	供应方主动型、需求方无采购操作的采购方式	需求方主动型、需求方全采购操作的采购方式
	合作型采购	对抗型采购
采购环境	友好合作环境	对抗性竞争环境
信息关系	信息传输、信息共享	信息不通、信息保密
库存关系	供应商掌握库存	需求方掌握库存
	需求方可以不设仓库、零库存	需求方设立仓库、高库存
送货方式	供应商小批量多频次连续补充货物	大批量少频次进货
双方关系	供需双方关系友好	供需双方关系敌对
	责任共担、利益共享、协调性配合	责任自负、利益独享、互斥性竞争
货检工作	免检	严格检查

由表 7－6 可以看出，供应链采购有以下特点。

1. 从采购性质看

（1）供应链采购是一种基于需求的采购。需要多少就采购多少，什么时候需要就什么时候采购。采购回来的货物直接送需求点进入消费。在这一点上，供应链采购与 JIT 采购相同，而与传统采购迥然不同。传统采购则是基于库存的采购，采购回来的货物直接进入库存，等待消费。

（2）供应链采购是一种供应商主动型采购。由于供应链的需求者的需求信息随时都传送给供应商，供应商能够随时掌握用户需求信息，能够根据需求状况、变化趋势，及时调整生产计划、及时补充货物，主动跟踪用户需求，主动适时适量地满足用户需要。双方是一种友好合作的利益共同体，如果需求方的产品质量不好、销售不出去的话，供应商自己也会遭受损失，供应商会主动关心产品质量，自觉把好质量关，保证需求方的产品质量，需求方完全可以不用操心采购的事情，只要到时候支付货款就行了。对需求方而言，这是一种无采购操作的采购方式。供应链采购看起来好像是供应商的事情而不是需求方的事情了。

传统采购必须靠用户自己主动承担全部采购任务，因为需求信息供应商不知道、供应商的信息需求方不知道，必须自己主动去采购。这要花费很多时间去调查供应商、调查产品、调查价格，选择供应商去和供应商洽谈、签订合同，然后还要联系进货，还要费时费力进行严格的货检。对于需求方而言，这是一种全采购操作的采购方式。而供应商则完全处于一种被动、无关的地位。

（3）供应链采购是一种合作型采购。双方为了产品能在市场上占有一席之地、获得更大的经济效益，分别从不同的角度互相配合、各尽其力，在采购上也是互相协调配合，提高采购工作的效率、最大限度地降低采购成本、最好地保证供应。

传统采购是一种对抗型采购。由于双方是一种对抗性竞争关系，贸易双方互相保密，唯我主义、只顾自己获取利益，甚至还互相算计对方，因此，贸易谈判、货物检验等都非常吃力。双方不是互相配合而是互相不负责任，甚至是互相坑害，常常是以次充好、低价高卖，赚一笔是一笔。需求方必须时时小心、处处小心，有时甚至是防不胜防。这样花在采购上的人员、时间、精力、费用确实很高。

2. 从采购环境看

供应链采购是一种友好合作的环境，而传统采购是一种利益互斥、对抗性竞争环境。这是两种采购制度的根本区别。由于采购环境不同，才导致了许多观念、操作上的不同，才导致了各自的优点和缺点。供应链采购的根本特征就是有一种友好合作的供应链的采购环境。这是它根本的特点，也是它最大的优点。

3. 从信息情况看

供应链采购一个重要的特点就是供应链企业之间实现了信息连通、信息共享。供应商能随时掌握用户的需求信息，掌握用户需求变化的情况，能够根据用户需求情况和需求变化情况，主动调整生产和送货计划。供应链各个企业可以通过计算机网络进行信息沟通和业务活动。这样足不出户，就可以很方便地利用计算机网络协调活动，进行相互之间的业务处理活动。如发订货单、发发货单、支付货款等。当然，信息传输、信息共享，首先要求每个企业内部的业务数据要信息化、电子化，也就是要用计算机处理各种业务数据、存储业务数据，没有企业内部的信息网络，也就不可能实现企业之间的数据传递和数据共享。因此，供应链采购的基础就是要实现企业的信息化、企业间的信息共享，也就是要建立企业内部网络（Intranet）、企业外部网络（Extranet），和因特网（Internet）连通，并且建立起企业管理信息系统。

4. 从库存情况看

供应链采购是由供应商管理用户的库存。用户没有库存，即零库存。这意味着用户无须设库存、无须关心库存。这样做的好处有以下几方面。

第一，用户零库存，可以大大节省费用、降低成本、专心致志地搞好工作，发挥核心竞争力，提高效率和企业的经济效益，也可以提高供应链的整体效益。第二，供应商掌握库存自主权，可以根据需求变动情况，适时调整生产计划和送货计划，既避免盲目生产造成的浪费，也可以避免库存积压、库存过高所造成的浪费以及风险。由于这种机制把供应商的责任（产品质量好坏）与利益（销售利润的多少）相联系，加强了供应商的责任心，自觉提高了用户满足水平和服务水平。因此，供需双方都获得了效益。而传统采购由于卖方设置仓库、管理库存，很容易造成库存过高积压，可能缺货、不能保证供应，可能还造成精力分散、工作低效率。服务水平、工作效率、经济效益都会受到严重影响。

5. 从送货情况看

供应链采购是由供应商负责送货，而且是连续、小批量、多频次送货。这种送货机制可以大大降低库存，甚至实现零库存。因为它送货的目的，是直接满足需要，需要多少就送多少，什么时候需要就什么时候送。不多送，也不早送。这样就没有多的库存，可以降低库存费用；又保证满足需要，不缺货；可以根据需求的变化，随时调整生产计划，可以不多生产、不早生产，因而节省了原材料费用和加工费用。同时，由于紧跟市场需求的变化，能够灵活适应市场变化、避免库存风险。而传统采购是大批量少频次地订货进货，所以，库存量大、费用高、风险大。

6. 从双方关系看

供应链采购活动中，买方企业和卖方企业是一种友好合作的战略伙伴关系，互相协调、互相配合、互相支持，有利于各个方面工作的顺利开展，提高工作效率、实现双赢。而传统采购中，买方与卖方是一种对抗性的买卖关系，一个赢，另一个必然输。因此，互相防备、互相封锁、互相不信任、不配合甚至互相坑害，工作效率低。

7. 从货检情况看

传统采购由于是一种对抗关系，货物会常常以次充好、低价高买甚至伪劣假冒、缺斤少量，买方进行货检的力度大，工作量大，成本高。而供应链采购，由于供应商自己责任与利润相连，所以，自我约束、保证质量，可以免检。这样大大节约了费用、降低了成本、保证了质量。

从以上的比较可以看出，供应链采购与传统采购相比，无论在观念上、做法上都有很大区别、有革命性的变化。供应链采购具有显著的优越性。

（二）供应链采购实施

1. 转变观念

从以上的分析可以看出，供应链采购确实是一种有魅力的采购方式。但是，要实施供应链采购，却是一件不容易的事情。可以说，供应链采购是对传统采购方式的一场革命，无论在观念上还是在做法上都发生了革命性的变化。具体说来，要实现几个转变：

（1）从为库存而采购到为需要而采购。传统的采购是为库存而采购，采购回来的货物是用以填充库存。由于库存掩盖了需求的真实情况，它不能真实地精确反映需求的变化，反而以其具体的存在数量麻痹着人们的思想，掩盖了各个环节的矛盾，发现不了问题。因此，常常一方面造成超量库存，增加库存成本；另一方面，又不能完全满足需要，产生缺货、影响生产，还把生产活动、采购活动当中一些不合理性、浪费性、低效率的环节掩盖起来，不知不觉地降低生产效率、增加生产成本、降低经济效益。但是，由于长期进行着传统的采购工作，对此习以为常，已感觉不出这些问题的存在。要实现供应链采购就要下力气改变这种做法，转变为为需求而采购，采购回来的货物直接用来满足直接的需要，不是放到仓库里，而是放到消费点进行使用消费。这样，采购回来的货物直接反映真实的需求，为了真实的需求而采购，最大限度地提高了采购的效率、最大限度地降低了库存、最大限度地实现了节约。不但降低了成本、提高了效率，而且充分排除了生产活动、采购活动中的不合理性、浪费性和低效率的根基，使各个环节合理化、效率化。

(2) 从采购管理向外部资源管理转变。传统的采购管理完全是企业内部的事情，立足于企业内部，千方百计使自己从采购中获取效益。但是，立足于企业内部搞采购，要去选择供应商、产品，选择价格、贸易谈判、选择进货方式、督促进货，直到货物检验等，难度大、工作量大。长期以来，企业人员都认为这是应该做的，能够采购回来，就感到很满足。殊不知，这些既费钱费力费时间，又效率低的工作，本来企业是可以完全不必要做的，可以由供应商做，而且做得更好。但是，这种观点若只着眼于企业内部是建立不起来的，一定要着眼于企业外部、着眼于供应链管理，才能建立起来。

供应链采购的实质，就是充分利用企业外部的资源、利用供应商的作用实现企业采购的工作。让供应商对产品负责，对货价的供应负责。实现无采购操作的采购，省去烦琐、费力的采购实物工作，这样既降低了成本，又提高了效率，实现双赢。

(3) 从一般买卖关系向战略伙伴关系转变。传统的采购活动中，买方和卖方是一种对抗性的买卖关系，相互封锁、信息保密，相互防备或坑害。只顾自己、不考虑对方。久而久之，已经形成了习惯。供应链采购，要把与供应商的对抗关系转变成一种战略伙伴关系，要转很大的思想弯子。但是，只有把供应商看成是自己的合作伙伴，建立起友好合作关系，才能够实现供应链采购。只有思想上转好弯子，才能够在行动上扎扎实实地为建立友好合作关系而行动。

建立友好合作关系，需要做大量的工作，包括一些基础工作。如建立信息系统、实现信息共享、信息沟通，实现责任共担、利益共享等，要落实到经常性的工作中去，采取实际的步骤，切切实实地实现“双赢”。

(4) 从买方主动型向卖方主动型转变。传统的采购是买方主动型，靠买方单枪匹马在那里艰苦奋斗。这样做的效率不好。实现供应链采购，需要转变成供应商主动型。由供应商主动供应货物。本来采购本身，供需双方都有利益：买方获得货物，保障生产；卖方销售货物，获得利润。既然买方可以主动，卖方当然也完全可以主动。而这两个主动比较起来，卖方的主动更富有效率和效益。因为它不但为买方节省了采购业务，而且也为自己主动调整生产计划和送货计划而实现了最大的节约，真正实现了供需双方的“双赢”。

从买方主动向卖方主动的观念转变，不仅是买方的事，也是卖方的事。买方要转变观念，卖方也要转变观念，只有这样才能实现供应链采购。

2. 基础建设

(1) 信息基础建设。为了实现供应链采购，要建立起企业内部网（Intranet）、企业外部网（Extranet），并且和因特网（Internet）相连；还要开发管理信息系统、建立电子商务网站，建设信息传输系统；还要进行标准化、信息化的基础建设，如 POS 系统、EDI 系统或其他数据传输系统、各种编码系统等。

(2) 供应链系统基础建设。要通过扎实稳妥的工作，逐步建立起供应链系统。这要求努力加强业务的联系，加强同供应链企业的沟通，逐渐形成供应链各个企业的业务协调和紧密关系。要逐渐建设责任共担、利益共享机制。另外，还要促进各企业的内部基础建设，实现信息化、规范化、有关业务协调化，为建立一个完善的供应链做准备。在条件成熟以后，及时地建成供应链，实行供应链管理操作。

(3) 物流基础建设。包括供应链各个企业内部和企业之间的物流基础建设，如仓库布点、仓库管理、运输通道、运输工具、搬运工具、货箱设计、物流网络等，还包括一些物流技术，如条码系统、自动识别技术、计量技术、标准化技术等。

(4) 采购基础建设。如供应商管理库存、连续补充货物、数据共享机制、自动订货机制、准时化采购机制、付款机制、效益评估和利益分配机制、安全机制等。

通过所有这些基础建设，形成一定的规范，就有可能建立起一个完善的供应链系统，实现供应链采购。

五、电子商务采购

（一）电子商务采购的优越性

国际互联网（Internet），贯通全世界，具有信息传递快、信息量大、成本低、范围广、公开化、透明化的特点，并且操作简易，使得其迅速普及并成为全球规模最大、用户最多的网络。人们利用互联网，传送信息、浏览各个网站、发布广告、开展电子商务活动。这种优越环境条件的出现，为采购提供了新的途径和方式。电子商务采购的优越性是：

1. 范围广

电子商务可以面向Internet所涉及的所有范围。因为Internet是无国界的，范围可以遍及全世界。这种范围的扩大，也就是竞争性的扩大，这样有利于采购在更大的范围内选择更好的产品和更优的供应商，从而有利于既降低购买费用，又提高商品质量和功能、提高服务水平。

2. 透明度高

电子商务采购公开性、透明度更高，有利于防止暗箱操作、行贿受贿和腐败，可以确实保证整个操作过程的公正和公平。

3. 节约资金

由于电子商务采购大都采用竞争性投标，因此，可以大大降低采购价格，节约采购资金。资金节约率都在10%以上。

4. 提高效率

电子商务采购所花费的采购费用低、效率高。因为发布公告、与供应商的通信联系及供应商的投标书的传送都在互联网上进行，而因特网上的信息传输既成本低，又速度快、效率高，可以大大降低操作成本而提高效率。

5. 沟通信息

电子商务采购更有利于大量有关信息的沟通。如通过采购网站介绍企业，打宣传广告、招商引资，使得各个供应商更加了解企业，给企业带来更多的商机；通过在网上进行采购，还可以更多、更全面地了解供应商的信息，企业可以进入供应商的网站，全面了解供应商的情况，从而为选择供应商提供更全面的决策支持。

6. 程序标准化

电子商务采购可以实现采购程序的标准化，因而可以规范采购行为及采购市场，有利于建立一种比较良好的经济环境和社会环境。

电子商务采购的巨大优越性，现在已为越来越多的人所认识，特别是受到了包括我国政府在内的各国政府的广泛重视。正是这些原因，我国政府从 1998 年开始了电子商务政府采购的探索，现已取得了相当大的进展。

当然，通过 Internet 进行采购工作具有一定的适用范围，如一些技术性要求较高和特殊的设备，是不适合通过 Internet 来进行采购的。一般大宗货物、广泛通用性货物才适合在网上采购。

（二）国外电子商务采购制度

目前，许多西方国家的政府采购制度中都有采购信息的公布要求，即要求采购信息要提前在政府公报或全国性的报刊杂志（日报、周报或月刊）上公布，有的国家还有专门的政府采购信息报或刊物，但小额商品采购一般不发布采购信息。采购信息的内容主要包括：对所需商品或服务的简要描述，交货日期，联系地点和姓名，截止日期等。具体的招标文件，可以亲自去要，或普通邮寄，或电子邮件。

六、政府采购

所谓政府采购，也称公共采购。是指各级政府为了开展日常政府活动或建设公共工程、为公众提供公共服务的需要，在财政的监督下，以法定的方式、方法和程序，利用国家财政性资金或政府借款，从市场购买商品、工程及服务的行为。政府采购的优越性、作用、实施方法可参见其他采购管理的专门著作或教材。

第八章　包装、装卸搬运与流通加工

第一节　包装

一、包装概述

（一）包装的概念

在国际标准ISO和中国国家标准GB 4122—1983包装通用术语中，对包装的定义是：包装（Packaging）是指为在流通过程中保护产品，方便储运，促进销售，按一定技术方法而采用的容器、材料和辅助材料的总体名字。包装也包括为了达到上述目的而进行的操作活动。

现代商品包装概念反映了商品包装的商品性、目的性和生产活动性。首先，商品和包装共同组成了统一的商品体。商品包装是实现商品价值和使用价值的有效组成部分。商品包装所消耗的劳动，包括物化劳动和活劳动，都属于社会必要劳动的一部分。商品包装本身具有价值和使用价值，商品包装的价值包含在商品的价值中，在出售商品时得到补偿。其次，使用某种材料，按照一定技术方法形成的包装容器是为了在流通和消费领域中实现商品的价值和使用价值，它是一种工具和手段。最后，商品包装是商品生产的一个重要组成部分。绝大多数商品，只有经过包装工序以后，才算完成生产过程，包装是任何商品生产的最后一道工序。从这种意义上讲，商品包装不仅是一种物质形态，而且是一种技术、经济活动。

（二）包装的基本功能

1. 包装的货物保护功能

在物流系统中，成组化包装的主要作用是保护商品，避免在移动和储存过程中发生货损货差。商品保护程度的高低，涉及包装是否满足了商品要求以及包装材料是否适合。由于商品须在一定的环境中移动并储存，因此，某一包装商品受损的敏感度直接与其所处的环境有关。包装受损常起因于运输、储存和所利用的管理系统。在物流系统中，4个最容易引起货损的原因是：震动、碰撞、击穿、挤压。

商品在储存时，堆码出了问题也会导致货损，从表面破损到压碎、变形和破裂都有可能出现。当物品在运输过程中，包装对货物的保护作用可使货损降低。

包装要求也会影响物流系统的设计。一般而言，在物流系统的设计中，必须对货损的外界自然环境因素如温度、湿度及其他因素的影响作出估计，事先决定如何使包装的物品不受环境影响。包装的货物保护功能主要包括以下 4 个方面。

(1) 防止商品破损变质。要求包装能承受在装卸、运输、保管过程中各种力的作用。如冲击、震动、颠簸、压缩等，形成对外力破坏抵抗的防护作用。

(2) 防止商品发生化学变化。要求包装能在一定程度上起到阻隔水分、溶液、潮气、光线、空气中酸性气体的作用，起到对环境、气象的影响进行保护的作用。

(3) 防止腐朽、霉变、鼠咬虫食。要求包装有阻隔霉菌、虫、鼠侵入的能力，形成对生物的防护作用。

(4) 包装还有防止异物混入、污物污染，防止丢失、散失的作用。

2. 包装的效率提高功能

所有物流系统的作业都受包装效果的影响。物流生产率是指物流活动的产出与投入之比，几乎所有的物流活动的生产率都能用包装所组成的货物单元描述。

按照商品外型和标准订单数量包装商品有助于提高物流活动的生产率。可以减小包装尺寸，提高包装的利用率；可以通过将商品集中起来或通过装运未装配的货物、成组的货物，并使用最小量的衬垫以减少包装内的无效空间。

包装成组化是指为了材料搬运或运输的需要而将成组化包装成组为一个受约束的载荷。集装化包括将两个成组化包装捆在一起的成组化到使用专门的运输设备成组化的所有形式。所有类型的集装化都有一个基本目的，那就是提高效率。大约 50%的总成本是花费在车辆间的换装、运输、包装成本以及为防止货损货差所采取的措施和保险上。因此，通过集装化可提高效率是显而易见的。

便利作业是指包装的结构造型、辅助设施能适于装卸、搬运、多层堆码和有效而充分利用运载工具与库存容积；包装的外部结构形式中，小型包装适于人工作业；大型的、集装的适于叉车及各种起重机机械作业；包装的大小、形态、包装材料、包装重量等因素都影响着运输、保管、装卸等各项作业。

3. 包装的信息传递功能

最明显的信息传递作用是识别包装的物品。信息通常包括制造厂、商品名称、容器类型、个数、通用的商品代码等数字。在收货入库、拣选和出运查验过程中，箱上的信息用来识别商品。信息易识别是主要要求，同时操作人员应能从各个方向，在合适的距离看到标签。物流包装能在收货、储存、取货、出运的各个过程中跟踪商品。

价格低廉的扫描设备和代码的标准化提高了跟踪能力和效率。物流包装提供有关装卸和防止货损的说明书。说明书为专门的商品装卸提出容器、温度限制、堆垛要求、潜在的环境要求等。

（三）包装的类型

1. 按包装在流通中作用分类

（1）商业包装。是指以促进销售为主要目的的包装，这种包装的特点是外形美观，有必要的装潢，包装单位适于顾客的购买量以及商店陈设的要求。在流通过程中，商品越接近顾客，越要求包装有促进销售的效果。

（2）运输包装。是指以强化输送、保护产品为主要目的的包装。运输包装的重要特点，是在满足物流要求的基础上使包装费用越低越好。为此，必须在包装费用和物流时的损失两者之间寻找最优的效果。为了降低包装费，包装的防护性也往往随之降低，商品的流通损失就必然增加，这样就会降低经济效果。

相反，如果加强包装，商品的流通损失就会降低，包装费用就必然增加。如果完全不允许存在流通损失，就必然存在所谓的“过剩包装”，物流及包装费用必然会大大增加，由此带来的支出的增加会大于不存在过剩包装时必然的损失。因此，对于普通商品，包装程度应当适中，才会有最优的经济效果。

2. 按包装适用的广泛性分类

（1）专用包装。根据被包装物特点进行专门设计、专门制造、只适于某种专门产品的包装。

（2）通用包装。不进行专门设计制造，而根据标准系列尺寸制造的包装，用以包装各种标准尺寸的产品。

3. 按包装容器分类

（1）按包装容器的抗变形能力分为硬包装和软包装两类。硬包装又称刚性包装，包装体有固定形状和一定强度；软包装又称柔性包装，包装体可有一定程度变形，且有弹性。

（2）按包装容器形状分为包装袋、包装箱、包装盒、包装瓶、包装罐等。

（3）按包装容器结构形式分为固定式包装和拆卸折叠式包装两类。固定式包装尺寸、外形固定不变，可拆卸折叠式包装通过拆卸折叠在不需包装时缩减容积以利于管理及返运。

（4）按包装容器使用次数分为一次性包装和多次周转包装两类。

4. 按包装技术分类

（1）按包装层次及防护要求分为个装、内装、外装3类。

（2）包装的保护技术分为防潮包装、防锈包装、防虫蚀包装、防腐包装、防震包装、危险品包装等。

二、包装材料

用于物流包装的材料很多，从传统的纤维纸板到最新的记忆性塑料带，可谓应有尽有，按不同用途包装材料可分为以下几类：容器材料，用于制作箱子、瓶子、罐子，可有纸制品、塑料、木料、玻璃、陶瓷、各类金属等；内包装材料，用于隔断物品和防震，可有纸制品、泡沫塑料等；包装用辅助材料，如各类接合剂、捆绑用细绳（带）等。

（一）木质包装

木材是最传统的包装材料，至今仍有较广泛的使用。由于木材资源的再生速度很慢，许多包装领域已用纸或塑料替代，但因木材具有良好的包装特性，在重物包装以及出口物品等方面还在使用。木材较多地用于制作木桶、木箱和胶合板箱 3 类容器。普通的密闭木箱可装 200kg 的货物，如果选用下设垫板的木箱，则可装运 200kg 以上的货物。为了承载重物，通常选用木垫板，可装载并固定 60t 的重物。木材的另一个用途是制作托盘。

（二）纸制包装

纸的品种是很多的，有专用包装纸，一般指牛皮纸，用途多半为选用强度较大的制成纸袋。纸袋为 3～6 层的多层叠合构造。如果需要，还可以作防潮处理，把牛皮纸和塑料薄膜制成复合多层构造。大型纸袋通常用于水泥、肥料、谷物等粉粒状货物的包装。牛皮纸的强度与每平方米纸张的重量有关，一般有 4 种规格：75g、78g、81g、84g。它的特性项目包括抗拉强度、抗裂强度、伸长率、耐水率等，均有国家标准。

纸板是指用牛皮纸浆、化学纸浆、旧纸浆等为原料制成的厚纸板的总称。根据不同用途可分为瓦楞原纸、白板纸、黄板纸等，其中，瓦楞原纸的用途最广泛，产量也最大。

瓦楞原纸分为中芯原纸和内衬原纸，前者用于制造瓦楞波形部分，后者贴在外侧，两者粘合制成瓦楞纸板。瓦楞波形有波高和波数两个参数，波高用毫米计量，一般为 2.5～5mm，波数用 30cm 宽度内的波的数量计量，一般有 36～50 波，不同参数组合有不同强度，分成 A、B、C、D 4 种槽形。根据不同用途和方式可制成不同层数的瓦楞纸板，一般有单面瓦楞纸板、双面瓦楞纸板、两层双面瓦楞纸板和 3 层双面瓦楞纸板。

（三）塑料包装

塑料在包装中被广泛使用，可用于单个包装、内包装、外包装，用于运输包装时可制成各种塑料容器。聚乙烯塑料袋是最常见的包装物，以替代 20～30kg 包装用纸袋。聚乙烯和聚丙烯塑料编织袋（俗称蛇皮袋）以替代包装用麻袋。在箱袋结合的运输包装中，将塑料制成各种盛液体的容器，以替代玻璃瓶、金属罐、木桶等，再把塑料容器放入瓦楞纸箱内。成型容器（塑料罐、箱）也是塑料包装的重要领域，受价格和成型难易影响，多数用聚乙烯材料制成，国家在容量、尺寸、强度等方面都有规定。另外，用于替代木箱的运输用塑料箱也有大量使用，一般用在食品、饮料等物品的运输包装方面。

（四）金属包装

用作包装的金属容器有罐和桶，用镀锌铁板制成。罐有方形和圆形两种，主要用于食品、药品、石油类、涂料类及油脂类物品包装；桶主要用于以石油为主的非腐蚀性半流体、粉末体、固体等物品的包装，容量为 20～200L。

（五）其他包装

1. 草制包装材料

是一种较落后的包装材料。用一些天然生的草类植物，编制成草席、蒲包、草袋等包装材料，其防水、防潮能力较差，强度也很低，已逐渐被淘汰。

2. 纤维包装材料

指用各种纤维制作的袋状容器。天然生的纤维有黄麻、红麻、大麻、青麻、罗布麻、棉花等，经工业加工的有合成树脂、玻璃纤维等。

3. 陶瓷与玻璃包装材料

此类包装材料的优点是耐风化、不变形、耐热、耐酸、耐磨等，尤其适合各种液体货物的包装，可回收复用，有利于包装成本的降低，易洗刷、消毒、灭菌；缺点是易碎。

4. 复合包装材料

复合材料就是将两种以上具有不同性质的材料复合在一起，以改进单一包装材料的性能，应用最广泛的合成材料有塑料与塑料复合；金属箔与塑料复合；金属箔和塑料及玻璃纸复合；纸与塑料复合等。

5. 绿色包装

绿色包装也称环保包装，指包装节省资源，用后可回收利用，焚烧时无毒害气体，填埋时少占耕地并能生物降解和分解的包装。国外有人形象地把绿色包装归纳为4R，即Reduce，减少包装材料消耗量；Refill，大型容器可再次填充使用；Recycle，可循环使用；Recovery，可回收使用。绿色包装包括以下几个方面的要求：

（1）包装用材料应当节约，包装要简化。严格控制包装材料用量，精细设计、选用包装方式及包装材料，节约包装、简化包装。

（2）包装材料要可以回收或可循环使用。美国20%的FTE饮料瓶在循环使用。

（3）包装用材料要可分解、可降解。日本在食品包装方面正努力用纸包装代替塑料包装。美国用旧报纸的再生纸浆和水制成可以再生的包装新型垫材，用来替代广泛使用的泡沫塑料垫材。

（4）改进包装质量。限制包装材料的重金属含量及其他部分如油墨、染料、黏合剂、瓶盖等的用量；限制卤素及其他危险物质的使用；限制使用由氯漂白的包装材料。

（5）包装废弃物处理。避免使用聚苯乙烯泡沫、聚苯乙烯袋等作为包装材料；不能在纸箱上使用柏油、沥青等外刷涂料。

三、包装技术

包装技术可分为销售包装技术和物流包装技术，此处仅讨论后者。物流包装技术又分为包括容器设计和标记技术的外包装技术，以及包括防震、防潮（水）、防锈、防虫等技术的内包装技术。

容器设计主要是容器尺寸和强度设计，标记技术指把必要的注意事项标记在容器上的技术。以下着重介绍内包装技术。

（一）防震包装技术

此技术为防止运输中震动或冲击而造成的物品损伤，一般情况下采取在内装材料中插入防震材料，以吸收外部冲击力的方法。防震包装设计的主题是确定防震材料的种类和厚度。在设计上，还应该同时考虑成本问题，选择不同的材料、设计不同的衬垫形状都会影响成本。按下式计算防震材料的厚度：

$$t = c \cdot \frac{h}{G} \tag{8-1}$$

式中：t——防震材料的厚度（cm）；

c——缓冲系数；

h——在装卸过程中产生设想的落下高度（m）；

G——物品的允许冲击值，$G=\frac{a}{g}$其中，a——允许最大冲击加速度（m/s^2）；

g——重力加速度（m/s^2）。

通过破坏性试验来确定物品耐冲击度 G。其中，c 与缓冲材料所承受的应力有一定的函数关系：

$$\alpha = \frac{WG}{A} \tag{8-2}$$

式中：A——缓冲材料的承压面积（cm^2）；

W——被包装物的重量（kg）。

c 与 α 之间关系可通过查《物流手册》中的 $c \sim \alpha$ 曲线图表得到。

常用的防震包装技法有以下 4 种。

（1）妥善衬垫。在包装的角端和商品之间填充缓冲防震包装材料。

（2）现场发泡。用聚氨酯塑料将商品封固在包装箱内。

（3）弹簧吊装。将商品用弹簧悬浮吊装在包装容器内，一般适用于要求防震性高的精密仪器。

（4）机械固定。将商品机械固定在包装框架或底板上，一般适用于重量较大的机械产品。

（二）防锈包装技术

防锈包装的首选技术是使用防锈剂，防锈剂有防锈油脂和气化性防锈剂两类。防锈油脂是在石油类基本组分中加入油溶性缓蚀剂及辅助添加剂等后制成的。气化性防锈剂是一种常温下就能挥发的物质，挥发出的气体附着在金属表面，从而防止生锈。此外，还有不使用防锈剂的防锈包装技术，此处不作一一介绍。

（三）防潮包装技术

物品在流通过程中，因空气中的潮气侵蚀会变质、潮解、锈蚀、霉变。为防止上述现象发生的包装技术是防潮包装技术。防水包装技术是防止水浸入到包装物内部而采取的包装技术，可分为耐浸水包装和耐雨水、飞沫的耐散水包装两类。

防潮包装主要有两种方法：一是用透湿度低的材料包装；二是控制包装容器内的湿气。在防潮、防水材料中，有在纸等纤维材料上进行防潮加工的纸系材料，还有塑料薄膜及铝箔等。不同材料的透湿率（g/m·24h）是不同的，铝箔最小，小于7，塑料薄膜次之，纸类最大。控制包装内湿气的方法主要还是使用干燥剂，有化学干燥和物理干燥两类，用于包装的主要是物理干燥；最常见的是硅胶；干燥剂的使用量都有计算公式。

（四）真空包装与充气包装技术

真空包装技术是在容器封口之前抽成真空，使密封后的容器内基本没有空气的一种包装技术方法，目的是避免或减少脂肪氧化，抑制某些霉菌和细菌的生长。

充气包装技术也就是所谓气体置换包装，是采用不活泼气体（氮气、二氧化碳气体等）置换包装容器中空气的一种包装技术，目的是通过改变密封容器中气体的组成成分，降低氧气的浓度从而抑制微生物的活动，达到防霉、防腐和保鲜的目的。

（五）收缩包装与拉伸包装

收缩包装技术是用收缩薄膜将欲包装物品裹包，然后，对收缩薄膜进行有关处理（如适当加热处理，使薄膜收紧且紧贴于物品）的包装技术方法。

其作用主要有两方面：有利于销售，使内装物品形体突出，形象鲜明，质感好；有利于提高装卸搬运效率。如使用收缩包装技术把物品固定于托盘上，不仅有利于提高物流过程效率，而且有利于保管与使用。

拉伸包装技术是用机械装置在常温下将弹性薄膜拉伸后，将待包装件紧裹的一种包装技术方法，此法可提高物流效率、方便仓储与使用。

（六）其他包装技术

1. 集合包装

集合包装是指将若干包装件或商品组合在一起形成一个适合运输的单元。能促使装卸合理化，促使包装合理化，方便运输及保管，便于管理，有效利用运输工具和保管场地的空间，大大改善环境。

集合包装主要以集装箱为主，可以将装满货物的托盘和集装容器、集装货捆一起装进大型的集装箱内，以便搬运、装卸和运输。

托盘包装，是为了有效地装卸、运输、保管，将其按一定的数量组合放置于一定形状的台面上。这种台面有供叉车从下部插入并将台板托起的插入口。以这种结构为基本结构的平板台板和各种在这种基本结构基础上所形成的各种形式的集装器具都叫托盘包装。

集装箱包装，是一种用于货物运输、便于用机械装卸的一种集合包装。集装箱适合多种运输工具使用，是一个大型包装箱，具有安全、迅速、简便、节省等优点，集装箱运输是一种较好的运输方式。

2. 危险品包装技术

危险品包装技术就是按照危险品的性质、特点，按照有关法令、标准和规定专门设计的包装技术与方法。危险品的运输包装上必须标明不同性质、类别的危险货物标志以及装卸搬运的要求标志。

对于易燃易爆物品，如过氧化氢有强烈的氧化性，遇有微量不纯物质或受热，就会急剧分解引起爆炸。防爆包装方法是采用塑料桶包装，然后将塑料桶装入铁桶或木箱中。每件净重不超过 50kg，并有自动放气的安全阀，当桶内的压力达到一定气体压力时，能自动放气。

对于腐蚀性物品，注意避免物品与包装容器的材料发生化学作用。如金属类的包装容器，要在容器内壁涂上涂料，防止腐蚀。

对有毒物品防毒的主要措施是严密包装，不透气。包装上要有明显的有毒标志，并标明装卸搬运的要求。

3. 防虫、鼠害等包装技术

方法是在包装主物品时放入一定量的驱虫剂以达到防虫害的目的。包装物品的容器也应当做防虫处理。如竹片或条筐必须经过消毒或蒸煮，所用浆糊应加放防腐剂，防止害虫滋生。注意不要令处理包装材料的药剂直接接触到所包装的物品上。

四、包装现代化

（一）包装合理化

1. 包装合理化的概念

包装合理化，一方面，包括包装总体的合理化，这种合理化往往用整体物流效益与微观包装效益统一衡量；另一方面，也包括包装材料、包装技术、包装方式的合理组合及运用。

2. 包装合理化的三要素

（1）防止包装不足。包装不足指的是以下几方面：①包装强度不足，从而使包装防护性不足，造成被包装物的损失。②包装材料水平不足。由于包装材料选择不当，材料不能很好承担运输防护及促进销售作用。③包装容器的层次及容积不足。缺少必要层次与所需体积不足造成损失。④包装成本过低。不能保证有效的包装。

由于包装不足，造成的主要问题是在流通过程中的损失及降低促销能力。这一点不可忽视。我国曾经举行过的全国包装大检查，经过统计分析，认定由于包装不足引起的损失，一年达 100 亿元以上。

（2）防止包装过剩。包装过剩指的是以下几方面：①包装物强度设计过高。如包装材料截面过大，包装方式大大超过强度要求等，从而使包装防护性过高。②包装材料选择不当，选择过高。如可以用纸板却不用而采用镀锌、镀锡材料等。③包装技术过高。包装层次过多，包装体积过大。④包装成本过高。一方面，可能使包装成本支出大大超过减少损失可能获得的效益；另一方面，包装成本在商品成本中比重过高，损害了消费者利益。

包装过剩的浪费不可忽视，对于消费者而言，购买的主要目的是内装物的使用价值，包装物大多作为废物甩弃，因而会形成浪费。此外，过重、过大的包装，有时适得其反，反而会降低促销能力，也不可取。根据日本的调查，目前发达国家包装过剩问题很严重，约在20%以上。

在网络经济时代，由于现代物流技术尤其是集装箱技术的广泛采用，包装不足问题已经不是主要问题，未来的主要问题是包装过剩问题，主要的缺点是占用了过多的物流成本。

（3）从物流管理角度，用科学方法确定最优包装。由于物流诸因素是可变的，因此，包装也是不断发生变化的。确定包装形式，选择包装方法，都要与物流诸因素的变化相适应。

对包装有主要影响的第一个因素是保管。在确定包装时，必须对保管的条件和方式有所了解。例如，采用高垛，就要求包装有很高的强度，否则就会压坏。如果采用低垛或料架保管，包装的强度就可以相应降低，以节约资源和费用。

对包装产生影响的第二个因素是输送。输送工具类型、输送距离长短、道路情况如何都对包装有影响，例如道路情况比较好的短距离汽车输送，就可以采用轻便的包装。同一种产品，如果进行长距离的车船联运，就要求严密厚实的包装。

3. 包装合理化的途径

（1）包装的轻薄化。由于包装只是起保护作用，对产品使用价值没有任何意义，因此，在强度、寿命、成本相同的条件下，更轻、更薄、更短、更小的包装，可以提高装卸搬运的效率，而且轻薄短小的包装一般价格比较便宜，如果用做一次性包装还可以减少废弃包装材料的浪费。

（2）包装的单纯化。为了提高包装作业的效率，包装材料及规格应力求单纯化，包装规格还应标准化，包装形状和种类也应单纯化。

（3）包装的标准化。包装的规格和托盘、集装箱关系密切，也应考虑到和运输车辆、搬运机械的匹配，从系统的观点制定包装的尺寸标准。

（4）包装的机械化。为了提高作业效率和包装现代化水平，各种包装机械化的开发和应用是很重要的。

（5）包装的绿色化。绿色包装是指无害少污染的符合环保要求的各类包装物品，主要包括纸包装、可降解塑料包装、生物包装和可食用包装等。这是包装合理化的发展主流。

4. 包装设计合理化

包装设计需要运用专门的设计技术，将物流需要、加工制造、市场营销及产品设计等要求结合起来综合考虑，尽可能满足多方面的需要，当然这是很难的。由于讨论的是物流包装，因此，设计中考虑的首要因素是货物的保护功能。包装设计基本上决定了货物的保护程度，不能忽视费用问题，过度的包装会增加包装费用，应正好符合保护货物的要求；包装的尺寸大小会影响运输工具和仓库容积使用率，这也是一个重要的影响费用的因素。

（1）包装设计要点。主要包括以下内容：

保护性：包装是否能够达到货物的保护要求。

装卸性：货物在运输工具上装卸及仓库中取存是否方便、高效。

作业性：对货物的包装作业是否简单容易操作。

便利性：货物开包是否方便，包装物处理是否容易。

标志性：包装物内物品的有关信息（如品名、数量、重量、装运方法、保管条件等）是否清楚。

经济性：包装费用是否恰当。

（2）保护设计。包装保护功能是第一位的。在设计时要充分考虑到流通中的各种损害因素。一般为堆码负荷、震动、冲击、温湿度、虫害、发霉等。

堆压发生在保管和运输中。货物在仓库中多数是多层堆码，近年来由于普及托盘化包装，常采用高层堆码。根据叉车的举升高度一般为 5m 左右，仓库内的最大堆码高度应定为 5m，以此计算包装的抗堆压强度；车辆中的堆码高度一般为 2.4m；轮船上的堆码高度与船型有关，一般为 4～6m。

震动与冲击一般发生在装卸和运输过程中，这些机械力的数值可参照运输工具的设计及强度标准。如汽车设计中，都规定有负荷计算标准，包括上下、左右、前后三维的标度。此外，还要考虑人力装卸时的冲击，物流中人力装卸机会最多，且产生的冲击力特别大，尤其发生在人力不易握住的货物的搬运过程中，在包装设计时，要考虑有利于人力装卸的包装形状和重量。

货物的易损性又直接与自身的特性有关，在同样的外力作用下，不同的货物遭受损坏的程度是完全不同的，例如玻璃器皿比金属制品更容易破碎。货物的易碎性可以通过对货物的包装测试测定，测试的结果可初步选定货物的包装材料和垫层厚度。之所以是初步选定，是因为还要对这种包装设计方案作成本分析，如果成本过高，就应该考虑其他的设计方案，如是否可选用其他包装材料、包装方式，等等。

（3）成组化包装设计。成组化包装设计对于提高物流运作的效率起着非常重要的作用，是物流管理中的一项重要任务。该项作业的直接目的就是提高劳动生产率。

经验表明，按照标准订单数量包装货物有助于提高装运的生产率。例如，卷烟 10 包一条、50 条一箱、啤酒 12 瓶一箱，订货时以箱为单位。此外，为了提高物流效率，在使用各种运输工具时，总希望货物的包装尺寸在装运时能够最大限度地利用装载空间。为此，专门设计一些器具，使器具的尺寸既能放下若干箱货物，又能较好地利用运输工具的空间，这项工作就称为成组化。成组化包装后的货物单位可称为单位载荷，其实质是使货物的物流包装载荷的规格标准化。标准化载荷有许多优点。第一，装卸时间减少到最低，在美国据测算可以减少人工作业时间的1/5；第二，用单位载荷形式方便了运输与保管作业，如搬运、查验的手续被简化了；第三，单位载荷配之以专门化的运输服务可以大大降低货损。这种通用性很强的标准装载器具的尺寸不是任意确定的，要考虑物流机械设施相互间的有效配合，称作为“物流模数化”。

一般的器具形式有刚性容器和托盘用具。

①刚性容器。为了在物流过程中能保护物品免受外力冲击的破坏，将成盒、成包、成箱的货物放入一个按标准设计的刚性容器中是最简便有效的方法。因此，刚性容器作为一种标准化的包装方式得到广泛的使用。它不但可以盛放盒（包、箱）装的货物，而且可以盛放散装货物，如粉末状、颗粒状，甚至液体货物。这些容器可以是用金属材料制成的，也可以是用木材、硬塑料等制成的，容器可以回收、重复使用。

②托盘用具。托盘是一种更为简便的用于承载货物的简易工具，它不是容器，不能将货物包裹在其中而起到保护作用。最简单的托盘形式是货板，一种木制器具。货物放置其上，起到成组的效果。操作时可以整盘搬运、存储，提高作业效率。由于托盘的四周几乎是开启的，堆垛的稳定性是不够的，为了提高作业的安全性，需要采取一些其他的包装措施。一般采取的增加稳定性的措施是用绳子、角柱、钢带等将货物固定，近年来，更多地采用新材料作收缩包缠或拉伸包缠。托盘的种类和形式很多，分成用叉车或平板车装运的平托盘、柱式托盘、箱式托盘；有底部安装滚轮的，用人力推送的滚轮箱式托盘、滚轮保冷箱式托盘；板状托盘；有装运桶、罐等与货物外形一致的特殊构造的专用托盘。

集装箱是另一种成组化包装，它是一种特殊的刚性容器，20世纪50年代初开始引起广泛的关注。集装箱化包装运输是一种更大规模的成组化，几乎适用于所有货物的包装与运输。小至卷烟之类的商品，经成组包装（称为标准大箱）后，可用集装箱运输；大至汽车也可用集装箱装运。采用集装箱装运既可以取得很高的作业效率，也可以起到非常好的保护作用，还能充分利用运输工具的装载空间，全球集装箱运输量持续大幅度增长。伴随着运输量的增长，带动了专用的运输工具发展，如集装箱船、集装箱车皮、挂车等。集装箱按用途分类，可分为铁路集装箱、船运集装箱、航空集装箱及其他集装箱。

（二）包装标准和包装标准化

1. 包装标准

(1) 包装标准是为了取得物品包装的最佳效果，根据包装科学技术、实际经验，以物品的种类、性质、质量为基础，在有利于物品生产、流通安全和厉行节约的原则上，经有关部门充分协商并经一定审批程序，而对包装的用料、结构造型、容量、规格尺寸、标志以及盛装、衬垫、封贴和捆扎方法等方面所作的技术规定，从而使同种、同类物品所用的包装逐渐趋于一致和优化。

(2) 由于是国家的技术法规，包装标准具有权威性和法制性。因此，一经批准颁发的包装标准，无论是生产、使用和管理部门以及企业单位都必须严格执行，不得更改。

(3) 包装标准可以分以下5类。

一是包装基础标准和相关标准。包装基础标准是包装的最基本的标准，具有广泛的使用性。它包括名词术语、包装尺寸系列、包装标志和运输包装基本试验四大类。相关标准主要由包装管理标准、集装箱与托盘标准、运输储存条件标准构成。

二是包装的材料与试验方法标准。包装材料及试验方法标准对各类材料及包装辅助材料均规定了不同的技术质量指标及相应的物理、化学指标、具体的试验测定和卫生标准及检验方法。

三是包装容器及试验方法的标准。不同的包装材料所制成的各种容器，或用同一材料包装不同的物品容器及试验方法的技术指标、质量要求、规格容量、形状尺寸、性能测试方法等都有具体的规定。

四是包装技术标准。包装技术对各种防护技术的防护等级、技术要求、检验规则、材料选择、防护药剂、防护方法、防护性能试验等都作了明确的规定。

五是产品包装标准。产品包装标准是对某一具体的产品的包装用料要求、包装技术、包装含量、包装标志、容器形状、充填要求、捆扎方法等的具体规定。

2. 包装标准化的管理

包装标准化是以制订、贯彻和修改包装标准为主要内容的规范包装技术和生产的全过程，是根据科学技术发展，对包装标准不断完善、补充、提高，并在生产、流通、技术管理各环节中定型化、规范化、系列化、标准化、科学化推行包装标准的全部活动。

包装标准化一般可以分成两类，即包装的系列化和包装的通用化：包装系列化是物品本身的系列化和为了销售方便、适应消费习惯的需要而存在的，是一种物品存在几种规格型号而相应地存在几种规格的包装；而包装的通用化，即要求一种包装容器的设计，不仅能适应一种物品的需要，而且尽可能地考虑能够在不同物品之间通用。

五、包装的发展趋势

(一) 关于包装模数问题

包装模数是关于包装基础尺寸的标准化及系列尺寸选定的一种规定。

包装模数标准确定之后，各种进入流通领域的产品便需按模数所规定尺寸进行包装，按模数包装之后，各种包装货物可以按一定规定随意组合。这就有利于小包装的集合，有利于集装箱及托盘的装箱、装盘。包装模数如能和仓库设施、运输设施尺寸模数统一化，也有利于运输和保管。不但使包装领域实现合理化，而且能实现全物流系统的合理化。因此，包装模数问题是物流现代化的基础问题。

包装模数尺寸的标准化，有一定局限性，大部分工业产品，尤其是散、杂货可以实现包装的标准化。有些产品，如长型、异型产品等无法按模数尺寸包装的，可做个别处理。

（二）包装的大型化和集装化

包装大型化和集装化十分有利于物流系统在装卸、搬运、保管等过程的机械化；有利于加快这些环节的作业速度从而加快全物流过程的速度；有利于减少单位包装，节约包装材料的包装费用；有利于货体保护。可以认为，为实现物流过程的机械化、自动化，提高物流效率，包装的大型化和集装化是必不可少的。

采用大型和集装方式还要考虑大型包装和集装这种运输包装形态和销售的结合。办法是，使大型包装和集装的货物个体的工业包装实现商业包装化，即货物个体由于大型包装和集装的保护作用，可省去单独的工业包装，而使之商业包装化，从大型包装或集装中取出后，拆除工业包装即可成为销售单位并有促销效果。

（三）包装的多次、反复使用和废弃包装处理

包装产业现今已是世界各国的重要产业之一，在有的国家已占到国民经济的5%。这么大的产业，资源消耗巨大，因而资源回收利用、梯级利用、资源再循环是包装领域现代化的重要课题。

在这方面，有许多有效的管理措施：①通用包装。按标准模数尺寸制造瓦楞纸、纸板及木制、塑料制通用外包装箱。这种包装箱不用专门安排回返使用，由于其通用性强，无论在何处落地，都可转用于其他包装。②周转包装。有一定数量规模并有较固定供应流转渠道的产品，可采用周转包装多次反复周转使用的办法。③梯级利用。一次使用后的包装物，用毕转作他用或用毕后进行简单处理转做他用。如瓦楞纸箱部分损坏后，切成较小的纸板再制小箱，或将纸板用于垫衬。有的包装物在设计时，设计成多用途的，在一次使用完毕之后，可再使用其他功能。如设计成水杯的包装物，使用完毕后转用水杯，这就使资源利用更充分、更合理。④再生利用。对废弃的包装经再生处理，转化为其他用途或制成新材料。例如，废弃包装塑料制再生塑料等。

（四）开发新的包装材料和包装器具

利用各种复合技术、包装容器技术，大量开发新包装材料和容器是包装现代化的重要内容。这方面的主要趋势是，包装物的高功能化，用较少的材料实现多种包装功能。

（五）低碳环保

近年来，全球刮起的低碳环保风暴已经波及包装行业，随即提出了低碳包装的理念，低碳包装主要内容有包装轻量化、生产清洁化、制品绿色化、节能减排和以纸代木等，以纸代木是低碳包装的核心。废纸循环利用，不但减少木材用量，少砍伐林木，保护生态环境，而且节能、节水、减排。

企业在产品开发上需要充分考虑社会责任，紧紧围绕绿色包装主题，开发的包装材料能够循环使用、再生利用或降解腐化，而且在产品的整个生命周期内对人体及环境不造成

影响，在产品满足包装功能性前提下，尽量减少垃圾的产生量，从而呈现包装薄膜、材料向轻量化、薄膜化方向发展。

目前，禁止使用聚苯乙烯（EPS）发泡塑料衬垫物的规定，已经迫使我国企业在出口家电产品的包装中淘汰了发泡塑料，改用如蜂窝纸板等环保衬垫。蜂窝纸板是由高强度蜂窝纸芯和各种高强度的牛皮纸复合而成的新型夹层结构的环保节能材料，具有成本低、用料少、吸声隔热、强度高、抗冲击性好等优点。蜂窝纸板全部由可循环再生的纸材制作，可替代木材，使用后可全部回收再利用。

（六）网络经济时代包装管理发展趋势

由于电子商务的兴起和发展，人们通过互联网就可以搜寻到有关商品的全部信息，这些信息远胜于传统包装利用商业包装的促销作用。因此，可以预见，随着电子商务的发展，包装促销的功能会逐渐弱化，促销型包装的领域会大幅度的狭窄化。

以集装方式进行多式联运形成的“门到门”的物流系统，由于集装方式有很好的保护功能，又由于采用多式联运的方法，取消了途中的多次装卸、搬运活动，因此，商品的防护性包装也会逐渐弱化。尽量减少防护性包装，又可以减轻商品的重量、缩减商品的体积，从而可以充分利用集装容器的空间，大大提高效率。随着集装方式大规模化和网络化的进展，商品防护性包装的功能也会逐渐减退。

第二节　装卸搬运

一、装卸搬运概述

物流系统先后各个环节或同一环节的不同活动之间，都必须进行装卸搬运作业。如运输、储存、包装等都要有装卸搬运作业配合才能进行，如待运出的物品要装上车才能运走，到达目的地后，要卸下车才能入库等。由此可见，装卸搬运是物品的不同运动（包括相对静止）阶段之间相互转换的桥梁，正是因为有了装卸搬运活动才能把物品运动的各阶段连接成连续的“流”，使物流的概念名副其实。

（一）装卸搬运的概念

根据国家标准，装卸（Loading and Unloading）是指物品在指定地点以人力或机械装入运输设备或从运输设备上卸下的活动；搬运（Handling/Carrying）是指在同一场所内将物品进行以水平移动为主的物流作业。装卸搬运与运输、储存不同，运输是解决物品空间距离的，储存是解决时间距离的，装卸搬运没有改变物品的时间或空间价值，因此，往往不会引起人们的重视。可是，一旦忽略了装卸搬运，生产和流通领域轻则发生混乱，重则造成生产活动停顿。物流的各个环节前后和同一环节不同活动之间，都是靠装卸活动来进行连接的。装卸搬运就像影子一样始终伴随着生产、流通活动。如何优化装卸搬运操作是物流中心营运中必须面对的问题。

（二）装卸搬运的特点

装卸搬运是附属性、伴生性的活动，是物流每一项活动开始及结束时必然发生的活动，因而时常被人忽视，有时被看作其他操作不可缺少的组成部分。例如，一般而言，“汽车运输”实际上包含了相随的装卸搬运，仓库中泛指的保管活动，也含有装卸搬运活动。

装卸搬运是支持、保障性活动。装卸搬运的附属性不能理解成被动的，实际上，装卸搬运对其他物流活动有一定决定性。装卸搬运会影响其他物流活动的质量和速度，例如，装车不当会引起运输过程中的损失；卸放不当会引起货物下一步运动的困难。物流活动只有在有效的装卸搬运支持下才能实现高水平、高效率。

装卸搬运是衔接性的活动。在任何其他物流活动互相过渡时，都是以装卸搬运来衔接的，因而，装卸搬运往往成为整个物流的“瓶颈”。建立一个有效的物流系统，关键看这一衔接是否有效。

装卸搬运是增加物流成本的活动，尤其对于传统物流而言，物流过程中多次的装卸搬运活动，不仅延长物流时间，而且要投入大量的活劳动和物化劳动，这些劳动不能给物流对象带来附加价值，只是增大了物流的成本。由于装卸搬运反复进行的次数多，累计成本的数量是不可忽视的。

二、装卸搬运的作业方式

进行装卸作业组织工作时，要依据决定装卸作业方法的条件选择相应的装卸作业方法。按作业对象特征，可以将装卸作业方法划分为三类：单件作业法、集装作业法和散装作业法。

（一）决定装卸方法的条件

决定装卸方法的条件可以分为两大类：一类是由运输（配送）、保管、装卸三者相互关系决定的外部条件；另一类是由装卸本身所决定的内在条件。此外，在装卸作业组织工作中还要考虑货车装卸的一般条件。

1. 决定装卸方法的外在条件

（1）货物特征。货物经由包装、集装等方式形成的形态、质量、尺寸（如件装、集装、散装货物）等，对装卸作业方法的选择有至关重要的影响。如托盘系列集装货物，就宜选择叉车进行装卸。

（2）作业内容。装卸作业中的重点是堆码、装车、拆垛、分拣、配载、搬运等作业，其中以哪一种作业为主或哪几种作业组合，也影响到装卸作业方法的选择。

（3）运输设备。不同的运输设备，例如汽车、轮船、火车、飞机等的装载与运输能力、装运设备尺寸都影响到装卸作业方法的选择。

（4）运输、仓储设施。运输、仓储设施的配置情况、规模、尺寸大小影响到作业场地、作业设备以及作业方法的选择。

2. 决定装卸方法的内在条件

（1）货物状态。主要指货物在装卸前后的状态。

（2）装卸动作。指在货物装卸各项具体作业中的单个动作及组合。

（3）装卸机械。装卸机械所能实现的动作方式、能力大小、状态尺寸、使用条件、配套工具等以及与其他机械的组合也成为影响装卸方法选择的因素。

（4）作业组织。参加装卸作业的人员素质、工作负荷、时间要求、技能要求对装卸作业方法的选择有重要的影响作用。

3. 货车装卸一般条件

一般情况条件下，就公路货物运输车辆的货物装卸而言，货物装卸的固定设施主要有：

货物装卸场、货物仓库、货物通道、货物装卸线等。这些形式还取决于装卸货物的对象：零担货物、整车货物还是集装箱货物。这些货物的装卸场所因其存放货物的货棚、站台（货合）高低不同，装卸设备也不同，装卸方法也有很大差异。

（1）零担货物装卸，较多地使用人力和手推车、台车和输送机等作业工具，也可使用笼式托盘（托盘笼）、箱式托盘（托盘箱），以提高货车装卸、分拣及配货等作业的效率。

（2）整车货物装卸，较多采用托盘系列及叉车进行装卸作业。

（3）专用货车装卸，往往需要适合不同货物的固定设施、装卸设备，以满足装卸时需要的特殊技术要求。

（二）单件作业法

装卸一般单件货物，通常是逐件由人力作业完成的，对于一些零散货物，诸如搬家货物等也常采用这种作业方法；长大笨重货物、不宜集装的危险货物以及行包等仍然采用单件作业法。

单件作业依作业环境和工作条件可以采用人工作业法、机械化或半机械化作业法。在特定场所，有些像包裹那样的货物也可采用半自动化作业法，如采用自动或半自动控制的分拣传输设备进行有关作业。

（三）集装作业法

集装作业法是将货物集装化后再进行装卸作业的方法，包括以下 7 种方法。

1. 托盘作业法

托盘作业法是用托盘系列集装工具将货物形成成组货物单元，以便于采用叉车等设备实现装卸作业机械化的装卸作业方法。一些不宜采用平托盘的散件货物可采用笼式托盘形成成组货物单元，一些批量不很大的散装货物，如粮食、食糖、啤酒等可采用专用箱式托盘形成成组货物单元，再辅之以相应的装载机械、泵压设备等的配套，实现托盘作业法。

2. 集装箱作业法

集装箱的装卸作业通常采用垂直装卸法和水平装卸法进行，有的集装箱在货物堆场也可采用能力很大的集装箱叉车装卸。

垂直装卸法在港口可采用集装箱起重机，目前以跨运车应用为最广，但龙门起重机方式最有发展前途；在车站以轨行式龙门起重机方式为主，配以叉车较为经济合理，轮胎龙门起重机、跨运车方式、动臂起重机方式、侧面装卸机方式也较多采用。

水平装卸法在港口是以挂车和叉车为主要装卸设备；在车站主要采用叉车或平移装卸机的方式，在车辆与挂车间或车辆与平移装卸机间进行换装。

集装箱装卸作业的配套设施有：维修、清洗、动力、照明、监控、计量、信息和管理设施等。在工业发达国家集装箱堆场作业全自动化已付诸实施。

3. 框架作业法

管件以及各种易碎建材，如玻璃产品等，一般运用各种不同集装框架实现装卸机械化，以确保装卸质量，降低装卸过程中的损耗，提高装卸效率。框架通常采用木制或金属材料制作，要求有一定的刚度、韧性，质量较轻，以保护商品、方便装卸、有利运输作业。

4. 货捆作业法

货捆作业法是用捆装工具将散件货物组成一个货物单元，使其在物流过程中保持不变，从而能与其他机械设备配合，实现装卸作业机械化。木材、建材、金属之类货物最适于采用货捆作业法。带有与各种货捆配套的专用吊具的门式起重机和悬臂式起重机是货捆作业法的主要装卸机械，叉车、侧叉车、跨车等是配套的搬运机械。

5. 滑板作业法

滑板是用纸板、纤维板、塑料板或金属板制成，与托盘尺寸一致的、带有翼板的平板，用以盛放货物组成的搬运单元。与其匹配的装卸作业机械是带推拉器的叉车。叉货时推拉器的钳口夹住滑板的翼板（又称勾百或卷边），将货物支上货叉，卸货时先对好位，然后叉车后退、推拉器前推，货物放置就位。滑板作业法虽具有托盘作业法的优点且占用作业场地少，但带推拉器的叉车较重、机动性较差，对货物包装与规格化的要求很高，否则，不易顺利作业。

6. 网袋作业法

将粉粒状货物装入多种合成纤维和人造纤维编织成的集装袋、将各种袋装货物装入多种合成纤维或人造纤维编织成的网、将各种块状货物装入用钢丝绳编成的网。这种先集装再进行装卸作业的方法称为网袋作业法。适于粉粒状货物、各种袋装货物、块状货物、粗杂物品的装卸作业。网袋集装工具体积小、自重轻，回送方便，可一次或多次使用。

7. 挂车作业法

挂车作业法是先将货物装到挂车里，然后将空车拖上或吊到铁路平板车上的装卸作业方法。通常将此作业完成后形成的运输组织方式称为背负式运输，是公铁联运的常用组织方式。

（四）散装作业法

散装货物装卸方法通常可分为重力法、倾翻法、机械法、气力输送法。

1. 重力法

重力法是利用货物的势能完成装卸作业的方法。它主要用于铁路运输，汽车也可利用这种装卸作业法。重力法装车设备有筒仓、溜槽、隧洞等几类。重力法卸车主要指底门开车或漏斗车在高架线或卸车坑道上自动开启车门、煤或矿石依靠重力自行流出的卸车方法。

2. 倾翻法

倾翻法是将运载工具的载货部分倾翻因而将货物卸出的方法。主要用于铁路敞车和自卸汽车的卸载方法，汽车一般是依靠液压机械装置顶起货厢实现卸载的。

3. 机械法

机械法是采用各种机械，使其工作机构直接作用于货物，如通过舀、抓、铲等作业方式达到装卸目的的方法。常用的机械有带式输送机、堆取料机、装船机、链斗装车机、单斗和多斗装载机、挖掘机及各种抓斗等。

在以上 3 种装卸作业法中，集装作业法和散装作业法都是随物流量增大而发展起来的，并与现代运输组织方式（如集装箱运输）、储存方式（如高层货架仓库）等相互联系，互为条件、互相促进、相互配合，加速了物流现代化进程。

三、装卸搬运的作业准则

（一）防止无效装卸

无效装卸的含义是消耗在有用货物必要装卸劳动之外的多余装卸劳动。具体反映在以下几个方面。

1. 过多的装卸次数

物流过程中，货损发生的主要环节是装卸环节，而在整个物流过程中，装卸作业又是反复进行的，从发生的频数讲，超过任何其他活动，过多的装卸次数必然导致损失的增加。从发生的费用看，一次装卸的费用相当于几十千米的运输费用，因此，每增加一次装卸，费用就会有较大比例的增加。此外，装卸又会大大减缓整个物流的速度，装卸又是降低物流速度的重要因素。

采用集装方式，进行多式联运，能够有效地避免对于单件货物的反复装卸搬运处理，是防止无效装卸成功的办法。

2. 过大的包装装卸

包装过大过重，在装卸时实际上反复在包装上消耗较大的劳动，这一消耗不是必需的，因而形成无效劳动。

3. 无效物质的装卸

进入物流过程的货物，有时混杂着没有使用价值或对用户而言使用价值不对路的各种掺杂物，如煤炭中的矸石、矿石中的水分、石灰中的未烧熟石灰及过烧石灰等。在反复装卸时，实际对这些无效物质反复消耗劳动，因而形成无效装卸。

由此可见，装卸搬运如能防止上述无效装卸，则大大节约装卸劳动，使装卸合理化。

（二）充分利用重力和消除重力影响，进行少消耗的装卸

在装卸时考虑重力因素，可以利用货物本身的重量，进行有一定落差的装卸，以减少或根本不消耗装卸的动力，这是合理化装卸的重要方式。例如，从卡车、铁路货车卸物时，利用卡车与地面或小搬运动作之间的高度差，使用溜槽、溜板之类的简单工具，可以依靠货物本身重量，从高处自动滑到低处。这就无须消耗动力。

在装卸时尽量消除或削弱重力的影响，也会求得减轻体力劳动及其他劳动消耗的合理性。使货物平移，从甲工具转移到乙工具上，这就能有效消除重力影响，实现合理化。在人力装卸时，负重行走，要持续抵抗重力的影响，同时，还要行进，因而体力消耗很大，是出现疲劳的环节。所以，人力装卸时如果能配合简单机具，做到“持物不步行”，则可以大大减轻劳动量，做到合理化。

（三）充分利用机械，实现“规模装卸”

规模效益早已是大家所接受的。在装卸时也存在规模效益问题，主要表现在一次装卸量或连续装卸量要达到充分发挥机械最优效率的水准。为了更多降低单位装卸工作量的成本，对装卸机械而言，也有“规模”问题，装卸机械的能力达到一定规模，才会有最优效果。追求规模效益的方法，旨在通过各种集装实现间断装卸时一次操作的最合理装卸量，从而使单位装卸成本降低，也通过散装实现连续装卸的规模效益。

（四）提高“物”的装卸搬运活性

装卸搬运活性是指从物的静止状态转变为装卸搬运运动状态的难易程度。如果很容易转变为下一步的装卸搬运而不需过多做装卸搬运前的准备工作，则活性就高；如果难以转变为下一步的装卸搬运，则活性低。

为了对活性有所区别，并能有计划地提出活性要求，使每一步装卸搬运都能按一定活性要求进行操作，对于不同放置状态的货物作出不同的活性规定。“活性指数”就是标定活性的一种方法。

活性指数分为0～4共5个等级，如表8-1所示。

表 8－1　　活性指数

放置状态	需要进行的作业				活性指数
	整理	架箱	提起	拖运	
散放地上	需要	需要	需要	需要	0
置于一般容器	0	需要	需要	需要	1
集装化	0	0	需要	需要	2
无动力车	0	0	0	需要	3
动力车辆或传送带	0	0	0	0	4

由于装卸搬运是在物流过程中反复进行的活动，因而其速度可能决定整个物流速度，每次装卸搬运的时间缩短，多次装卸搬运的累计效果则十分可观。因此，提高装卸搬运活性对合理化而言是很重要的因素。

四、装卸搬运作业的组织工作

装卸作业组织工作应尽量通过运用现代装卸技术，组织工作水平高低，直接关系到装卸工作质量、装卸工作效率，对提高车辆生产率、加速车辆周转、确保物流效率有十分重要的作用。

（一）车辆装卸作业的时间构成

车辆因完成货物装卸作业所占用的时间，是车辆停歇时间的组成部分，称为车辆装卸作业停歇时间，它主要由以下几部分时间组成：

（1）车辆等待装卸作业的时间属于非生产性作业时间，它的时间长短取决于作业点的装卸能力、需要进行装卸作业的车辆数量及组织管理水平。如果装卸能力大于或等于需装卸作业车辆的工作量时，则车辆等待装卸时间一般不应当发生；只有当车辆到达很不均衡，某段时间内车辆过度集中时，才会使某段时间内装卸能力小于所需要进行装卸车辆数的工作量，从而出现车辆等待现象。装卸能力若小于需要进行装卸车辆数的工作量并达到一定程度时，不仅会产生严重的车辆等待装卸现象，甚至造成装卸作业现场产生混乱和阻塞现象，致使装卸作业无法进行。

（2）车辆进行调车、摘挂作业时间，取决于装卸场地及设施设计、布局的合理性，装卸作业线的排列与长度，车辆运行组织方式、进出口通道的完善程度等因素。对于装卸车辆数很多，涉及装卸设施、设备配备的装卸现场，可以用系统工程方法进行有关的规划与布局工作。

（3）装卸作业时间取决于货物的特性、形态，装卸机械化程度、装卸组织工作水平等因素。高效率的现代化装卸手段和装卸组织工作，能保证货物装卸质量、装卸效率以及减少装卸成本。缩短装卸作业时间，通常也缩短了车辆装卸货物的停歇时间。现代化装卸手段的配备与运用，必须注意与货物特性、形状以及运输车辆、承载器具等相匹配与协调。

（4）办理商务作业时间的长短，取决于承托双方业务上的协作、联系以及作业的繁简程度，与整个装卸组织中的工作程序设计也有很大关系。必须办理的商务手续，可采用平行作业法，即在车辆进行装卸作业的同时进行。此外，还应尽可能采用计算机或联网的在线综合信息系统进行处理。

（二）装卸作业的基本要求

1. 减少不必要装卸环节

从物流过程分析，装卸作业环节不仅不增加货物的价值和使用价值，反而有可能增加货物破损的可能性和相应的物流成本。系统地分析研究物流过程各个装卸作业环节的必要性，取消、合并装卸作业和次数，避免进行重复的或可进行也可不进行的装卸作业，这是减少不必要装卸环节的重要保证。

2. 提高装卸作业的连续性

必须进行的装卸作业应按流水作业原则运作，各工序间应密切衔接，必须进行的换装作业，也应尽可能采用直接换装方式。

3. 相对集中装卸地点

装载、卸货地点相对集中，可以提高装卸工作量，易于采用机械化作业方式。在货物堆场上，应将同类货物的作业集中在一起进行，以便于采用装卸作业的机械化、自动化作业。

4. 力求装卸设备、设施、工艺等标准化

为了促进物流各环节的协调，就要求装卸作业各工艺阶段间的工艺装备、设施、效率与组织管理工作相协调。装卸作业的工艺、装备、设施、货物单元或包装、运载工具、集装工具、信息处理等作业的标准化、系列化、通用化。这是装卸作业实现机械化、自动化的基本前提。

5. 提高货物集装化或散装化作业水平

成件货物集装化、粉粒状货物散装化是提高作业效率的重要方向。成件货物尽可能集装成托盘系列、集装箱、货捆、货架、网袋等货物单元再进行装卸作业。各种粉粒状货物尽可能采用散装化作业，直接装入专用车、船、库；不宜大量化的粉粒状货物也可装入专用托盘箱、集装箱内，提高货物活化指数，便于采用机械设备进行装卸作业。

6. 做好装卸现场组织工作

使装卸现场的作业场地、进出口通道、作业线长度、人机配置等布局设计合理，能使现有的和潜在的装卸能力充分发挥或发掘出来。避免由于组织管理工作不当造成装卸现场拥挤、阻塞、紊乱现象，确保装卸工作能够安全顺利地进行。

（三）装卸组织工作

公路货物运输组织工作要不断谋求提高装卸效率、加速车辆周转的方法，因此，除了

强化硬件手段的构成之外，在装卸工作组织方面也要予以充分重视。做好装卸组织工作，通常可采用3条途径：一是设计科学合理的装卸作业工艺；二是采用现代化的装卸机械设备；三是加强对人力、设备、工艺的组织。

1. 制订科学合理的装卸工艺方案

装卸作业是由货物、设备设施、劳动力、作业方法和信息工作等因素组成的整体。装卸工艺方案应该从物流系统角度分析制定与装卸作业有关的装卸作业定额，按组织装卸工作的要求分析工艺方案的优缺点，并加以完善。

货物装卸作业采用不同的工艺方案，对于车辆装卸作业、停歇时间会有很大影响。如“就近装卸”方法，即车辆到达卸车作业地点后，先就地卸货，待卸完货车离去后，再将卸下货物搬运至堆存地点；或事先将待装货物搬运至装货地点，车辆到达后可直接装车。这种情况在物品存放地点距装车地点或卸车地点较远且道路条件不便车辆通行时方可采用，但这种作业方法与“作业量最小”原则相违背。在进行装卸工艺方案设计时必须综合考虑，尽量减少“二次搬运”和“临时停放”，使搬运次数尽可能减少，这是装卸合理性的基础。

2. 加强装卸作业调度指挥工作

加强装卸作业调度指挥工作，对合理使用装卸机具、劳动力、提高装卸质量和效率有很大的关系。装卸调度员应根据货物信息、装卸设备的性质和数量、车辆到达时间，装卸点的装卸能力、装卸工人的技术专长和体力情况等合理调配组织。在装卸量大，装卸劳动力充沛、货物条件许可的情况下，可采用集中出车、一次接送装卸工作的方法。对于作业点分散的地区，可以划分装卸作业区，通过加强装卸调度工作，以减少装卸工人的运送调遣。

3. 加强和改善装卸劳动管理

制定各种装卸作业时间定额是加强和改善装卸劳动管理、提高装卸效率的重要手段。所谓装卸作业时间定额，是指在一定装卸技术组织条件下装卸不同品种单位质量货物所需要的作业时间。

一定装卸技术组织条件是指装卸车辆、装卸设备、装卸方法、装卸工人及技术水平、作业环境等因素。装卸作业时间定额要建立在先进合理的水平上，并要根据相关条件的变化，定期加以修订完善。

4. 加强现代通信系统应用水平

移动通信应用水平或固定通信系统应用水平对装卸作业组织工作有重要的影响。及时掌握车辆到达时间等有关信息，是减少车辆等待装卸作业时间的有效措施。应当根据有关技术条件的应用情况，建立车辆到达预报系统，根据车辆到达时间、车号、货物名称、收发单位等的报告，事先安排装卸机具和劳力，做好装卸前的准备工作，保证车到即可及时装卸。

5. 提高装卸机械化水平

要从物流系统的组织设计做起，使得车辆、装卸机具、仓库等移动设备、固定设备的设计合理，从而可以提高装卸质量、装卸效率、减少装卸成本。提高装卸机械化水平的同时，提高现代通信水平。这是做好装卸工作组织和做好物流工作的重要技术组织基础。

6. 应用数学方法改善装卸劳动力的组织工作

采用数学方法改善装卸劳动力的组织工作也是一种有效的途径。在短途运输的循环线路上，可应用数学方法安排装卸工人，采取既定点又随机的方式调度装卸劳动力。这个方法的原则是：当固定于某循环线路上的运行车辆数大于或等于装卸作业点数时，可根据各作业点所需装卸定员数派出，并进行定点作业，在上下班前后由车辆一次接送，而不采用随车装卸的办法；当固定于某循环线路上运行的车辆数小于装卸作业点时，可视各装卸作业点所需装卸定员数，根据由大到小（或由小到大）的顺序编号，再选择与派车数目相同（或选择派车数与作业点数差值）的编号数随车装卸。对某装卸作业点的定员人数与随车人数出现差额的情况，可再另向该装卸作业点派出与差额数相当的装卸工人定点予以补充。这种方法在循环线路较短、循环次数较多的情况下效果较为显著。

五、装卸搬运设备

（一）装卸搬运设备的分类

1. 按作业性质分

按装卸及搬运两种作业性质不同可分成装卸机械、搬运机械及装卸搬运机械3类。在这个领域中，有些机械功能比较单一，只满足装卸或搬运这一个功能，这种单一作业功能的机械有很大优点，即机械结构较简单，多余功能较少，专业化作业能力强，因而作业效率高，作业成本较低，但使用上受局限。有时候，从这种机械的单独操作看效率确实很高，但由于其功能单一，作业前后需要很烦锁的衔接，会降低系统的效率。

单一装卸功能的机械种类不多，手动葫芦最为典型，固定式吊车如卡车吊、悬臂吊等吊车虽然也有一定移动半径，也有一些搬运效果，但基本上还是看成单一功能的装卸机具。

单一功能的搬运机具种类较多，如各种搬运车、手推车及斗式、刮板式输送机之外的各种输送机等。

物流科学很注重装卸、搬运两功能兼具的机具，这种机具可将两种作业操作合二为一，因而有较好的系统效果。属于这类机具的最主要的是叉车，港口中用的跨运车、车站用的龙门吊以及气力装卸输送设备等。

2. 按机具工作原理分

可分为叉车类、吊车类、输送机类、作业车类和管道输送设备类。①叉车类，包括各种通用和专用叉车；②吊车类，包括门式、桥式、履带式、汽车式、岸壁式、巷道式各种吊车；③输送机类，包括辊式、轮式、皮带式、链式、悬挂式等各种输送机；④作业车类，包括手车、手推车、搬运车、无人搬运车、台车等各种作业车辆；⑤管道输送设备类，液体、粉体的装卸搬运一体化的由泵、管道为主体的一类设备。

3. 按有无动力分

以此法可分为 3 类：①重力式装卸输送机，有辊式、滚轮式等输送机属于此类；②动式装卸搬运机具，又有内燃式及电动式两种，大多数装卸搬运机具属于此类；③人力式装卸搬运机具，用人力操作作业，主要是小型机具和手动叉车、手车、手推车、手动升降平台等。

（二）装卸搬运设备的选择

1. 以满足现场作业为前提

装卸机械首先要符合现场作业的性质和货物特点、特性要求，如在有铁路专用线的车站、仓库等，可选择门式起重机；在库房内可选择桥式起重机；在使用托盘和集装箱作业的生产条件下，可尽量选择叉车以至跨载起重机。机械的作业能力（吨位）与现场作业量之间要形成最佳的配合状态。影响物流现场装卸作业量的最基本因素是吞吐量，还要考虑堆码、卸垛作业量、装卸作业的高峰量等因素的影响。装卸机械吨位的具体确定，应对现场要求进行周密的计算、分析。在能完成同样作业效能的前提下，应选择性能好、节省能源、便于维修、利于配套、成本较低的装卸机械。

2. 控制作业费用

装卸机械作业发生的费用主要有设备投资额、运营费用和装卸作业成本等项。其中，设备投资额是平均每年机械设备投资的总和（包括购置费用、安装费用和直接相关的附属设备费用）与相应的每台机械在一年内完成装卸作业量的比值；装卸机械的运营费用是指某种机械一年运营总支出（包括维修费用、劳动工资、动力消耗、照明等项）和机械完成装卸量的比值；装卸作业成本是指在某一物流作业现场，机械每装卸一吨货物所支出的费用，即每年平均设备投资支出和运营支出的总和与每年装卸机械作业现场完成的装卸总吨数之比。

3. 装卸搬运机械的配套

装卸搬运机械的配套是指根据现场作业性质、运送形式、速度、搬运距离等要求，合理选择不同类型的相关设备。主要包括要克服各种机械自身的弱点，使多台装卸机械在生产作业区内能够有效衔接；设备吨位要相互匹配，便于发挥出每台设备的最大能力；合理安排运行距离，缩短总的物流作业时间等内容。

装卸机械配套的方法是按装卸作业量和被装卸物资的种类进行机械配套，在确定各种机械生产能力的基础上，按每年装卸 1 万吨货物需要的机械台数和每台机械所担任装卸货物的种类及每年完成装卸货物的吨数进行配套。这方面有具体的计算公式，可以查阅有关设计手册和物流手册。此外，还可以采用线性规划方法设计装卸作业机械的配套方案，即根据装卸作业现场的要求，列出数个线性不等式，并确定目标函数，然后求出最优的各种设备台数。

（三）装卸搬运设备的运用

装卸搬运设备可以提高作业效率，但系统的设计配置不是越先进越好，必须根据物流管理的基本目标，即以最低成本、最好的服务质量配置。

1. 选择设备

（1）设备配置的基本要求。虽然物流系统的具体形态千差万别，使用的设备也不一样，但是，物流管理的基本目的是一致的，在设备配置方面具有以下一些共同的要求：①选取的作业设备尽可能合乎标准；②尽可能把资金投在移动货物的设备上，而不是投在固定不动的设备上；③设备性能必须能满足系统要求，以保证设备的使用率，不让设备闲置；④选取搬运设备时，应选净载重量与总重量之比尽可能大的设备。

（2）常见的机械搬运设备。机械化系统中搬运设备种类繁多，设备选择必须根据系统搬运功能的特点配备。现将主要的搬运设备的性能特点做简单介绍。

①叉车。叉车具有一副水平伸出的叉臂，叉臂可作上下移动。叉车具有装载货物的功能，并能携带货物作水平和垂直方向的移动。由于叉车在堆码、卸货作业和搬运、移动作业两方面都十分灵活便利，成为目前使用最广泛的装卸机械。叉车的类型很多，应根据货物的特征、货架的高度、库区的通道宽度合理选取。

叉车按构造可分成平衡重式、前移式和侧面叉式3种。叉车的动力有电动和内燃两种，内燃又有汽油和柴油之分，汽油车为2t以下的叉车，柴油车多数属于2t以上的叉车。

②电瓶车。这类运输工具以蓄电池为动力源，装载重量很小，1t左右。起动快而稳，无废气无噪声，操作简单，驾驶灵活，很适宜在库区内作短途运输，在我国使用比较广泛。缺点是运量小，在港口码头、货车月台等货物运输量大的场合，如果使用电瓶车，则运输效率会很低。

③牵引车。这种设备只有动力，没有装载能力。主要用于拖带货车或挂车，可作较长距离的运输，一台牵引车可拖很长一列挂车。

④挂车。这种设备自身没有动力，有一个载物平台，仅用于装载货物。载满货物的挂车连成一列后，由牵引车拖到目标库区。车列可长可短，可任意组合，十分灵活。缺点是需要大量人员参与，而且经常闲置，使用率低，不经济。比较适合运输量大而稳定的场合，如码头、铁路的中心货站、大型企业的原料仓库等。挂车必须和牵引车配套使用。

⑤输送机。这种设备有多种分类和多种形式，用于不同的场合。一般可按重力式、滚轴式、皮带式分类。动力都采用电力，经济方便。输送机被广泛用于短距离的出入库运输，它也是构成分拣系统的基本组成部分。这种运输设备可实现连续运输，效率非常高，只是在输送机两端有时需要人员看管，人力成本是很低的。

⑥回转货架。这种设备既是货架，可存储货物，又能作回转运动，起到运输的作用。回转货架主要为了方便货物分拣作业，由一系列的储物箱组成，可以在一个封闭的轨道上移动，通过移动把储物箱传送给分拣操作人员。因此，该系统可以减少人员走动的时间。回转货架有水平回转和垂直回转两种。

2. 装卸搬运的设备系统

（1）半自动化系统。物料处理的半自动化系统是指在机械化的基础上，在局部关键的作业面上采用自动化设备，以提高作业效率，一般在分拣、运输环节实现自动化。比较常用的自动化设备有计算机分拣设备、自动引导的搬运系统、机器人等。

①自动引导搬运车。自动引导搬运车的用途是库内运输，由控制机构和行驶机构组成一个自动化系统，称作 AGVS。它具有无人操作的特点，能自动定位和行走，需要在库内安装一套引导系统。典型的引导方式有光导和磁导两种。在光导系统中，库区地面的行车路径上装有发光装置，其发出的光束可引导搬运车行驶到指定的位置。在磁导系统中，路径地面上安装有磁性物体，靠磁场来引导搬运车行驶。由于省去了驾驶员，人工成本可以减少。

②自动分拣设备。是受到自动控制的一套机械分拣装置，由接受分拣指令的控制装置、把到达分拣位置的货物取出的搬送装置、在分拣位置把货物分送的分支装置和在分拣位置存放货物的暂存装置等组成。分拣作业只需通过键盘向控制装置输入分拣指令，其余的全部由机械装置执行完成。目前比较常用的分拣控制技术是扫描识别技术，在货物的固定位置上贴有某种标识，货物到达分拣位置，扫描仪对标识扫描识别，然后按事先设定的程序操作，使货物按指定路线运到指定的位置。采用自动分拣装置使分拣处理能力提高，分类数量比较大，准确率也大大提高。

③机器人。机器人是安装有微型电脑，能按编程指令自动完成一系列动作的机械。仓库中的作业具有多样性，要求机器人具有识别和判断功能，还需要具备一些简单的决策功能。在物料处理系统中，机器人主要用于货物分类、成组载荷。在分类作业中，机器人能够记忆位置、识别垛形，把指定位置的货物取出后放到输送机上。在成组作业中，机器人能够按成组要求，把有关的货物集中到一起，甚至装箱打包。

使用机器人的另外一个理由是，在恶劣环境中，如高温、冷藏、有毒气体等会危害人员身体健康的场合，可由机器人替代人工作业。

机器人的最大优点是操作的准确率和高速度，在自动化分拣作业中起着重要作用。

④活动货架。货架用于存放货物，而设计活动货架的目的是为了让存有货物的货架移动到分拣位置，将存储功能与运输功能结合在一起，可以减少人力消耗。活动货架的工作原理是尽可能地利用物料重力产生一个滑动力，使物料自动向前移动。所以，活动货架都设计成后部高于前部，货物从后部装入，逐步向前移动。这对于先进先出的库存管理是非常有利的。也有将滚轴输送机设计成活动货架，工作时使后部抬高。

（2）自动化系统。随着仓库规模的扩大、库存品种与库存量的不断增大，为了减轻劳动强度，降低误差率，近几十年来，库区作业的自动化程度越来越高。当库区的物料处理的全部功能都实现自动作业，并且各作业环节相互连成一体，从入库到出库在整体上实现自动控制时，这样的物料处理系统称为自动化系统。自动化的优势来自于应用大量的自动化设备。大量使用电子计算机，需要大量的投资和配备专门的技术人才。它的缺点也是十分明显的，主要是投资额大，开发和应用技术比较复杂，维护工作难度高。

①自动化分拣系统。在自动化系统中，使分拣作业实现自动化是关键步骤。在以往的半自动化系统中，分拣后的暂存装置，在不同的作业环节交接处仍使用人工处理方式，特别是货物的输入、输出环节还是靠大量的人力劳动。而现代自动化分拣系统与半自动化系

统不同的是，它需要把分拣作业前后的作业连接起来，并实现自动作业，从收到货物，接受处理，到出库装车，整个过程实现自动化。

自动分拣装置的控制方式。控制的目的是为了把货物按要求分拣出来，并送到指定地点。通常需要把分拣的指示信息记忆在货物或分拣机械上，当货物到达时，将其识别并挑出，再开动分支装置，让其分流。控制方式分为外部记忆和内部记忆两种。外部记忆是把分拣指示标记贴在分拣对象上，工作时用识别装置将其区分，然后作相应的操作；内部记忆是在自动分拣装置的搬送设备入口处设置控制盘，利用控制盘，操作者在货物上输入分拣指示信息，这个货物到达分拣位置时，分拣设备接收到信息，开启分支装置。控制方式的选择在决定全部分拣系统时是一个需要考虑的重要因素，对分拣系统的能力和成本有很大的影响。

自动分拣装置的分支方式。分支装置是将挑选出的货物移出主输送带，转入分支输送带，是自动分拣系统的一个重要装置。主要有以下几种方式。

a. 推出式。在输送机的侧面安装推出设备，分拣出的货物到达此位置后，设备将货物推离主输送带，并推入分支输送带。它不受货物包装形式的限制，瓦楞纸箱、袋装货物、木箱等均适宜这种方式。不过，太薄的货物、容易转动的货物、易碎的货物不宜采用这种方式。分拣能力越高，分支机械的冲击力也越大，此时必须注意对货物的损伤情况。

b. 浮出式。它是一种在主输送机的下方安装浮出式机构，工作时把货物托起并送入分支输送机的装置。在分送时，对货物的冲击力较小，适合分拣底部平坦的纸箱和用托盘装的轻、重货物，不能分拣很长的货物和底部不平的货物。

c. 倾斜式。它是在主输送机上装有分送装置，货物到达规定的分拣位置，分送装置动作，如分送装置转动一个角度或开放通路对货物分拣。自动分拣装置的分支方式很多，具体选择哪种形式，需要考虑以下几个因素才能决定：分拣对象的形状、体积、重量和数量；搬运的路线及变动性；单位时间内的处理能力；分拣的种类数；设备费用、占地面积、周围环境等条件。

②自动化高架仓库。高架仓库又称立体仓库或机械化仓库，由于货架很高，可以高达20m 以上，所以，在高架库中，从收货入库到出库装运全部实现自动化。此类仓库由货架、存取设备、输入输出系统、控制系统 4 个基本部分组成。

货架为钢结构，成排地放置在货架区，排与排之间由一条通道隔开，通道是专供装卸机械通行之用。主要的存取作业几乎都在通道中完成。

存取设备是高架仓库的专用装卸机械，有两个功能。第一，能在通道里作水平方向来回移动，它的作业臂能作垂直方向的上下移动，能把货物搬运到立体空间的某一指定位置。第二，它能在货架上存取货物。存取机有很高的高度，既要作水平方向快速移动，又要在垂直方向快速升降货物，需要一定的稳定性，所以，多数的存取机需要在地面上铺设引导装置。仓库一般配备多台存取机供使用。如果需要将货物在不同的通道之间运送，存取机是无法执行的，这时要靠转运车完成，专用的转运车总是配备在通道的一端，但并不是每个高架仓库都作通道之间的转运，这需视系统需要而定。

输入输出系统担当高架仓库与外部联系的职能，执行接收和发运货物的操作，与仓库的理货场地的设计有关。理货场地用于货物整理，如分拣、配货、货物的出入库作业等，是介于高架存储区与系统外部的中间地带，与存储区域相接。货物接收后，卸在理货场上，需要以最快的速度处理完毕，存入库位。为了充分利用存取设备，要求卸货区和分拣操作能够为每个通道提供足够的货物。反之，由通道运出的货物要立即分散到理货场所。为此，需要设计一个灵活高效的搬运系统，承担存储区和理货场地之间的运输任务。

控制系统其实就是一个信息管理系统，由电脑实现控制。除了信息接收、处理、存储外，还需要执行决策和产生作业指令，以控制设备的运行状态。在仓库的输入输出工作进行的同时，所有的工作文件也正在完成。高架仓库是一个完全意义上的全自动物料处理系统。

第三节　流通加工

一、流通加工的概念

在《物流术语》中，流通加工（Distribution Processing）是指物品在从生产地到使用地的过程中根据需要施加包装、分割、计量、分拣、刷标志、拴标签、组装等简单作业的总称。

作为物流基本作业活动之一的流通加工，是在流通过程中进行的加工活动，是为了流通、运输、储存、销售、用户以及物资充分利用、综合利用而进行的加工活动。

流通与加工的概念本属于不同范畴。加工是改变物质的形状和性质、形成一定产品的活动；而流通则是改变物质的空间状态与时间状态。流通加工则是为了弥补生产过程加工不足，更有效地满足用户或本企业的需要，使产需双方更好的衔接，将这些加工活动放在物流过程中完成，而成为物流的一个组成部分。

流通加工是生产加工在流通领域中的延伸，也可以看成是流通领域为了更好地服务，在职能方面的扩大。流通加工和一般生产加工相比较，在加工方法、加工组织、生产管理方面无显著区别，但在加工对象、加工程度方面差别较大。其差别主要表现在以下 4 个方面：

（一）加工目的不同

流通加工的目的主要是为了方便流通、运输、储存、销售、用户和物资充分利用、综合利用；而生产加工的目的在于创造物资的使用价值，使其能成为人们所需要的商品。

（二）加工对象不同

流通加工的对象是进入流通过程的商品，包括各种原材料和成品，具有商品的属性；而生产加工对象不是最终产品，而是原材料、零配件及半成品。

（三）加工内容不同

流通加工大多是简单加工，主要是解包分包、裁剪分割、组配集合、废物再生利用等；而生产加工一般是复杂加工。

（四）所处领域不同

流通加工处在流通领域，由流通企业完成；而生产加工处在生产领域，由生产企业完成。

流通加工在生产加工和消费者之间，起着承上启下的作用。它是把分散的用户需求集中起来，使零星的作业集约化，作为广大终端用户的汇集点发挥作用。

二、流通加工的作用

流通加工丰富了生产加工的内容，对于用户、流通加工企业而言都具有积极的作用，主要体现在以下几个方面。

（一）方便流通、运输、储存、销售、用户

流通加工的主要目的就是对各方面都存在着方便性。如钢板裁剪，薄板厂生产出来的薄板为60t一卷，运输、吊装、储存都非常方便，但运到金属公司销售给用户时，有的用户只买几米。为了方便销售、方便用户，就需要金属公司用切板机将钢板切割、裁剪成适合用户需要的形状尺寸，用户买回去就可以直接使用，因此，钢板裁剪这种流通加工就起到了方便流通、运输、储存、销售、用户的作用。其他如钢筋或圆钢裁制成毛坯、木材锯板等都具有这样的作用。

（二）降低用户成本

对于用量小或临时需要的用户，自身缺乏进行高效率初级加工的能力，依靠流通加工可以使用户省去自己进行初级加工所需的机器设备的投资及人力，从而降低成本。目前，发展较快的初级加工有净菜加工、将水泥加工成生混凝土、将原木或板方材加工成门窗、冷拉钢筋及冲制异形零件、钢板预处理、整形、打孔等加工。

（三）提高生产效益和流通效益

生产和流通加工企业都可能在合理的流通加工中获得效益。采用流通加工，生产企业可以进行标准化、整包装生产，这样做既适应大批量生产的特点，提高生产效率，又节省包装费用和运输费用、降低成本；而流通企业可以促进销售，增加销售收入，提高流通效益。

（四）提高加工效率和设备利用率

建立集中加工点，可以采用效率高、技术先进、加工量大的专用机具和设备。这样做的好处，一是提高加工质量；二是提高设备利用率；三是提高加工效率。其结果是降低了加工费用及原材料成本。

（五）充分发挥各种输送手段的最高效率

不同输送手段的适用范围有所不同。从流通加工到消费环节这一阶段距离短，主要是利用汽车和其他小型车辆配送经过流通加工后的多规格、小批量、多用户的产品。这样，可以充分发挥各种输送手段的最高效率，加快输送速度，节省运力运费。

（六）可实现物资充分利用、综合利用，提高物资利用率

合理的流通加工可以实现物资的充分利用、综合利用，最大化的减少浪费，从而提高物资利用率。如与分散下料相比，集中下料可以优材优用、小材大用、合理套裁，具有明显地提高原材料利用率的效果。

三、流通加工的类型

根据不同的目的，流通加工具有不同的类型，主要包括以下几个方面。

（一）为保护产品的流通加工

为保护产品所进行的流通加工是指为了防止产品在运输、储存、装卸搬运、包装等过程中遭受损失，保护产品的使用价值，延长产品在生产和使用期间的寿命，采取稳固、改装、保鲜、冷冻、涂油等方式进行的加工。例如，水产品、蛋产品、肉产品的保鲜、保质的冷冻加工、防腐加工等；丝、麻、棉织品的防虫、防霉加工；木材的防腐朽、防干裂加工；煤炭的防高温自燃加工；水泥的防潮、防湿加工；金属材料的喷漆、涂防锈油等防锈蚀加工等。

（二）为满足多样化需求的流通加工

生产部门为了实现生产的规模效益，其产品往往不能完全满足顾客的需求。因此，为了满足顾客对产品多样化的需要，又要保证生产企业生产的高效率，可将生产出来的单一化、标准化的产品进行多样化的改制加工，即属于为适应多样化需要的流通加工。例如，对钢材卷板的舒展、剪切加工；平板玻璃按需要规格的开片加工；木材改制成枕木、方材、板材加工等。

（三）为方便消费、省力的流通加工

为方便消费、省力的流通加工主要是从顾客的角度出发，使得顾客在使用商品时可以

更为省力而进行的流通加工。例如，可以根据顾客需要将木材制成可直接投入使用的各种型材；将钢材定尺、定型，按要求下料；将水泥制成混凝土拌合料，使用时只需稍加搅拌即可使用等。流通加工也可以起到促进销售的作用。例如，将以保护商品为主的运输包装改换成以促进销售为主的销售包装，以起到吸引顾客、促进销售的作用；将蔬菜、肉类洗净切块以满足顾客要求等。目前，绝大多数的超市都有净菜加工这一加工区域，顾客购买后省去了自己洗净、分割的步骤，省时省力。

（四）为实现配送进行的流通加工

为实现配送进行的流通加工形式，是配送中心为了实现配送活动，更好地满足顾客的需要而对物资进行的加工。例如，混凝土搅拌车可根据客户的要求，把沙子、水泥、石子、水等各种不同材料按比例要求装入可旋转的罐中。在配送路途中、汽车边行驶边搅拌，到达施工现场后，混凝土已经均匀搅拌好，可直接投入使用。

（五）为提高物流效率、降低物流损失的流通加工

由于某些商品本身的形态比较特殊，使其在运输、装卸搬运过程中极易受损，并可能会给运输、储存过程带来不便，因此，需要进行适当的流通加工加以弥补，从而使物流各环节易于操作，提高物流效率，降低物流损失。例如，自行车在消费地区（例如超市）的装配加工可以防止整车运输的低效率和高损失；造纸用木材磨成木屑的流通加工，可极大提高运输工具的装载效率；集中煅烧熟料、分散磨制水泥的流通加工，可有效地防止水泥的运输损失，减少包装费用，也可以提高运输效率；石油气的液化加工，使很难输送的气态物转变为容易输送的液态物，从而提高物流效率。

（六）为衔接不同的输送方式、使物流更加合理的流通加工

为了衔接不同运输方式，有时需要在干线运输和支线运输的节点处设置流通加工环节，以有效解决干线运输大批量、低成本、长距离与末端运输多品种、少批量、多批次之间的衔接问题。以流通加工点为核心，在生产点与流通加工点之间可以形成大批量、定点运输的渠道，组织对多个用户的配送，也可以在流通加工点将大的运输包装转换为小的销售包装，从而有效衔接不同目的的运输方式。例如，散装水泥中转仓库把散装水泥装袋、将大规模散装水泥转化为小规模散装水泥的流通加工，就衔接了水泥厂大批量运输和工地小批量装运的需要之间的差异性问题，能最大化地发挥两种运输的效率。

（七）为提高产品利用率的流通加工

为提高产品利用率的流通加工主要体现了流通加工的综合利用、充分利用物资的作用。例如，钢材的集中下料可以合理下料、搭配套裁、减少边角余料，从而达到加工效率高、加工费用低的目的，并有效节约物资。猪肉和牛肉等在食品中心进行加工，将肉、骨分离，其中，肉只占65%左右，这样向零售店输送时就能大大提高输送效率。骨头则送往

饲料加工厂，制成骨粉加以利用。

（八）为弥补生产加工不足的流通加工

许多产品由于受到各种因素的限制，其在生产领域的加工只能进行到一定程度，而不能完全实现最终满足消费的加工结果。例如，木材如果在产地完成成材加工或制成木制品的话，就会给运输带来极大的困难，所以，在生产领域只能加工到圆木、板、方材这个程度，进一步的下料、切裁、处理等加工则由流通加工过程完成。

（九）为提高加工效率的流通加工

许多生产企业的初级加工由于数量有限，加工效率不高。而流通加工以集中加工的形式，解决了单个企业加工效率不高的问题。它以一家流通加工企业的集中加工代替了若干家生产企业的初级加工，促使行业的生产能力和水平有一定的提高。

（十）生产—流通一体化的流通加工

通过生产企业和流通企业的联合，或者生产企业涉足流通，或者流通企业涉足生产，形成的对生产与流通加工进行合理分工、合理规划、合理组织，统筹进行生产与流通加工的安排，这就是生产—流通一体化的流通加工形式。这种形式可以促成产品结构及产业结构的调整，充分发挥企业集团的经济技术优势，是目前流通加工领域的新形式。

四、常见的流通加工形式

前面介绍了流通加工的主要类型，但由于产品的种类不同，其性质、形状差异可能很大，因此，不同种类的产品的流通加工形式也会在操作工艺和方法上有所区别。这里再以几种常见产品的流通加工形式为例进一步作介绍。

（一）钢材的流通加工

钢材是使用范围广泛、消耗量大的原材料，按其形状进行划分，包括型材、板材、管材和钢丝四大类。各种钢材的长度、规格有时不完全适用于客户，如热轧厚钢板等板材最大交货长度可达7～12m，有的是成卷交货。对于使用钢板的用户，若采用单独剪板下料方式，设备闲置时间长、人力消耗大，那么采用集中剪板、集中下料方式，可以避免单独剪板下料的一些弱点，提高材料利用率。

钢材的流通加工大体上有如下几项内容。

（1）圆钢、角钢、扁钢、方钢等小型钢和部分管材的切割，线材的冷拉加工。

（2）薄钢板的剪切加工和带钢的平展、裁切加工。

（3）专用钢管的涂油和油漆加工。

剪板加工是在固定地点设置剪板机进行下料加工或设置种种切割设备将大规格钢板裁小，或切裁成毛坯，降低销售起点，便利用户。钢板剪板及下料的流通加工，可以选择加工方式，加工后钢材的晶体组织很少发生变化，可保证原来的交货状态，有利于进行高质量加工；加工精度高，可以减少废料、边角料，减少再进行机加工的切削量，既提高了再加工效率，又有利于减少消耗；由于集中加工可保证批量及生产的连续性，可以专门研究此项技术并采用先进设备，从而大幅度提高效率和降低成本；使用户能简化生产环节，提高生产水平。

除了保护性的涂油加工以外，钢材的流通加工都是在专门设计安装的设备上进行作业的。例如，钢板的剪切加工是在剪床（加工机械中的一种）上进行作业的；小型型材加工是借助于专用的切割设备和冷拉设备完成的。

一般情况下，钢材的流通加工是由设置在消费地区的加工中心在综合各用户需求和要求的基础上，采取集中下料的方式进行作业的。也有些分散性的钢材流通加工是由专业流通组织在摸清需求规律的基础上，分头去组织的。通常，是利用专门的设备将大规格的钢材切割（或剪切）成小尺寸的坯料，目的是便于零星用户购买钢材。

例如，汽车、冰箱、洗衣机等生产制造企业每天需要大量的钢板，除了大型汽车制造企业外，一般规模的生产企业如若自己单独剪切，难以解决因用料高峰和低谷的差异引起的设备忙闲不均和人员浪费问题，如果委托专业钢板剪切加工企业，可以解决这个矛盾。专业钢板剪切加工企业能够利用专业剪切设备，按照用户设计的规格尺寸和形状进行套裁加工，精度高、速度快、废料少、成本低；专业钢板剪切加工企业在国外数量很多，大部分由流通企业经营。这种流通加工企业不仅提供剪切加工服务和配送服务，还出售加工原材料和加工后的成品。

对钢材的流通加工可以提高加工精度，减少边角废料、减少消耗，也能提高再加工效益，可以增加加工批量、采用先进的设备，提高加工效率、降低成本，可以简化生产环节，提高生产水平，并有利于进行高质量的流通加工。

（二）木材的流通加工

木材的流通加工主要包括以下两项内容。

1. 集中开木下料

在流通加工点将原木锯截成各种规格锯材，同时将碎木、碎屑集中加工成各种规格板，甚至还可以进行打眼、凿孔等初级加工。过去用户直接使用原木不但加工复杂、加工场地大、加工设备多，更严重的是资源浪费大，木材的平均利用率不到50%，平均出材率不到40%。实行集中下料、按用户要求供应规格下料，可以使原木利用率提高到95%，出材率提高到72%左右，有相当好的经济效果。

2. 磨制木屑，压缩输送

木材是比重轻的物质，在运输时占有相当大的容积，往往使车船满装但不能满载，同时，装车、捆扎也比较困难。从林区外送的原木中有相当一部分是造纸材，美国采取在林木生产地就地将原木磨成木屑，然后压缩使之成为容重较大、容易装运的形状，之后运至靠近消费地的造纸厂，取得较好的效果。根据美国的经验，采取这种方法比直接运送原木节约 50%的运费。

（三）食品的流通加工

食品的流通加工主要包括以下几项内容。

1. 冷冻食品加工

对于易于腐败变质的食品，为了保鲜和便于装卸、运输，可以将其放置在低温环境中，例如放置在冷冻库中，采取低温的方式使其能够迅速冻结。鲜鱼、鲜肉等食品经常采用此法，简便易行。这种方式也用于某些流体商品、药品等。

2. 分装食品加工

生产企业在食品出厂时，为了运输、储存等方便，往往以较大规格、尺寸进行包装，然而消费者在购买时，通常数量相对较小。因此，为了便于销售，流通企业（或零售商）常常为了顾客选购方便重新包装食品。例如，将大包装食品改成小包装食品，将散装食品改成小包装食品。此法即为在流通领域进行的分装食品加工。

3. 分选食品加工

农副产品（如谷物、瓜果和一些经济作物等）的规格、质量情况差异较大，为获得一定规格的产品，采取人工或机械分选的方式加工称为分选加工。进一步说，为了分出产品的等级达到优质优价的目的，常常需要在产品流通的过程中挑选和划分产品。在实践中分选农副产品时，有时可以采取人工方式操作，但有时在数量较大时必须借助于机械进行作业（如分选谷物、果品等）。该法广泛用于果类、瓜类、谷物、棉毛原料等。

4. 精制食品加工

所谓的精制食品加工就是在农、牧、副、渔等产品的产地或销区设置加工点，按照方便消费的要求去除其无用部分，并将其洗净和分装的加工作业。例如，鱼的内脏、蔬菜的老叶和根须等均属于食用时的无用部分，在流通加工时甚至可以进行切分、洗净、分装等加工，可以分类销售。这类加工活动不但大大方便了消费者，而且提高了加工对象的价值和价格，进而会给经营者带来一定的利润。有时还可对加工的淘汰物进行综合利用。比如，鱼类的精制加工所剔除的内脏可以制某些药物或制饲料，鱼鳞可以制高级黏合剂，头尾可以制鱼粉等；蔬菜的加工剩余物可以制饲料、肥料等。

（四）煤炭的流通加工

1. 除矸加工

矸石是采煤过程和洗煤过程中排放的固体废物，是一种在成煤过程中与煤层伴生的含碳量较低、比煤坚硬的黑灰色岩石。

除矸加工是以提高煤炭纯度为目的的加工形式。矸石有一定发热量，煤炭混入一些矸石是允许的，也是较经济的，但在运力十分紧张的地区，要求充分利用运力，多运“纯物质”，少运矸石。在这种情况下，可以采用除矸的流通加工排除矸石。

2. 为管道输送的煤浆加工

煤炭的运输主要采用容器载运的方式，运输中损失浪费较大，又容易发生火灾。管道运输是近代刚刚兴起的一种先进物流技术，在流通的起始环节将煤炭磨成细粉，再用水调和成浆状，使之具备流动性，就可以像其他液体一样利用管道进行输送。这种输送方式连续稳定，而且速度也较快，是一种比较经济的运输方式。

3. 配煤加工

在使用（或消耗）煤炭比较集中的地区设置加工点，按照一定的配方（比例）将不同产地、不同质量的煤炭掺和在一起，从而向用户供应发热量适中的混合煤炭（俗称“配煤”）。这种作业称为配煤加工，也叫掺配加工。这种加工方式可以按需要发热量生产和供应燃料，防止热能浪费和“大材小用”，也防止发热量过小，不能满足使用要求。工业用煤经过配煤加工还可以起到便于计量控制、稳定生产过程的作用，在经济上和技术上都有价值。

4. 天然气、石油气等气体的液化加工

由于气体输送、保存都比较困难，天然气及石油气往往只好就地使用，如果当地资源充足而用不完，往往就地燃烧掉造成浪费和污染。两气的输送可以采用管道，但因投资大、输送距离有限，也受到制约。在产出地将天然气或石油气压缩到临界压力之上，使之由气体变成液体，就可用容器装运，使用时机动性较强。这是目前采用较多的方式。

（五）水泥的流通加工

水泥的流通加工主要有两项作业。

1. 水泥熟料的流通加工

水泥熟料的流通加工是指在需要长途运入水泥的地区，变运入成品水泥为运进熟料这种半成品，在该地区的流通加工点（磨细工厂）磨细，并根据当地资源和需要的情况掺入混合材料及外加剂，制成不同品种及标号的水泥供应给当地用户。这是水泥流通加工的重要形式之一。

水泥熟料的流通加工的优点主要有：可以省去添加剂的运力和运费；可以按照当地的实际需要掺加混合材料，更好地满足当地的实际需求，降低使用成本；容易以较低成本实现大批量、高效率的输送；可以大大降低水泥的输送损失；能更好地衔接产需，方便用户。

2. 集中搅拌混凝土

在搅拌站（流通加工点）按照一定的比例把粉末状水泥和砂、石等材料搅和在一起，制成混凝土。这是水泥加工的重要内容。

集中搅拌混凝土的优点主要有：将水泥的使用从小规模的分散形态改变为大规模的集中加工形态；可以采取准确的计量手段，选择最佳的工艺，提高混凝土的质量和生产效率，节约水泥；可以广泛采用现代科学技术和设备，提高混凝土质量和生产效率；可以集中搅拌设备，有利于提高搅拌设备的利用率，减少环境污染；在相同的生产条件下，能大幅度降低设备、设施、电力、人力等费用；可以减少加工据点，形成固定的供应渠道，实现大批量运输，使水泥的物流更加合理；有利于新技术的采用，简化工地的材料管理，节约施工用地等。

水泥的流通加工属于改变流通对象形状和性能的加工作业（如用水泥和其他建筑材料搅拌成混凝土的加工作业，使水泥由粉末变成了浆液；水泥熟料加工，其对象物由块状变成了粉末，并且水硬性能得到了表现）。这类产品的加工作业，一方面，为用户的生产建设提供了方便；另一方面，也减少了环境污染，节约了物资资源。例如，搅拌水泥作业可以大量使用散装水泥，而使用散装水泥则意味着可以降低袋装水泥在水泥总运量中所占的比例和减少水泥损失，最终可收到节约物资和节省运力的效果。

（六）机电产品的流通加工

机电产品指的是机械和电气设备的总和。具体包括：机械设备、电气设备、交通运输工具、电子产品、电器产品和仪器仪表等及其零部件、元器件。

有些机电产品（如自行车），采用整装（整体包装）、整运的办法流转和储备有一定的困难。即便能做到，也很不经济。主要原因是包装成本大、运输效率低（满装不能满载）、流通中损失严重。为了解决这方面的问题，在实践中，人们采用了生产散件（零配件）和包装、运输散件，在消费地点组装零件、配件的办法来组织部分机电产品流通。

上述组装散件（即零件和配件）的加工作业是机电产品流通加工的主要形式。其特点是：装配和技术要求不高，装配作业比较简单，零件装配成成品或半成品以后，不需要进行复杂的测试（或检验）即可进入消费领域。

机电产品的组装加工不但能够促进该类产品的流通，而且有益于进行批量生产。近几年，随着生产和流通的不断发展，流通领域内机电产品的组装加工也在我国广泛盛行了起来。

例如，为了运输方便，如铝制门窗框架、自行车、缝纫机等若在制造厂装配成完整的产品，在运输时将耗费很高的运输费用。一般都是把它们的零部件，如铝制门窗框架的杆材、自行车车架和车轮分别集中捆扎或装箱，到达销售地点或使用地点以后，再分别组装成成品，这样，既方便运输又经济。而作为加工活动的组装环节是在流通过程中完成的。

（七）平板玻璃的流通加工

平板玻璃是指未经其他加工的平板状玻璃制品，也称白片玻璃或净片玻璃。平板玻璃是建筑玻璃中生产量最大、使用最多的一种，主要用于门窗，起采光（可见光透射比85%～90%）、围护、保温、隔声等作用，也是进一步加工成其他技术玻璃的原片。

平板玻璃流通加工的主要方式是“集中套裁、开片供应”。平板玻璃的运输货损率较高，玻璃运输的难度比较大。在消费比较集中的地区设置玻璃流通加工中心，按照客户的需要对平板玻璃进行套裁和开片，客户可直接将其安装到采光面。这样就可形成从工厂到套裁中心，再到客户的物流过程。这种方式的好处是：可以使玻璃的利用率从62%～

65%，提高到90%以上；可以节约大量包装用木材，而且可防止流通中大量破损；可以使用专用设备进行裁制，降低切裁玻璃劳动强度大；可以减少废玻璃数量，集中处理废玻璃；可以满足用户的个性化需要，提高服务水平。

五、流通加工合理化

流通加工合理化是指实现流通加工的最优配置，不仅做到避免各种不合理，使流通加工有存在的价值，而且达到最优的选择。

（一）不合理流通加工的表现形式

流通加工是在流通领域中进行的对生产的辅助性加工，从某种意义讲它不仅是生产过程的延续，而且实际是生产本身或生产工艺在流通领域的延续。这个延续可能有正、反两方面的作用，一方面，可能有效地起到补充完善的作用；另一方面，也必须估计到另一个可能性，即对整个过程的负效应。各种不合理的流通加工都会产生抵消效益的负效应。

几种不合理流通加工形式如下：

1. 流通加工地点设置不合理

流通加工地点设置即布局状况是整个流通加工是否有效的重要因素。一般而言，为衔接单品种大批量生产与多样化需求的流通加工，加工地设置在需求地区，才能实现大批量的干线运输与多品种末端配送的物流优势。

如果将流通加工地设置在生产所在地，其不合理之处在于：当产品需求多样化时，必然会出现由生产地向需求地的多品种、小批量的长距离运输，从而形成不合理运输。在生产地或接近生产地增加一个加工环节，同时，增加了近距离运输、装卸、储存等一系列物流活动。

所以，在这种情况下，不如由原生产单位完成这种加工而无须设置专门的流通加工环节。

通常，为方便物流的流通加工环节应设置在产出地，设置在进入社会物流之前。如果将其设置在物流之后，即设置在消费地，则不但不能解决物流问题，而且又在流通中增加了一个中转环节，因而也是不合理的。即使是产地或需求地设置流通加工的选择是正确的，还有流通加工在小地域范围的正确选址问题，如果处理不善，仍然会出现不合理。这种不合理主要表现在交通不便，流通加工与生产企业或用户之间距离较远，流通加工点的投资过高（如受选址的地价影响），加工点周围社会、环境条件不良等。

2. 流通加工方式选择不当

流通加工方式包括流通加工对象、流通加工技术、流通加工程度等。流通加工方式的确定实际上是与生产加工的合理分工。流通加工不是对生产加工的代替，而是一种补充和完善。分工不合理，本来应由生产加工完成的，却错误地由流通加工完成，本来应由流通加工完成的，却错误地由生产过程去完成，都会造成不合理。

一般而言，如果工艺复杂，技术装备要求较高，或加工可以由生产过程延续或可轻易解决时都不宜再设置流通加工点，尤其不宜与生产过程争夺技术要求较高、效益较高的最终生产环节，更不宜利用一个时期市场的压力使生产者变成初级加工或前期加工者。如果流通加工方式选择不当，就会出现与生产夺利的恶果。

3. 流通加工作用不大，形成多余的环节

如前所述，流通加工的主要作用就是为了形成方便性，但有时流通加工过于简单，或对生产及消费者作用都不大，甚至有时流通加工过于盲目，同样不能解决品种、规格、质量、包装等方面的问题，那么就等于实际增加了环节。这也是流通加工不合理的重要形式。

4. 流通加工成本过高，效益不好

流通加工之所以能够有生命力，重要优势之一是有较大的产出投入比，因而有效地起着补充完善的作用。如果流通加工成本过高，则不能实现以较低投入实现更高使用价值的目的。除了一些必需的，从政策要求出发即使亏损也应进行的加工外，如果流通加工成本过高，效益不好，都应看成是不合理的。

（二）流通加工合理化的措施

流通加工合理化的含义是指实现流通加工的最优配置，不仅要做到避免各种不合理，使流通加工有存在的价值，而且要做到最优的选择。

为避免各种不合理现象，对是否设置流通加工环节，在什么地点设置，选择什么类型的加工，采用什么样的技术装备等，都需要作出正确抉择。实现流通加工合理化主要考虑以下几方面。

1. 加工和配送结合

加工和配送结合是将流通加工设置在配送点中，一方面，按配送的需要进行加工；另一方面，加工又是配送业务流程中分货、拣货、配货中的一环，加工后的产品直接投入配货作业，这就无须单独在配送点之外设置一个加工的中间环节，使流通加工有别于独立的生产，而使流通加工与中转流通巧妙地结合在一起。同时，由于配送之前有加工，可使配送服务水平大大提高。这是对流通加工做合理选择的重要形式，在生活资料领域已经广泛地采用，在煤炭、水泥等产品的流通中也表现出较大的优势。

2. 加工和配套结合

在对配套要求较高的流通中，配套的主体来自各个生产单位。但是，完全配套有时无法全部依靠现有的生产单位，进行适当流通加工，可以有效促成配套，更有效地发挥流通的桥梁与纽带的作用。

3. 加工和合理运输结合

流通加工能有效衔接干线运输与支线运输，促进两种运输形式的合理化。利用流通加工，在支线运输转干线运输或干线运输转支线运输这本来就必须停顿的环节，不进行一般的支转干或干转支，而是按干线或支线运输合理的要求进行适当加工，从而大大提高运输及运输转载水平。

4. 加工和合理商流结合

通过加工有效促进销售，使商流合理化，也是流通加工合理化的考虑方向之一。加工和配送的结合，通过加工，提高了配送水平，强化了销售，是加工与合理商流相结合的一个成功的例证。此外，通过简单地改变包装加工，形成方便的购买量；通过组装加工解除用户使用前进行组装、调试的难处，都是有效促进商流的例子。

5. 加工和节约结合

节约能源、节约设备、节约人力、节约耗费是流通加工合理化重要的考虑因素，也是目前我国设置流通加工、考虑其合理化的较普遍形式。

6. 流通加工绿色化

流通加工具有较强的生产性，也是流通部门对环境保护可以大有作为的领域。绿色流通加工的途径主要有两个方面：一是变消费者分散加工为专业集中加工，以规模作业方式提高资源利用效率，可以减少环境污染。例如，餐饮服务业对食品的集中加工，从而减少家庭分散烹调所造成的能源和空气污染。二是集中处理消费品加工中产生的边角废料，以减少消费者分散加工所造成的废弃物污染。例如，流通部门对蔬菜的集中加工，可以减少居民分散垃圾丢放及相应的环境治理问题。

对于流通加工合理化的最终判断，要看其是否能实现社会的和企业本身的两个效益，而且是否取得了最优效益。对流通加工企业而言，与一般生产企业一个重要不同之处是，流通加工企业更应树立社会效益为第一观念，只有在补充完善为己任前提下才有生存的价值。如果只是追求企业的微观效益，不适当地进行加工，甚至与生产企业争利，这就有违流通加工的初衷，或者其本身已不属于流通加工范畴了。

第九章　物流信息系统

第一节　物流信息系统概述

一、物流信息系统的内容

（一）物流信息系统

为了实现现代物流的目的，物流企业必须利用信息技术，建立完善的物流信息系统（LIS）。LIS 作为企业信息系统中的一类，可以理解为通过对与物流相关信息的加工处理实现对物流、资金流的有效控制和管理，并为企业提供信息分析和决策支持的人机系统。它具有实时化、网络化、系统化、规模化、专业化、集成化、智能化等特点。LIS 以物流信息传递的标准化和实时化、存储的数字化、物流信息处理的计算机化等为基本内容。

从现代管理思想与理念以及全球经济的要求看，一个有核心竞争力的物流企业必须实施信息系统。从年亏损 200 多万元转变为年盈利 1000 多万元的沈阳公路主枢纽集团，其成功之处就在于找准了运输业引进高新技术的切入点，首先开发了“货源信息交易系统”，并通过这套系统建立了全国货源信息网；中国宝供物流企业集团公司正是因为信息技术的应用，在物流业率先引进和使用了先进的物流信息系统，使其将“为客户提供优质高效的服务”的愿望变成了现实，具有了竞争优势。

成功的实例表明，LIS 的应用可为传统的运输企业带来实效；降低空载率；提高对在途车辆的监控能力，有效保障货物安全；网上货运信息发布及网上下单，增加商业机会；无时空限制的客户查询功能，有效地满足客户对货物在运情况的跟踪监控，提高业务量；对各种资源的合理综合利用，降低运营成本。对传统仓储企业带来的实效表现在：提高配送能力和发货准确率；减少库存和短缺损耗；可降低劳动力成本，提高仓库空间利用率，提高生产力。

（二）物流信息系统中的信息技术

信息技术（IT）泛指能拓展人的信息处理能力的技术。目前主要包括传感、计算机、通信、控制技术等，它替代或辅助人们完成了对信息的检测、识别、变换、存储、传递、计算、提取、控制和利用。

传感技术扩展了人的感觉器官能力，主要完成对信息的识别、收集等。如企业货物管理中，货物入库时，将入库的货物搬到磅秤上、保管员抄磅秤数，然后将数据输入计算机中已经成为历史，现在有了汽车磅，当装载入库货物的汽车上了汽车磅后，入库数量一次被采集、输入计算机，从而既提高了数据的准确性、及时性，又减轻了劳动强度。

计算机技术以高速的计算能力以及“海量”的存储能力扩展人的大脑能力，包括计算、记忆能力，完成信息的加工、存储、检索、分析等。由于计算机的特点，使以前难以甚至无法解决的问题得以解决。如在库存信息处理方面，对时常需要的库存数据、图表，计算机很快给出结果，使及时补充库存、调整库存货物种类、减少冗余库存、合理安排运输路线和装运量、节约资源等方面都能得以有效的改进和提高。

通信技术则扩展人的神经系统能力，实现信息的传递。过去人们传递信息主要依靠口头书信、电话电报等方式。目前，国际互联网数据传输率最大的光纤主干网，其传输率可高达2500MB/s，相当于每秒传送110000页文本的信息量。以资金周转为例，在我国使用传统方法进行资金流通结算，国内一般需要一个星期，国际一般需要半个月左右，实现网络化后，国内国际的资金流通结算均可在24小时内完成。

信息技术发展和应用的一个重要标志是国际互联网（Internet）的形成、发展和应用。它能使各地互联的计算机充分共享资源（硬件、软件和数据），其商业化应用为拓展人的信息处理能力创造了一个世界范围内的虚拟空间。在企业内部，通过局域网的建设，企业的人、财、物、产、供、销等各部门之间都可以实现信息共享。这样可以降低企业内部沟通的时间和成本，使决策者能作出相对于全盘的统筹规划；在外部环境，网络技术把整个世界都展现在人们眼前，对整个企业工作流程进行全程动态实时跟踪，随时掌握最新的业务情况，所需的货物产品信息、客户情况、对手动态、行业动态、最新的政策法规及其他各方面的信息。这使整个企业运营快速高效、信息全面详尽，增加了企业对突发事件的反应能力。

根据物流的功能以及特点，物流信息技术主要包括条码及射频、计算机网络、多媒体、地理信息、全球卫星定位、自动化仓库管理、智能标签、信息交换、电子数据交换、数据库、数据仓库、数据挖掘、Web技术等。在这些信息技术的支撑下，形成了以移动通信、资源管理、监控调度管理、自动化仓储管理、业务管理、客户服务管理、财务处理等多种业务集成的一体化现代物流信息系统。

二、物流信息系统的构成

（一）物流信息系统的组成要素

从系统的观点出发，构成物流企业信息系统的主要要素有硬件、软件、数据库和数据仓库、相关人员以及企业管理制度与规范等。

1. 硬件

包括计算机、必要的通信设施等，如计算机主机、外存、打印机、服务器、通信电缆、通信设施等，是物流信息系统的物理设备、硬件资源，是实现物流信息系统的基础，构成系统运行的硬件平台。

2. 软件

在物流信息系统中，软件一般包括系统软件、实用软件和应用软件。

系统软件主要有操作系统（DOS）、网络操作系统（NOS）等，它控制、协调硬件资源，是物流信息系统必不可少的。

实用软件的种类很多，对于物流信息系统，主要有数据库管理系统（DBMS）、计算机语言、各种开发工具、国际互联网上的浏览器、群件等，主要用于开发应用软件、管理数据资源、实现通信等。

应用软件是面向问题的软件，与物流企业业务运作相关，实现辅助企业管理的功能。不同的企业可以根据应用的要求开发或购买软件。

通常，系统软件和实用软件由计算机厂商或专门的软件公司开发，它们构成物流信息系统开发和运行的软件平台，企业可在市场上配置和选购。系统软件种类较少，目前操作系统主要有磁盘操作系统（如 MS DOS）、GUI 操作系统（如 Windows 8、Windows 10、UNIX、Linux 等）。实用软件的特点是品种多、新软件产生的频率高、版本更新快，用户的选择余地较大。在市场上也有应用软件可供选购，如财务软件、进销存软件等。

3. 数据库与数据仓库

数据库与数据仓库用来存放与应用相关的数据，是实现辅助企业管理和支持决策的数据基础，目前大量的数据存放在数据库中。

随着国际互联网的深入应用、计算机安全技术、网络技术、通信技术等的发展，以及市场专业化分工与协作的深入，物流企业封闭式的经营模式将不断被打破，企业以及其客户之间将更密切地共享信息，因此，企业数据库的设计将面临采取集中、部分集中、分布式管理的决策。

随着物流信息系统应用的深入，采用数据挖掘技术的数据仓库也应运而生。

4. 相关人员

系统的开发涉及多方面的人员，是从事企业物流信息资源管理的专业人员。有专业人员，有领导，还有终端用户，如企业高层的领导、信息主管、中层管理人员、业务主管、业务人员、系统分析员、系统设计员、程序设计员、系统维护人员等不同的人员在物流信息系统开发过程中起着不同的作用。

随着数据库存储越来越多的企业运作相关数据（内部、外部），为满足企业决策的需要，信息分析人员将成为企业急需的人才。

5. 物流企业管理思想和理念、管理制度与规范流程、岗位制度

它是物流信息系统成功开发和运行的管理基础和保障，是构造物流信息系统模型的主要参考依据，制约着系统硬件平台的结构、系统计算模式、应用软件的功能。

（二）物流信息系统的总体结构

不同的物流企业，采取不同的管理理念，其物流信息系统的应用软件会不同。以机

械制造业为例，管理理念由库存控制、制造资源管理发展到企业资源管理，其业务层的企业信息系统应用软件随之发生了从MRP、MRPⅡ到ERP的变化，从注重内部效率的提高到注重客户服务，其业务层的企业信息系统应用软件从以财务为中心发展到以客户为中心。

物流信息系统的总体结构包括：①应用软件；②实用软件；③系统软件；④数据库；⑤管理思想与理念、管理制度及规范；⑥硬件。

三、物流信息系统的作用

物流管理信息系统（LMIS）是利用信息技术，通过信息流，将各种物流活动与某个一体化过程连接在一起的通道。物流系统中的相互衔接是通过信息予以沟通的，基本资源的调度也是通过信息共享实现的，因此，组织物流活动必须以信息为基本。为了使物流活动正常而有规律地进行，必须保证物流信息畅通。物流信息的网络化就是要将物流信息通过现代信息技术使其在企业内、企业间乃至全球达到共享的一种方式。

物流信息已经从“点”发展到“面”，以网络方式将物流企业的各部门、各物流企业、物流企业与生产企业和商业企业等联在一起，实现了社会性的各部门、各企业之间低成本的数据高速共享；从平面应用发展到立体应用，企业物流更好地与信息流和资金流综合，统一加工消除了部门间的冗余，实现了信息的可追溯性。

随着信息技术的发展，信息正日益被认为是一种战略资源，企业信息系统的作用与日俱增。从早期的数据管理，到现在的信息管理以及正在发展的知识管理，企业信息系统使企业面临一次又一次创新。

由于人工智能技术的深入、数据挖掘技术的发展、群件技术的运用、知识网络的建立，知识的采集、获取、整理、分析有了强有力的技术手段。企业知识管理系统和专家系统的建立标志着企业进入知识管理的阶段，知识管理是信息管理的新的更高的发展。

数据管理阶段信息技术应用的特点表现在计算机被当作打印机、笔记本，只是简单的用于事后记录数据。

信息管理阶段中信息系统的作用主要在于对信息的组织和利用，侧重于信息的收集、分析、整理与传递，企业业务流程控制等方面。

知识管理阶段则是对包括信息在内的所有智力资本进行综合决策并实施管理，核心是强调知识创新。知识管理的功能已由对信息物理属性的管理转变为对符合战略要求的决策支持；由基于内部的管理演化为兼顾内部与外部的管理；由以物为本的管理转变为以人为本的管理。知识管理阶段是信息管理阶段在广度上的拓展和进一步深化。与知识管理相比，信息管理只是其中的一部分。知识管理的目标是力图能够将最恰当的知识在最恰当的时间传递给最恰当的人，以便使其能够作出最好的决策。企业管理只有到达知识管理的阶段，才可能最充分发挥企业员工的聪明才智，极大地提高企业的核心竞争力。

四、物流信息系统的层次与网络

物流是物品从供应地向接收地的实体流动过程，是运输、储存、装卸、包装、流通加工、配送、信息处理等几个基本功能的有机结合。当前，国内对物流的研究，已从物流理论、物流技术等方面进行了大量的探讨和实践。然而，在具体的实践过程中，物流业却存在极大的地区性差异。有的发展迅速，如深圳特区、上海已把物流定位为21世纪支柱产业。但是，也有的从认识和实践上尚未有足够的重视，相当一部分地区的现状令人堪忧。

物资流通是支持社会扩大再生产的血脉，是一个跨行业、多部门、各种运动形式交集的活动。这些活动要求有一个有效的、完备的物流基础条件的支撑，这个基础条件即为物流信息网络平台。它涉及铁道、水运、公路、航空、仓库、场站、管理体制、信息水平等相关因素。对区域物流信息网络平台的构建，依靠市场的自发行为是不够的，将会造成重复、无序及资源浪费，需要地方政府及早统筹规划，依靠政策、管理和制度系统化地统筹构建一个协调发展、物畅其流的区域物流信息网络平台。

（一）区域物流信息网络平台构成要素及构建的原则

区域物流信息网络平台是物流的载体，是包括诸多因素的复杂网络体系，其建设需要从以下3个方面进行统筹规划、协调发展。首先，是基础设施类，包括机场、铁路、道路与航路网络、管道网络、仓库、物流中心、配送中心、站场、停车场、港口与码头、信息网络设施等。其次，是设备类，包括物流中心、配送中心内部的各种运输工具、装卸搬运机械、自动化作业设备、流通加工设备、信息处理设备及其他各种设备。最后，是标准类，如物流术语标准、托盘标准、包装标准、卡车标准、集装设备标准、货架标准、商品编码标准、商品质量标准、表格与单证标准、信息交换标准、仓库标准、作业标准等。

区域物流先进与否，从载体及其他基础设施状况可以清楚地看出来。经济发达的国家物流业是相当成熟的，其从事物流的基础设施已经非常完善。在发达国家，可以看见完善的高速公路系统、快速或者高速铁路系统、高密度的航空运输系统、宽阔的停车及装卸作业场所、大型自动化配送中心或物流中心，以及配送中心或物流中心中设置的高架立体仓库、自动分拣系统、自动导向车系统，有标准化的可流通托盘、发达的计算机信息系统、卫星通信系统、CIS系统等。这些都是高级物流阶段区域物流信息网络平台所应具备的物流设施环境。

区域物流信息网络平台的构建实际上是其各构成要素的项目建设。由于区域物流信息网络平台是一个复杂的经济系统，涉及诸多因素，实现统筹管理相当不易，应在服务于战略规划的基础上逐个项目实施。因此，在构建区域物流平台的过程中，需要遵循以下几个方面原则。

1. 统一原则

强调参与现代物流的各部门、各环节之间从适应物流需要出发，统一设备规格、技术性能、信息标准。

2. 协调原则

强调组织物流的各部门及运输、储存、装卸、包装、流通加工、配送、信息处理各环节的运输过程中，必须加强信息交流，在时间、空间上互相衔接。

3. 物流信息网络平台的兼容性原则

区域物流平台的构建，是结合区域经济优势及其发展特点进行的，区域间的市场经济的互补性决定了区域间物流信息网络平台应有较好的兼容性。

4. 整体效能原则

区域物流信息网络平台作为一个系统化、一体化的物流支持体系，其优劣应以整体效能为评价标准，应在保证整体效能最大化的前提下，追求各子系统的最大利益。这就要求在发展过程中，统筹兼顾，协调发展。因此，需要把握主要矛盾，解决好物流信息网络平台中各相关环节的瓶颈问题。

5. 前瞻性原则

硬件基础设施建设应有相对的前瞻性，即适度超前铁路、公路、场站、码头、仓库等硬件基础设施属固定物，其建设具有阶段性。在当前的建设中，都应依据规划超前建设。

（二）物流信息网络平台的主要功能模块

1. 物流网框架

用于提供一个具有延展性的平台，让使用者可以通过互联网，进入物流网进行作业。系统管理者亦可通过系统管理功能模块进行系统设定、基础数据维护等。

2. 物流网网页内容

为物流网会员提供多元化物流信息，包括物流的政策法规、最新信息发布、专家咨询及常见问题解答等。

3. 仓库管理

仓库管理功能包括货物入库、上架、补货、拣货、出货、盘点及账务处理。

4. 多仓管理

物流网应用平台上可同时管理多个仓库，包括入出库、调拨、调整、账务查询等功能；并可与运输管理集成，实现储运一体的目标。

5. 会员管理

为物流信息网络平台的会员提供注册、登录、基本资料维护及管理功能。

6. 产品目录管理

提供储运品的基本资料维护及管理，供仓库管理及运输管理使用。

7. 运输管理

为货主、承运人、物流业者提供货物运输的执行、监控、追踪功能，如运务需求提交、运费管理、装载处理及运输状态更新等。

8. 合约议定

货主可通过物流信息网络平台将需求发送给特定的物流业者。这些信息包括区段、数量、载具、服务水平等。被选定的物流业者，可以就自身的专长、能力或策略提出竞价，并将可整合议定的结果，作为运输管理系统的费率数据。

9. 合约生成

为物流信息网络平台的会员提供各种合约模板，并可在网上完成合约制作与下载处理。

10. 要车计划

供货主在互联网上提交铁路、公路、水路和航空的要车计划申请。

（三）物流信息网络平台的主要作业流程

1. 物流网运营模式

物流网运营模式为 3 层架构：中央（物流中心）、区域中心、网点。物流中心采用集中管理方式，负责全范围内的物流管理；区域中心负责一个区域范围内的物流运作信息处理，区域内各网点信息的收集、更新，接收并执行物流中心的指令；网点为仓库系统，实际执行物流的仓库作业，完成库存管理、补货、收货、发货等功能。

2. 新客户加盟

新客户/货主可利用物流信息网络平台的会员管理功能进行注册申请，经物流信息网络平台管理部门审核确认后，就可成为新会员。物流信息网络平台的会员可利用产品目录管理功能，进行仓库货价的资料登录，此信息自动更新下层网点仓库系统，维持上下层资料的一致性。

3. 出入库/调整/调拨

客户/货主可通过多仓管理界面提交出库单、入库单、调整单、调拨单给下层仓库管理系统，所提交的出库单等经仓库作业人员审核确认后，由作业部门职工进行运输安排，提交给承运人。

4. 货物追踪/库存查询

客户/货主可以通过多仓管理系统对仓库中的货物进行查询，包括数量、储位等；承运人可通过运输管理系统将货物递送信息登录到系统；客户可利用运输管理系统进行货物追踪，掌握货物运送的动态信息。

5. 运输合约议价

客户与物流信息网络平台的业务人员可利用合约议定功能，进行运输合约费率询价、报价。

6. 合约生成

中央管理部门可根据业务需要，制定运输、仓储等合约模板，为业务部门与客户提供在线填写、制作并生成合约。

7. 要车计划

货主可以通过互联网提交要车计划申请，经审核批准后的要车计划，将接入铁路运输管理信息系统（TMIS）物流网与TMIS整合，进一步拓展和延伸物流网的功能。

8. 账务管理与查询

物流信息网络平台的财务部门与管理人员可在多仓管理系统中查询管理仓储与运输费用。

第二节　自动识别技术

一、自动识别技术的概念

自动识别技术是对数据自动识读且将数据自动输入计算机的重要方法和手段。它是以计算机技术和通信技术的发展为基础的综合性科学技术。自动识别技术近几年在全球范围内得到了迅猛发展，初步形成了一个包括条码技术、磁条（卡）技术、光学字符识别、射频技术、语音识别及视觉识别等集计算机、光、机电、通信技术为一体的高新技术学科。

当今信息社会离不开计算机，正是自动识别技术的崛起，提供了快速、准确地进行数据采集输入的有效手段，解决了计算机数据由人工输入速度慢、错误率高等造成的瓶颈，因而自动识别技术作为一种革命性的高新技术，正迅速为人们所接受。

二、常见的自动识别技术

（一）条码技术

提到自动识别技术必然要先提到条码，因为它在当今自动识别技术中占有重要地位。自动识别技术的形成过程是与条码的发明、使用和发展分不开的。

条码由一组规则排列的条、空和相应的字符组成，这种用条、空组成的数据编码可以供机器识读，而且很容易译成二进制数和十进制数。这些条和空可以有各种不同的组合方法，从而构成不同的图形符号，即各种符号体系，也称码制，适用于不同的场合。

目前，使用频率最高的几种码制是EAN、UPC、39码、交插25码和EAN128码。其中UPC条码主要用于北美地区。EAN条码是国际通用符号体系，它们是一种定长、无含义的条码，主要用于商品标识。EAN 128码是由国际物品编码协会和美国统一代码委员会联合开发、共同采用的一种特定的条码符号。它是一种连续型、非定长有含义的高密度代码，用以表示生产日期、批号、数量、规格、保质期、收货地等更多的商品信息。另有一些码制主要是适于某些特殊场合，如库德巴码用于血库、图书馆、包裹等的跟踪管理。

上述这些条码都是一维条码。由于条码应用领域的不断拓展，对一定面积上的条码信息密度和信息量提出了更高要求。为了更好地满足这种要求，一种新的条码编码形式——

二维条码便应运而生了，并且由于其容纳的信息种类和数量大而得到越来越广泛的运用。

（二）OCR——光学字符识别技术

光学字符识别（OCR），已有三十多年历史，近几年又出现了图像字符识别（ICR）和智能字符识别（ICR）。实际上这3种自动识别技术的基本原理大致相同。

OCR有3个重要的应用领域：办公自动化中的文本输入、邮件自动处理与自动获取文本过程相关的其他领域。这些领域包括：零售价格识读，订单数据输入，单证、支票和文件识读，微电路及小件产品的状态及批号特征识读等。由于在识别手迹特征方面的进展，目前正探索在手迹分析及鉴定签名方面的应用。

（三）磁条（卡）技术

磁条技术应用了物理学和磁力学的基本原理。对自动识别制造商而言，磁条就是把一层薄薄的由定向排列的铁性氧化粒子组成的材料（也称为涂料），用树脂黏合在一起并粘在诸如纸或塑料这样的非磁性基片上。

磁条技术的优点是数据可读写，即具有现场改变数据的能力；数据存储量大，便于使用，成本低廉；具有一定的数据安全性；能黏附于许多不同规格和形式的基材上。这些优点，使之在如信用卡、银行ATM卡、机票、公共汽车票、自动售货卡、会员卡、现金卡（如电话磁卡）等很多领域得到广泛应用。

（四）声音识别技术

声音识别技术的迅速发展以及高效可靠的应用软件的开发，使声音识别系统在很多方面得到了应用。这种系统可以用声音指令和应用特定短句实现“不用手”的数据采集，其最大特点就是不用手和眼睛，但比较容易受到噪声的干扰。

（五）视觉识别技术

视觉识别系统可以看作是这样的系统：它能获取视觉图像，而且通过一个特征抽取和分析的过程，能自动识别限定的标志、字符、编码结构，或可确切识别呈现在图像内的其他基础特征。

随着自动化的发展，视觉识别技术可与其他自动识别技术结合起来应用。

（六）射频识别技术（RFID）

射频识别技术的基本原理是电磁理论。射频系统的优点是不局限于视线，识别距离比光学系统远。射频识别卡具有读写能力，可携带大量数据，难以伪造。

射频识别技术适用的领域：物料跟踪、运载工具和货架识别等要求非接触数据采集和交换的场合，由于射频标签具有可读写能力，对于需要频繁改变数据内容的场合尤为适用。

射频识别系统的传送距离由许多因素决定，如传送频率、天线设计等。对于应用BF

识别的特定情况应考虑传送距离、工作频率、标签的数据容量、尺寸、重量、定位、响应速度及选择能力等。

（七）便携式数据终端（PDT）和射频通信（RF/DC）

PDT可把那些采集到的有用数据存储起来或传送至一个管理信息系统。把它与适当的扫描器相连，可有效地应用于许多自动识别系统中。便携式数据终端一般包括一个扫描器、一个体积小但功能很强并带有存储器的计算机、一个显示器和供人工输入的键盘。在只读存储器中装有常驻内存的操作系统，用于控制数据的采集和传送。PDT一般都是可编程的，允许编入一些应用软件。PDT存储器中的数据可随时通过射频通信技术传送到主计算机。操作时只要扫描位置标签，货架号码、产品数量就可输入到PDT中，再通过RF/DC技术把这些数据传送到计算机管理系统，就可以得到客户产品清单、发票、发运标签、该地所存产品代码和数量等。

（八）智能卡（Smart Card）

随着集成电路技术和计算机信息系统技术的全面发展，科学家们将具有处理能力和具有安全可靠、加密存储功能的集成电路芯片嵌装在一个与信用卡一样大小的基片中，组装成“集成电路卡”，国际上称为“Smart Card”，我国译为“智能卡”。其最大特点是具有独立的运算和存储功能，在无源情况下，数据也不会丢失，数据安全性和保密性都非常好，成本适中。智能卡与计算机系统相结合，可以方便地满足对各种各样信息的采集、传送、加密和管理的需要。它在国外的许多领域如银行、公路收费、水和煤气收费、海关车辆检查（使用射频卡，车辆通过时即已读写完毕）等方面都得到了广泛应用。

第三节　电子自动数据交换系统（EDI）

一、EDI的内容

（一）EDI的含义

EDI开始于20世纪60年代，是指商业贸易伙伴之间，将按标准、协议规范化和格式化的经济信息通过电子数据网络，在单位的计算机系统之间进行自动交换和处理。它是电子商业贸易的一种工具，将商业文件按统一的标准编制成计算机能识别和处理的数据格式，在计算机之间进行传输。

国际标准化组织（ISO）于1994年确认了EDI的技术定义：“根据商定的交易或电文数据的结构标准实施商业或行政交易从计算机到计算机的电子传输。”这表明EDI应用有特定的含义和条件。

（1）使用EDI的是交易的双方，是企业之间的文件传递，而非同一组织内的不同部门。

（2）交易双方传递的文件是特定的格式，采用的是报文标准，目前是联合国的UN/EDI-FACT。

（3）双方各有自己的计算机系统。

（4）双方的计算机（或计算机系统）能发送、接收并处理符合约定标准的交易电文的数据信息。

（5）双方计算机之间有网络通信系统，信息传输是通过该网络通信系统自动实现的。信息处理是由计算机自动进行的，无须人工干预、人为的介入。

所传输的数据是指交易双方互相传递的具备法律效力的文件资料，可以是各种商业单证，如订单、回执、发货通知、运单、装箱单、收据发票、保险单、进出口申报单、报税单、缴款单等，也可以是各种凭证，如进出口许可证、信用证、配额证、检疫证、商检证等。

EDI具有以下特性：

（1）数据的完整性、一致性、可靠性。

（2）安全性、容错性，贸易伙伴之间数据不间断交换，但主数据库中数据与设备不受损坏。

（3）扩充性，即使EDI处理信息有所增加，但系统扩充方便。

EDI已有多年的运行经验，被认为是20世纪60年代至80年代初的电子商务的初级形式。商业增值网络中心（VAN）服务安全可靠，贸易伙伴管理交易与确认仲裁技术成熟，在国际贸易、通关、交通运输、政府招标、公用事业中广泛应用。20世纪90年代基于Internet的EDI出现并发展迅速，EDI作为企业之间商业单证信息交换标准格式仍继续存在。Internet技术的发展，又为EDI推广应用特别是在中小企业的应用创造更好的条件。EDI与发展中的电子商务是电子信息技术的重要组成部分，它的广泛应用是现代信息社会的重要标志。因此，基于Internet将极大促进基于EDI的电子商务的发展。

（二）EDI的特点

EDI作为一种全球性的具有巨大商业价值的电子化贸易手段及工具，具有几个显著的特点。

1. 单证格式化

EDI传输的是企业间格式化的数据，如订购单、报价单、发票、货运单、装箱单、报关单等。这些信息都具有固定的格式与行业通用性。而信件、公函等非格式化的文件不属于EDI处理的范畴。

2. 报文标准化

EDI传输的报文符合国际标准或行业标准，这是计算机能自动处理的前提条件。目前最为广泛使用的EDI标准是：UN/EDIFACT（联合国标准EDI规则适用于行政管理、商贸、交通运输）和ANSIX.12（美国国家标准局特命标准化委员会第12工作组制定）。

3. 处理自动化

EDI 信息传递的路径是计算机到数据通信网络，再到商业伙伴的计算机，信息的最终用户是计算机应用系统，它自动处理传递来的信息。因此，这种数据交换是机—机，应用—应用，不需人工干预。

4. 软件结构化

EDI 功能软件由 5 个模块组成：用户界面模块、内部电子数据处理（Electronic Data Processing，EDP）接口模块、报文生成与处理模块、标准报文格式转换模块、通信模块。这 5 个模块功能分明、结构清晰，形成了 EDI 较为成熟的商业化软件。

5. 运作规范化

EDI 以报文的方式交换信息有其深刻的商贸背景，EDI 报文是目前商业化应用中最成熟、有效、规范的电子凭证之一，EDI 单证报文具有法律效力已被普遍接受。任何一个成熟、成功的 EDI 系统，均有相应的规范化环境作基础。如 EDI 存证系统、商贸伙伴的协议，管理法规与相应的配套措施方面，联合国贸法会制定了《电子贸易示范法草案》，国际海事委员会制定了《电子提单规则》，上海市制定了《上海市国际经贸电子数据交换管理规定》等。

二、EDI 技术实施程序

EDI 的实现过程就是用户将相关数据从自己的计算机信息系统传送到有关交易方的计算机信息系统的过程，该过程因用户应用系统及外部通信环境的差异而不同。在由 EDI 增值服务的条件下，这个过程分为以下几个步骤：

（1）发送方将要发送的数据从信息系统数据库中提取，转换成平面文件。

（2）将平面文件翻译为标准 EDI 报文，并组成 EDI 信件；接收方从 EDI 信箱收取信件。

（3）将 EDI 信件拆分并译成平面文件。

（4）将平面文件转换并送到接收方信息系统中进行处理。

由于 EDI 服务方式不同，平面转换和 EDI 翻译可在不同位置，包括用户端、EDI 增值中心或其他网络服务点进行，但基本步骤是相同的。

三、EDI 技术的应用要点

（一）仓储管理 EDI 系统设计

传统的贸易单证（泛指贸易的发货单，合同等）是将资料输入计算机处理，印成文件再邮寄传真，或人工投递到贸易对方，贸易对方需重复输入所接收的资料后进行处理。EDI 报文是结构化的数据，是按照标准进行格式化的。而 EDI 用户的电子数据处理（EDP）系统是不尽相同的数据库的数据格式，在报文送上网络前，必须译成标准的 EDI 文件格式，翻译软件是将无格式的数据文件，填到 EDI 报文的相应字段中而完成翻译工作的。这种无格式的数据文件称为平面文件，用户 EDP 系统的数据文件不是平面文件，而是格式不尽相同的数据库，因此，需要有一个映像程序作为用户数据库与翻译软件包的接口程序，把用户格式数据文件展开成平面文件。

同时，EDP 系统是 EDI 系统所必不可少的一个组成部分，EDP 所进行的是单位内部数据处理的计算机化，EDI 是单位之间数据交换计算机化。EDP 是实现 EDI 的基础和必要条件，没有 EDP 就没有 EDI 的自动处理，就无法实现 EDI 整体的经济效益，一个适用于 EDI 要求的 EDP 必须包括以下几个内容：

（1）检查订货单（发货单）并确认。

（2）货物存储、保养情况。

（3）各种文件、表格生成与转换。

（4）办理贸易审批、转运、保险、银行和海关手续。

通过现有数据通信网建立仓储管理 EDI 系统，并建立两个 EDI 服务中心，提供完备的邮箱管理、用户管理、报文语法检查管理、记账和审计追踪管理、用户请求管理、安全管理等多种功能。各仓储单位、用户的 EDI 系统通过 EDI 通信网连接 EDI 中心，收发业务报文，从而实现计划指标、购销合同、价格、运输单据、进出库单据等的电子传输。

报文格式生成和处理模块有两方面的作用，一是接收来自应用模块的信息，按照 EDI 标准生成订单、发票、合同及其他各种 EDI 报文单证，经格式转换模块处理后由通信模块传递给 EDI 中心；二是自动处理由其他 EDI 系统发来的 EDI 报文，按照不同的 EDI 报文类型，应用不同的过程进行处理，在处理过程中要与本单位 EDP 相互作用，获取必要的信息回应其他 EDI 系统，同时，将有关信息送往本单位 EDP 系统。

EDI 信息系统利用电子计算机与通信技术的结合，自动地在计算机之间以标准格式进行数据的传递和处理，从而可大大提高物流业的作业效率。目前，EDI 的应用在我国还处于起始阶段，EDI 信息系统仍然没有被开发和广泛使用，这样就制约了国际多式联运（铁、公、水等方式结合的运输）的发展。为此，应加快我国发展 EDI 信息系统的步伐，使物流管理水平尽快与国际接轨。

（二）EDI 在供应链管理过程中的应用

EDI 是一种信息管理或处理的有效手段，是对供应链上的信息流进行运作的有效方法。EDI 的目的是充分利用现有计算机及通信网络资源，提高贸易伙伴间通信的效益，降低成本。EDI 是供应链管理的主要信息手段之一，通过一致的交换标准使复杂的数据交换成为可能。最新开发的软件包、远程通信技术使 EDI 更为通用。EDI 技术的应用使供应链变得更加集成化，使供应链中的“物流、信息流、资金流”变得更加通畅、及时。

EDI 能清除职能部门间的障碍，不仅使信息在不同职能部门之间可靠、通畅地流通，而且能有效的减少低效工作和非增值业务。EDI 在采购订单、付款、预测等过程中的应用更是提高了客户机销售部门之间的沟通效率，保证了为用户提供高质量的产品和服务。将 EDI 和企业信息系统集成起来，显著提高了企业的经营管理水平。如 DEC 公司把 EDI 和

MRP 连接起来，使 MRP 系统电子化，公司库存因而减少了 80%，交货时间减少了 50%。通用电气公司通过采用 EDI，不仅提高了采购部门的工作效率，而且还节约了订货成本和人力成本。由于 EDI 技术的采用，上下游企业间的合作效率及准确率都得到了很大的提高。

第四节　电子自动订货系统（EOS）

一、EOS 系统的作用与应用

（一）电子自动订货系统

电子自动订货系统（Electric Ordering System，EOS）是零售业与批发业之间通过增值网或互联网和终端设备以在线联结方式将各种信息从订货到接单，用计算机进行处理的系统。

EOS 系统并非单个的零售店与单个的批发商组成的系统，而是由许多零售店与许多批发商组成的大系统的整体运作方式。EOS 系统基本上是在零售的终端利用条码阅读器获取准备采购的商品条码，并在终端机上输入订货资料；利用网络传到批发商的计算机中；批发商开出提货传票，并根据传票，同时开出拣货单，实施拣货，然后依据送货传票进行商品发货；送货传票上的资料便成为零售商的应付账款资料及批发商的应收账款资料，并接到应收账款的系统中去；零售商对送到的货物进行检验后，便可以陈列与销售了。

（二）EOS 系统给零售业带来的好处

1. 压低库存量

零售业可以通过 EOS 系统将商店所陈列的商品数量缩小到最小的限度，以便使有限的空间能陈列更多种类的商品，即使是销量较大的商品也无须很大的库房存放，可压低库存量，甚至做到无库存。商店工作人员在固定时间去巡视陈列架，将需补足的货物以最小的数量订购，在当天或隔天即可到货，不必一次订购很多。

2. 减少交货失误

EOS 系统订货是根据通用商品条码订货的，可做到准确无误。批发商将详细的订购资料用计算机处理，可以减少交货失误，迅速补充库存，若能避免交错货物或数量不足，那么，把对货物的检验由交货者来完成是十分可取的，零售商店只作抽样检验即可。

3. 改善订货业务

由于实施 EOS 系统，操作十分方便，无论任何人都可正确迅速地完成订货业务，并根据 EOS 系统可获得大量的有用信息，如订购的控制、批发订购的趋势、紧俏商品的趋势和其他信息等。若能将订货业务管理规范化，再根据 EOS 系统就可更加迅速准确地完成订货业务。

4. 建立商店综合管理系统

以 EOS 系统为中心确立商店的商品文件、货架系统管理、架位置管理、进货价格管理等，便可实施商店综合管理系统。如将所订购的商品资料存入计算机，再依据交货传票、修正订购与实际交货的出入部分，进行进货管理分析，可确定应付账款的管理系统等。

（三）EOS 系统给批发业带来的好处

1. 提高服务质量

EOS 系统满足了顾客对某种商品少量、多次的要求，缩短交货时间，能迅速、准确和廉价的出货、交货。EOS 系统提供准确无误的订货，减少了交错商品，减少了退货。计算机的库存管理系统可以正确、及时地将订单输入，并因出货资料的输入而达到正确的管理从而减少了缺货现象的出现，增加商品品种，为顾客提供商品咨询，共同使用 EOS 系统，使得零售业和批发业建立了良好的关系，做到业务上相互支持、相辅相成。

2. 建立高效的物流体系

EOS 系统的责任制避免了退货、缺货现象，缩短了交货时检验时间，可大幅度提高送货派车的效率，降低物流的成本。同时，可使批发业内部的各种管理系统化、规范化，大幅度降低批发业的成本。

3. 提高工作效率

实施 EOS 系统可以减轻体力劳动，减少事务性工作，减少以前专门派人去收订购单和登记、汇总等繁杂的手工劳动。以前，3 小时至半天的手工工作量，现在实施 EOS 系统后，几分钟即可完成。通常退货处理要比一般订货处理多花 5 倍的工时，实施 EOS 系统后，避免了退货，减少了繁杂的事务性工作。

4. 销售管理系统化

将销售系统与商店的综合管理系统一体化管理时，使销售信息的处理更加快捷，及时补货到位，保证了销售市场的稳定，大大提高了企业的经济效益。

（四）电子订货系统标准化和网络化

要实施 EOS 系统，必须完成系列的标准化准备工作。以日本 EOS 的发展为例，从 20 世纪 70 年代起即开始了包括对代码、传票、通信及网络传输的标准化研究，如商品的统一代码、企业的统一代码、传票的标准格式、通信程序的标准格式以及网络资料交换的标准格式等。在日本，许多中小零售商、批发商在各地设立了地区性的 VAN 网络，即成立区域性的 VAN 营运公司和地区性的咨询处理公司，为本地区的零售业服务，支持本地区的 EOS 系统的运行。在贸易流通中，常常是按商品的性质划分专业的，如食品、医药品、玩具、衣料等，形成了各个不同的专业。1975 年，日本各专业为了流通现代化的目标，分别制定了各自的标准，形成专业 VAN。目前已提供服务的有食品、日用杂货品、医药品等专业。

二、EOS系统的结构与流程

（一）EOS的系统结构

从商流的角度看电子订货系统，可以了解到批发和零售商、供货商、商业增值网络中心在商流中的角色和作用。

1. 批发、零售商

采购人员根据MIS系统提供的功能，收集并汇总各机构的要货的商品名称、要货数量，根据供货商的可供货源、供货价格、交货期限、供货商的信誉等资料，向指定的供货商下达采购指令。采购指令按照商业增值网络中心的标准格式进行填写，经商业增值网络中心提供的EDI格式转换系统而成为标准的EDI单证，经由通信界面将订货资料发送至商业增值网络中心，然后等待供货商发回的有关信息。

2. 商业增值网络中心

商业增值网络中心（VAN）不参与交易双方的交易活动，只提供用户连接界面，每当接收到用户发来的EDI单证时，自动进行EOS交易伙伴关系的核查，只有互有伙伴关系的双方才能进行交易，否则视为无效交易；确定有效交易关系后还必须进行EDI单证格式检查，只有交易双方均认可的单证格式，才能进行单证传递；对每一笔交易进行长期保存，供用户今后的查询或在交易双方发生贸易纠纷时，可以根据商业增值网络中心所储存的单证内容作为司法证据。

商业增值网络中心是共同的情报中心，是通过通信网络让不同的机种的计算机或各种连线终端相通，促进情报的收发更加便利的一种共同情报中心。实际上，在这个流通网络中，VAN也发挥了巨大的功能。VAN不单单是负责资料或情报的转换工作，也可与国内外其他地域的VAN相连并交换情报，从而扩大了客户资料交换的范围。

3. 供货商

根据商业增值网络中心转来的EDI单证，经商业增值网络中心提供的通信界面和EDI格式转换系统而成为一张标准的商品订单，根据订单内容和供货商的MIS系统提供的相关信息，供货商可及时安排出货，并将出货信息透过EDI传递给相应的批发、零售商，从而完成一次基本的订货作业。

当然，交易双方交换的信息不仅仅是订单和交货通知，而且包括订单更改、订单回复、变价通知、提单、对账通知、发票、退换货等许多信息。

（二）EOS业务流程

1. 销售订货业务过程

（1）各批发商、零售商或社会网点根据销售情况，确定所需货物的品种、数量，按照同体系商场根据实际网络情况，把补货需求通过增值网络中心或通过实时网络系统发送给总公司业务部门；不同体系商场或社会网点通过商业增值网络中心发出EOS订货需求。

（2）商业增值网络中心将收到的补货、订货需求资料发送至总公司业务管理部门。

（3）业务管理部门对收到的数据汇总处理后，通过商业增值网络中心向不同体系的商场或社会网点发送批发订单确认。

（4）不同体系的商场或社会网点从商业增值网络中心接收到批发订单确认信息。

（5）业务管理部门根据库存情况通过商业增值网络或实时网络系统向仓储中心发出配送通知。

（6）仓储中心根据接收到的配送通知安排商品配送，并将配送通知通过商业增值网络传送到客户。

（7）不同体系的商场或社会网点从商业增值网络中心接收到仓储中心对批发订单的配送通知。

（8）各批发商、零售商、仓储中心根据实际网络情况将每天进出货物的情况通过增值网络中心或通过实时网络系统，报送总公司业务管理部门，使业务部及时掌握商品库存数量，以合理控制库存；根据商品流转情况，做好合理商品结构等工作。

上述 8 个步骤组成了一个基本的电子批发、订货流程，通过这个流程，将某店与同体系商场（某店中非独立核算单位）、不同体系商场（某店中独立核算单位）和社会网点之间的商流、信息流结合在了一起。

2. 采购订货业务过程

可以将向供货商采购作业过程中的业务往来划分成以下几个步骤：

（1）业务管理部门根据仓储中心货物库存情况，向指定的供货商发出商品采购订单。

（2）商业增值网络中心将总公司业务管理部发出的采购单发送至指定的供货商处。

（3）指定的供货商在收到采购订货单后，根据订单的要求通过商业增值网络对采购订单加以确认。

（4）商业增值网络中心将供货商发来的采购订单确认发送至业务管理部门。

（5）业务管理部门根据供货商发来的采购订单确认，向仓储中心发送订货信息，以便仓储中心安排检验和仓储空间。

（6）供货商根据采购单的要求，安排发运货物，并在向总公司交运货物之前，通过商业增值网络中心向仓储中心发送交货通知。

（7）仓储中心根据供货商发来的交货通知安排商品检验并安排仓库、库位或根据配送要求进行备货。

上述 7 个步骤组成了一个基本的采购订货流程，通过这个流程，将某店供货商之间的商流、信息流结合在一起。

三、EOS 的实施要点

（一）物流作业过程

物流作业流程将供货商发运作业过程中的业务往来划分成以下几个步骤。

（1）供货商根据采购合同要求将发货单通过商业增值网络中心发给仓储中心。

（2）仓储中心对接收到商业增值网络中心传来的发货单进行综合处理，或要求供货商送货至仓储中心或发送至各批发、零售商场。

（3）仓储中心将送货要求发送给供货商。

（4）供货商根据接收到的送货要求进行综合处理，然后根据送货要求将货物送至指定地点。

上述 4 个步骤完成了一个基本的物流作业流程，通过这个流程，将物流与信息流牢牢地结合在了一起。

（二）仓储作业过程

企业（采购部）向供应商发出订购单，供应商接单后按订购单上商品和数量组织货源，并按订购单指定地点送货，可以向多个仓库送货，也可直接送到指定的商店。下面分析供应商把货物送到某一仓库后发生的物品流动全过程。货物送到某仓库（送/收货单）后，一般卸在指定的进货区，在进货区对新进入的货物进行货物验收手续，验收合格的商品办入库手续，填写收验/入库单（商品名、数量、存放位置等信息），然后送入指定的正品存放区的库位中，正品存放区的商品是可供配送的，这时总库存量增加；对验收不合格的商品，填写退货单，并登录在册，另行暂时存放，适时退给供货商并调换合格商品。调换回的商品同样有收/验/入库的过程。

当仓库收到配货中心配货清单后，按清单要求（商品名、数量、库位等）备货，验证正确出库待送。若是本地批发，按销货单配货发送，配送信息要及时反馈给配货中心，这时配货中心的总库存量减少，货物送交客户后，也有客户对货物验收过程。当客户发现货物包装破损、货物保质期已到、送交的货物与要求的货物不符等情况时，客户会退货（退库单），客户退货后配货中心要补货给客户，对退回的货物暂存待处理区，经检验后做处理，如完好的货物（错配退回）送回正品存放区（移转单），对质量和包装有问题的货物退回给供应商（退货单），过期和损坏的货物作报废处理（报废单）等，这一些货物处理的流动过程也影响到总库存量的变化，掌握和控制这些商品的流转过程也就有效地控制和掌握了总库存量。.

在库存的管理中也会发现某些商品因储运、移位而发生损伤，有些货物因周转慢使保质期即将到期等情况，这时应及时对这些货物作转移处理，移至待处理区（移转单），然后做相应的退货、报废、削价等处理，货物在此流动过程中也会使仓库的总库存量发生变化，因此，这些流动过程也必须在配货中心的掌握和控制之中。

配货中心掌握了逻辑上的货物总库存量和物理上的分库货物库存量，在配货过程中如果发现因配货的不平衡引起某仓库某货物库存告急，而另一仓库的货物仍有较大库存量时，配货中心可用库间商品调拨的方式（调拨单）调节各分库的商品库存量，满足各分库对商品的需求，增加各库配货能力，但并不增加总库存量，从而提高仓库空间和资金的利用率。

配货中心通过增值网还可掌握本系统中各主体商场、连锁超市的进销调存的商业动态信息。由于商场架构不同、所处区域不同，面对消费对象也不同，各商场动销的商品结构也不同。配货中心的计算机系统会对各商场的商品结构作动态的调整（内部调拨），从而达到降低销售库存，加速商品的流通，加快资金流转的目的，以较低的投入获得最高的收益。

在某店的配货中心系统中，货物的选配应是自动化和智能化的。这样便可降低配货过程的工作量，提高配货效率，提高正确配货率，合理配货的数量，减少货物库存数和库存资金，达到资源优化配置和资产存量盘活的目的。

第五节 全球定位系统（GPS）

一、GPS 技术概述

（一）GPS 的定义

全球定位系统（Global Positioning System，GPS）是利用导航卫星进行测时和测距，使地球上的任何用户都能确定自己所处的方位，是由一系列卫星组成的，它们 24h 提供高精度的世界范围的定位和导航信息。准确地说，它是由 24 颗沿距地球 12000km 高度的轨道运行的 NAVSTAR GPS 卫星组成，不停地发送回精确的时间和它们的位置。GPS 接收器同时收听 3～12 颗卫星的信号，从而判断地面上或接近地面的物体的位置，还有它们的移动速度和方向等。近十年来，我国测绘等部门使用 GPS 的经验表明，GPS 以全天候、高精度、自动化、高效益等显著特点，主要应用于大地测量、工程测量、航空摄影测量、运载工具导航和管制、地壳运动监测、工程变形监测、资源勘察、地球动力学等多种学科，从而给测绘领域带来一场深刻的技术革命。

GPS 采用的是全球性地心坐标系统，坐标原点为地球质量中心，利用高空轨道上运行的人造卫星所发射出来的信号，以三角测量原理计算出收信者在地球上的位置。

（二）GPS 的组成

GPS 系统主要包括三大部分：空间部分——GPS 卫星星座，地面控制部分——地面监控系统，用户设备部分——GPS 信号接收机。

（1）GPS 卫星星座。GPS 工作卫星及其星座由 21 颗工作卫星和 3 颗在轨备用卫星组成，记做（21＋3）GPS 星座。24 颗卫星均匀分布在 6 个轨道平面内，轨道倾角为 55°，各个轨道平面之间相距 60°，即轨道的升交点赤经各相差 60°。每个轨道平面内各颗卫星之间的升交角距相差 90°，一轨道平面上的卫星比西边相邻轨道平面上的相应卫星超前 30°。在两万公里高空的 GPS 卫星，当地球对恒星来说自转一周时，它们绕地球运行 2 周，即绕地球一周的时间为 12 恒星时。这样，对于地面观测者而言，每天将提前 4min 见到同一颗GPS卫星。位于地平线以上的卫星颗数随着时间和地点的不同而不同，最少可见到4颗，最多可见到11颗。在用GPS信号导航定位时，为了测算测站的三维坐标，必须观测4颗GPS卫星，称为定位星座。这4颗卫星在观测过程中的几何位置分布对定位精度有一定的影响。对于某地某时，甚至不能测得精确的点位坐标，这种时间段叫作“间隙段”。但是，这种时间间隙段是很短暂的，并不影响全球绝大多数地方的全天候、高精度、连续实时的导航定位测量。

（2）地面监控系统。对于导航定位而言，GPS卫星是一动态已知点。卫星的位置是依据卫星发射的星座——描述卫星运动及其轨道的参数算得的。每颗GPS卫星所播发的星历，是由地面监控系统提供的。卫星上的各种设备是否正常工作，以及卫星是否一直沿着预定轨道运行，都要由地面设备进行监测和控制。地面监控系统另一重要作用是保持各颗卫星处于同一时间标准——GPS时间系统。这就需要地面站监测各颗卫星的时间，求出时差。然后由地面注入站发给卫星，卫星再由导航电文发给用户设备。GPS工作卫星的地面监控系统包括1个主控站、3个注入站和5个监测站。

（3）GPS信号接收机。GPS信号接收机能够捕获到按一定卫星高度截止角所选择的待测卫星的信号，并跟踪这些卫星的运行，对所接收到的GPS信号进行变换、放大和处理，以便测量出GPS信号从卫星到接收机天线的传播时间，解译出GPS卫星所发送的导航电文，实时地计算出监测站的三维位置，甚至三维速度和时间。

二、GPS技术的应用

GPS广泛应用于铁路运输、军事物流、交通系统等领域，并对物流业的发展起着重要的推动作用。

（1）用于铁路运输管理。我国铁路开发的基于GPS的计算机管理信息系统，可以通过GPS和计算机网络实时收集全路列车、机车、车辆、集装箱及所运货物的动态信息，可实现列车、货物追踪管理。只要知道货车的车种、车型、车号，就可以立即从近10万公里的铁路网上流动着的几十万辆货车中找到该货车，还能得知这辆货车现在何处运行或停在何处，以及所有的车载货物发货信息。铁路部门运用这项技术可大大提高其路网及其运营的透明度，为货主提供更高质量的服务。

（2）用于军事物流。全球卫星定位系统首先是因为军事目的而建立的，在军事物流中，如后勤装备的保障等方面，应用相当普遍。尤其是在美国，其在世界各地驻扎的大量军队无论是在战时还是在平时都对后勤补给提出很高的需求，在战争中，如果不依赖GPS，美军的后勤补给就会变得一团糟。美军在20世纪末的地区冲突中依靠GPS和其他顶尖技术，以强有力的、可见的后勤保障，为“保卫美国的利益”做出了重要贡献。对此，我国引起了重视，我国军事部门也在运用GPS。

（3）GPS交通系统中的应用。GPS导航系统与电子地图、无线电通信网络及计算机车辆管理信息系统相结合，可以实现车辆跟踪和交通管理等许多功能。

①车辆跟踪。利用GPS和电子地图可以实时显示出车辆的实际位置，并任意放大、

缩小、还原、换图；可以随目标移动，使目标始终保持在屏幕上；还可实现多窗口、多车辆、多屏幕同时跟踪，利用该功能可对重要车辆和货物进行跟踪运输。

②提供出行路线的规划和导航。规划出行路线是汽车导航系统的一项重要辅助功能，包括：

a. 自动线路规划。由驾驶员确定起点和终点，由计算机软件按照要求自动设计最佳行驶路线，包括最快的路线、最简单的路线、通过高速公路路段次数最少的路线等。

b. 人工线路设计。由驾驶员根据自己的目的地设计起点、终点和途经点等，自动建立线路库。线路规划完毕后，显示器能够在电子地图上显示设计线路，并同时显示汽车运行路径和运行方法。

③信息查询。为用户提供主要物标，如旅游景点、宾馆、医院等数据库，用户能够在电子地图上根据需要进行查询。查询资料可以文字、语言及图像的形式显示，在电子地图上显示其位置。同时，监测中心可以利用监测控制台对区域内任意目标的所在位置进行查询，车辆信息将以数字形式在控制中心的电子地图上显示出来。

④话务指挥。指挥中心可以监测区域内车辆的运行状况，对被监控车辆进行合理调度。指挥中心也可随时与被跟踪目标通话，实行管理。

⑤紧急援助。通过 GPS 定位和监控管理系统可以对遇有险情或发生事故的车辆进行紧急援助。监控台的电子地图可显示求助信息和报警目标，规划出最优援助方案，并以报警声、光提醒值班人员进行应急处理。

（4）GPS 对物流产业所起的作用。

①实时监控功能。在任意时刻通过发出指令查询运输工具所在的地理位置（经度、纬度、速度等信息），并在电子地图上直观地显示出来。

②双向通信功能。GPS 的用户可使用 GSM 的话音功能与司机进行通话或使用本系统安装在运输工具上的移动设备的汉字液晶显示终端进行汉字消息收发对话。

驾驶员通过按下相应的服务、动作键，将该信息反馈到网络 GPS，质量监督员可在网络 GPS 工作站的显示屏上确认其工作的正确性，了解并控制整个运输作业的准确性（发车时间、到货时间、卸货时间、返回时间等）。

③动态调度功能。调度人员能在任意时刻通过调度中心发出文字调度指令，并得到确认信息。可进行运输工具待命计划管理，操作人员通过在途中信息的反馈，运输工具未返回车队前即做好待命计划，可提前下达运输任务，减少等待时间。加快运输工具周转速度运能管理：将运输工具的运能信息、维修记录信息、车辆运行状况登记处、司机人员信息、运输工具的在途信息等多种信息提供给调度部门决策，以提高车辆利用率，尽量减少空车时间和空车距离，充分利用运输工具的运能。

④数据存储、分析功能。实现路线规划及路线优化，事先规划车辆的运行路线、运行区域、何时应该到达什么地方等，并将该信息记录在数据库中，以备以后查询、分析使用。

可靠性分析。汇报运输工具的运行状态，了解运输工具是否需要较大的修理，预先做好修理计划，计算运输工具平均每天差错时间，动态衡量该型号车辆的性能价格比。服务质量跟踪。在中心设立服务器，并将车辆的有关信息（运行状况，在途信息，运能信息，位置信息等用户关心的信息）让有该权限的用户能异地方便地获取。同时，还可对客户索取的信息中的位置信息用相对应的地图传送过去，并将运输工具的历史轨迹印在上面，使该信息更加形象化。

依据资料库储存的信息，可随时调阅每台运输工具的以前工作资料，并可根据各管理部门的不同要求制作各种不同形式的报表，使各管理部门能更快速、更准确地作出判断及提出新的指示。

GPS的广泛应用使GPS供应商和物流运输企业实现了利益上的双赢战略，降低了投资费用并实现了信息的无地域性的共享。

第六节　地理信息系统（GIS）

一、GIS技术概述

地理信息系统（Geographical Information System，GIS）是多种学科交叉的产物，以地理空间数据为基础，采用地理模型分析方法，适时地提供多种空间的和动态的地理信息，是一种为地理研究和地理决策服务的计算机技术系统。它的基本功能是将表格型数据（无论来自数据库、电子表格文件或直接在程序中输入）转换为地理图形显示，然后对显示结果浏览、操作和分析。其显示范围可以从洲际地图到非常详细的街区地图，显示对象包括人口、销售情况、运输线路以及其他内容。

GIS由5个主要的元素构成，即硬件、软件、数据、人员和方法。

①硬件。GIS硬件主要包括所操作的计算机数据输入、输出设备、存储设备。

②软件。GIS软件提供所需存储、分析和显示地理信息的功能和工具。主要的软件部件有：输入和处理地理信息的工具；数据库管理系统（DBMS）；支持地理查询、分析和视觉化的工具；容易使用这些工具的图形化界面。

③数据。一个GIS系统中最重要的部件就是数据。主要包括数据查询软件、数据分析软件及信息分析软件。

④人员。GIS技术如果没有人管理系统和制订计划应用于实际问题，就没有什么价值。GIS的用户范围包括从设计和维护系统的技术专家，到那些使用该系统并完成他们每天工作的人员。

⑤方法。成功的GIS系统，需要具有好的设计计划和开发的手段。

二、GIS技术的应用

1. GIS在仓库规划中的应用

由于GIS本身是把计算机技术、地理信息和数据库技术紧密相结合起来的新型技术，其特征非常适合仓库建设规划，从而使仓库建设规划走向规范化和科学化，使仓库建设的经费得到最合理的运用。仓库 GIS 作为仓库 MIS 中的一个子系统，用地理坐标、图标的方式更直观地反映仓库的基本情况，如仓库建筑情况、仓库附近公路和铁路情况、仓库物资储备情况等。它是仓库 MIS 的一个重要分支和补充。

作为仓库规划的 GIS 应用系统，主要解决两个方面的问题。一是解决仓库建设的规划审批；二是必须解决能为规划师和上级有关部门提供辅助决策功能。从仓库整个宏观规划说，还可以解决仓库的宏观布局问题。仓库规划的 GIS 应用系统总体结构如下图所示。图中各模块的功能如图 9－1 所示。

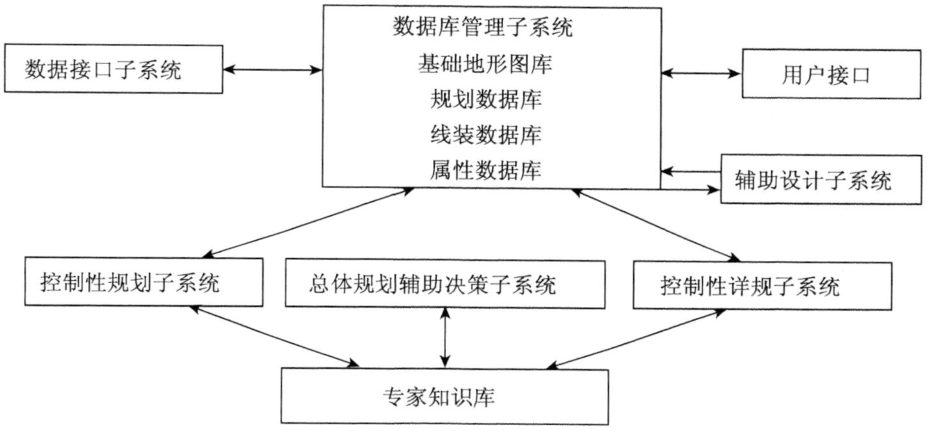

图 9－1 系统总体结构

(1) 用户接口。它提供用户调用系统其他功能的人机界面，要求界面美观实用，适合用户的操作习惯。

(2) 数据库管理子系统。提供各种数据入库及建库管理。它由基础地形图库管理（通过分幅输入、接边和校准，形成一张完整的仓库地形图）、规划数据库（该库主要用来存放容积率、绿化率、限高等要素，以供规划参考，同时，它也存放规划行业的法规文件以供检索）、现状数据库（该库主要用来存放现存的所有建筑地理位置及用地现状，可用为规划用地参考）、属性数据库（该数据库主要存放工作表格，规划设计说明信息、统计数据及各种帮助信息）等模块组成。

(3) 数据接口子系统。主要完成和其他应用系统（如仓库货物管理信息系统、仓库人事管理信息系统等）的数据交换，实现数据共享。

(4) 辅助设计子系统。提供各种线型、型号的设计功能及各种计算模块，为规划设计服务。

(5) 专家知识库。主要存放仓库的人口分布情况、水文地质条件、仓库周围的社会经济情况和规划师的经验性知识等，以供规划决策使用。

(6) 总体规划辅助决策子系统。根据用地现状、社会经济条件、人口分布情况、水文地质条件及经验性知识进行定性推理，得到仓库空间布局和用地安排等的总体规划方案，发供上级部门和专家决策使用。

（7）控制性规划子系统。在仓库总体规划指导下，根据规划控制数据库中的数据和知识库中的知识进行定性推理，得出各地块的用地面积、建筑容积率、总建筑面积、建筑间隔、库内交通和艺术风格等系统控制性设想方案，供专家决策使用。

（8）控制性详规子系统。该子系统是对仓库建设用地进行细分，并对细分后的各区、片、块建设用地的使用性质和使用强度作控制，为修建性详细规划提供编制准则与依据，使规划设计、管理、开发有机结合。

2. GIS在铁路运输中的应用

（1）铁路运输特点。铁路运输有鲜明的地理特点，如客运站、货运站、货运代办点、客票代售点等为特征，铁路干线、运输专用线为线特征，货物分布区、货物吸引区、乘客分布区、乘客吸引区等为面特征，在地理信息系统中可分别以点、线、面表示。再加上行政区划分为公路、水系等基础专题图，建立各种统计数据库，如国民收入、货物流向及流量、旅客流向及流量、货运销售额、客运销售额等数据，还包括资源信息（人口、面积、工业产值、矿产资源、旅游资源等），以及资源和环境开发的近期和远景规划，然后制定出各种数据的项目及编码工作，形成铁路运输地理信息系统数据字典。

铁路运输地理信息系统便于销售、市场、服务和管理人员查看客运站、货运站、货运代办点、客运代办点之间的相对地理位置，运输专用线和铁路干线之间的相对地理位置。用不同颜色和填充模式区分各种表达信息，使用户看到销售区域、影响范围、最大客户、主要竞争对象、人口状况及分布、工农业统计值等。由此综合，可看到增加运输收入的潜在地区，从而扩大延伸服务。通过这种可视方式，更好地制定市场营销和服务策略，有效地分配市场资源。

（2）铁路运输地理信息系统功能。

①环境分析及动态预测。市场是动态的，市场营销需要动态管理，货运和客运均为动态事件，它们与外界环境密切相关，并随着周围环境（如地理位置、城市规划、产业结构、宏观调控、政策法规等）的不断变化而变化。货运和客运的营销均需考虑地理因素的影响。地理信息系统可以通过地理编码功能，将销售数据与地图建立联系，用户单击地图上的任意对象，可同时看到与该对象相关联的所有数据，如用户地址、月度运输计划、主要债务，以及用户、竞争对手分布图，甚至包括周边环境，例如面积、工农业产值、矿产资源、人口分布、人口数量、收入水平等。运用地理信息系统，利用上述环境信息数据，可以进行客货运销售分析，评估经济效益；或建立数学模型，预测货物流量和流向，并显示在地图上。用户可以根据预测结果，对运输模式及销售区域规划。此外，还可以对突发事件进行应急处理，如运用地理信息系统实现救灾物资和装备的查询、调配、运输路线选择及运输方式协调等。

②区域规划。没有可视化工具，决策者和市场营销人员仅凭感觉建立网点，则制定不出现实的目标，难以很好地分配人力及财力。运用地理信息系统，销售客户、销售期望以

及领先值可以储存在地理区域数据库中，管理和营销人员可以观察每个现有的和潜在的销售区域业绩，进而实现区域规划。例如，某车站行李员在建立代办点时，由于调查了解不足，导致行李房代办点较密集，而厂矿货物发生区代办点较少，不能很好地实现车站营销目标。运用地理信息系统，在相关区域内调查货源、货运量（包括其他运输形式的货运量），分析货物流向及流量，对于较大规模货运量的区域设置代办点，甚至设置货运专用线，对于较少规模货运量的区域则合并或撤销代办点。

③客户服务。各种运输方式之间的市场竞争，实际上就是为客户服务的竞争。同样的运输费用，人们首选客户服务较好的运输方式。诸如地理位置选择、经济发展方向、竞争优势比较、人口密度统计以及其他有关数据信息，就成为铁路运输业获得市场和客户的关键。利用这些数据，要保证客户在选择运输或旅行方式时能够随时发现铁路车站和代办点的存在，并方便地找出解决需求的方法。联运代理商和物资专业线可根据这些信息了解客、货运需求。不管是对运输大户还是需要优质方便服务的分散客户，市场策划及营销人员、决策管理者，必须对他们的需求既要有预见性，又要作出及时优质的反应。

（3）数据库统计。根据需求分析和数据字典设计数据库。数据库应是开放式的，可以进行扩充和删改，并且实现不同软件平台使用及远程客户服务需要。

（4）数据采集。铁路运输地理信息系统的主要工作在于采集大量信息数据。信息数据可分为静态数据和动态数据。静态数据指货场分布、铁路及专用线分布、区域面积等；动态数据指客流量、货流量等不断变化的数据。从地理信息系统角度，信息数据可分为空间属性数据和管理属性数据。销售点的坐标为空间属性数据，销售点销售额为管理属性数据。使用手持数字化仪进行地图数字化（地图比例初定为1∶5000），可以实现空间属性数据录入。管理属性数据采集则依据录入程序进行录入；对于来自各管理系统的数据，利用设计的数据录入程序进行录入；对于来自各管理系统的数据，利用远程调用后，并进行数据转换及整理，从而实现数据入库。

（5）功能设计。功能设计是系统的核心，有以下模块：

①查询及显示模块。可以显示铁路专用线与公路、水系的分布信息，显示货运代办点、客票代售点和车站的分布信息。可以查询基础地理信息，查询货运销售信息和客运销售信息，查询各销售网点的布置及营销业绩，查询铁路线和专用运输信息。也可以通过逻辑表达式选择符合条件的运输信息。

②销售分析模块。汇总各销售网点的销售额，根据销售额和基础地理信息数据，证明各网点存在的合理性，并推荐设置新网点的位置。

③预测模块。根据资源信息和客、货运信息，对销售网点进行规划并计算风险系数，根据风险系数提供合理的销售网点分布，并标识应该维持、撤销和增添的销售点。建立客运量和货运量的预测模型，预测客运和货运的流向和流量，对销售点的销售额进行合理分配。

④系统维护模块。通过模块实现自动维护，包括数据库更新和电子地图更新两部分。

⑤图表输出模块。对各种信息进行汇总，形成不同形式的表格和图形，并进行屏幕显示或打印输出。

（6）系统集成。对于已完成电子地图和各类数据库，利用 ARCVEW 或 MAP/INFO 进行桌面地理信息系统后开发（包括电子地图显示和信息查询、图表的汇总和输出等），并利用 C＋＋语言编写分析预测模块，调用数据库相关数据，进行预测和风险分析。

3. 车辆监控系统

车辆监控系统是集 GPS、GIS 和现代通信技术为一体的高科技系统。其中，主要功能是对移动车辆进行实时动态的跟踪，利用无线通信设备将目标的位置和其他信息传送至主控中心，在主控中心进行地图匹配后显示在监视器上。主控中心还能够对移动车辆的准确位置、速度和状态等必要的参数进行监控和查询，从而科学地进行调度和管理，提高运营效率。移动车辆如果遇到麻烦或者其安全受到侵害，可以向主控中心发送报警信息，及时得到附近保安部门的支援，车辆监控系统还能够提供车辆安全服务，在 ITS 中的应用是相当广泛的。

车辆监控系统分为主控中心和移动车辆设备。公共的部分是移动通信装置和 GPS 定位装置。移动通信装置可以是大区制的集群系统设备、小区制的蜂窝设备如 GSM 手机，再利用无线和有线通信网将监控系统和现有的通信系统联结起来，从而能够实现各种各样的功能。

4. GIS 在物流分析方面的应用

GIS 在物流分析方面的应用，主要是指利用 GIS 强大的地理数据功能完善物流分析技术。国外公司已经开发出利用 GIS 为物流分析提供专门分析的工具软件。完整的 GIS 物流分析软件集成了车辆路线模型、最短路径模型、网络物流模型、分配集合模型和设施定位模型等。

（1）车辆路线模型。用于解决一个起始点、多个终点的货物运输中如何降低物流作业费用，并保证服务质量的问题，包括决定使用多少辆车，每辆车的路线等。

（2）网络物流模型。用于解决寻求最有效的分配货物路径问题，也就是物流网点布局问题。如将货物从 n 个仓库运到 m 个商店，每个商店都有固定的需求量，需要确定由哪个仓库提货送给哪个商店，所耗的运输代价最小。

（3）分配集合模型。可以根据各个要素的相似点把同一层上的所有或部分要素分为几个组，用以解决确定服务范围和销售市场范围等问题。如某一公司要设立 x 个分销点。要求这些分销点要覆盖某一地区，而且要使每个分销点的顾客数目大致相等。

（4）设施定位模型。用于确定一个或多个设施的位置。在物流系统中，仓库和运输线共同组成了物流网络，仓库处于网络的节点上，节点决定着线路，如何根据供求的实际需要并结合经济效益等原则，在既定区域内设立多少个仓库，每个仓库的位置，每个仓库的规模，以及仓库之间的物流关系等问题，运用此模型均能很容易地得到解决。

第七节 销售时点信息系统（POS）

一、POS系统概述

POS系统（Point of Sale，POS）即销售时点信息系统，最早应用于零售业，以后逐渐扩展至金融、旅馆等服务性行业，利用POS系统的范围也从企业内部扩展到整个供应链。现代POS系统已不仅仅局限于电子收款技术，而且要考虑将计算机网络、电子数据交换技术、条码技术、电子监控技术、电子收款技术、电子信息处理技术、远程通信、电子广告、自动仓储配送技术、自动售货、备货技术等一系列科技手段融为一体，从而形成一个综合性的信息资源管理系统。

（一）POS系统的组成

POS系统包含前台POS系统和后台MIS系统两大基本部分。

在商场完善前台POS系统建立的同时，也应建立商场管理信息系统（Managemen Information System，MIS，实际是POS系统网络的后台管理部分）。这样，在商品销售的任何过程中任一时刻，商品的经营决策者都可以通过MIS了解和掌握POS系统的经营情况，实现商场库存商品的动态管理，使商品的存储量保持在一个合理的水平，减少不必要的库存。

1. 前台POS系统

前台POS系统是指通过自动读取设备（主要是扫描器），在销售商品时直接读取商品销售信息（如商品名称、单价、销售数量、销售时间、销售店铺、购买顾客等），实现前台销售业务的自动化，对商品交易进行实时服务和管理，并通过通信网络和计算机系统传送至后台，通过后台计算机系统（MIS）的计算、分析与汇总等掌握商品销售的各项信息，为企业管理者分析经营成果、制定经营方针提供依据，以提高经营效率的系统。

2. 后台MIS系统

后台MIS系统又称管理信息系统，负责整个商场进、销、调、存系统的管理以及财务管理、库存管理、考勤管理等。它可根据商品进货信息对厂商进行管理，又可根据前台POS提供的销售数据，控制进货数量，合理周转资金，还可分析统计各种销售报表，快速准确地计算成本与毛利，也可以对售货员、收款员业绩进行考核，是员工分配工资、奖金的客观依据。因此，商场现代化管理系统中前台POS与后台MIS是密切相关的，两者缺一不可。

（二）POS系统的特点

POS系统能够对商品进行单品管理、员工管理和客户管理，并能适时自动取得销售时点信息和信息集中管理。它紧密地连接着供应链，是供应链管理的基础，也可以说是物流信息管理的起点。其特点如下。

1. 分门别类管理

POS系统的分门别类管理不仅针对商品，而且还可针对员工及顾客。

（1）单品管理。零售业的单品管理是指店铺陈列展示销售的商品以单个商品为单位进行销售跟踪和管理的方法。由于POS信息即时准确地记录单个商品的销售信息，因此，POS系统的应用使高效率的单品管理成为可能。

（2）员工管理。员工管理指通过POS终端机上的记时器的记录，依据每个员工的出勤状况，销售状况（以月、周、日甚至时间段为单位）进行考核管理。

（3）顾客管理。顾客管理是指在顾客购买商品结账时，通过收银机自动读取零售商发行的顾客ID（身份标识）卡或顾客信用卡来把握每个顾客的购买品种和购买额，从而对顾客进行分类管理。

2. 自动读取销售时点信息

在顾客购买商品结账时POS系统通过扫描读数仪自动读取商品条码标签或OCR标签上的信息，在销售商品的同时获得实时的销售信息是POS系统的最大特征。

3. 集中管理信息

在各个POS终端获得的销售时点信息以在线联结方式汇总到企业总部，与其他部门发送的有关信息一起由总部的信息系统加以集中并进行分析加工，如把握畅销商品和滞销商品以及新商品的销售倾向，对商品销售量和销售价格、销售量和销售时间之间的相关关系进行分析，对商品上架陈列方式、促销方法、促销期间、竞争等影响进行相关分析，集中管理，等等。

4. 连接供应链的有力工具

供应链参与各方合作的主要领域之一是信息共享，而销售时点信息是企业经营中最重要的信息之一，通过它能及时把握顾客的需要信息，供应链的参与各方可以利用销售时点信息并结合其他的信息来制订企业的经营计划和市场营销计划。目前，领先的零售商正在与制造商共同开发一个完全的物流系统——联合预测和库存补充系统（Collaboration Forecasting and Replenishment，CFAR），该系统不仅分离POS信息，而且一起联合进行市场预测，分享预测信息。

二、POS系统的结构与运行

（一）POS系统的结构

1. POS系统硬件的结构

POS系统的硬件结构主要依赖于计算机处理信息的体系结构。结合商业企业的特点，POS硬件系统的基本结构可分为：单个收款机，收款机与微机相连构成POS系统，以及收款机、微机与网络构成POS系统。目前，大多采用第三种类型的POS结构，其硬件结构如下。

（1）POS系统的硬件构成。POS系统的硬件主要包括收款机、扫描器、显示器、打印机网络、微机与硬件平台等。

(2) 前台收款机。前台收款机即 POS 机。可采用具有顾客显示屏和票据打印机、条码扫描仪的 POS、PRPOS、PCBASE 机型。它共享网上商品库存信息，保证对商品库存的实时处理，便于后台随时查询销售情况，进行商品的销售分析和管理。条码扫描仪可根据商品的特点选用手持式或台式以提高数据录入的速度和可靠性。

(3) 网络。目前，我国大多数商场信息交流的现状是内部信息的交换量很大，而对外的信息交换量则很小，因此，计算机网络系统应采用高速局域网为主、电信系统提供的广域网为辅的整体网络系统。考虑到系统的开放性及标准化的要求，选择 TCP/IP 协议较合适。操作系统选用开放式标准操作系统。

(4) 硬件平台。大型商业企业的商品进、存、调、销的管理复杂，账目数据量大，且须频繁地进行管理和检索，选择较先进的客户机/服务器结构，可大大提高工作效率，保证数据的安全性、实时性及准确性。

2. POS 系统软件

(1) 前台 POS 软件的功能。前台 POS 销售软件应具有的功能如下：日常销售。完成日常的售货收款工作，记录每笔交易的时间、数量、金额，进行销售输入操作。如果遇到条码不识读等现象，系统应允许采用价格或手工输入条码号进行查询。

交班结算。进行收款员交班时的收款小结、大结等管理工作，计算并显示出本班交班时的现金及销售情况，统计并打印收款机全天的销售金额及各售货员的销售额。

退货。退货功能是日常销售的逆操作。为了提高商场的商业信誉，更好地为顾客服务，在顾客发现商品出现问题时，允许顾客退货。此功能记录退货时的商品种类、数量、金额等，便于结算管理。

支持各种付款方式。可支持现金、支票、信用卡等不同的付款方式，以方便不同顾客的要求。

即时纠错。在销售过程出现的错误能够立即修改更正，保证销售数据和记录的准确性。

(2) 后台 MIS 软件的功能。后台 MIS 管理软件应具有的功能如下。

商品入库管理。对入库的商品进行输入登录，建立商品数据库，以实现对库存的查询、修改、报表及商品入库验收单的打印等功能。

商品调价管理。由于有些商品的价格随季节和市场等情况而变动，系统应能提供对这些商品所进行的调价管理功能。

商品销售管理。根据商品的销售记录，实现商品的销售、查询、统计、报表等管理，并能对各收款机、收款员、售货员等进行分类统计管理。

单据票证管理。实现商品的内部调拨、残损报告、变价调动、仓库验收盘点报表等各类单据票证的管理。

报表打印管理。打印内容包括：时段销售信息表、营业员销售信息报表、部门销售统计表、退货信息表、进货单信息报表、商品结存信息报表等。实现商品销售过程中各类报表的分类管理功能。

完善的分析功能。POS系统的后台管理软件应能提供完善的分析功能，分析内容涵盖进、销、调、存过程中的所有主要指标，同时，以图形和表格方式提供给管理者。

（3）数据维护管理。完成对商品资料、营业员资料等数据的编辑工作，如商品资料的编号、名称、进价、进货数量、核定售价等内容的增加、删除、修改。营业员资料的编号、姓名、部门、班组等内容的编辑。还有商品进货处理、商品批发处理、商品退货处理。实现收款机、收款员的编码、口令管理，支持各类权限控制。具有对本系统所涉及的各类数据进行备份，交易断点的恢复功能。

（4）销售预测。包括畅销商品分析、滞销商品分析、某种商品销售预测及分析、某类商品销售预测及分析等。

（二）POS系统的运行

POS系统的运行由以下5个步骤组成。

（1）店里销售的商品都贴有表示该商品信息的条码或光学识别（OCR）标签。

（2）在顾客购买商品结账时，收银员使用扫描读数仪自动读取商品条码标签或OCR标签上的信息，通过店铺内的微型计算机确认商品的单价，计算顾客购买总金额等，同时返回给收银机，打印出顾客购买清单和付款总金额。

（3）各个店铺的销售时点信息通过VAN以在线联结方式即时传送给总部或物流中心。

（4）在总部，物流中心和店铺利用销售时点信息进行库存调整、配送管理、商品订货等作业。通过对销售时点信息进行加工分析掌握消费者购买动向，找出畅销商品和滞销商品，并以此为基础，进行商品品种配置、商品陈列、价格设置等方面的作业。

（5）在零售商与供应链的上游企业（批发商、生产厂家、物流业者等）结成协作伙伴关系（也称为战略关系）的条件下，零售商利用VAN在线联结的方式把销售时点信息即时传送给上游企业。这样，上游企业可以利用销售现场的最及时准确的销售信息制订经营计划、进行决策。例如，生产厂家利用销售时点信息进行销售预测，掌握消费者购买动向，找出畅销商品和滞销售商品，把销售时点信息（POS信息）和订货信息（EOS信息）进行比较分析，把握零售商的库存水平，以此为基础制订生产计划和零售商库存连续补充计划（Continuous Replenishment Program，CBP）。

第八节　电子商务

一、电子商务的定义

电子商务是一种崭新的商务运作方式，在Internet技术迅速发展的今天，电子商务将给人类带来一次史无前例的产业革命，并引领人们进入信息社会。

电子商务起源于20世纪70年代。当时一些大公司通过建立计算机网络实现各个机构之间、商业伙伴之间的信息共享，这个过程被称为EDI（电子数据交换）。它是电子商务的基础。同一时期，美国军方和运输部门用ANSI/ASC/X.12数据交换标准在网络上传递商业信息；20世纪80年代初，欧共体在广域网上从事商贸交易活动。进入90年代，由于互联网技术、电子技术、安全数据交换技术等水平的提高，电子商务有了革命性的发展。人们创造出各种各样的商务模式，使得电子商务这个概念无论在内涵和外延上和其他商务形式都有所不同。

对电子商务，目前业界提出了多种定义，但至今没有一个完整而统一的定义。最初IBM公司是将“电子商务（E-business)”作为企业的广告用语。作为电子商务的积极推动者，该公司对电子商务做了这样的描述：电子商务是在因特网的广阔联系与传统信息技术的丰富资源相互结合的背景下应运而生的一种相互关联的动态商务活动。

为了便于理解，首先给出电子商务的一个较为简单的定义。

电子商务（Electronic Commerce，EC）是指两方或多方通过计算机和某种形式的计算机网络（直接连接的网络或Internet等）进行商务活动的过程。更准确一点说，电子商务是在技术经济高度发达的现代社会和因特网开放的网络环境里，系统地利用网络提供的各种通信手段，高效率、低成本地实现消费者网上购物，以及企业之间在网上交易，并进行在线电子支付的新型商业运营模式。可见，电子商务不仅仅是网络广告和在线支付，而且包括企业和企业之间的商务活动、网上的零售业和金融企业的数字化处理过程。一些专家甚至认为电子商务包括商业活动中的所有内容，从广告发布到打印发票和客户服务，实现了交易的物质化，避免人为地降低成本，提高效率，表现了网络最具魅力的地方。通过网络发送电子邮件、视频交换、文件传输、信息数据的交换所进行的商业行为，都是电子商务某种形式的表现，可以说，电子商务是它们的应用集合。由于电子商务的发展引发了商务领域的一场革命，成为潜在的经济增长动力并推动着世界经济的不断发展，有的学者认为这种商务模式就像生产力一样深刻地改变着人类社会。

二、电子商务的应用范围

电子商务可提供比传统商业更为广泛、全面的服务，涉及网上宣传、网上交易、网上支付和管理全过程。

（一）广告宣传

企业可利用自己的或互联网服务提供商（ISP）的Web服务器在Internet上发布各类商业信息，利用网上主页和电子邮件在全球范围内进行广告宣传，而用户则可以利用浏览器及网上的检索工具，迅速找到所需的商品信息。与传统广告相比，网上广告成本低、范围广，给客户的信息量更为丰富。

（二）售前售后服务

利用网上的信息交换，可提供产品和服务的细节、产品使用技术指南，了解市场和商品信息，征询和回答客户的意见，使生产者和消费者之间的距离缩短。用户能及时反馈意见，参与产品的设计及生产过程；企业则能提高售后服务的水平，使企业获得改进产品、发现市场的商业机会。

（三）咨询洽谈

企业和客户都借助非实时的电子邮件、新闻组和实时的讲座组咨询、洽谈交易事务，如有进一步的需求，还可利用网上的白板会议（White Boad Conference）交流即时的图形信息。网上的咨询和洽谈能超越人们面对面交流的限制，提供多种方便的异地交谈形式。

（四）网上订购

企业和客户都可利用电子邮件交互传送实现网上订购。网上订购通常都是在产品介绍的网页上提供十分友好的提示信息和订购交互格式框。当用户填完订购单后，通常系统会回复确认信息单保证订购信息的收到与否。订购信息也可采用加密的方式使客户和商家的商业信息安全交流。

（五）电子支付

客户和商家之间，可使用电子资金转账、信用卡账户、电子支票、电子现金等，通过银行实施支付。在网上直接实施电子支付手段，可以省去交易中人员的开销和节约时间。网上支付必须要实行信息传输的安全、可靠的控制，以防止欺诈、窃取、修改、假冒和否认等非法行为。

（六）销售服务

对于已付款的客户应将其订购的货物尽快地传递到他们手中。货物可能在本地，也可能在外地，电子商务能在网络中进行物流的调配。而最适合的在网上直接传递的货物是信息产品，如软件、电子读物、信息服务等能直接从电子仓库中将货品发到用户端。

（七）运输服务

为了搞好运输服务，必须实现包括海、陆、空运企业之间的联网。运输服务包括运用电子商务对货物及运输工具、班次进行调配，货物的发送管理及运输跟踪，以及可以电子化传送货物的实际发送。

（八）组建虚拟企业

经济活动的数字化和网络化，一方面，使空间变小，世界变成了“地球村”；另一方面，又使空间扩大，除了物理空间外，又多了一个“媒体空间”（Cyber Space）。因此，经济活动不仅可以在物理世界中进行，而且可以在媒体空间中进行，可以组建一个物理上不存在的企业，如虚拟商店、虚拟市场、虚拟银行、虚拟公司、虚拟研究中心、远距离的多主体虚拟合作等。集中一切独立的中小公司的权限，提供比任何单独公司多得多的产品和服务。虚拟现实系统能提供动态反馈，并使数据和实时信息形象化而又有直观性。

（九）共享资源

公司和贸易伙伴们可以共同开发、拥有和运营共享的营销方法、软件、数据、信息等资源。

（十）交易管理

整个网上交易的管理将涉及人、财、物、信息等多个方面，企业和企业、企业和消费者、企业和政府及企业内部等各方面的联系与管理。交易管理涉及商务活动全过程的管理。电子商务的发展，将会提供一个良好的交易管理的网络环境及多种多样的应用服务系统。这样，能保障电子商务获得更广泛的应用。

三、电子商务的交易步骤

（一）电子商务的交易过程

电子商务的交易过程可分为3个阶段：交易前，交易中和交易后。

1. 交易前

主要指交易各方在交易合同签订前的活动，包括在各种商务网络或Internet上发布和寻找交易机会，通过交换信息比较价格和条件，了解对方国家的贸易政策，选择交易对象。

2. 交易中

主要指合同签订后的贸易交易过程，涉及银行、运输、税务和海关等方面的电子单证交换，即EDI。

3. 交易后

在交易各方办完各种手续后，货物交付运输公司起运，可以通过电子商务跟踪货物，银行按照合同，依据提供的单证支付资金，出具相应的银行单证，实现整个交易过程。电子商务主要借助Internet展开，包括注册和联机认证、交易和支付等功能。

（二）电子商务交易的基本步骤

1. 制作订单

购买方根据需求在计算机上操作，在订单处理系统上制作出一份订单来，并将所有必要的信息以电子表格的形式储存下来，同时产生一份电子订单。

2. 发送订单

购买方将此电子订单通过EDI系统传送给供货商。此订单实际上是发向供货商的电子表信箱，优先存放在EDI交换中心上，等待来自供货商的接收指令。

3. 接收订单

供货商使用邮箱接收指令，从EDI交换中心自己的电子信箱中收取全部邮件，其中包括来自购买方的订单。

4. 签发回执

供货商在收妥订单后，使用自己计算机上的订单处理系统，为来自购买方的电子订单自动产生一份回执，经供货商确认后，此电子订单回执被发送到网络，再经由EDI交换中心存放到购买方的电子信箱中。

5. 接收回执

购买方使用邮箱接收指令，从EDI交换中心自己的电子信箱收取全部邮件，其中包括供货商发来的订单回执。整个订货过程至此完成，供货商收到订单，客户（购买方）则收到了订单回执。

第九节 物联网

一、物联网的概念

物联网（Internet of Things，IOT）即把所有物品通过射频识别等信息传感设备与互联网连接起来，实现智能化识别和管理的网络系统。具体地说，就是把感应器嵌入和装备到电网、铁路、桥梁、隧道、公路、建筑、供水系统、大坝、油气管道等各种物体中，然后将“物联网”与现有的互联网整合起来，实现人类社会与物理系统的整合，在这个整合的网络当中，存在能力超级强大的中心计算机群，能够对整个网络内的人员、机器、设备和基础设施实施实时的管理和控制，在此基础上，人类可以更加精细和动态的方式管理生产和生活，达到“智慧”状态，提高资源利用率和生产力水平，改善人与自然间的关系。

物联网是通过对物体对象的感知而获取信息并借以实现对物体的使动或管理为目的的网络系统。其中，物体对象可以包括所希望的各种物体对象，不论它们处在什么地方，无论距离远近。对物体对象的使动，就是指挥控制这些物体对象按照人们的愿望进行活动，可以是近距离指挥，也可以是远距离遥控，从而实现为人所用、为人服务的目的。对物体的管理，是指对物体进行搜寻、检测、记录、统计、处理、指挥或控制等活动，实现对物体的品种、数量、质量、性能、空间时间位置及动作等的掌握处理。

二、物联网的原理

从物联网的概念可以看出，物联网有三大功能模块，即全面感知、可靠传送和智能处理。因此，物联网在原理上包括3个基本组成部分。

一是传感网络，利用射频识别（RFID）、二维码、GPS、摄像头、传感器、传感器网络等感知、捕获、测量等技术手段随时随地对物体进行信息采集和获取，如RFID标码和读写器等。这些传感设备现在都已经有应用，但相对比较简单。要真正地全面感知物体的一些特性、状态，还需要更全面、更敏感的感知技术，现在的传感器还不能全面满足物联网信息采集的要求，不但需要创造一些高性能的传感器件，而且要解决低功耗、小型化和低成本的问题，只有朝着低能耗、低成本、小型化的方向发展，才可能实现物联网这样广泛领域的信息采集任务。

二是传输网络，即通过各种通信网络与互联网的融合，将物体接入信息网络，随时随地进行可靠的信息交互和共享。无所不在的泛在化无线通信网络是实现物联网最重要的设施。无线通信网络包括短距离的网络、局域网、城域网等。物联网的传感器技术为了达到节电的目的，需要采用一些短距离通信的技术。而物联网的泛在化又要求一定要有广域通信技术。第三代通信网络将为物联网提供安全有效的信息传递。

三是应用和业务，即通过手机、计算机（PC）等终端设备实现所感知信息的应用服务，利用云计算、模糊识别等各种智能计算技术，对海量的跨地域、跨行业、跨部门的数据和信息进行分析处理，提升对物理世界、经济社会各种活动和变化的洞察力，实现智能化的决策和控制。而且最重要的是要研究如何实现对海量信息低成本处理。

三、物联网的特征

物联网有两大特征，一是泛在化；二是智能化。

1. 泛在化

这表现在物联网的信息采集层传感器的泛在化。关注的各种物体都需要安装电子代码EPC或传感器，构成传感器网络；还表现在通信层面的泛在化，即在信息采集以后要及时安全有效地传送到平台去做信息的分类、整理和应用。这都需要有一个泛在化有限通信网络。

2. 智能化

物联网要处理的信息是海量的，应用途径、处理方法、处理流程也是千变万化的。这要求信息采集、信息传输、应用处理都要全面实现自动化、智能化，能够按照设定的作业流程，自动完成某些业务处理。不只是单一的孤立的信息采集和处理，而是上下流程协同，有关多方信息共享，都需要采用智能化的技术处理信息，才能最大地发挥物联网的作用。

四、物联网的应用

“物联网”被称为继计算机、互联网之后，世界信息产业的第三次浪潮。一方面，可以提高经济效益，大大节约成本；另一方面，可以为全球经济的复苏提供技术动力。目前，美国、欧盟、中国等国家和地区都把物联网作为信息化战略非常重要的内容，投入巨资深入研究探索。

植入一个“能说会道”的高科技感应器，没有生命的物体也能互相“传情达意”，构成一个比互联网更加智能的“物联网”，让人们享受到更加安全轻松的生活，这是物联网发展的目标。专家预测 10 年内物联网就可能大规模普及。物联网用途广泛，遍及智能交通、环境保护、政府工作、公共安全、平安家居、智能消防、工业监测、老人护理、个人健康等多个领域。专家预计，这一技术将会发展成为一个上万亿元规模的高科技市场，必将对人们的生产和生活产生更大的影响，它会产生一些今天还想象不到的新的产物，会带来一些新的产业，提供更多的就业机会。

例如，利用无线 M2M（Machine - to - Machine）遥测技术进行电力检测分配。M2M 电力分配监测管理系统主要应用于现场监控和数据采集。为了保证电力完整而有效的分配需要监控各个基电站的工作状况，而只要在基电站上安装一些传感器、收集模块和无线传输模块，就可以实现远程监控，而且能够及时发现故障并予以解决，在节省人力、物力的同时提高工作效率。

在具体实践中，中国移动 M2M 平台目前注册用户已经达到 300 万人，在很多行业，比如远程抄表、出租车管理、电梯安放等都采用了这些技术。

第十章　第三方物流

第一节　第三方物流概述

一、第三方物流的概念

（一）第三方物流概念的产生

物流业在第二次世界大战后得到迅速发展，是由社会生产力发展水平决定的。第二次世界大战以后，企业内部生产水平的进一步下降，伴随着存货管理已实现生产与分配间的“零库存”的优化，这意味着原材料、部件与组件的备货时间应该大大减少。同时，经济全球化进程的迅速发展和新兴市场的形成，迫使企业采用全球战略，以寻找生产资源，越来越多的产品作为全球产品在世界范围内销售。这些需求构成了物流发展的原动力，其中，企业内部生产水平的降低是主要原因。为参与世界性竞争，企业必须降低产品的成本（包括生产成本和销售成本），降低库存（包括仓储和运输过程中的库存），增加效益；企业要求准确及时的信息，要求增加整个供应链流程的可视性。第三方物流提供者为企业解决了上述难题，因此，越来越多的企业纷纷选择了物流业务的外包。

第三方物流自 20 世纪 80 年代在欧美等发达国家出现以来，以其独特的魅力受到了企业的青睐，并得到迅猛发展，被誉为企业发展的“加速器”和 21 世纪的“黄金产业”。

第三方物流的概念源于管理学中的 Out－souring（外包），意指企业动态地配置自身和其他企业的功能和服务，利用外部资源为企业内部的生产经营服务。将 Out－souring 引入物流管理领域，就产生了第三方物流的概念。

具体而言，第三方物流的产生是由以下几个方面决定的。

1. 第三方物流产生是社会分工的结果

在 Out－souring 等新型管理理念的影响下，各企业为增强市场竞争力，而将企业的资金、人力、物力投入到其核心业务上去，寻求社会化分工协作带来的效率和效益的最大化。专业化分工的结果导致许多非核心业务从企业生产经营活动中分离出来，其中包括物流业。将物流业务委托给第三方专业物流公司负责，可降低物流成本，完善物流活动的服务功能。

2. 第三方物流的产生是新型管理理念的要求

20世纪90年代以来，信息技术特别是计算机技术的高速发展与社会分工的进一步细化，推动着管理技术和思想的迅速更新，由此产生了供应链、虚拟企业等一系列强调外部协调和合作的新型管理理念，既增加了物流活动的复杂性，又对物流活动提出了零库存、准时制、快速反应、有效的顾客反应等更高的要求，一般企业很难承担此类业务，由此产生了专业化物流服务的需求。第三方物流的思想正是为满足这种需求而产生的。它的出现一方面迎合了个性需求时代企业间专业合作（资源配置）不断变化的要求；另一方面，实现了进出物流的整合，提高了物流服务质量，加强了对供应链的全面控制和协调，促进供应链达到整体最佳性。

3. 改善物流与强化竞争力相结合意识的萌芽

物流研究与物流实践经历了成本导向、利润导向、竞争力导向等几个阶段。将物流改善与竞争力提高的目标相结合是物流理论与技术成熟的标志。这是第三方物流概念出现的逻辑基础。

4. 物流领域的竞争激化导致综合物流业务的发展

随着经济自由化和贸易全球化的发展，物流领域的政策不断放宽，同时导致物流企业自身竞争的激化，物流企业不断地拓展服务内涵和外延，从而导致第三方物流的出现。这是第三方物流概念出现的历史基础。

（二）三种物流运作主体形态

在商物分离的前提下，有3种物流主体，分别是供货方、需求方和物流专业服务方。这3种物流主体都可以进行大范围的物流运作，也都有自己物流运作的优势领域，在不同的社会环境下，会有不同的运作形态。

1. 第一方物流

供货方这个物流主体如果承担主要的物流运作（进入到社会的物流运作），称作第一方物流，或供给方物流，实际上是货物所有者（生产企业、商业企业等）的销售物流。

2. 第二方物流

需求方这个物流主体如果承担主要的物流运作（进入到社会的物流运作），称作第二方物流，或需求方物流，实际上是货物所有者（生产企业、商业企业等）的供应物流。

3. 第三方物流

物流专业服务方这一物流主体如果承担主要的物流运作（进入到社会的物流运作），称作第三方物流，实际上是对货物所有者（生产企业、商业企业等）的服务性物流。

一般而言，在卖方市场条件下，卖方处于强势，买方处于弱势，物流服务只能由弱势方买方来提供，因此，第二方物流就具有普遍性。在买方市场条件下，买方处于强势，卖方处于弱势，物流服务只能由弱势方卖方来提供，而卖方基于自身的利益比较在有物流专业服务方的情况下，既可能自己提供物流服务，也可能把物流服务外包给物流专业服务方。因此，在买方市场条件下，第一方物流、第三方物流都可能是普遍存在的物流运作形态。

（三）第三方物流的内涵

第三方物流（Third Party Logistics，3PL），又被称为外包物流或合同物流，它是指由物流劳务的供方、需方之外的第三方去完成物流服务的运作方式。

广义的第三方物流是相对于自营物流而言，凡是由社会化的专业物流企业按照货主的要求所从事的物流活动，都可以包含在第三方物流范围之内。

狭义的第三方物流主要是指能够提供现代、系统的物流服务的第三方的物流活动。其具体标志是：第一，有提供现代化、系统物流服务的企业素质；第二，可以向货主提供包括供应链物流在内的全程物流服务和特定的、定制化服务的物流活动；第三，不是货主向物流服务商偶然的、一次性的物流服务购买活动，而是采取委托承包形式的业务外包的长期物流活动；第四，不是向货主提供的一般性物流服务，而是提供增值物流服务的现代物流活动。

可以这样理解，第三方物流主要是生产经营企业为集中精力搞好主业，把原来属于自己处理的物流活动，以合同方式委托给专业物流服务企业，同时，通过信息系统与物流服务企业保持密切联系，以达到对物流全程的管理和控制的一种物流运作与管理方式。提供第三方物流服务的企业，其前身一般是运输业、仓储业等从事物流活动及相关的行业。从事第三方物流的企业在委托方物流需求的推动下，从简单的存储、运输等单项活动转为提供全面的物流服务，其中，包括物流活动的组织、协调和管理、设计建议最优物流方案、物流全程的信息收集、管理等。目前，第三方物流的概念已广泛地被西方流通行业所接受，并在世界范围内得到了迅速发展。

二、第三方物流的分类

第三方物流按照其提供物流服务的手段进行分类，可以分为资产型第三方物流、管理型第三方物流和折中型第三方物流三种类型。

（一）资产型第三方物流

资产型第三方物流是指物流供应商拥有从事专业物流活动的装备、设施、运营机构、人才等生产力条件，并以此作为自身的核心竞争能力。

资产型第三方物流的资产有两种类型：一是指机械、装备、运输工具、仓库、港口、车站从事实物物流活动，具有实物物流功能的资产。二是指信息资产，包括信息系统硬件、软件、网络及相关人才等。

资产型第三方物流的主要优点如下。

（1）资产型第三方物流可以向客户企业提供稳定、可靠的物流服务。

（2）资产型第三方物流的资信程度比较高，对客户很具有吸引力。由于资产的可见性，这种物流企业的资信程度也比较高。这对客户来讲，是很具有吸引力的。

资产型第三方物流的主要缺点如下。

（1）资产型第三方物流的投资较大，维持和运营系统费用较大。因为需要建立一套物流工程系统，这需要有很大的投资，同时，维持和运营这一套系统仍然需要大量经常性的投入。

（2）资产型第三方物流的灵活性较差。虽然这套系统可以有效地提供高效率的确定服务，但很难按照客户的需求进行灵活的改变，往往会出现灵活性不足的问题。

（二）管理型第三方物流

与资产型第三方物流相比，管理型第三方物流不把拥有第一种类型的资产作为向客户提供服务的手段，而是以自身的管理、信息、人才等优势作为核心竞争能力。这种类型的第三方物流，不是没有资产，而是主要拥有第二种类型的资产。它们通过网络信息技术的运用，以高素质的人才和管理力量，利用社会的设施、装备等劳动手段最终向货主企业提供优良服务。

管理型第三方物流的主要优点如下。

（1）管理型第三方物流不需要大量的资金投入。由于管理型第三方物流利用的主要是社会资源，因此，基本上不进行大规模的固定资产投资，不需要大量的资金投入。

（2）管理型第三方物流可以获得较低的成本。管理型第三方物流由于不拥有庞大的资产，可以通过有效地运用虚拟库存等手段，获得较低的成本。

（3）管理型第三方物流企业往往可以成为供应链上主导物流企业。因为管理型第三方物流由于拥有比较优秀的社会资源组织能力，所以，管理型第三方物流企业往往可以成为供应链上主导物流企业。

管理型第三方物流的主要缺点如下。

（1）管理型第三方物流的资信程度比较低，对客户的吸引力较弱。由于管理型第三方物流的资信度比资产型低，所以，对客户的吸引力一般不如资产型第三方物流强。

（2）管理型第三方物流需要很好的信息技术支撑。由于管理型第三方物流主要通过网络信息技术的运用，向货主企业提供优良服务，所以，需要很好的信息技术作为支撑。

（3）管理型第三方物流基本上只有在买方市场环境下才能存在。

（三）折中型第三方物流

与上述两种第三方物流类型的优缺点相比，折中型第三方物流则是完全拥有管理型第三方物流在信息、组织、管理上的优势，同时，建立必要的物流设施、装备系统，而不是全面建设这种系统。因此，不但获得上述两种第三方物流类型的优势，而且克服了投资过大、系统服务水平灵活性不足的缺点。

三、第三方物流的作用

第三方物流的出现给企业、顾客均带来了诸多益处，具体来看，表现在以下几个方面。

（一）集中主业，提高企业竞争力

随着外部市场环境的变化，企业的生产经营活动已变得越来越复杂。企业很难将全部业务都由自己来完成，即使可以，也很难在竞争中获胜。而第三方物流能够使企业实现资源优化配置，将有限的人力、物力集中于企业的核心业务上，进行重点研究，发展基本技术，开发出新产品参与行业竞争，从而提高企业在行业中的竞争力。

（二）降低成本，减少资本积压

专业的第三方物流提供者利用规模生产的专业优势和成本优势，通过提高各环节能力的利用率实现费用节省，使企业能从分离费用结构中获益。

（三）减少库存

企业不能承担多种原料和产品库存的无限增长，尤其是高价值的部件要被及时送往装配点，实现或接近实现零库存，以保证库存的最小量。第三方物流提供者借助精心策划的物流计划和适时运送手段，最大限度地减少库存，改善了企业的现金流量，实现成本优势。

（四）提升企业形象

第三方物流提供者与顾客之间的关系，不是竞争对手，而是战略伙伴，他们为顾客着想，通过全球性的信息网络使顾客的供应链管理完全透明化，顾客可以随时通过网络了解供应链的运作情况。第三方物流提供者是物流专家，他们利用完善的设施和训练有素的员工为顾客提供服务，使企业可以集中主业，改善服务，从而提升企业形象。

（五）提高服务水平

服务水平的高低是决定企业能否成功的关键。第三方物流企业的信息网络能加快对顾客订货的反应能力，加快订单处理，缩短交货时间。与自营物流相比，第三方物流可以更好地满足消费者的需求，减少缺货率，保证企业为顾客提供稳定、可靠、更加专业化的物流服务。

第二节　第三方物流的运作

一、第三方物流的价值分析

（一）第三方物流的利润来源

第三方物流发展的推动力就是要为客户及自己创造利润。第三方物流企业必须以有吸引力的服务满足客户需要，服务水平必须符合客户的期望，要使客户在物流方面得到利润，同时自己也要获得收益。因此，第三方物流企业必须通过物流作业的高效化、物流管理的信息化、物流设施的现代化、物流运作的专业化、物流量的规模化创造利润。

具体而言，第三方物流企业的利润主要来源于客户的满意，表现在以下4个方面。

1. 作业利益

第三方物流服务的第一类利润来源就是为客户提供“物流作业”改进利益。这类利益基本包括两种因作业改进而产生的利益。

（1）第三方物流企业通过第三方物流服务，使顾客可以获得自己组织物流活动所不能提供的服务或物流服务所需要的生产要素，这就是产生物流外包服务并获得发展的重要原因。在企业自行组织物流活动的情况下，或者限于组织物流活动所需要的特别的专业知识，或者限于技术条件，企业内部的物流系统可能并不能满足完成物流活动的需要，而要求企业自行解决所有的问题显然是不经济的。第三方物流通过提供这些服务要素获得自己的利益。

（2）通过改善企业内部管理的运作表现获得利益。这种作业改进的表现形式可能是增加作业的灵活性，提高质量、速度和服务的一致性，使物流作业更具效率。

2. 经济利益

第三方物流服务的第二类利润来源是与经济或财务相关的利益。一般低成本是由于低成本要素和规模经营的经济性而创造的，其中包括劳动力要素成本。因此，通过物流外包，既可将不变成本转变成可变成本，又可以避免盲目投资，将资金用于其他方面而降低成本。

3. 管理利益

第三方物流服务的第三类利润来源是与管理相关的利益。物流外包可以使企业学习其他企业的管理技能，也可以将企业内部管理资源用于更有利可图的用途中去。物流外包可以使得企业的人力资源集中于企业的核心业务中去，而同时获益于其他企业（第三方物流企业）的核心经营能力。此外，如单一资源和减少供应商的数目所带来的利益也是外包的潜在原因。单一资源减少了公关等费用，并减轻了企业在运输、搬运、仓储等供应商间协调的压力。第三方物流服务给客户带来的管理利益还有很多，例如，订单的信息化管理、避免作业中断、运作协调一致等。

4. 战略利益

第三方物流服务的第四类利润来源是产生战略利益，即灵活性，包括地理范围跨度的灵活性（设点或撤销）及根据环境变化进行其他调整的灵活性。集中主业在管理层次与战略层次高度一样具有重要性。共担风险的利益也能通过使用拥有多种类型客户的第三方物流服务供应商来获得。

（二）第三方物流的运作价值

第三方物流服务供应商应把提供比客户自身进行更有效率的物流运作和更高的价值，

作为运作的基本理念。在这个基本理念指导下，第三方物流企业不仅要考虑到与同行的竞争，还要考虑到客户潜在的内部运作的可能。

第三方物流企业想要取得成功，最重要的因素在于整合物流过程以实现其对客户的增值服务。物流服务中的运输服务、仓储服务和其他功能的综合程度决定着产品的增值程度。因此，第三方物流企业要想实现优质、高效的物流服务并取得丰厚的利润，必须具备物流目标系统化、物流组织网络化、物流信息电子化、物流作业规范化、物流业务市场化等基本条件。第三方物流企业一般需要从以下几个方面创造运作价值。

1. 提高运作效率

物流运作效率的提高意味着对每一个最终形成物流的单独活动进行开发。以仓储为例。仓储的运作效率取决于足够的设施与设备及熟练的运作技能。在作业效率范围内另一个更先进的作用是协调连续的物流活动。除了作业技能外，还需要协调和沟通技能。协调和沟通技能在很大程度上与信息技术相关联，因为协调与沟通一般是通过信息技术这一工具实现的。如果存在有利的成本因素，并且公司的注意力集中在物流方面，那么，用较低的成本提供更好的服务是非常有可能的。

2. 客户运作整合

第三方物流服务带来增值的另一个方法是引入多客户运作，或者是在客户中分享资源。例如，多客户整合的仓储和运输网络，可以利用相似的结合起来的资源，整合运作规模效益成为提高效率的重要方面。第三方物流整合运作的复杂性很高，需要更多的信息技术与技能。这一整合增值方式对于单个客户进行内部运作的很不经济的运输与仓储网络也适用。因此，表现出来的规模经济效益是递增的，如果运作得好，将导致竞争优势及更大的客户基础。当然，一些拥有大量货流的大客户也常常投资协调和沟通技能及其资产，自行整合公司的物流资源。

3. 横向或者纵向整合

前面两个方面讨论的主要是第三方物流客户的内部运作外包化带来的效率的提高，其实从第三方物流服务供应商的角度看，其也需要进行资源整合，业务外包。本身无资产，主要是以管理外部资源为主的第三方物流服务供应商为客户创造价值的技能是强有力的信息技术和物流规划管理与实施等技能，此类第三方物流服务供应商可以通过纵向整合，购买具有成本和服务优势的单项物流功能作业或资源，发展同单一物流功能提供商的关系，也是创造价值的一种方法，这样，物流供应商可以专注于自己和新的能力的服务。在横向上，第三方物流企业如果能够结合类似的但不是竞争对手的企业，则可以联合为客户服务，扩大为客户提供服务的地域覆盖面。

4. 发展客户运作

第三方物流企业为客户创造价值的另一类方式是通过发展客户公司及组织运作获取价值，这种第三方物流服务基本上接近传统意义上的物流咨询公司所从事的工作，所不同的是这时候提出的解决方案要由物流供应商来开发，完成运作。增值活动中的驱动力在于客户自身的业务过程。

（三）第三方物流的成本价值

在竞争激烈的市场上，降低成本、提高利润率往往是企业追求的首选目标。这也是物流在20世纪70年代石油危机之后其成本价值被挖掘出来作为“第三利润源”受到普遍重视的原因。物流成本通常被认为是企业经营中较高的成本之一，控制物流成本，就等于控制了总成本。完整的企业物流成本，应该包括物流设施设备等固定资产的投资、仓储、运输、配送等费用，也即狭义的物流费用；以及为管理物流活动所需的管理费、人工费和伴随而来的信息传递、处理等所发生的信息费等广义的物流费用。在衡量物流成本的增减变动时，应全面考虑所有这些有关的费用构成的物流总成本，而不能仅以运输费用和仓储费用的简单加和作为考察物流成本变动的指标，否则企业在进行物流成本控制或采用第三方物流后，最终核算时有可能会得出企业物流成本不降反升的错误结论。

第三方物流服务为客户提供经济或与财务相关的利益是第三方物流服务存在的基础。一般低成本是由于低成本要素和规模经济的经济性而创造的，其中包括劳动力要素成本。通过物流外包，可以将不变成本转变为可变成本，又可以避免盲目投资而将资金用于其他用途从而降低成本。稳定和可见的成本也是影响物流外包的经济因素，稳定成本时的规划和预算手续更为简便。一个环节的成本一般来讲难以清晰地与其他环节区分开来，但通过物流外包，使用第三方物流服务，则供应商要申明成本和相关费用，那么成本的明晰性也就增加了。

二、第三方物流的运作模式

第三方物流应把提供比客户自身进行更有效率的物流运作和更高的价值，作为运作的基本理念。在这个基本理念指导下，第三方物流不仅要考虑到与同行的竞争，而且要考虑到客户潜在的内部运作的可能。

第三方物流企业想要取得成功，最重要的因素在于整合物流过程以实现其对客户的增值服务。物流服务中的运输服务、仓储服务和其他功能的综合程度决定着产品的增值程度。因此，第三方物流企业要想实现优质、高效的物流服务并取得丰厚的利润，必须具备物流目标系统化、物流组织网络化、物流信息电子化、物流作业规范化、物流业务市场化等基本条件。

对于第三方物流企业而言，第三方物流的运作模式主要有以下几种。

（一）综合物流模式

综合物流模式的特点是第三方物流企业拥有大量的固定资产，为少数行业提供高集成度的服务，它的业务范围主要集中在自己擅长的领域。国际上许多物流公司都采用这种运作模式，国内一些大型的物流企业也开始提供这种服务。

（二）综合代理模式

综合代理模式的特点是第三方物流企业不进行固定资产投资，对公司内部及具有互补性的服务提供商所拥有的不同资源、能力、技术进行整合和管理，为少数行业提供高集成度的一体化供应链服务。

（三）功能物流模式

功能物流模式的特点是第三方物流企业使用自有资产为多个行业的客户提供低集成度的物流服务。

（四）功能代理模式

功能代理模式与功能物流模式一样，也是为多个行业的客户提供低集成度的服务，只不过是通过委托他人操作来提供服务，自身不进行固定资产投资。这类企业一般由货代类企业经过业务拓展转变而来，客户分布比较广泛，服务层次相对较低，但它具有较强的管理整合社会公共资源能力，能够充分利用闲置的社会资源，使其在效益方面产生乘数效应，一般是物流项目的总承包后整合社会资源再进行二次外包。

（五）集中物流模式

集中物流模式的特点是第三方物流企业拥有一定的资产和范围较广的物流网络，在某个领域提供集成度较低的物流服务。由于不同领域客户的物流需求千差万别，当一个物流企业能力有限时，他们就可以采取这种集中战略，力求在一个细分市场上做精做强。

（六）缝隙物流模式

缝隙物流模式的特点是第三方物流企业拥有较少的固定资产甚至没有固定资产，以局部市场为对象，将特定的物流服务集中于特定顾客层。这种模式非常适合一些从事流通业务的中小型物流企业，特别是一些伴随电子商务而发展起来的小型物流企业。

第三方物流企业究竟选择什么样的运作模式，还要根据企业自身实际情况和行业现状进行选择。

第三节　第四方物流

一、第四方物流的产生和发展

第三方物流供应商为客户提供所有的或一部分供应链物流服务，以获取一定的利润。第三方物流公司提供的服务范围很广：它可以简单到只是帮助客户安排一批货物的运输，也可以复杂到设计、实施和运作一个公司的整个分销和物流系统。因此，第三方物流有时也被称为“承包物流”“第三方供应链管理”和其他的一些称谓。第三方物流公司和典型的运输或其他供应链服务公司的关键区别在于：第三方物流的最大的附加值是基于信息和知识，而不是靠提供最低价格的一般性的无差异的服务。例如，不把一个纯粹的汽车运输公司称为第三方物流公司。

然而，由于一些物流企业自身的运作能力、专业素质、对客户需求的理解等方面的原因，以及物流客户在与第三方物流企业合作过程中表现出的对物流及其服务主体多点控制的强烈愿望，所给予物流企业的规划设计空间的限制和在许多业务模式和管理方式上的约束，使得第三方物流在实际运作中，也存在诸多不尽如人意的地方。主要表现就是，第三方物流公司缺乏对整个供应链进行运作的战略性专长和真正整合供应链流程的相关技术。

此外，现代技术的不断更替和电子商务影响力的迅速扩展使顾客期望越来越高，供应链上各节点企业对内要求整合资源和对外要求扩展的需求不断扩大，顾客未满足的期望推动企业重新评估他们的供应链战略。

正是在这些情况下，第四方物流的概念应运而生。第四方物流正日益成为一种帮助企业实现持续运作成本降低和区别于传统的外包业务的真正的资产转移。它依靠业内最优秀的第三方物流供应商、技术供应商、管理咨询顾问和其他增值服务商，为客户提供独特的和广泛的供应链解决方案，其使命就是提供一整套供应链解决方案。这是任何一家公司所不能单独提供的。

二、第四方物流的内涵

（一）第四方物流的概念

第四方物流的概念是由美国埃森哲咨询公司于1998年率先提出的。他们对“第四方物流”是这样定义的：“第四方物流（Fourth Party Logistics，4PL）供应商是一个供应链的集成商，它对公司内部和具有互补性的服务供应商所拥有的不同资源、能力和技术进行整合和管理，提供一套供应链解决方案。”第四方物流又被称为“总承包商”或“领衔物流服务商”。第四方物流的主要作用是：对制造企业或分销企业的供应链进行监控，在客户和它的物流和信息供应商之间充当唯一的“联系人”的角色。

可以这样理解，第四方物流是专门为第一方、第二方和第三方提供物流规划、咨询、物流信息系统、供应链管理等活动的，第四方并不实际承担具体的物流运作活动，而是一个供应链的集成商，是供需双方及第三方物流的领导力量。它不是物流的利益方，而是通过拥有的信息技术、整合能力以及其他资源提供一套完整的供应链解决方案，以此获取一定的利润。它是帮助企业实现降低成本和有效整合资源，并且依靠优秀的第三方物流供应商、技术供应商、管理咨询以及其他增值服务商，为客户提供独特的和广泛的供应链解决方案。

第四方物流可以说是第三方物流的延伸，它不仅控制和管理特定的物流服务，而且对整个物流过程提出策划方案，并通过电子商务将这个过程集成起来。正是由于发展第四方物流能够有效地整合企业的供应链，降低企业的运营成本，因此，第四方物流引起了国内理论界和实务界的热烈关注，但发展第四方物流并不是一件很容易的事情。即使在国外，物流业界对此也有不少异议，目前成功的第四方物流案例全世界也是屈指可数。

（二）第四方物流的特点

与第三方物流相比，第四方物流更多地关注整个供应链的物流活动，因此，具有以下两个主要特点。

1. 提供一整套完善的供应链解决方案

根据上述概念，第四方物流不是简单地为企业客户的物流活动提供管理服务，而是通过对企业客户所处供应链的整个系统或行业物流的整个系统进行详细分析后，提出具有实际指导意义的解决方案。第四方物流服务供应商本身并不能单独地完成这个方案，而是主要通过第三方物流供应商、技术供应商、管理咨询公司和其他增值服务商等多类公司的协助才能为客户提供独特和广泛的供应链解决方案。

第三方物流服务供应商能够为企业客户提供相对于企业的全局最优，却不能提供相对于行业或供应链的全局最优，因此，第四方物流服务供应商就需要先对现有资源和物流运作流程进行整合和再造，从而达到解决方案所预期的目标。

第四方物流的供应链解决方案共有 4 个层次——再造、变革、实施、执行。

（1）再造。再造是指供应链过程的协作和供应链过程的再设计。第四方物流最高层次的方案就是再造。供应链流程中真正的显著改善，要么是通过各个环节计划和运作的协调一致实现，要么是通过各个参与方的通力协作实现。再造过程就是基于传统的供应链管理咨询技巧，使得公司的业务策略和供应链策略协调一致。同时，技术在这一过程中又起到了催化剂的作用，整合和优化了供应链内部和与之交叉的供应链的运作。

（2）变革。变革是指通过新技术实现各个供应链职能的加强。变革的努力主要集中在改善某一具体的供应链职能，包括销售和运作计划、分销管理、采购策略和客户支持等。在这一层次上，供应链管理技术对方案的成败变得至关重要。领先和高明的技术，加上战略思维、流程再造和卓越的组织变革管理，共同组成最佳方案，对供应链活动和流程进行整合和改善。

（3）实施。实施是指流程一体化、系统的集成化和运作的衔接。一个第四方物流服务商可以帮助客户实施新的业务方案，包括业务流程优化、客户公司和服务供应商之间的系统集成，以及将业务运作转交给第四方物流的项目运作小组。项目实施过程中应该对组织变革加以重视，因为“人”的因素往往是把业务转给第四方物流管理时是否成功的关键。最大的目标，是避免把一个设计得非常好的策略和流程实施得非常无效，因而局限了方案的有效性，影响了项目的预期成果。

（4）执行。执行是指由第四方物流承担多个供应链的职能和流程的运作。第四方物流开始承接多个供应链职能和流程的运作责任，其工作范围远远超越了传统的第三方物流的运输管理和仓库管理的运作，还包括制造、采购、库存管理、供应链信息技术、需求预测、网络管理、客户服务管理和行政管理等职能。尽管一家公司可以把所有的供应链活动外包给第四方物流，但通常的第四方物流只是从事供应链职能和流程的一些关键部分。

2. 通过对整个供应链产生影响增加价值

第四方物流服务供应商可以通过物流运作的流程再造，使整个物流系统的流程更合理、效率更高，从而将产生的利益在供应链的各个环节之间进行平衡，使每个环节的企业客户都可以受益。如果第四方物流服务供应商只是提出一个解决方案，没有能力控制这些物流运作环节，那么，第四方物流服务供应商所能创造价值的潜力也无法被挖掘出来。因此，第四方物流服务供应商对整个供应链所具有的影响能力直接决定了其经营的好坏，也就是说，第四方物流除了具有强有力的人才、资金和技术以外，还应该具有与一系列服务供应商建立合作关系的能力。

（三）第四方物流的组织成员

第四方物流的组织成员一般包括以下4个部分。

1. 委托客户

第四方物流组织一般是在主要委托客户企业与服务供应组织之间通过签订合资协议或长期合作协议而形成的组织机构。参加第四方物流的客户数量可以是一个，也可以是若干个；可以是同行业的，也可以是不同行业的。

根据规模及实力的不同可以分为主要客户和一般客户。其中，主要客户构成了第四方生存发展的基础或市场，在第四方物流组织中主要客户扮演了两种角色，第一种角色是第四方物流组织的成员。委托客户除了与其他组织共同出资外，通常也把它的整个物流和采购管理，包括物流设备、物流管理人员及经营人员转让给第四方物流组织。作为出资的回报，第四方物流组织负责管理和经营主要客户的整个供应链的管理职能。第二种角色是第四方物流组织的客户，其与第四方保持着长期的、稳定的业务关系。

2. 第三方物流服务商

是为企业提供专业物流服务的机构，是供应链实施的主体。它拥有一定的服务设施、服务专业知识和经验，提供采购、储存、运输和车辆、装卸和物资配送、物料处理等综合多样化服务，也可以是从事物流某一方面业务服务的企业。它是第四方物流在物流实体操作方面的主要承担者。

3. 管理咨询公司

是从事物流管理服务的咨询机构，管理咨询公司及类似的组织具有强大的战略管理能力，虽无具体的物流设施，但却拥有高素质的物流管理人才和丰富的管理经验，了解和掌握着物流的信息。它主要从事物流评审、物流规划、物流顾问、系统实施及物流培训等方面的业务，能够帮助企业作出科学的规划和管理，提高收益和竞争力。

4. 其他增值服务商

主要是一些IT信息服务提供者以及专业的营销、包装、加工、配送等服务的服务商。

从第四方物流的组织成员构成看，第四方物流作为客户间的连接点，通过合作或联盟提供多样化服务，从而实现服务最佳整合、资源最佳整合，保证产品可以迅速、高质量、低成本地送到需求者手中。

三、第四方物流的运作模式

目前，第四方物流的运作模式主要有3种：协同运作模式、方案集成商模式、行业创新者模式。

（一）协同运作模式

在协同运作模式下，第四方物流只与第三方物流有内部合作关系，即第四方物流服务供应商不直接与企业客户接触，而是通过第三方物流服务供应商将其提出的供应链解决方案、再造的物流运作流程等进行实施。这就意味着，第四方物流与第三方物流共同开发市场，在开发的过程中第四方物流向第三方物流提供技术支持、供应链管理决策、市场准入能力以及项目管理能力等，它们之间的合作关系可以采用合同方式绑定或采用战略联盟方式形成。

（二）方案集成商模式

在方案集成商模式下，第四方物流为客户提供运作和管理整个供应链的解决方案，第四方物流对本身和第三方物流的资源、能力和技术进行综合管理，借助第三方物流为客户提供全面、集成的供应链方案。第三方物流通过第四方物流的方案为客户提供服务，第四方物流作为企业客户与第三方物流的纽带，将企业客户与第三方物流联结起来，这样企业客户就不需要与众多第三方物流服务供应商进行接触，而是直接通过第四方物流服务供应商实现复杂的物流运作的管理。在这种模式下，第四方物流作为方案集成商除了提出供应链管理的可行性解决方案外，还要对第三方物流资源进行整合，统一规划为企业客户服务。

（三）行业创新者模式

在行业创新者模式中，第四方物流为多个行业的客户开发和提供供应链解决方案，以整合整个供应链的职能为重点，第四方物流将第三方物流加以集成，向下游的客户提供解决方案。此时，第四方物流的责任非常重要，因为它是上游第三方物流的集群和下游客户集群的纽带。

行业创新者模式与方案集成商模式有相似之处：都是作为第三方物流和客户沟通的桥梁，将物流运作的两个端点连接起来。两者的不同之处在于：行业创新者模式的客户是同一行业的多个企业，而方案集成商模式只针对一个企业客户进行物流管理。在这种模式下，第四方物流提供行业整体物流的解决方案，这样可以使第四方物流运作的规模更大限度地得到扩大，使整个行业在物流运作上获得收益。

第四方物流无论采取哪一种模式，都突破了单纯发展第三方物流的局限性，能真正地低成本运作，实现最大范围的资源整合。因为第三方物流缺乏跨越整个供应链运作以及真正整合供应链流程所需的战略专业技术，它要么独立，要么通过与自己有密切关系的转包商为客户提供服务；而第四方物流则可以不受约束地将每一个领域的最佳物流提供商组合起来，为客户提供最佳物流服务，进而形成最优物流方案或供应链管理方案。

第十一章　供应链管理

第一节　供应链概述

一、供应链的定义

我国《物流术语》国家标准对供应链的定义是："供应链，即生产与流通过程中涉及将产品或服务提供给最终用户活动的上游与下游企业所形成的网链结构。"

在20世纪90年代全球制造、全球竞争加剧的环境下，对供应链的理解不应仅仅是一条简单的从供应商到用户的链，而应是一个范围更广阔的网链结构模式，包含所有加盟的节点企业；供应链不仅是一条连接供应商到用户的物料链、信息链、资金链，而且是一条增值链，物料在供应链上因加工、包装、运输等过程而增加价值，给相关企业带来收益。

从物流的观点看问题，供应链的概念应当包含这样几个基本要点。

(1) 供应链都是以物资为核心的。整个供应链可以看成是一种产品的运作链。产品的运作可以包括以下几种形式。

①单一产品的供、产、销。对于单一产品而言，产品运作，主要包括该产品的原材料和零部件的供应、产成品的制造和产成品的分销。如汽车产品的供应链，应当包括汽车产品的零部件和原材料的供应、汽车产品的制造和汽车产品的分销。这3个部分结合起来，就构成了汽车产品的供应链。

②多个产品的集、存、分。对于多个产品而言，产品运作，主要包括将多个产品收集、保存和分销。物流配送供应链，应当包括将多个产品收集起来，统一储存在配送中心仓库，然后进行统一分发配送。这3个部分集合起来，就构成了物流配送供应链。物资流通供应链也是将各个供应商的商品购进来，存放在批发仓库或零售商场，然后在批发仓库或者零售商场进行分销。

这些都是产品的运作形式。供应链根本的目的是为了满足需求，其中，最主要的是满足物资产品的需求，而且是为了满足最终的物资产品需求，也就是人对于最终产品的需求。因此，供应链也就是为满足人对最终产品需求的产品运作链，故供应链是以物资为核心的。

以物资为核心，也就意味着以物流为核心。因为物流总是伴随物资而存在的，物资无论是处在运动状态、静止状态还是静动状态，都是物流状态。因此，供应链中最核心的问题，也就是要处理好物流问题。从物资的角度看问题，物资产品的供应链实际上就是一个物流链。这里强调物资产品供应链是针对非物资产品的供应链而言的。非物资产品的供应链是存在的，如金融供应链、信息供应链等。

以物资为核心并没有否定信息的作用。信息是在物资的运作过程中产生并为物资的运作服务的。为了实现以物资为核心，关键的关键，就是要发挥信息的作用，包括反映作用、服务作用、指导作用和控制作用。

（2）供应链是一种联合体。这种联合包括结构的联合和功能的联合。前者是指参与特定产品运作的有关单元的联合，包括产品制造、原材料供应和产品分销的各个层次的单元，这些“单元”，大到企业，小到部门、车间、班组甚至个人。它们按等级层次构成一个相互区别又相互联系的联合体，各自在特定产品运作中发挥自己的作用。后者是指产品运作各种功能的联合，包括产品及其原材料、零部件的设计、开发和加工；产品分销的设计、开发和实施；产品分销、原材料购进及生产过程中的运输、搬运和储存；整个运作过程的信息管理等，统统都联合起来，形成一个齐全有效的功能网络。

供应链联合体，就是一个系统。而系统的生命力就在于协调配合，因此，供应链最大的特点和优点，就是供应链系统各个企业、各个单元之间的协调配合。如果一个供应链系统各个成员企业不能够协调配合，这个供应链也就不能够叫作供应链。

（3）供应链都有一个核心企业。任何一个供应链都必然有一个核心企业，供应链管理主要靠核心企业运作。供应链的功能是由核心企业的心智决定的，核心企业是供应链中的产品运作的领导者。核心企业根据其性质可以分为：

①生产企业。一般是特定产成品的装配加工企业。它能够组织领导这种产品的制造装配和分销，构造出这种产品的供、产、销的供应链系统。这种供应链一般是一种加工供应链。

②流通企业。一般是多种产品的批发和零售企业。它能够组织领导多种产品的生产和销售，从制造商、供应商处购进它们的产品，储存在仓库或卖场，然后再组织分销，构造出这许多种产品的进、存、销的供应链系统。这种供应链一般是一种流通供应链。

③物流企业。一般是产品的储运、配送企业。它能够组织领导产品的储运、配送等物流活动，构造出产品的集、存、分的供应链系统。这种供应链一般是一种物流供应链。

此外，核心企业还可以是银行、保险公司、信息企业等，它们能够组织各种各样的非物资形式的供应链系统。

（4）供应链都必然包含有上游供应链和下游供应链。任何供应链都由三大部分构成：核心企业、上游供应链和下游供应链。上游供应链和下游供应链的性质不同，上游供应链一般承担产成品的制造支持或者供应支持工作，下游供应链一般承担产成品的分销支持工作。上游供应链的结构一般是收集型结构，下游供应链的结构一般是发散型结构。整个供应链就像一个哑铃，上游和下游供应链分别是哑铃的两端，而核心企业就是其把手。

（5）供应链都有一个整体目的或宗旨。任何一个供应链都有一个共同的目的或宗旨，就是要以更低的成本、更多更好地满足人们对于某种产品的需求。所谓更低的成本，就是要提高产品运作的综合效率，提高产品的市场竞争能力。更多，就意味着进一步开拓市场、提高市场占有率。更好，就意味着提高用户服务水平，扩大产品在用户群中的满意率，从而有助于进一步开拓市场。供应链是产品运作的一个整体系统，每个单元、每个企业都只在其中承担一部分工作。有些企业，特别是上游供应链企业，远离最终产成品的最终用户，很容易对整个供应链的目的或宗旨表现出不在意的态度，因而对自己在供应链中应承担的责任和义务认识不够。强化各个企业、各个单元的供应链意识、加强对供应链宗旨的认识，是核心企业供应链管理的一个重要任务。

二、供应链的结构模型

根据供应链的定义，其结构可以简单地归纳为图 11－1 的模型。

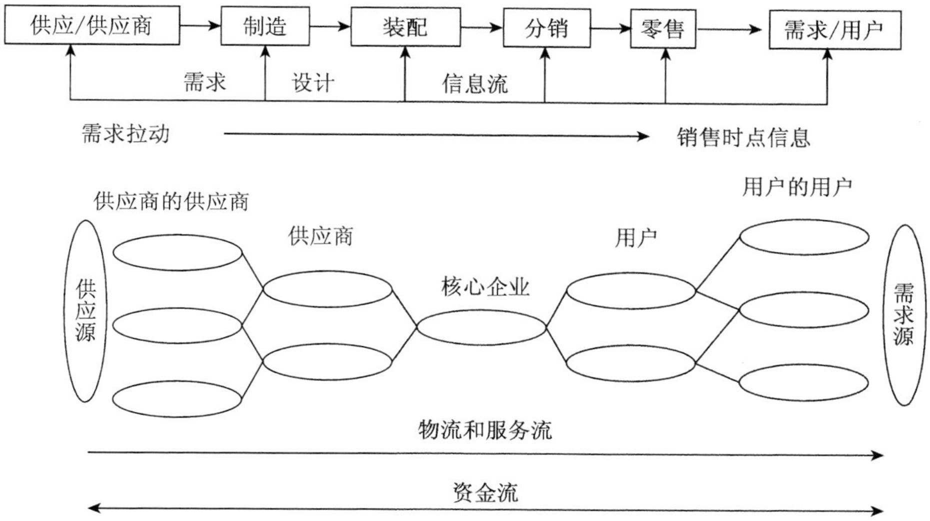

图 11－1 供应链结构模型

从图 11－1 中可以看出，供应链由所有加盟的节点企业组成，一般有一个核心企业（可以是产品制造企业，也可以是大型零售企业），节点企业在需求信息的驱动下，通过供应链的职能分工与合作（生产、分销、零售等），以资金流、物流和服务流为媒介实现整个供应链的不断增值。

三、供应链的特征

从供应链的结构模型可以看出，供应链是一个网链结构，节点企业和节点企业之间是一种需求与供应的关系。供应链主要具有以下特征。

1. 复杂性

因为供应链节点企业组成的跨度（层次）不同，供应链往往由多个、多类型甚至多国企业构成，其结构模式比一般单个企业的结构模式更为复杂。

2. 动态性

供应链管理因企业战略和适应市场需求变化的需要，其中节点企业需要动态地更新，这就使得供应链具有明显的动态性。

3. 面向用户需求

供应链的形成、存在、重构，都是基于一定的市场需求而发生的，在供应链的运作过程中，用户的需求拉动是供应链中信息流、产品/服务流、资金流运作的驱动源。

4. 交叉性

节点企业可以是这个供应链的成员，同时又是另一个供应链的成员，众多的供应链形成交叉结构，增加了协调管理的难度。

第二节　供应链管理概述

一、供应链管理的概念

我国《物流术语》国家标准是这样定义的："供应链管理，即利用计算机网络技术全面规划供应链中的商流、物流、信息流、资金流等，并进行计划、组织、协调与控制。"

供应链管理是在现代科技条件下，产品极其丰富的条件下发展起来的管理理念，它拆除了企业的围墙，将各个企业独立的信息化古道连接在一起，建立起一种跨企业的协作，并且企业之间作为贸易伙伴，为追求共同经济利益的最大化而共同努力。

二、供应链管理产生的时代背景

随着信息时代的到来，全球市场正趋于一体化，全球经济和信息也在趋于一体化，企业面临更为复杂多变的竞争环境挑战。随着微电子、计算机软硬件、光纤和卫星通信、多媒体、虚拟实现、信息压缩和系统集成技术等迅速发展，对大量信息进行迅速、准确、高效地传递和处理已成为现实。因此，国外企业纷纷通过研究、开发、应用信息技术来提高企业的竞争力。信息技术在技术创新、产品开发与设计、生产制造、销售、组织结构、管理思想、企业文化、人际关系、战略目标等多方面对企业管理产生重大影响。

（一）企业面临的市场竞争环境的变化

这种变化必然会对传统管理所形成的思维方式带来挑战。同时，信息社会或网络社会开始影响到我们的生活，这必然要带来工作和生活方式的改变，其中最主要的就是消费者需求的变化。在短缺经济时代，量的供给不足是主要矛盾，企业的管理模式主要以提高效率、最大限度地从数量上满足用户的需求为主要特征。现在，随着人们经济生活水平的提高，个性化需求越来越明显，一个企业靠一种产品打天下的时代已不复存在，多样化需求对企业管理的影响越来越大，而品种的增加必然会增大管理的难度和对资源获取的难度。企业快速满足用户需求的愿望往往受到资源获取的制约。从产品开发转入批量化生产的速度，再从批量化生产转向市场销售的速度，都需要新的资源来支持。但是，这些资源的获取很难，尤其是知识，不是说今天想到，明天就能够获得的，获得知识需要时间，需要成本。兼顾社会利益的压力也越来越大，如环保问题、可持续发展问题等，使企业既要考虑自身的经济利益，还要考虑社会利益，而有时候社会利益和企业经济利益是不相协调的。

（二）传统管理模式的主要特征及其在新环境下的不适应性

传统管理模式是以规模化需求和区域性的卖方市场为决策背景，通过规模效应降低成本，获得效益。在这种决策背景下，所选择的生产方式，必然是少品种、大批量，采用刚性和专用的流水生产线，因为这种生产方式可以最大限度地提高效率，降低成本，其规模化效益是最好的。但是，它的致命弱点是适应品种变化的能力很差，一旦外界发生新的需求，原有的生产系统很难适应。从组织结构的特征看，它是一种多级递阶控制的组织结构，管理的跨度小、层次多。管理层次的增加必然影响整个企业的响应速度。再从管理思想和管理制度的特征看，主要是以一种集权式管理，以追求稳定和控制为主。也就是说，过去为了控制影响企业生产的这些资源，企业要么自己投资建设，要么是参资控股，目的只有一个，就是要控制可能影响自己生产和经营的资源。要最大限度来控制这些资源，必然走向集权式，因为只有集权式管理才能最大限度地实现企业对资源的控制。

（三）传统管理模式在新环境下显现的主要弊端

传统“纵向一体化”（Vertical Integration）管理模式至少有以下四方面弊端。

（1）增加企业的投资负担。无论企业是自建控股还是兼并，都需要筹集必要的资金。这一工作给企业带来了许多不利之处。首先，企业必须花费人力、物力设法在金融市场上筹集所需要的资金。其次，资金到位后，随即进入项目建设周期（假设新建一个工厂）。为了尽快完成基本建设任务，企业还要花费精力从事项目实施的监管工作，这样一来又消耗了大量的企业资源。由于项目有一个建设周期，在此期间内企业不仅不能安排生产，而且还要按期偿还借款利息。显而易见，用于项目基本建设的时间越长，企业背负的利息负担越重。

（2）要承担丧失市场时机的风险。随着市场竞争的加剧，即使可能发现一个新的市场机会，但由于企业要自己投资进行扩建或改建，而这都需要时间（如基本建设周期），这段时间很可能就是企业丧失市场时机的风险期。

（3）有限的资源消耗在众多的经营领域中，企业难以形成突出的核心优势。“纵向一体化”模式还迫使企业去从事自己并不擅长的业务活动。也就是说，如果一个企业把核心业务和非核心业务都抓在手里，就不得不从事那些并不擅长的业务。不仅如此，还要在每个业务领域都直接面临众多的竞争对手。

（4）对于复杂多变的市场需求无法做到敏捷的响应。“纵向一体化”模式增大了企业的行业风险，因为按照这种模式经营，一旦企业主导产品被市场淘汰，为它配套的辅助性的上游企业也都跟着倒闭。因为它们是为上游企业配置的，没有社会上专业厂的产品有竞争力和生存力。

三、供应链管理模式的产生

由于“纵向一体化”管理模式的种种弊端，从20世纪80年代后期开始，国际上越来越多的企业放弃了这种经营模式，随之的是“横向一体化（Horizontal Integration）”思想的兴起，即利用企业外部资源快速响应市场需求，本企业只抓最核心的东西：产品方向和市场。至于生产，只抓关键零部件的制造，甚至全部委托其他企业加工。例如，美国福特汽车公司（以下简称“福特”）在推出新车Festiva时，就采用了新车在美国设计，在日本生产发动机，由韩国的制造厂生产其他的零部件，最后再运往美国和其他世界市场上销售。福特作为制造商这样做的目的，是利用其他企业的资源促使产品快速上马，避免自己投资带来的基建周期长等弊端，显然是追求低成本高质量，提高自己的竞争力。Festiva从设计、制造、运输、销售，采用的就是“横向一体化”的全球制造战略。福特在制造汽车的过程中，形成了一个企业群体。在体制上，这些群体组成了一个主体企业的利益共同体；在运行形式上，构成了一条从供应商、制造商、分销商到用户的链。由于链上向临界点企业都是一种供应和需求的关系，因此称之为供应链。

为了使加盟供应链的企业都能受益，并使每个企业都有比竞争对手更强的竞争实力，就必须加强对供应链的构成及运作研究，由此形成了供应链管理这一新的经营与运作模式。供应链管理强调核心企业与世界上最杰出的企业建立战略合作关系，委托这些企业完成一部分业务工作，自己则集中精力和各种资源，通过重新设计业务流程，做好本企业能创造特殊价值、比竞争对手更擅长的关键性业务工作。这样不仅大大地提高了本企业的竞争能力，而且使供应链上的其他企业都能受益。

供应链管理利用现代信息技术，通过改造和集成业务流程，与供应商以及客户建立协同的业务伙伴联盟、实施电子商务，大大提高了企业的竞争力，使企业在复杂的市场环境下立于不败之地。根据有关资料统计，供应链管理的实施可以使企业总成本下降10%；供应链上的节点企业按时交货率提高15%以上；订货—生产的周期时间缩短25%～35%；供应链上的节点企业生产率增值提高10%以上，等等。这些数据说明，供应链企业在不同程度上都取得了发展，其中，以“订货—生产的周期时间缩短”最为明显。能取得这样的成果，完全得益于供应链企业的相互合作、相互利用对方资源的经营策略。试想一下，如果制造商从产品开发、生产到销售完全自己包下来，不仅要背负沉重的投资负担，而且还要花相当长的时间。采用供应链管理模式，则可以使企业在最短时间里寻找到最好的合作伙伴，用最低的成本、最快的速度、最好的质量赢得市场，受益的不仅一家企业，而是一个企业群体。因此，供应链管理模式吸引了越来越多的企业。

四、供应链管理的发展

供应链随着商品经济的出现就开始萌芽，但供应链管理的概念和应用却只有几十年的历史。在过去短短的几十年间，无论是供应链管理的理念还是供应链管理的应用技术都有了长足的发展。它的形成与发展主要经历了 4 个阶段。

（一）第一阶段：供应链管理的萌芽阶段

第一阶段大致是从 20 世纪 60 年代到 70 年代。在这一阶段，供应链管理还只处于萌芽状态。供应链，更确切地说还只能称之为业务链，而且链上的每个成员的管理理念基本上都是“为了生产而管理”，企业之间的竞争是产品在数量上和质量上的竞争，企业间的业务协作是以“本位主义”为核心的。即使在企业内部，其组织结构也是以各自为政的职能化或者区域性的条条框框为特征。此时，供应链上各成员之间的合作关系极为松散，供应链成员之间时常存在利益冲突，阻碍了供应链运作和管理的形成。

当时，有一部分企业内部职能部门分别在相互隔离的环境下采用 MRP/MRP－Ⅱ制订和执行计划，数据的完整性差，甚至在企业内部信息都缺乏统一性和集成性，更谈不上在业务链上形成标准化和数据流。在理论研究界，供应链管理也只是停留在开始探索和尝试的阶段，无法对供应链管理提出较完善的管理理念和指导思想。

（二）第二阶段：供应链管理的初级阶段

第二阶段大致是从 20 世纪 80 年代初到 20 世纪 90 年代初。在理论研究界的不断探索下，供应链管理的理念已形成了基本的雏形，并开始指导企业进行初步的实践，同时在学术研究上得到了较快的发展。

事实上，供应链管理这一名词最早出现于 20 世纪 80 年代，最初是由咨询业提出的，后来逐渐引起了人们的巨大关注。在此阶段，企业的竞争重点已转向了追求生产效率。企业的组织结构和内部职能划分也发生了转变，大多数企业开始进行组织机构的精简和改革，并开始从分散式的部门化和职能化转变为集中的计划式以及更关注业务流程的变革。企业已开始认识到最大的机会存在于企业之外。史蒂文斯（Stevens）在 1989 年提出了供应链管理的概念，包括在企业内部集成和在企业外部集成的集成思想，标志着供应链管理的萌芽阶段已经完成。

供应链管理的实践始于供应链上末端的零售行业，为获得更多的销售利润等问题，零售商需要更好地与供应商共享销售和市场资料，当时，ECR 和 QR 是两种典型的供应链策略和模型。信息技术的发展和大量应用也为供应链管理的初步形成奠定了基础。企业内部逐渐实现了信息集成，企业间的业务联系方式也随着通信技术的发展而不断改善。但传统的供应链的运作多局限于企业内部，在供应链上仍存在着大量的企业之间的目标冲突，无法从整个供应链的角度出发实现供应链的整体竞争优势，从而导致供应链管理的绩效低下，尚无法实现整体供应链的运作和从供应链向价值链的根本突破。

（三）第三阶段：供应链管理的形成阶段

第三阶段大致是从 20 世纪 90 年代初到 20 世纪末。特别是从 20 世纪 90 年代中期开始，供应链管理无论是在理论上还是在实践应用上都有了突飞猛进的发展。在经济全球化的竞争环境下，企业开始将竞争重点转向市场和客户，更加注重在全球范围内利用一切能够利用的资源，纷纷将目光从管理企业内部生产过程转向产品全生命周期中的供应环节和整个供应链系统，渐渐认识到客户与产品之间的关联是供应链上提高生存能力和获利能力的一种有效方法，供应链管理逐渐受到高度的重视。

同时，从20世纪90年代开始，ERP系统的迅速传播和广泛应用，使企业的信息和业务都实现了高度的集成，业务流程重组（BPR）使企业领导人逐渐认识到把企业的组织结构与主管人员的相关业务目标和绩效激励机制结合起来，可获得效益。接着，财务管理被引入了供应链管理的范围。高级计划排程系统（APS）、客户关系管理系统（CRM）、物流信息系统（LIS）、知识管理（KM）、数据仓库（DW）/数据挖掘（DM）、供应链决策（SCS）等管理技术的竞相问世，使得企业在内部管理上从计划、执行到优化和决策，都从ERP的基础上更上一层楼，在有限的资源基础上合理、有效、及时地开展业务；在企业外部的供应链上，也更好地采用客户关系管理的理念和技术，以市场和客户的满意度为企业经营的中心，共同挖掘和分享知识与价值，将企业的资源紧密地与客户的需求相匹配，并快速响应和满足这些需求。特别是在20世纪90年代末，强调建立合作伙伴关系和协调供应链运作的理论，以及因特网和电子商务及其相关技术的出现和发展更为供应链管理提供了指导和支持，使供应链管理又再一次发生了重大的变化，实现了一个新的飞跃。

（四）第四阶段：供应链管理的成熟和发展阶段

21世纪初期将是供应链管理发展的第四阶段。进入21世纪后，基于Internet的供应链系统在发达国家已得到了较广泛的应用，电子商务的出现和发展是经济全球化与网络技术创新的结果，彻底地改变了供应链上原有的物流、信息流、资金流的交互方式和实现手段，能够充分利用资源、提高效率、降低成本、提高服务质量。客户把以前梦寐以求的功能当成现在理所当然应该提供的服务而对供应商提出要求，这将要求上游的企业采用专门的技术解决这些新的需求，以满足客户。许多企业开始把它们的努力进一步集中在供应链成员之间的协同，特别是与下游成员业务间的协同上，如供应商管理库存（VMI），合作、预测与供给（CFAR），协同计划、预测与补给（CPFR），分销商集成（DI），以及第三方物流（3PL）/第四方物流（4PL）等模式，同时供应商关系管理（SRM）、产品生命周期管理（PLM）、供应链计划（SCP）和供应链执行（SCE）等系统的应用使供应链上成员间的业务衔接更加紧密，整个供应链的运作更加协同化，企业正是通过与供应商和客户间的这种协同运作，更准确地确定要从供应商那里得到什么，以及要提供给客户什么。

该阶段供应链管理的核心任务可归纳为：供应链协同运作的系统化管理；生产两端的资源优化管理；不确定性需求的信息共享管理；快速的决策管理。这一时期的供应链管理在计划和决策上特别强调的是，实时的可视性和前向的可预见性，以及供应链流程管理和事件管理的能力，以减少不良影响，快速响应，使整个供应链都取得最理想的目标效益。

五、供应链管理的基本特征

供应链管理的基本特征可归纳为以下几方面。

第一，“横向一体化”的管理思想。强调每个企业的核心竞争力，这也是当今人们谈论的共同话题。为此，要清楚地辨别本企业的核心业务，然后狠抓核心资源，以提高核心竞争力。

第二，非核心业务都采取外包的方式分散给业务伙伴，和业务伙伴结成战略联盟关系。

第三，供应链企业间形成的是一种合作性竞争。合作性竞争可以从两个层面理解。一是过去的竞争对手相互结盟，共同开发新技术，成果共享。二是将过去由本企业生产的非核心零部件外包给供应商，双方合作共同参与竞争。这实际上也体现出核心竞争力的互补效应。

第四，以顾客满意度作为目标的服务化管理。对下游企业而言，供应链上游企业的功能不是简单的提供物料，而是要用最低的成本提供最好的服务。

第五，供应链追求物流、信息流、资金流、工作流和组织流的集成。这几个流在企业日常经营中都会发生，但过去是间歇性或者间断性的，因而影响企业间的协调，最终导致整体竞争力下降。供应链管理则强调这几个流必须集成起来，只有跨企业流程实现集成化，才能实现供应链企业协调运作的目标。

第六，借助信息技术实现目标管理。

第七，更加关注物流企业的参与。过去一谈到物流，好像就是搬运东西。在供应链管理环境下，物流的作用特别重要，因为缩短物流周期比缩短制造周期更关键。美国曾经有人对早餐用的麦片粥从生产厂到超级市场这一过程做过一个统计，要花 104 天。而 104 天里面真正用于生产的时间很短，大部分的时间是用于分销、运输、仓储、再分销、再仓储。过去谈到快速响应市场时，大部分情况下都把注意力放在制造业上，似乎能够快速制造出来就能快速响应用户的需求。实际上，最终给用户的产品不是由单独一家企业完成的，而是从原材料开始一级一级制造并传递过来的，响应周期是多级的“链式周期”，而不是点式周期（即单个企业的制造周期）。因此，缩短物流周期所取得的效益往往更大。比如制造商投资数百万元买一台新设备，使加工一个零件的时间从原来一分钟缩短到 30 秒，工效提高一倍，但是它对缩短整个供应链周期的贡献很小。如果说能把二级供应商到一级供应商的物流周期从 7 天缩短到 5 天，就节约出两天的时间。两个工作日该等于多少个 30 秒啊。因此，供应链管理强调的是一种从整体上响应最终用户的协调性，没有物流企业的参与是不可想象的。

第三节　供应链管理的基本内容

一、供应链管理的主要领域

供应链管理主要涉及 4 个领域：供应（Supply）、生产计划（Schedule Plan）、物流

（Logistics）、需求（Demand）。由图11－2可见，供应链管理是以同步化、集成化生产计划为指导，以各种技术为支持，尤其以Internet/Intranet为依托，围绕供应、生产作业、物流（主要指制造过程）、满足需求实施的。供应链管理主要包括计划、合作、控制从供应商到用户的物料（零部件和成品等）和信息。供应链管理的目标在于提高用户服务水平和降低总的交易成本，并且寻求两个目标之间的平衡（这两个目标往往有冲突）。

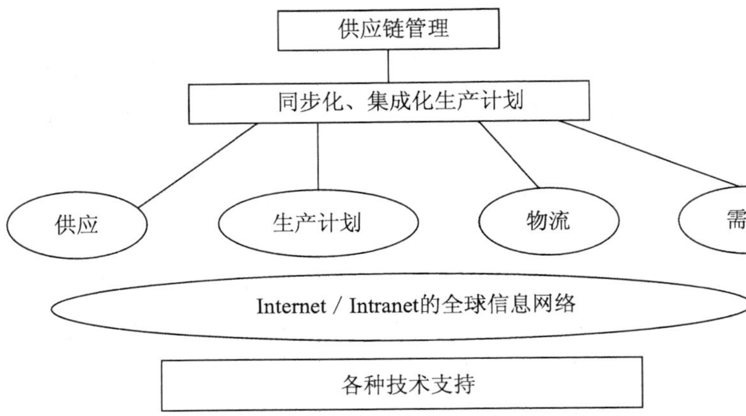

图11－2　供应链管理涉及的领域

在以上4个领域的基础上，可以将供应链管理细分为职能领域和辅助领域。前者主要包括产品工程、产品技术保证、采购、生产控制、库存控制、仓储管理、分销管理；后者主要包括客户服务、制造、设计工程、会计核算、人力资源、市场营销。

由此可见，供应链管理关心的并不仅仅是物料实体在供应链中的流动，还注重总的物流成本（从原材料到最终产成品的费用）与用户服务水平之间的关系。为此，要把供应链各个职能部门有机地结合在一起，从而最大限度地发挥出供应链整体的力量，达到供应链企业群体获益的目的。

二、供应链管理的主要内容

一个企业的管理无非集中于4个方面（或4个流程）的管理：商流（买卖的流通）、物资流（物资实物的流通）、信息流（信息、知识的流通）、资金流（货币的流通），企业供应链管理即是运用供应链管理的指导思想对上述四流所进行的规划、组织和控制活动，即对生产过程中的物流、管理过程中的信息流以及决策协调过程中的商流、资金流进行控制和协调。因而供应链管理的主要内容可以归纳为：

（1）供应链网络结构设计（即供应链物理布局的设计），具体包括供应链伙伴选择、物流系统设计。

（2）集成化供应链管理流程设计与重组，具体又分为以下三点。

①各节点企业内部集成化供应链管理流程设计与重组，主要包括三大核心作业流程的

设计与重组。

a. 客户需求管理流程，如市场需求预测、营销计划管理、客户关系管理。

b. 客户订单完成管理流程，如生产计划与生产作业管理、新品研发计划管理、物料采购计划管理、品质管理、运输与配送计划与作业管理、资金管理。

c. 客户服务管理流程，如产品售前、售中、售后管理；客户退货管理。

②外部集成化供应链管理流程设计与重组。供应链核心主导企业的客户订单完成管理流程与其原材料供应商、产成品销售商、物流服务提供商（物流外包商）等合作伙伴管理流程之间的无缝对接。

③供应链交互信息管理。市场需求预测信息、库存信息、销售信息、新品研发信息、销售计划与生产计划信息等的交互共享，以及供应链各节点企业间的协同预测、计划与补给的库存管理技术等。

（3）供应链管理机制的建设。合作协商机制、信用机制、绩效评价与利益分配机制、激励与约束机制、监督预警与风险防范机制等。

表 11－1 总结了供应链管理的主要内容和常见的主要实现技术。

表 11－1　　供应链管理的主要内容和实现技术

供应链网络结构设计	集成化供应链管理流程设计与重组		供应链管理机制建设
	内部集成化流程设计与重组	外部集成化流程设计与重组	
供应链伙伴选择： ·合作对策与委托代理理论 ·各种决策评价方法：DEA 法、模糊综合评价法、作业成本法（ABC 分析法）等 物流系统设计： ·网络结构决策支持系统 ·仿真模型与最优化技术 ·启发式算法	·BPR（业务流程再造）理论 ·SCOR（供应链参考运作模型） ·TOC 管理（瓶颈管理、约束管理）理论 ·JIT、精益制造、零库存管理理论 ·MRPⅡ、ERP、DRP 管理信息系统 ·CAD、CAP、CIM 信息系统	·SCOR（供应链参考运作模型） ·BPR（业务流程再造）理论 ·TOC 管理（瓶颈管理、约束管理）理论 ·CRM、SRM、SCM 管理信息系统 ·QR（快速响应）、ECR（有效顾客反应）技术 ·EDI（电子数据交换）技术 ·VMI（供应商管理库存）技术 ·JMI（联合库存管理）技术 ·CPFR（协同规划、预测与补给）技术 ·敏捷制造技术	·合作信用机制 ·协商机制 ·绩效评价与利益分配机制 ·激励与约束机制 ·监督与预警机制 ·风险防范机制

第四节　供应链管理方法

供应链管理的方法有很多种，这里主要是讨论结合供应链的特点采用的一些特色的方法。

一、联合库存管理

供应链管理的一个最重要的方面，就是联合库存管理。所谓联合库存管理，就是建立起整个供应链以核心企业为核心的库存系统。具体地说，一是要建立起一个合理分布的库存点体系；二是要建立起一个联合库存控制系统。

这里强调以核心企业为核心，是因为在供应链中很容易形成多中心。如果搞多中心，必然分散精力，分散资源，还可能互相干扰，则必然影响供应链的正常有效运行。因此，一个供应链系统必须只有一个中心，所有其他的企业都必须服从这个中心，自觉为这个中心服务。供应链库存系统也必须按照这种思想去组织。

合理分布的库存点体系，指的是库存点的空间分布。这里所谓的合理分布，是指对于核心企业而言，是最方便有效并且成本最低的。

传统的库存设置是每个企业都自设仓库，自发库存，不考虑共享的问题，因此，物资从一个生产过程产出以后，必须经过几个仓库的入出库和储存的处理过程才能够到达另一个生产过程的需求点。

而联合库存分布一般是供应商企业取消自己的成品库存，而将自己的成品库存直接设置到核心企业的原材料仓库中，或者直接送上核心企业的生产线（见图 11－3）。图 11－3 中实际上给出了两种模式。

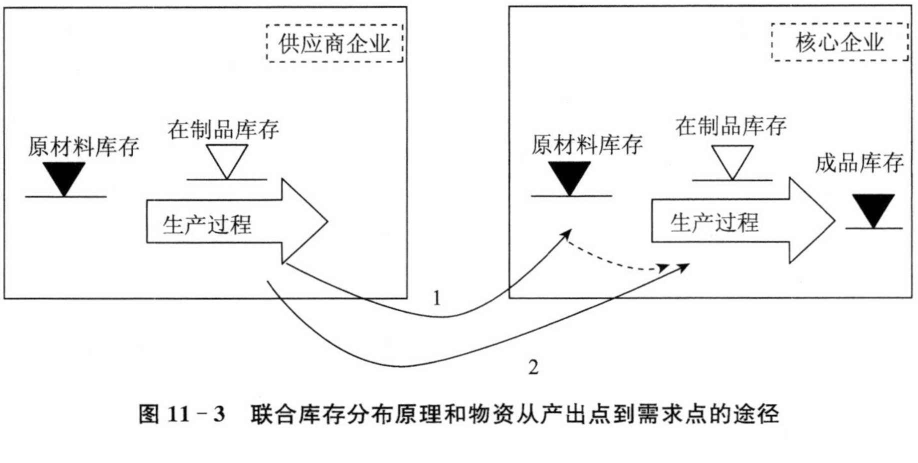

图 11－3　联合库存分布原理和物资从产出点到需求点的途径

第一种模式是集中库存模式。各个供应商的货物都直接存入核心企业的原材料库，变各个供应商的分散库存为核心企业的集中库存（见图 11－3 中的 1）。这样做有很多好处。

（1）减少了库存点，省去了一些仓库设立的费用和相应的仓储作业费用，减少了物流环节，降低了系统总的库存费用。

（2）减少了物流环节，在降低物流成本的同时，还提高了工作效率。

（3）供应商的库存直接存放在核心企业的仓库中，不但保障核心企业的物资供应、取用方便，而且使核心企业可以统一调度、统一使用管理、统一进行库存控制，为核心企业方便高效地生产运作提供了保障条件。

（4）这种方式也为科学的供应链管理如供应商管理库存（VMI）、连续补充货物（CRP）、快速响应（QR）、配送、准时化供货（JIT）等创造了条件。

实际上，在这种模式下，供应商的运作方式是：按核心企业的订单或者订货看板，组织生产所需要的数量，产成品一下线，一般就是用配送方式实行小批量多频次的送货，用汽车直接装运到核心企业的仓库中补充库存，或者直接装运到核心企业的生产线上的需求点直接投入生产。

第二种模式是无库存模式，核心企业也不设原材料库存，实行无库存生产。这个时候供应商的成品库和核心企业的原材料库都取消（如图 11－3 中的 2，即最下面一个虚线弧状箭头所示），这时供应商与核心企业实行同步生产、同步供货，直接将供应商的产成品送上核心企业的生产线。这就是准时化供货模式。这种供货模式，由于完全取消了库存，效率最高、成本最低，但对供应商和核心企业的运作标准化、配合程度、协作精神要求越高，操作过程也要求越严格，一般二者的距离不能太远。

这两种联合库存模式，不但适用于各个供应商和核心企业，而且原理上也适用于核心企业与分销企业。在运用于核心企业与分销企业的情况下，核心企业要站在供应商的立场上，对各个分销企业实行分布库存，将货物直接存于各个分销仓库，并且直接掌握各个分销库存，采用配送等方式实行小批量、多频次送货。

联合库存体系除了建立起如上的联合库存分布之外，还要建立起统一的库存控制系统。如果建立好了联合库存分布体系，则建立联合库存控制系统的问题也就很好解决了。

库存控制也有两种模式：一是合理库存量控制模式；二是无库存控制模式。合理库存量控制模式主要适用于核心企业设有原材料库存的情况，无库存控制模式主要适用于核心企业实行无库存生产的情况。

合理库存量控制，就是要根据企业生产的需要，对仓库的库存量进行控制。控制的目的，就是要保持仓库的合理库存量，既能满足需要，又使总成本最小。由于供应商的库存都已经存到了核心企业的原材料仓库中，因此，供应链系统的库存控制问题实际上就转化成了普通企业的库存量控制的问题了，而对核心企业的库存量的控制，实际上也就是对供应链的库存量进行控制。由于各个供应商的产品都在自己的仓库中，可以统一调度、统筹规划、统一进行库存控制，非常方便。另外，通过对各个供应商的产品库存量的控制，实际上也就控制了各个供应商的生产和配送运作，达到整个供应链优化运作的目的。

合理库存量的控制，主要运用第五章中讲的库存控制方法，一种是定量订货法，另一种就是定期订货法。都是要解决 3 个问题：一是什么时候订货，二是订多少，三是如何实施（详见第五章）。

无库存控制模式，就是要取消原材料库存，让供应商直接向核心企业的生产线上的需求点进行连续小批量多频次的补充货物，实现“在需要的时候、把所需要的品种、所需要的数量、送到所需要的地点”的操作模式。这样保证在生产线开动、需要货物时，有适量的货物连续不断地进行供应，生产线一停、不需要货物的时候，现场没有多余的货物，实现零库存。

二、供应商管理库存

供应商管理库存（Vendor Managed Inventory，VMI），是供应链管理理论出现以后提出的一种新的库存管理方式。它是供应商掌握核心企业库存的一种库存管理模式，是对传统的由核心企业自己从供应商购进物资、自己管理、自己消耗、自负盈亏的模式的一种革命性创新。

传统的库存是企业自己设立、自己掌握。这样做，有以下的问题：企业要花费一笔库存资金，而且在库存没有消耗以前，就一直占用着，不但占用资金，而且要花费一笔资金使用费用（银行利息）；不但占用仓库、增加保管费用，而且增加了采购、进货、入库、保管、出库、检验等许多工作环节和工作量，分散了企业的资金和人力、物力，降低了核心竞争能力；存在库存风险：库存的数量是靠企业对市场未来需求量的预测而确定的，但预测难免会有不准确，加之市场是随时变化的，因此，常常出现库存过量或过时滞销的情况，造成库存积压和死库存，给企业造成经济损失。

由供应商管理库存有很大的好处：供应商是商品的生产者，掌握核心企业的库存具有很大的主动性和灵活机动性，可以根据市场需求量的变化，及时调整生产计划和采购计划，库存消耗速率大，就主动地多生产一些，库存消耗速率小了，就少生产一些，因此，既不会造成超量库存积压，又可以灵活响应市场的变化；既不存在占用资金的问题，又不会存在增加费用、造成浪费的问题。供应商掌握库存，就可以把核心企业从库存陷阱中解放出来。企业不需要占用库存资金，不需要增加采购、进货、检验、入库、出库、保管等一系列的工作，能够集中更多的资金、人力、物力用于提高核心竞争力，更好地做自身的工作，大大提高效益，扩大市场，提高整个供应链的活力，从而给整个供应链，包括供应商企业创造一个更加有利的局面。供应商掌握库存，就是掌握市场。核心企业的库存消耗就是市场需求的组成部分，直接反映了客户的消费水平和消费倾向，这对于供应商改进产品结构和设计、开发销售对路的新产品，对于企业的生产决策和经营决策起着有力的信息支持作用，有利于企业获得更好的发展局面。

可见，实施VMI，由供应商掌握库存，可以实现核心企业和供应商企业的双赢，不但对核心企业，而且对供应商企业自身都是有好处的。

实施VMI管理，需要有几个前提条件。

第一，供应商要详细掌握核心企业的销售信息和库存消耗信息，也就是核心企业的销售信息和库存消耗信息要对供应商透明。具体而言，供应商应该掌握核心企业的销售时点信息，或库存消耗时点信息（POS），因为只有掌握这样的时点信息，供应商才能够掌握库存消耗的规律，才能够根据这一规律调整生产计划和采购计划，供应商掌握库存才有意义。否则，又要供应商掌握库存，而市场销售变化规律又保密，难以根据市场变化规律及时调整生产计划和采购计划。这样，就会彻底地坑害了供应商，VMI也就不可能实现。

第二，为了使供应商能够及时详细地掌握核心企业的销售信息和库存消耗信息，就要建立起通畅的信息传输网络，建立供应链系统的管理信息系统，实现信息及时传输和处理。

第三，建立起供应链系统的协商机制和互惠互利的机制，要加强沟通，及时协商处理出现的各种问题，本着责任共担、利益共享的精神，建立起企业之间的友好协作关系。可以建立起某种组织的或规章制度的保证系统，订立合作框架协议。

三、供应链运输管理

除库存管理外，供应链管理的另一个重要方面就是运输管理。但是，运输管理不像库存管理那样要求严格、关系重大。因为现在运力资源丰富，市场很大。只要规划好运输任务，很容易找到运输承包商。因此，运输管理的任务，重点就是3个。一是设计规划运输任务；二是找合适的运输承包商；三是运输组织和控制。

设计规划运输任务，就是站在供应链的整体高度，统一规划有关的运输任务，确定运输方式、运输路线，联合运输方案，设计运输蓝图，实现既满足各点的运输需要，又使总运输费用最省的目的。因为供应链运输问题是一个多点系统的运输问题，涉及供应商到核心企业、核心企业到分销商以及供应商之间、分销商之间等多个企业、多个品种、多种运输方式、多条运输路线的组织规划等问题。要根据供应链正常运行的节拍，确定各点之间的正常运量，然后统一组织联合运输、配送和准时化供货。通常要建立模型，仔细地优化计算得出运输方案，建立运输蓝图。具体可以运用运输规划法、配送计划法等方法。这种做法比较完美，但工作量比较大，需要运用计算机来进行计算和规划。在实际生活中，人们常常习惯于采用实用主义的做法，就是各个运输任务自发产生、单独处理，不进行统筹考虑，这样做，虽然简单方便，但常常造成运输资源不能够充分利用、空车率高、浪费大。

运输任务方案确定后，就需要找运输承包商。现在，运输资源很丰富，容易找，但应当找正规的运输企业或者物流企业，建立稳定的合作关系，甚至可以将其纳入供应链系统中来。不要轻易找那些没有资格、没有能力的运输承包者，避免运输风险。

运输的方式有长途的输送运输、短途配送运输和准时化供货等形式。长途输送运输，是长距离、大批量的快速运输；短途配送运输是短距离、多用户、多品种的循环送货；准时化供货是更短距离的供应点对需求点的连续多频次小批量补充货物。运输组织和控制，就是按照给定的运输方案、运输蓝图对运输承包商的运输活动过程和运输的效果进行组织、管理和控制。

四、连续补充货物

连续补充货物（Continuous Replenishment Process，CRP），就是供应点连续、多频次、小批量地向需求点补充货物。它基本上是与生产节拍相适应的运输蓝图模式，主要包括配送和准时化供货方式。配送供货一般用汽车将供应商下了线的产品按核心企业所需要的批量（日需要量或者半天需要量）进行频次批量送货（一天一次、两次）。准时化供货，一般用汽车、叉车，或传输线进行更短距离、更高频次的小批量多频次供货（按生产线的节拍，一个小时一次、两次），或者用传输线进行连续同步供应。

五、分销资源计划

分销资源计划是管理企业的分销网络的系统，目的是使企业具有对订单和供货具有快速反应和持续补充库存的能力。它主要解决分销物资的供应计划和调度问题，实现保证有效地满足市场需要又使得配置费用最省的目的，是MRP原理与方法在物品配送中的运用。

分销资源计划可以通过网络系统为企业的业务经营及与贸易伙伴的合作提供一种全新的模式。供销商和经销商之间可以实时地提交订单、查询产品供应和库存情况，并获得市场、销售信息及客户支持，实现供应商与经销商之间端到端地供应链管理，有效地缩短供应链，使企业的工作效率和业务范围得到有效的提高。

六、准时化技术

准时化技术，包括准时化生产、运输、采购和供货等一整套JIT技术。这些在供应链中基本上可以全部用上。它们的原理都一样，就是“四个合适”：在合适的时间、将合适的货物、按合适的数量、送到合适的地点。它们的管理控制系统一般采用看板系统。基本模式都是多频次、小批量连续送货。

七、快速、有效的响应系统

快速响应系统（Quick Response，QR）是20世纪80年代由美国塞尔蒙（Kurt Salmon）公司提出并流行开来的一种供应链管理系统，主要的思想就是依靠供应链系统，而不是只依靠企业自身提高市场响应速度和效率。一个有效率的供应链系统通过加强企业间沟通和信息共享、供应商掌握库存、连续补充货物等多种手段进行运作，能够达到更高效率，能够以更高速度灵敏地响应市场需求的变动。

有效率的客户响应系统（Efficient Consumer Response，ECR）也是美国塞尔蒙公司于20世纪90年代提出来的一个供应链管理系统，主要思想是组织由生产厂家、批发商和零售商等构成的供应链系统在店铺空间安排、商品补充、促销活动和新商品开发与市场投入4个方面相互协调和合作，更好、更快并以更低的成本满足消费者需要为目的的供应链管理系统。

八、第三方物流公司

第三方物流公司是指统一承包包括供应商、需求商在内的各种企业的各种物流业务进行专业化运作的物流公司。第三方物流公司由于具有专业的物流能力和强大的物流基础设施设备，实行统筹化、规模化运作，在降低物流成本、提高物流操作质量和效率方面具有优势，因此，生产企业都愿意将物流业务承包给第三方物流公司去操作。

供应链管理和第三方物流，并没有特别的必然联系。供应链管理并不是一定要用第三方物流模式，第三方物流也不是一定要操作供应链物流业务。不过，两者之间应当相互联系起来，利用各自的优势，共同协调配合进行运作。供应链管理业务最好能够承包给第三方物流公司去运作，以提高效率、降低成本、提高质量。第三方物流公司如果承包了供应链管理的业务，就应当根据供应链的特点，按照供应链的管理目标去运作，切实达到供应链管理的目标。

第十二章　物流组织与控制

第一节　物流组织结构

一、物流组织概述

组织结构是描述组织的框架体系，一个组织通过对任务和职权进行分解、组合就形成了一定的组织结构。组织结构设计方面的理论称为组织设计理论。组织结构的设计过程也就是一个组织的组织化过程。组织化的目的是协调组织内部各种不同的活动，使组织整体达到最优。人们形象地把组织比喻为一个有机物，组织结构类似于有机物的解剖结构，组织所在的市场环境类似于有机物赖以生存的自然环境。一个组织只有不断适应市场环境的变化，才能得以生存。显然，这里的"组织"是指具有独立法人地位的企业、厂商或公司。

物流组织一般是指以物流经营和管理活动为核心内容的实体性组织。从广义上讲，可以是企业内部的物流管理和运作部门、企业间的物流联盟组织，也可以是从事物流及其中介服务的部门、企业以及政府物流管理机构。对物流的任务和职权进行分解、组合，就形成了一定的组织结构，称为物流组织结构。由于受成长背景、行业特征、信息化水平、企业规模等各种因素的影响，各公司的物流组织结构千变万化，物流活动的规模和水平也相差很大。

现代物流的实施和运行，不会是自发的，必然要通过组织方式予以管理和推进。同时，还要接受不同层次的控制和协调。对此，有些是通常的企业管理问题，有些是物流这种形态所需要的特殊管理形式。本节主要探讨一些典型的物流组织结构。

二、传统企业组织结构

（一）传统企业组织结构的特征

传统企业组织结构的特征是物流活动分散、对于物流活动没有明确的目标，也不做统一的规划、设计和优化，物流活动只是被看作各部门的必要活动，配合各部门目标的实现。生产部门、市场部门和财务部门是各类企业最基本、最传统的部门，它们具有悠久的历史。在物流的战略地位未被确立之前，物流活动一直未受到应有的重视，人们对物流的认识不全面，也不成系统，各种物流活动曾一度分散在这 3 个部门，分别受这 3 个部门经理的管理并由上层经理协调，传统企业组织结构中的物流活动几乎处于割裂状态。

成为一个组织的首要条件是：必须有明确的组织目标。由于传统企业中的物流活动分散在各个部门，没有明确目标，因此，传统企业中不存在物流组织，也不存在物流组织结构一说。

（二）传统企业组织结构中存在的一些问题

物流活动分散的传统企业存在诸多问题，主要表现在物流活动目标冲突和物流活动效率低下两个方面。

1. 物流活动目标冲突

企业各部门都有明确的经营目标和评价体系，总的经营目标经分解变成各种活动的分目标。在传统企业中，由于各部门的经营目标不一致，往往导致各部门的物流活动之间出现目标冲突。物流活动中如配送渠道的选择、客户服务水平的设置以及现场存货的控制都是市场部门的职责；部门间的沟通以及存货水平的控制是财务部门的职责；而生产部门一般负责生产、仓储、运输以及原材料供应（现由采购部门负责）等物流活动。这些物流活动分别由各部门管理，并有各自的经营目标，从而不可避免地在这些活动上出现目标冲突。

2. 物流活动效率低下

物流活动的分散处理带来的另一个问题是业务运作互相牵制，物流效率低下。如在一些小型的流通性企业中，即使企业内部已实现信息化，由于物流活动的分散处理，也经常出现这样一种情形：采购部采购的货物已到达仓库，但未及时对其验收确认并做正式入库处理，因此，库存中没有相应的货物数据，使得销售部无法配送针对这些货物的订单，而只能是望“货”兴叹。对于这种情况，各部门之间往往是互相推诿责任，导致职责不明、物流活动效率的低下和资源的浪费。

三、几种典型的物流组织结构

传统企业中由于存在上述诸多问题，使得有必要将某些物流活动提升出来，组建一个独立的物流部门。该物流部门有明确的经营目标和任务，物流目标和任务经分解形成各种子目标和子任务，这些子目标和子任务分别由相应的子部门负责实现和履行。物流部门内部子部门的设立方式、子部门与物流总部、子部门之间的权责关系构成了物流组织结构。

（一）几种典型的物流组织结构

1. 顾问式

顾问式结构是一种过渡型、物流整体功能最弱的物流组织结构。在顾问式结构下，物流部门在企业中只是作为一种顾问的角色，只负责整体物流的规划、分析、协调和物流工程，并产生决策性的建议，对各部门的物流活动起指导作用，但物流活动的具体运作管理仍由各自所属的原部门负责，物流部门无权管理。顾问式结构如图 12－1 所示。

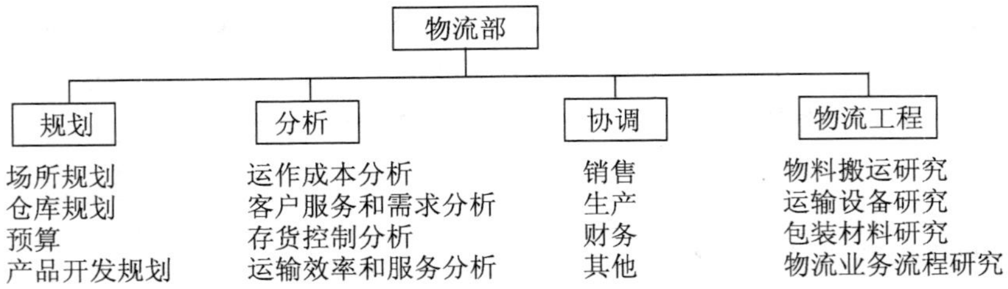

图 12－1　顾问式物流组织结构

顾问式结构带来的问题是：物流部门对具体的物流活动没有管理权和指挥权，物流活动仍分散在各个部门，仍会出现物流效率低下、资源浪费以及职权不明等弊病。

2. 直线式

直线式结构是指物流部门对所有物流活动具有管理权和指挥权的物流组织结构，是一种较为简单的组织结构形式。直线式结构如图 12－2 所示。

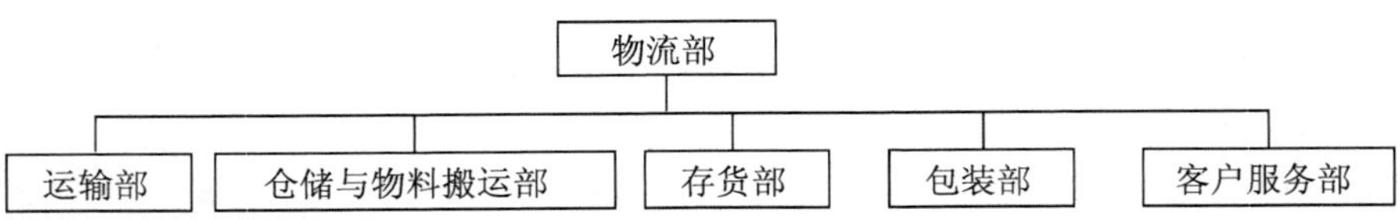

图 12－2　直线式物流组织结构

在直线式物流组织结构下，物流总经理管理下属各部门日常业务的运作，同时又兼顾物流系统的分析、设计和规划，这对物流经理的业务水平提出了较高的要求。直线式组织结构的优点是：物流经理全权负责所有的物流活动，先前出现的互相牵制现象不再出现，物流活动效率较高，职权明晰。缺点是：物流总经理的决策风险较大。

3. 直线顾问式

单纯的直线式或顾问式物流组织结构都存在一定的缺陷，逻辑上的解决办法是将这两种组织结构形式合二为一，变成直线顾问式的物流组织结构。直线顾问式结构如图 12－3 所示。

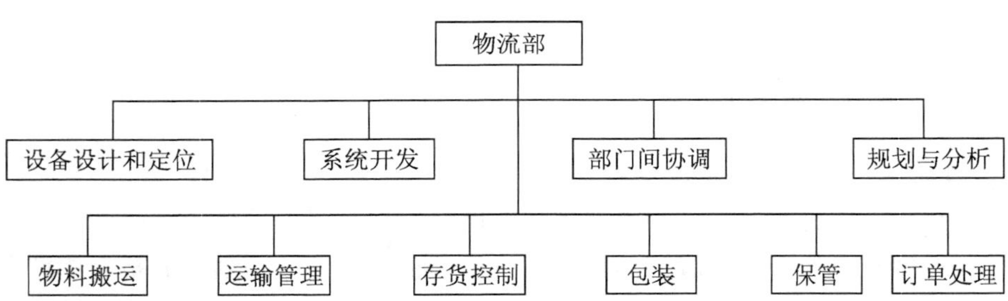

图 12－3　直线顾问式物流组织结构

在直线顾问式结构中，物流部门对业务部门和顾问部门均实行垂直式领导，具有指挥和命令权利。处于图中第一层的子部门是顾问部门，其职责是对现存的物流系统进行分析、规划和设计并向上级提出改进建议，它们对图中下层的业务部门没有管理和指挥权，只起到指导和监督的作用。图中第二层的子部门是业务部门，负责物流业务的日常运作并受物流（总）部的领导。

这种组织结构方式消除了物流在企业中的从属地位，恢复了物流部门功能上的独立性。当然，这并不意味着物流部可以与企业其他部门隔绝而独自运作。物流部门中诸如规划、协调等顾问性功能仍有必要与其他部门紧密配合，才能使企业作为一个整体得到改进，而非仅仅是企业的物流功能得到改进。

4. 矩阵式

矩阵式物流组织结构由美国学者丹尼尔・W. 蒂海斯和罗伯特・L. 泰勒于 1972 年提出，其原理是将物流作为思考问题的一种角度和方法，而不把它作为企业内的另外一个功能。

众所周知，履行一个物流业务需要跨越多个部门，历时较长，涉及的人和事较多，因此，在某种程度上，一个物流业务也可看作是一个项目。泰勒和蒂海斯提出了矩阵式的物流组织结构，其大体内容是：履行物流业务所需的各种物流活动仍由原部门（垂直方向）管理，但水平方向上又加入类似于项目管理的部门（一般也称为物流部门），负责管理一个完整的物流业务（作为一个物流“项目”），从而形成了纵横交错的矩阵式物流组织结构。矩阵式如图 12－4 所示。

在矩阵式组织结构下，物流“项目”经理在一定的时间、成本、数量和质量约束下，负责整个物流“项目”的实施（水平方向），传统部门（垂直方向）对物流“项目”起着支持的作用。

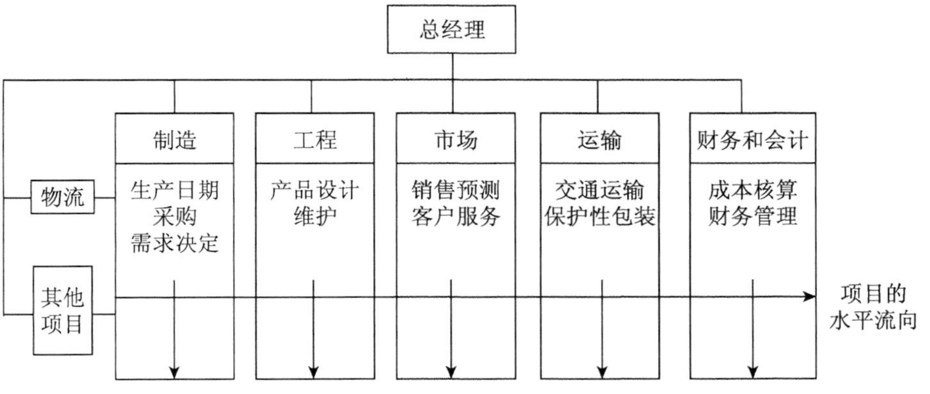

图 12－4　矩阵式物流组织结构

矩阵式物流组织结构有 3 个优点：第一，物流部门作为一个责任中心，允许其基于目标进行管理，可以提高物流运作效率。第二，这种形式比较灵活，适合于任何企业的各种需求。第三，可以允许物流经理对物流进行一体化的规划和设计，提高物流的整合效应。矩阵式组织结构的缺点是：由于采取双轨制管理，职权关系受“纵横”两个方向上的控制，可能会导致某些冲突和不协调。

（二）第三方物流组织结构

第三方物流是资本密集型和技术密集型兼顾的企业，一般规模较大，资金雄厚，并有着良好的物流服务信誉，它的宗旨是利用自身专业化、高效的物流信息平台和先进的物流设备，为客户提供个性化的各种物流服务。多样化的客户需求是第三方物流所面对的一个特殊的市场环境。另外，随着第三方物流业务的发展和延伸，物流作业跨越的区间越来越大，营业范围涉及国内配送、国际物流服务、多式联运和邮件快递等。跨区域作业使得信息技术和物流技术在第三方物流中扮演着越来越重要的角色，为保持竞争力，第三方物流需要不断提高自身的物流技术水平，开发建设物流管理信息系统，应用 EDI、GPS、RF、EOS、Internet、Bar－code 等新技术，对货物进行动态跟踪和信息自动处理。

资本的合理应用、不断发展的技术和动态变化的外部客户需求对第三方物流内部的组织管理提出较高的要求。上述的物流组织结构很难适应第三方物流资本、技术、客户三方面动态需求的变化，而事业部的组织结构能较好地对第三方物流进行有效的管理和运作。

所谓事业部，是按产品或服务类别划分成一个个类似分公司的事业单位，实行独立核算。事业部实际是实行一种分权式的管理制度，即分级核算盈亏、分级管理。第三方物流的事业部相当于一个个物流子公司，负责不同类型的物流业务。其组织结构，如图 12－5 所示。

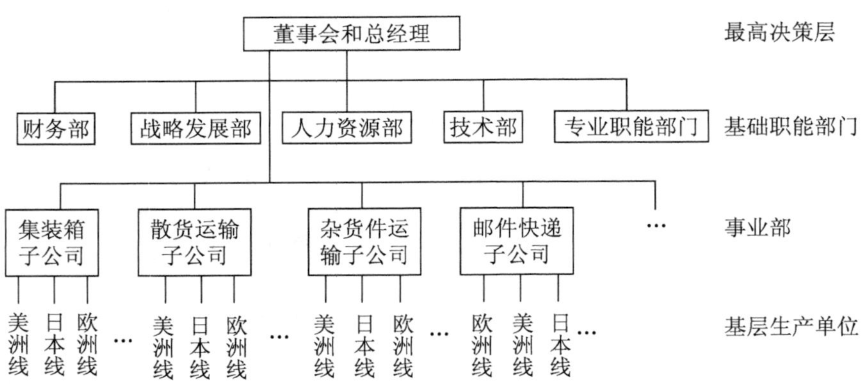

图 12－5　事业部制的第三方物流组织结构

事业部制是一种集权—分权—集权的管理方式。分权主要体现在各事业部拥有计划制定、自主决策和指挥领导的权力，集权表现为总公司对各事业部在资金管理、利润管理和营运监督方面实行集权式管理。

在事业部制的第三方物流组织中，事业部长为事业部的最高负责人，其地位相当于独立公司的经理，事业部长全权处理该事业部的一切事务，可根据市场变化情况，自主采取对策；总公司的职能部门不要求事业部的职能部门上报材料，不实行垂直领导，而是为事业部的职能部门提供服务。事业部的职能部门只对事业部部长负责，从而保证了事业部部长的决策能切实得以履行。

各事业部严格采取独立核算制，决不用盈利的事业部去弥补亏损的事业部。各事业部必须靠自身的力量实现利润增长。事业部之间的关系是市场竞争的关系，通常按市场竞争的原则建立合同关系。

总公司在资金管理、利润管理和营运监督方面对事业部采取集权式管理。

第三方物流组织结构采用事业部的优点：第一，各事业部按物流服务类别划分，有利于充分发挥第三方物流的专业优势，提高物流服务的质量；第二，各事业部采取独立核算制，使得各部门的经营情况一目了然，便于互相比较，互相促进；第三，各事业部由于权力下放，分工明确，因而形成一种责任经营制，有利于锻炼和培养出精通物流经营管理的人员，有利于发挥个人的才能和创造性。但是，事业部的组织结构也不是完美无缺的，主要存在诸如管理费用高和综合能力差等问题，容易产生本位主义和分散倾向。

第二节 物流成本管理

一、物流成本管理的相关概念

物流成本是指伴随着企业的物流活动而发生的各种费用，是物流活动中所消耗的物化劳动和活劳动的货币表现，也称为物流费用。其由 3 部分构成：第一，伴随着物资的物理性活动发生的费用以及从事这些活动所必需的设备、设施的费用；第二，物流信息的传送和处理活动发生的费用以及从事这些活动所必需的设备和设施的费用；第三，对上述活动进行综合管理的费用。

物流成本一般有以下几种分类。

(1) 一般分类。主要分为直接成本或运营成本、间接成本。

(2) 按物流功能范围分类。主要分为运输成本、流通加工成本、配送成本、包装成本、装卸与搬运成本、仓储成本。

(3) 按物流活动范围分类。主要分为供应物流费、企业内物流费、销售物流费、回收物流费、废弃物物流费。

所谓物流成本管理，就是通过成本去管理物流，即管理的对象是物流而不是成本，物流成本管理可以说是以成本为手段的物流管理方法。物流成本管理的意义在于，通过对物流成本的有效把握，利用物流要素之间的效益背反关系，科学、合理地组织物流活动，加强对物流活动过程中费用支出的有效控制，降低物流活动中的物化劳动和活劳动的消耗，从而达到降低物流总成本，提高企业和社会经济效益的目的。

二、物流成本管理的目的

企业在进行物流成本管理时，首先要明确管理目的，有的放矢。一般情况下，企业物流成本管理的出发点是：

（1）通过掌握物流成本现状，发现企业物流中存在的主要问题。

（2）对各个物流相关部门进行比较和评价。

（3）依据物流成本计算结果，制订物流规划、确立物流管理战略。

（4）通过物流成本管理，发现降低物流成本的环节，强化总体物流管理。

三、物流成本管理方法

准确地进行物流成本管理，必须掌握好物流成本管理方法，一般有以下几种。

1. 比较分析

（1）横向比较。把企业的供应物流、生产物流、销售物流、退货物流和废弃物物流（有时包括流通加工和配送）等各部分物流费分别计算出来，然后进行横向比较，看哪部分发生的物流费用最多。如果是供应物流费用最多或者异常多，则再详细查明原因，堵住漏洞，改进管理方法，以便降低物流成本。

（2）纵向比较。把企业历年的各项物流费用与当年的物流费用加以比较，如果增加了，再分析一下为什么增加，在哪个地方增加了，增加的原因是什么？假若增加的是无效物流费，则立即改正。

（3）计划与实际比较。把企业当年实际开支的物流费与原来编制的物流预算进行比较，如果超支了，分析一下超支的原因，在什么地方超支？这样便能掌握企业物流管理中的问题和薄弱环节。

2. 综合评价

如采用集装箱运输，一是可以简化包装，节约包装费；二是可以防雨、防晒，保证运输途中物品质量；三是可以起仓库作用，防盗、防火。但是，如果包装由于简化而降低了包装强度，货物在仓库保管时则不能往高堆码，浪费库房空间，降低仓库保管能力。由于简化包装，可能还影响货物的装卸搬运效率等。那么，利用集装箱运输是好还是坏呢？就要用物流成本计算这一统一的尺度综合评价。分别算出上述各环节物流活动的费用，经过全面分析后得出结论，这就是物流成本管理。即通过物流成本的综合效益研究分析，发现问题，解决问题，从而加强物流管理。

3. 排除法

在物流成本管理中有一种方法叫活动标准管理（Activiey Based Management，ABM）。做法之一是把物流相关的活动划分为两类，一是有附加价值的活动，如出入库、包装、装卸等与货主直接相关的活动；二是非附加价值的活动，如开会、改变工序、维修机械设备等与货主没有直接关系的活动。其实，在商品流通过程中，如果能采用直达送货的话，则不必设立仓库或配送中心，实现零库存，等于避免了物流中的非附加价值活动。

如果将上述非附加价值的活动加以排除或尽量减少，就能节约物流费用，达到物流管理的目的。

4. 责任划分

在生产企业里，物流的责任究竟在哪个部门？是物流部门还是销售部门？客观地讲，物流本身的责任在物流部门，但责任的源头却是销售部门或生产部门。以销售物流为例，一般情况下，由销售部门制订销售物流计划，包括订货后几天之内送货、接受订货的最小批量是多少等，均由企业的销售部门提出方案，定出原则。假若该企业过于强调销售的重要性，则可能决定当天订货，次日送达。这样的话订货批量大时，物流部门的送货成本少，订货批量小时，送货成本就增大，甚至过分频繁、过少数量送货造成的物流费用增加，大大超过了扩大销售产生的价值，这种浪费和损失，应由销售部门负责。分清类似的责任有利于控制物流总成本，防止销售部门随意改变配送计划，堵住无意义、不产生任何附加价值的物流活动。

第三节　物流质量管理

一、物流质量管理的含义

物流质量管理是指科学运用先进的质量管理方法、手段，以质量为中心，对物流全过程进行系统管理，包括保证和提高物流产品质量和工作质量而进行的计划、组织、控制等各项工作。

物流质量的概念既包含物流对象质量，又包含物流手段、物流方法的质量，还包含工作质量，因而是一种全面的质量观。

二、物流质量管理的原则

（一）采购活动的质量管理原则

（1）订货的供、需双方要了解对方的质量管理活动，共同实施这一环节的质量管理。

（2）双方要保持本身的自主性，同时，尊重对方质量管理的自主性。

（3）互相提供双方所需了解的事项，以使双方的质量管理协调一致。

（4）双方必须缔结合理的契约，以使质量管理建立在法律的基础上。

（5）供货方应保证产品具有满足使用要求的质量。

（6）在契约中应规定能满足双方要求的评价方法。

（7）在契约中要规定解决纠纷的办法和手续。

（8）双方要交换为实施质量管理的必要的情报资料。

（9）双方应认真实施本企业的质量管理。

（10）双方在交易活动中必须认真考虑最终消费者的利益。

（二）物流活动的质量管理原则

（1）必须建立有效的物流质量管理的协作形式，明确主要责任部门和委托、分包等协作部门的质量管理责任。

（2）物流部门或运输等提供物流基本服务的企业应了解供、接货部门的要求，并以此安排工作。

（3）各方要共同防止质量不良的产品或包装进入物流过程。

（4）各方面为保证物流质量并取得最好的经济效果，应共同推行包装、装卸、运输等的标准化和规格化，使物流系统的各个环节都有合乎要求的工程质量。

（5）保证使用者的利益，建立对用户的赔偿制度。

（三）接货验收活动的质量管理原则

（1）接货验收的质量管理不以检验为唯一形式。

（2）接货单位应该实行预防前移。

（3）在对进货质量和流通质量没有把握的情况下，要实施认真的检查。

（4）检查严格按标准或合同规定的项目和方法进行。

（四）仓库活动的质量管理原则

（1）有关管理人员要充分了解生产的要求和订货与进货的可能性，并结合仓库管理的经济性，确定最优的库存量和平均库存时间。

（2）应根据经性的原则来确定管理要求、存放条件和存放方式，进一步确定质量保证的程度。

（3）必须充分了解和掌握有关储存物的情报，在充分了解和掌握其性能、质量、变化条件和基础上确定保管方式。

（4）对产品的质量保护应从两方面着手：一是进行技术处理；二是建立和健全仓库的收、发、存组织系统，设立“先入先出”的流程，设有商品包装和储存位置的明确标志，建立有效的收、发、存流程和制度。

（5）推行储存单位、包装制度、标示制度、保管条件、维护方法、装卸搬运、堆码操作方法的标准化。

（6）应用信息化技术仓库管理精细化，不断提高仓库工作质量和工程质量。

（五）物流服务的质量管理原则

服务质量是物流领域重要的质量内容，这和物流活动的本质有关。很多学者认为，现代物流的本质是服务。物流企业所有的内部质量管理，最终通过对客户的物流服务表现出来。客户总是希望用最低的代价取得最满意的服务，而物流企业总是希望既获取比较高的利益同时又能够得到用户的满意。这是一个博弈的问题，博弈的结果有 4 种可能：用户更满意一些而物流服务企业难以取得满意的利益；企业更满意一些而用户不能实现所要求的服务水平；双方都感觉不满意；双方都取得有限程度的满意。最后一种可能就是所谓的双赢的结局。事实上，双赢只能是有限程度的“赢”，双方都很难取得最大限度的满意。物流服务的质量管理，就是这种双赢的权衡。

三、物流质量管理的内容

物流的质量管理可以理解成按照法定的及物流服务交易双方的约定，达到双方约定的服务指标和对物流对象的质量保护。

（一）物流对象物的质量保护

1. 数量保护

在物流过程中，物流对象物的散失、丢失、盗失等，都会出现数量减少问题。企业必须承担保护的责任，一般而言，对于贵重货物、包装货物，采用零损失的协议方式；对于大宗散货，货主与物流企业事先按照双方的条件，认定一个散失率，由物流企业在允许范围内实现对用户的服务，如果超出限度，则应承担责任。在物流过程中，采用集装的装运方式，能够最有效的保护对象物数量不受损失，同时，由于形成了一个整体的货载，也不需要在物流过程中经常进行清点。这种技术方式，有力的支持了物流过程中的质量管理。

2. 质量保护

物流承担企业应该承担质量保护的责任，即保证物流对象物在物流过程中不发生超出约定的物理的、化学的、物理化学的、生物的质量变化。对于不同的对象物，在物流过程中可能发生的质量变化是有区别的，因此，这种质量保护必须针对不同的物流对象进行单独协议。在长距离、长时间的物流过程中，对各种质量变化的积累可能最终造成物流过程的质量损失，对于一些特殊的物流对象物，如国际物流中规模很大的石油、煤炭、粮食，进入物流过程中的易燃、易爆、腐蚀、危险品，这个问题就格外关注，对于物流责任企业而言，需要专门的人才和技术力量、设施装备解决质量保护的问题。

3. 防止灾害

物流过程中最大的损失来自灾害。灾害有外部的，例如灾害天气、环境、海难等，有来自内部的，主要是物流对象物出现燃烧、爆炸等，这是物流责任企业要特殊关注的问题。虽然物流过程中灾害性的损失往往可以获得赔付，在物流协议的时候，对于灾害性的损失都有事先的保险约定，但尽管如此，仍然是物流责任企业下大力气防范的问题。现代科学技术对灾害的防止和救援提供了许多可以选择的手段，如海上呼救和救援系统、全球卫星定位系统等。

（二）物流服务质量

物流服务质量是物流质量管理的一项重要内容。这是因为物流业有极强的服务性质，物流业属于第三产业，说明其性质主要在于服务。因此，整个物流的质量目标，就是其服务质量。服务质量因不同用户而要求各异，这就需要掌握和了解用户要求。

一般而言，物流服务普遍体现在满足用户要求方面，这一点难度是很大的，各个用户要求不同，这些要求往往超出企业的能力，要实现这些服务要求，就需要企业有很强的适应性及柔性，而这些又需要以强大的硬件系统和有效的管理系统支撑。

当然，对服务的满足不能是消极被动的，因为有时候用户提出的某些服务要求，由于“交替损益”的作用，会增大成本或出现别的问题，这对用户实际是有害的，盲目满足用户的这种要求不是高服务质量的表现。物流承担者的责任是积极、能动地推进服务质量。

（三）物流工作质量

工作质量指的是物流各环节、各工种、各岗位具体工作的质量。为实现总的服务质量，要确定具体的工作要求，以质量指标形式确定下来则为工作质量目标。这是将物流服务总的目标质量分解成各个工作岗位可以具体实现的质量，是提高服务质量所做的技术、管理、操作等方面的努力。

工作质量和物流服务质量是两个有关联但又不大相同的概念。物流服务质量水平取决于各个工作质量的总和。因此，工作质量是物流服务质量的某种保证和基础。重点抓好工作质量，物流服务质量也就有了一定程度的保证。

（四）物流工程质量

物流工程是流通领域及其他有物流活动领域的工程系统。对流通领域而言，是这一领域独特的工程系统，主要作用是支持流通活动，提高活动的水平并最终实现交易物的有效转移。

物流工程是支撑物流活动的总体的工程系统，可以分成总体的网络工程系统和具体的技术工程系统两大类别。实际上，任何物流企业的物流运作，包括第三方物流企业接受外包的物流运作，不可能是空手运作，必须依靠有效的工程系统来实现这种运作。当然，工程系统有可能是自建的，世界上很多大型物流公司都有自己的仓库、配送中心、机场、货机等工程设施；有些则需要依靠组织的办法利用别人提供的工程设施，国家建设的物流设施基础平台，就是这么一种基础的工程设施。

很明显，工程设施的水平和质量，可以从根本上决定物流的水平和质量，采用大型集装箱联运系统后，就基本杜绝了物流过程中单件货物的丢失，就是工程系统所起作用的实例。对于生产企业而言，其内部的物流很难利用国家提供的基础工程设施的平台，也很难利用社会上营业性的工程设施，在这种情况下就需要自己建设一套工程系统。这一套物流工程系统将会是决定企业物流水平的非常重要的基本因素。

所以，和产品生产的情况类似，物流质量不但取决于工作质量，而且取决于工程质量，优良的工作质量对于物流质量的保证程度受制于物流技术水平、管理水平、技术装备。优质的物流质量，是在整个物流过程中形成的，要想能“事前控制”物流质量，预防物流损失，必须对影响物流质量的诸因素进行有效控制。

很明显，提高工程质量，是进行物流质量管理的基础工作。能提高工程质量，就能做到“预防为主”的质量管理。

第四节　物流标准化

一、物流标准化的含义

物流标准化是指以物流为一个大系统，制定系统内部设施、机械装备，包括专用工具等的技术标准，包装、仓储、装卸、运输等各类作业标准，以及作为现代物流突出特征的物流信息标准，并形成全国以及和国际接轨的标准化体系。

物流标准化可以包括 3 个层次方面的内容：制定物流系统内各分系统的设施、装备和工具的技术标准，以及作业和管理标准；研究各分系统技术标准、作业和管理标准的配合性，统一整个物流系统的标准；研究物流系统与其他相关系统的配合性，实现物流大系统的和谐一致。

二、物流标准化的特点

和一般标准化系统不同，物流系统的标准化涉及面更为广泛，其对象也不像一般标准化系统那样单一，而是包括了机电、建筑、工具、工作方法等许多种类。虽然处于一个大系统中，但缺乏共性，从而造成标准种类繁多，标准内容复杂，也给标准的统一性及配合性带来很大困难。

物流标准化系统属于二次系统。这是由于物流及物流管理思想诞生较晚，组成物流大系统的各个分系统，在没有归入物流系统之前，早已分别实现了标准化。经过多年的应用，不断发展和巩固，已很难改变。在推行物流标准化时，必须以此为依据，个别情况固然可将有关旧标准化体系推翻，按物流系统所提出的要求重建新的标准化体系，但通常还是在各个分系统标准化基础上建立物流标准化系统。这就必然从适应及协调角度建立新的物流标准化系统，而不可能全部创新。

物流标准化更要求体现科学性、民主性和经济性。科学性、民主性和经济性是标准的“三性”，由于物流标准化的特殊性，必须非常突出地体现这三性，才能搞好。

科学性，要求体现现代科技成果，以科学试验为基础，在物流中，还要求与物流现代化（包括现代技术及管理）相适应，要求能将现代科技成果联结成物流大系统。否则，尽管各种具体的硬技术标准化水要求颇高，十分先进，但如果不能与系统协调，单项技术再高也是空的，甚至还起相反作用。因此，这种科学性不但反映本身的科学技术水平，还表现在协调与适应的能力方面，使综合的科技水平最优。

民主性，指标准的制订，采用协商一致的办法，广泛考虑各种现实条件，广泛听取意见，而不能过分偏重某一因素，使标准更具权威、减少阻力，易于贯彻执行。

经济性，是标准化主要目的之一，也是标准化生命力的决定因素，物流过程不像深加工那样引起产品的大幅度增值，即使通过流通加工等方式，增值也是有限的。因此，物流费用多开支一分，就要影响到一分效益，但是，物流过程又必须大量投入消耗，如不注重标准的经济性，片面强调反映现代科学水平，片面顺从物流习惯及现状，引起物流成本的增加，自然会使标准失去生命力。

物流标准化有非常强的国际性。经济全球化带来国际交往大幅度增加，而所有的国际贸易又最终靠国际物流完成。因此，各个国家都很重视本国物流与国际物流的衔接，在本国物流管理发展初期就力求使本国物流标准与国际物流标准化体系一致，否则，不但会加大国际交往的技术难度，更重要的是会在本来就很高的关税及运费基础上增加因标准化系统不统一所造成的效益损失，使外贸成本增加。

贯彻安全与保险的原则。物流安全问题也是非常重要的。往往是一个安全事故会使一个公司损失殆尽，几十万吨的超级油轮、货轮遭受灭顶损失的事例也并不鲜见。除了经济方面的损失外，人身伤害也是物流中经常出现的，如交通事故的伤害，物品对人的碰撞伤害，危险品的爆炸、腐蚀、毒害的伤害等。因此，物流标准化的另一个特点是在物流标准中对物流安全性、可靠性的规定和为安全性、可靠性统一技术标准、工作标准。

物流保险的规定也是与安全性、可靠性标准有关的标准化内容。在物流中，尤其在国际物流中，有世界公认的保险险别与保险条款，虽然许多规定并不是以标准化而是以立法形式出现的，但是，其共同约定、共同遵循的性质，是通用的，是具有标准化内涵的，其中，不少手续、申报、文件等都有具体的标准化规定，保险费用等的计算也受标准规定的约束，因而物流保险的相关标准化工作，也是物流标准化的重要内容。

三、物流标准种类

（一）大系统配合性、统一性标准

1. 基础编码标准

是对物流对象物编码，并按物流过程的要求，转换成条码。这是物流大系统能够实现衔接、配合的最基本的标准，也是采用信息技术对物流进行管理和组织、控制的技术标准。在此标准之上，才可能实现电子信息传递、远程数据交换、统计、核算等物流活动。

2. 物流基础模数尺寸标准

基础模数尺寸是指标准化的共同单位尺寸，系统各标准尺寸的最小公约尺寸。在制定各个具体的尺寸标准时，要以基础模数尺寸为依据，选取其整数倍为规定的尺寸标准。这样，可以大大减少尺寸的复杂性，使物流系统各个环节协调配合，并成为系列化的基础。

3. 物流建筑基础模数尺寸

主要是指物流系统中各种建筑物所使用的基础模数，在设计建筑物的长、宽、高尺寸、门窗尺寸以及跨度、深度等尺寸时，要以此为依据。

4. 集装基础模数尺寸，是最小的集装尺寸

它是在物流基础模数尺寸的基础上，按倍数推导出来的各种集装设备的基础尺寸。在

物流系统中，由于集装尺寸必须与各环节物流设施、设备相配合，在对整个物流系统设计时，通常以集装尺寸为核心进行设计。集装基础模数尺寸是物流系统各个环节标准化的核心，它决定和影响着其他物流环节的标准化。

5. 物流专业名词标准

为了使大系统有效配合和统一，尤其在建立系统的情报信息网络后，信息传递异常准确，首先便要求专用语言及所代表的含义标准化，如果同一个指令，不同环节有不同的理解，不仅会造成工作的混乱，而且容易出现大的损失。物流专业名词标准包括物流用语的统一化及定义的统一解释。

6. 物流单据、票证的标准化

可以实现信息的录入和采集，将管理工作规范化和标准化，也是应用计算机和通信网络进行数据交换和传递的基础标准。它可用于物流核算、统计的规范化，是建立系统情报网、对系统进行统一管理的重要前提条件，也是对系统进行宏观控制与微观监测的必备前提。

7. 标志、图示和识别标准

物流中的物品、工具、机具都是在不断运动中，因此，识别和区分便十分重要，对于物流中的物流对象，需要有易于识别又易于区分的标识，有时需要自动识别，这就可以用复杂的条码代替肉眼识别的标识。

8. 专业计量单位标准

除国家公布的统一计量标准外，物流系统还有许多专业的计量问题，必须在国家及国际标准基础上，确定本身专门的标准。同时，由于物流的国际性很突出，专业计量标准还需考虑国际计量方式的不一致性，还要考虑国际习惯用法，不能完全以国家统一计量标准为唯一依据。

（二）分系统技术标准

主要有：运输车船标准、作业车辆标准、传输机具标准、仓库技术标准；包装、托盘、集装箱标准，包括包装、托盘、集装系列尺寸标准，包装物标准，货架储罐标准等。

四、物流标准化的基点

（一）集装是物流标准化基点

物流是一个非常复杂的系统，涉及面广泛。过去，构成物流这个大系统的许多组成部分也并非完全没有搞标准化，但是，这往往只形成局部标准化或与物流某一局部有关的横向系统的标准化。从物流系统看，这些互相缺乏联系的局部的标准化之间缺乏配合性，不能形成纵向的标准化体系。要形成整个物流体系的标准化，必须在这个局部中寻找一个共同的基点，这个基点能贯穿物流全过程，形成物流标准化工作的核心，这个基点的标准化成了衡量物流全系统的基准，为各个局部的标准化的准绳。

为了确定这个基点，人们将进入物流领域的产品（货物）分成了 3 类，即零杂货物、散装货物与集装货物。这 3 类的标准化难易程度是不同的。

零杂货物及散装货物在物流的节点上，例如在换载、装卸时，都必然发生组合数量及包装形式的变化，因此，要想在这些节点上实现操作及处理的标准化，是相当困难的。

集装货物在物流过程始终都是以一个集装体为基本单位，其包装形态在装卸、输送及保管的各个阶段都基本上不会发生变化。也就是说，集装货物在节点上容易实现标准化的处理。至于零杂货物的未来，一部分可向集装靠拢，向标准包装尺寸靠拢；另一部分还会保持其多样化的形态而难以实现标准化。

无论是国际物流还是国内物流，可以肯定地讲，集装系统是使物流全过程贯通而形成体系，是保持物流各环节上使用的设备、装置及机械之间整体性及配合性的核心，因此，集装系统是使物流过程连贯而建立标准化体系的基点。

（二）物流全系统标准化取决于和集装的配合性

以集装系统为物流标准化的基点，这个基点的作用之一，就是以此为准解决全面的标准化。因此，必须实现集装与物流其他各个环节之间的配合性。

（1）集装与生产企业最后工序（也是物流活动的初始环节）——包装的配合性。包装尺寸和集装尺寸的关系应当是：集装是包装尺寸的倍数系列，而包装是集装尺寸的分割系列。

（2）集装与装卸机具、装卸场所、装卸小工具（如吊索、跳板等）的配合性。

（3）集装与仓库站台、货架、搬运机械、保管设施乃至仓库建筑（净高度、门高、门宽、通路宽度等）的配合性。

（4）集装与保管条件、工具、操作方式的配合性。

（5）集装与运输设备、设施，如运输设备的载重、有效空间尺寸等的配合性。在以集装为基本物流单位的物流系统中，经常有许多基本集装单位进一步组合成大集装单位或输送保管单位的情况。例如，将集装托盘货载放入大型集装箱或国际集装箱，就组成了以大型集装箱或国际集装箱为整体的更大的集装单位；将集装托盘货载或小型集装箱放入卡车车厢、货车车厢，就组成了一个大的运输单位等。如果形成了倍数系列的尺寸关系，就能提高装运的密度和形成坚实的货垛。

（6）集装与末端物流的配合性。随着整个经济活动越来越以消费者（再生产者）的需要为转移，消费者的地位越来越强固，质量管理、生产管理、成本管理等经济管理活动都确立了“用户第一”的基本观念，这种观念在物流活动中的反映，就是末端物流越来越受到重视。末端物流是送达给消费者的物流，因此，是以消费者的志趣为转移的。一般而言，占消费者中大多数的是零星消费者的要求，消费者追求多样化，这就使多样化的末端物流与简单化的主体物流（集装系统）的配合性出现困难，集装物流转变为末端物流，要对简单性的集装进行多样化的分割，以解决集装的简单化与末端物流多样化要求的矛盾。衔接消费者的“分割系列”与衔接生产者的“倍数系列”有时是有矛盾的，标准化要解决的就是要选择最优。

（7）集装与国际物流的配合性。由于我国是“后发性”国家，以国际标准为主体和国际标准接轨是我国集装标准化应该做的事情。其中最重要的是和国际海运集装箱接轨。这个接轨可以使国际海运集装箱通过我国的铁路和公路运输直达内地，从而充分发挥集装箱联运“门到门”的优势。

第五节　物流绩效评价

一、物流绩效评价的含义

物流绩效评价就是以有效满足物流需求为目的，通过客观定量的标准或主观效用行为测定物流系统运作绩效的过程。

在工业生产领域，绩效评价已广泛应用并取得了成效，尤其对于工业企业的管理，绩效评价成了管理上不可缺少的一种手段。

对于工业生产而言，有时候绩效评价比较简单、有效。其主要原因，是工艺流程的恒定性使得各种绩效评价都比较容易进行数量化，甚至可以通过计算机智能系统的运用，自动作出评价，这样一来，就大大支持了管理决策。同时，越是专业化、规范化很完善的领域，这种绩效评价的作用就越为显著。

物流领域的绩效评价没有像工业领域实现广泛的应用，主要原因是物流活动的特殊性。这个特殊性主要表现在：物流活动复杂性，物流活动是商业活动和其他活动的派生物，又具有远程性和服务性，因此，其结构不但复杂，而且不稳定，系统很难具有恒定性。在物流领域中业务比较稳定的仓库管理领域，尽管公认是绩效评价比较易于贯彻的领域，但是，仓库管理的对象物，也是经常发生变化，流量的稳定性远比工业生产的差，因此，物流过程绩效评价很难像工业生产绩效评价那样达到事先控制的目的，这些特殊原因使物流领域不可能完全套用工业绩效评价的方法。

二、物流绩效评价的目的

物流绩效评价的目的在于，通过物流绩效评价系统，对物流作业进行监督、控制和指挥，以达到物流资源（人力、设施、装备、外包业务、资金）有效、合理地配置，并向客户提供达到或者超过协议服务水平的有效服务。

三、物流绩效评价指标体系

（一）基本绩效评价指标

基本绩效评价指标是指企业物流绩效的核心指标，也就是主要指标，用于完成企业物流绩效的初步评价。

1. 净资产收益率

净资产收益率是指企业在一定时期内的物流净利润与平均物流净资产的比率，体现了投资者投入企业自有资本获取收益的能力，突出反映了投资与报酬的关系，是评价企业经营效益的核心指标，其计算公式为：

$$净资产收益率=\frac{物流净利润}{平均净资产}\times 100\%$$

2. 总资产报酬率

总资产报酬率是指企业在一定时期内获得的报酬总额与平均资产总额的比率。它表示企业物流业务包括净资产和负债在内的全部资产的总体获得能力，是评价企业资产运营效益的重要指标，其计算公式为：

$$总资产报酬率=\frac{利润总和+利息支出}{平均资产总额}\times 100\%$$

3. 总资产周转率

总资产周转率是指企业在一定时期内物流营业收净额同物流平均资产总额的比值。它是综合评价企业全部物流资产经营质量和利用效率的重要指标，其计算公式为：

$$总资产周转率（次）=\frac{物流营业收入净额}{平均物流资产总额}$$

一般情况下，物流总资产周转率越高，周转速度越快，企业全部物流资产的管理质量和利用效率就越高。

4. 流动资产周转率

流动资产周转率是指企业在一定时期内物流营业收入净额同平均物流流动资产总额的比值。它是评价企业物流资产利用效率的又一主要指标，其计算公式为：

$$流动资产周转率（次）=\frac{物流营业收入净额}{平均物流流动资产总额}$$

该指标越高，表明企业物流流动资产周转速度越快，利用率越高，流动资产相对节约，可起到增强企业物流盈利能力的作用。

5. 资产负债率

资产负债率是指企业在一定时期内物流负债总额同物流资产总额的比率。它表示企业物流总资产中有多少是通过负债筹集的。该指标是评价企业物流负债水平的综合指标，其计算公式为：

$$资产负债率=\frac{物流负债总额}{物流资产总额}\times 100\%$$

式中，物流负债总额是指企业承担的各项短期物流负债和长期物流负债总和；物流资产总额是指企业拥有各项物流资产价值的总和。

6. 已获利息倍数

已获利息倍数也称利息保障倍数，是指企业在一定时期内物流息税前利润与物流利息支出的比值。它反映物流企业偿还债务的能力，其计算公式为：

$$已获利息倍数=\frac{物流息税前利润}{物流利息支出}$$

式中，物流息税前利润是指企业当年实现的物流利润总额与物流利息支出的总和。

7. 营业增长率

营业增长率是指企业本年度营业收入增长额同上年度营业收入总额的比率。它表示与上年度相比企业物流营业收入的增减变动情况，是评价企业物流业务成长的状况和发展能力的重要指标，其计算公式为：

$$物流营业增长率=\frac{本年物流营业增长额}{上年物流营业收入总额}\times 100\%$$

式中，本年度物流营业增长额＝本年度物流营业收入-上年度物流营业收入。

（二）修正绩效评价指标

修正指标是对基本指标评价后所形成的初步评价结果进行修正，以形成较为全面的企业物流绩效评价基本结果。

（三）评议指标

评议指标是指用于评价资产经营及管理状况等方面的非定量因素，是对定量指标的综合补充。通过对基本评价结果进行全面的检验、修正和完善，从而形成企业物流绩效评价的综合结论。

四、物流绩效评价方法

物流绩效评价可以分成单项的、基础的、基本业务绩效评价和总体物流活动的绩效评价两类。

这两类评价方法有很大的不同，前者可以通过财务数据、计算数据、测定数据取得评价结果，比较容易量化；后者比较多采取投入产出方法、价值工程方法、方案比较方法和其他模糊分析的方法，取得比较的结果。

（一）基本业务绩效评价

管理者应当对于整个物流活动作出分析，划分出若干最基本、基础的、能够单独作出业绩评定的业务，这是基本业务绩效评价的前提条件。基本业务也是相对的，对于一个大的物流过程而言，某一个环节或者某一个工作组织所承担的业务，可以看成是基本业务；如果进一步划分，这些业务的每一个过程或者同一个过程不同完成人所承担的每一项具体业务，也可以看成是基本业务。基本业务的层次如何确认，应当根据管理的要求、实现这个管理的人力和技术手段而定。不同的管理理念可能有不同的方法：有时候可以“大而化之”，有时候需要实施“精益管理”，如果和重点管理方式结合，对于基本业务也需要进行选择，其中一部分作为重点管理对象，也可能有很大一部分进行一般管理，甚至放弃经常管理。

基本业务往往通过以下指标进行绩效的判定：①时间指标。如货单处理时间、入库时间、出库时间、信息查询时间、答复及回文时间、等待时间、装卸时间、在途时间、结算时间、配送时间、资金周转时间、库存周转时间、返款时间以及差错处理时间等。②工作水平指标。如差错率、损毁率、缺货率、准确率、资源利用率等。③成本指标。如单位成本、人力成本、资源成本、各种费用支出、成本增减、成本占用比例、实际损失及机会损失等。④资源指标。如原料消耗、燃料消耗、能源消耗（在物流领域主要是油耗）、材料消耗、人力消耗、设备占用、工具消耗等。

（二）总体物流活动的绩效评价

经营管理者对于总体物流活动关心，在于客户能够接受所提供的物流服务，并为此付出货币以购买这种物流服务。这是物流服务企业的生存之道。物流活动的总体评价，实际上是物流企业生存能力的评价，进一步是物流企业发展能力的评价。因此，物流企业应当是站在接受物流服务的客户的位置上，对总体物流活动作出评价。

1. 内部评价

对总体物流活动，物流企业必须作出自己的内部评价，以做到心中有数。内部评价是本身的一种基础性的评价，根据内部评价才可以确认对客户的服务水平、服务能力和满足服务客户要求的最大限度，做到既不失去客户，又不因为过分满足客户的要求而损害企业的利益。内部评价是建立在基本业务绩效评价的基础之上的，以此为基础，把物流系统作为一个“黑箱”，进行投入产出分析，从而可以确认系统总体的能力、水平和有效性。

2. 外部评价

对物流总体的外部评价，应当具有客观性，采用的主要方法有两个：一是顾客评价，可以采用调查问卷、专家系统、顾客座谈会等方式；二是采取选择模拟的或者实际的“标杆”进行对照、对比性的评价采用计算机模拟技术，用虚拟现实的方法，可以有效对物流系统的总体作出准确的绩效评价。

参考文献

[1] 马士华，林勇．供应链管理［M］．北京：机械工业出版社，2010.
[2] 梁军．运输与配送［M］．杭州：浙江大学出版社，2014.
[3] 张理，梁丽梅．现代企业物理管理［M］．北京：水利水电出版社，2014.
[4] 吴彪，陈宁．第三方物流管理［M］．北京：中国财富出版社，2014.
[5] 郭士正，卢震．供应链与物流管理［M］．北京：机械工业出版社，2008.
[6] 张余华．现代物流管理［M］．北京：清华大学出版社，2010.
[7]［美］鲍尔索克斯，等．供应链物流管理［M］．北京：机械工业出版社，2010.
[8] 钱东人．物流学［M］．北京：中国人民大学出版社，2010.
[9]［英］克里斯托弗．物流与供应链管理［M］．北京：电子工业出版社，2012.
[10] 尹俊敏．物流工程［M］．北京：电子工业出版社，2013.
[11] 杨芳．物流成本管理［M］．北京：清华大学出版社，2014.
[12] 何庆斌．仓储与配送管理［M］．上海：复旦大学出版社，2011.
[13] 余冰，李勇．物流供应链管理［M］．北京：清华大学出版社，2014.
[14] 张理，孙春华．现代物流学概论［M］．北京：水利水电出版社，2009.
[15] 刘丹．物流企业管理［M］．北京：科学出版社，2014.
[16] 李严锋．现代物流管理［M］．大连：东北财经大学出版社，2013.
[17] 阮喜珍．物流配送管理实务［M］．天津：天津大学出版社，2014.
[18] 蔡昭君，陈件辉．现代物流管理基础［M］．北京：电子工业出版社，2014.
[19] 常杰，马丽．仓储管理实务［M］．北京：人民邮电出版社，2013.
[20] 张丽，等．物流系统规划与设计［M］．北京：清华大学出版社，2014.
[21] 宋华．现代物流管理［M］．北京：中国人民大学出版社，2008.
[22] 吴春尚，黄慧．物流采购管理实务［M］．武汉：华中科技大学出版社，2013.
[23] 徐勇谋，郭湖斌．现代物流管理［M］．上海：上海大学出版社，2014.
[24] 林勇．物流管理基础［M］．武汉：华中科技大学出版社，2008.
[25] 许敏．物流采购管理实务［M］．重庆：重庆大学出版社，2014.
[26] 刘云霞．仓储规划与管理［M］．北京：北京交通大学出版社，2013.
[27] 张文法．采购管理实务［M］．北京：电子工业出版社，2014.
[28] 罗松涛．物流中心运营管理［M］．北京：清华大学出版社，2013.
[29] 兰洪杰．物流企业运营管理［M］．2 版．北京：首都经济贸易出版社，2013.

［30］代承霞，胡顺芳．运输管理实务［M］．武汉：武汉大学出版社，2013.

［31］张建明，郑宁．现代物流管理［M］．武汉：武汉大学出版社，2013.

［32］朱海鹏．配送业务处理［M］．北京：清华大学出版社，2013.

［33］温兆麟，李玲俐，高志刚．物流设施与设备［M］．北京：清华大学出版社，2013.

［34］耿波，等．采购与仓储管理实务［M］．北京：清华大学出版社，2013.